中国领导智库丛书

中国大数据
2013—2014

BIG DATA

连玉明 主编

当代中国出版社
Contemporary China Publishing House

图书在版编目(CIP)数据

中国大数据（2013—2014）/连玉明主编. —北京：当代中国出版社，2014. 7 （2014. 8 重印）

ISBN 978-7-5154-0430-1

Ⅰ. ①中… Ⅱ. ①连… ②武… Ⅲ. ①社会调查—研究—中国 ②社会发展—研究—中国 Ⅳ. ①F124

中国版本图书馆 CIP 数据核字(2014)第 042340 号

出 版 人　周五一
策划编辑　李一梅
责任编辑　李一梅　张　燕
责任校对　康　莹
装帧设计　胡　凯
出版发行　当代中国出版社
地　　址　北京市地安门西大街旌勇里 8 号
网　　址　http://www.ddzg.net　邮箱：ddzgcbs@sina.com
邮政编码　100009
编 辑 部　(010)66572264　66572132　66572154　66572434
市 场 部　(010)66572281 或 66572155/56/57/58/59 转
印　　刷　北京宝昌彩色印刷有限公司
开　　本　720×1020 毫米　1/16
印　　张　18.5 印张　图表 561　180 千字
版　　次　2014 年 7 月第 1 版
印　　次　2014 年 8 月第 2 次印刷
定　　价　58.00 元

研究机构

首都科学决策研究会（Capital Association for Scientific Decision-Making）是由首都科研机构及专家学者联合发起设立的从事科学决策的非营利社会团体。研究会本着“服务决策，服务发展，服务民生”的宗旨，建立决策信息和智力支持系统，以推动决策科学化和民主化进程。其核心战略重点是聚集相关专业研究者，发挥新政策、新科技、新舆论的首创精神和积极作用，通过广泛传播研究成果为领导者提出可供选择的科学决策方案。

北京国际城市发展研究院（IUD-International Institute for Urban Development，Beijing）成立于2001年，是中国政府批准设立的中国首家从事城市发展研究的跨学科国际化非营利组织。IUD以城市价值链理论为指导，以发现城市价值，提升城市品质为宗旨，围绕城市发展全过程，开展城市决策与预测研究，建立全球化学习网络，实施城市战略设计和行动计划。并以此为基础，构建对21世纪中国城市发展产生积极影响和推动作用的决策信息和智力支持系统。

IDM

《领导决策信息》周刊（IDM）是一份为中高级领导决策提供信息的专业化期刊。它以“为中高级领导决策提供最新、最重要、最有用的信息”为宗旨，以“权威性、超前性、指导性，独家独特独到；准确性、科学性、实用性，可信可用可存”的特色和风格深受党政界、知识界、企业界决策者的支持和认可，被誉为“中国决策白皮书”。

国际城市论坛（ICF）是国际城市论坛基金会发起并组织的中国城市面向世界最具前瞻性、权威性、开放性的非官方非营利性组织。它集高层对话、学术研究、成果发布为一体，是促进中国与世界各国城市形成长期稳定的新型伙伴关系而建立的公共平台。国际城市论坛定期举办年会、城市峰会和大讲堂公益活动，评选“中国城市管理进步奖”，推广“国际访问学者计划”和“中国城市科考计划”，出版“中国城市价值研究系列报告”，并通过网络化方式，推进地方政府官员、专家学者、企业家与论坛彼此的联系，高度重视论坛的后续行动和长期服务，积极稳妥地向机制化方向发展，独立或合作开展有助于实现论坛宗旨的各种活动。

中国政务信息网（www.ccgov.net.cn）是专为国内中高级领导提供决策信息服务的专业网站，是《领导决策信息》周刊指定的官方网站，是北京国际城市发展研究院、首都科学决策研究会和领导决策信息杂志社的网络门户，是中国政务信息内容提供商，是政府信息化的战略合作伙伴。

研究人员

主编

连玉明

执行主编

张　涛

核心研究人员

连玉明	朱颖慧	武建忠	刘俊华	石龙学	李晓军	金　峰
李瑞香	张　涛	朱盼盼	郭姗姗	李英才	高继龙	张　洪
梁　语	秦坚松	黄婉秋	吴　佳	孔　琍	侯新伟	胡　阔
杨　鑫	胡新宇					

信息观察员

孔祥铭（菏泽）	文海庆（衡阳）	王　导（广州）	王　巍（北京）
王兰波（北京）	王娅坤（郑州）	王晓红（长治）	王润涛（大庆）
王培勇（温州）	冯玉杏（福州）	田　富（张家口）	刘宗国（枣庄）
刘培欣（烟台）	刘清贵（朔州）	孙　慧（淄博）	孙晓梅（西安）
江伟忠（常州）	祁世强（青岛）	严惠峰（石家庄）	何　飚（阿坝）
余建中（上海）	詹奕敏（金华）	吴吉华（南昌）	张　燕（东营）
张元安（常德）	张光强（惠州）	张海莲（西宁）	张艳琴（长春）
李伟民（唐山）	李志国（保定）	李金光（北京）	杜兴国（哈尔滨）
杨　波（天津）	杨会民（邯郸）	沈玲英（苏州）	花纯勇（徐州）
邱　乙（沈阳）	陈　鑫（成都）	陈国绪（石家庄）	陈思远（兰州）
陈谋安（泉州）	陈楚明（武汉）	周仲伟（营口）	林崇义（台州）
罗红霞（湛江）	罗浩京（长沙）	金开尔（杭州）	胡秋艳（北京）
郦宗宝（丹阳）	原庆生（晋中）	唐　勤（南通）	夏　琼（益阳）
贾　健（淮安）	郭晓梅（凉山）	高　剑（抚顺）	高　映（济南）
高　翔（南京）	梁秀云（北京）	姜宁燕（永州）	黄晓媛（南宁）
黄莉菁（无锡）	彭及佐（泸州）	散友芝（乌鲁木齐）	焦晓超（北京）
童正琼（深圳）	董立仁（郑州）	蒋晓萍（呼和浩特）	鲁　军（大连）
翟怀东（太原）	李　晖（北京）	张正清（北京）	

中国大数据 BIG DATA

目录

政策篇

可视化分析篇

指标篇

数据

中国大数据

BIG DATA

政策篇

2014 年中国经济形势展望：“新常态”下经济中高速增长的含义

2013 年 11 月召开的中共十八届三中全会已就全面深化改革开放、推动体制机制创新做出新的部署，要求完善宏观调控体系，建设创新型国家，加快转变经济发展方式，逐步形成统一开放、竞争有序的市场体系，进一步提高资源配置效率。2014 年是全面贯彻落实党的十八届三中全会精神、全面深化改革的第一年。综合各方分析，目前中国仍处于战略机遇期，2014 年经济将继续保持在合理运行区间，GDP 增速预计在 7.5%左右。

国内外中长期发展环境显现“新常态”

国际环境：世界经济进入深度调整期

发端于 2007 年的本轮全球金融危机是一场非常深重的危机。用长周期的眼光来分析此次危机，危机之前，全世界曾经产生过资本主义历史上从来没有过的一个经济发展的上升阶段。这个阶段，从 20 世纪 80 年代末开始，一直到这次危机之前，时间跨度近二十年。其基本特征就是高增长、低通胀、低利率并存。而且，同过去不同，其间各类国家都获得相当程度的发展。发达经济体增长总体比较平稳，自不待言。新兴经济体，特别是亚洲的新兴经济体，更是如此。

2007 年开始的全球危机，结束了本轮经济长周期的上升阶段；至今虽已过去 7 年，但仍无恢复的明显迹象。做此判断的根据有二：其一，导致危机发生的主要因素，即经济发展方式、经济结构、财政结构和金融结构的严重扭曲，基本依然故我；其二，在救助危机的过程中，各国相继推出的超常规调控措施，在防止危机产生多米诺骨牌效应的同时，也逐渐显现出巨大的副作用，如过度的货币供应、政府债台继续高筑、市场纪律松懈以及社会动荡愈演愈烈等。

因此，美国的财政、债务及经济危机，欧洲的债务和经济危机，以及日本的政府债务和经济危机，等等，都将长期持续。

中国社会科学院副院长李扬认为，5—10 年后世界经济是否能够恢复到正常轨道，还需要各国共同努力。这一判断在国际社会可以找到诸多印证。例如，2013 年 2 月在俄罗斯结束的 G20 财长及央行行长会议，就确认了这一趋势。会议公报称："由于政策不确定、私人去杠杆化、财政拖累、信贷中介受损以及全球需求仍处于再平衡过程中，全球经济继续表现疲弱。"也就是说，如果各国宏观政策不能回归稳定、私人去杠杆化进程未能最终完成、财政悬崖问题依然不能得到决定性缓解、金融功能不能真正恢复、各国间的国际收支不能重归均衡，危机就将仍然继续。

上述因素的综合作用，使得全球经济进入了"新常态"。传统上，经济危机可能表现为连续若干年的负增长，但是，由于大剂量的调控政策被强力推出，现阶段的危机并不表现为负增长，而是表现为经济增长在低水平上波动、全球流动性过剩、大宗产品价格和资产价格变动不居、贸易保护主义升温、地缘政治紧张等。

国内环境：几大支撑要素发生重大变化

过去 10 年的常态背景是，经济在外贸和投资的拉动下保持两位数增长，宏观调控的主要目标在于防止经济过热；资本、贸易双顺差，宏观流动性的水位在不断上升，央行的收紧速度赶不上水位上升的速度。经济内生动力强劲加上流动性充裕，造成了虚拟市场的繁荣，受益领域包括房地产、收藏品和股票流通市值等。中国经济曾经的“常态背景”已经发生了重大变化。

过去 10 年中国取得了越来越大的国际经济贸易市场份额，靠的是低成本，而这个成本优势在今后 5—10 年内很可能被大幅度削弱，甚至会丧失。国海富兰克林基金管理有限公司的吴谦认为，成本上升的主要原因有五个：劳动力成本的上升、环保成本的上升、土地成本的上升、资源和能源成本的上升、人民币升值。这些因素在过去 5—10 年中不断累积，在过去两三年中进一步加速。为什么近年来宏观调控越来越频繁、越来越短期化？原因之一就是在成本升高后，几个调控目标之间越来越难以兼顾，政策腾挪空间越来越小。过去 20 年的 WTO 红利在快速消失，由此促动的工业投资和产能扩张的动力也成为无源之水，反而形成了产能过剩和去产能动力。消费剔除出口、消费和工业投资，剩下基建投资和房地产投资，然而这两个领域的需求会受到银行、地方和中央资产负债表的硬约束。

流动性方面，在资本流入与外汇占款投放放缓的大背景下，放松流动性将成为央行调控的新常态，但央行的“放水”和流动性水位下降很可能相伴而生，如同过去 10 年收紧与水位升高的关系一般。而扩张地产和基建投资（作为政策“保增长”的主要手段），将通过商业银行的表外资产扩张，挤占本不宽裕的流动性，虚拟市场承受的压力会更大。

2014 年外部经济环境分析

2013 年年底召开的中央经济工作会议曾经提出一个基本判断：2014 年

世界经济仍将延续缓慢复苏态势，但也存在不稳定、不确定因素，新的增长动力源尚不明朗，大国货币政策、贸易投资格局、大宗商品价格的变化方向都存在不确定性。

全球经济有望增长 3.6%，高于前两年增速

国际货币基金组织在 2013 年 10 月的《世界经济展望》中预期，2013 年全球经济增长 2.9%，持续 2010 年以来小幅下滑的趋势。2014 年全球经济有望出现反弹，增长 3.6%，高于 2013 年和 2012 年的水平。发达国家经济复苏成为全球经济复苏的重要推动力量，虽然发达国家出现一些好转迹象，但其结构性问题远未解决；新兴市场国家的经济增长普遍放缓，面临较大下行压力。

美国

美国 2013 年经济呈现温和复苏态势，但 9 月失业率为 7.2%，仍远高于危机前水平。2013 年 12 月，美联储启动量宽政策退出步骤，此外债务上限问题虽暂时延期至 2014 年 2 月 7 日，但仍将长期存在，成为美国及世界经济的最大隐患，政府关门事件对实体经济产生了较大的负面影响。远期来看，美国仍面临巨额债务的可持续问题，紧缩财政对经济的拖累效应将长期存在。

欧元区

在德国和法国经济形势反弹的推动下，2013 年第二季度欧元区经济环比折年率增长 11%，这是 2011 年第四季度以来首次实现增长，经济出现复苏曙光。但欧元区当前复苏的基础仍不牢固，还未摆脱债务危机泥潭，实体经济仍然脆弱，2013 年 8 月失业率高达 12%。欧元区存在的制度性、

□《世界经济展望》预测概览

地区	年同比（%）			
	2011 年	2012 年	预测值	
			2013 年	2014 年
世界产出①	3.9	3.2	2.9	3.6
先进经济体	1.7	1.5	1.2	2
美国②	1.8	2.8	1.6	2.6
欧元区	1.5	−0.6	−0.4	1
德国	3.4	0.9	0.5	1.4
法国	2	0	0.2	1
意大利	0.4	−2.4	−1.8	0.7
西班牙	0.1	−1.6	−1.3	0.2
日本	−0.6	2	2	1.2
英国	1.1	0.2	1.4	1.9
加拿大	2.5	1.7	1.6	2.2
其他先进经济体③	3.2	1.9	2.3	3.1
新兴市场和发展中经济体④	6.2	4.9	4.5	5.1
中东欧	5.4	1.4	2.3	2.7
独立国家联合体	4.8	3.4	2.1	3.4
俄罗斯	4.3	3.4	1.5	3
俄罗斯以外的独联体国家	6.1	3.3	3.6	4.2
亚洲发展中国家	7.8	6.4	6.3	6.5
中国	9.3	7.7	7.6	7.3
印度⑤	6.3	3.2	3.8	5.1
东盟五国⑥	4.5	6.2	5	5.4
拉美和加勒比地区	4.6	2.9	2.7	3.1
巴西	2.7	0.9	2.5	2.5
墨西哥	4	3.6	1.2	3

注：①季度估算和预测涵盖世界购买力平价权重的90%；②美国数据可能有变化，取决于经济分析局对国民收入和产品账户的全面修订的公布结果；③不包括七国集团（加拿大、法国、德国、意大利、日本、英国、美国）和欧元区国家；④季度估算和预测约涵盖新兴市场和发展中经济体的80%；⑤印度的数据和预测是按财政年度列示的；⑥印度尼西亚、马来西亚、菲律宾、泰国和越南。

数据来源：IMF《世界经济展望》2013年10月

结构性问题仍未得到妥善解决，经济增长的初步迹象依然很弱，不同成员国之间的经济增速差异依然明显。

日本

“安倍经济学”推动日本2013年第二季度GDP环比折年率增长38%，连续三个季度实现增长，并成功走出通缩，8月CPI同比增长0.9%，创近5年新高。日本经济的短期恢复得益于超宽松货币政策、日元急速贬值和政府的大规模公共投资刺激。“安倍经济学”目前仍以需求刺激为主要手段，未来仍需解决财政可持续性问题和通过经济结构性改革提供长期发展动力问题。

新兴市场

2013年第二季度，巴西、印度、俄罗斯、南非GDP分别同比增长33%、24%、12%和20%，整体来看金砖国家经济增速较2010年的危机快速恢复时期出现明显回落。但通胀水平居高不下，其中印度8月CPI高达108%。新兴市场国家保持快速发展的困难增多，内部原有的增长优势和政策驱动力边际效应递减，普遍面临经济增长放缓、外部需求疲软、失业率升高、社会矛盾凸显、财政压力增大、债务规模上升、资本快速外流等问题。

大国货币政策收紧，关注国际资本流动变化

2013年12月19日，美国联邦公开市场操作委员会宣布从2014年1月开始，以每个月350亿美元的规模扩大其机构抵押贷款支持债券的持有量，而不是此前的每个月400亿美元；同时将以每个月400亿美元的规模扩大其长期美国国债的持有量，而不是此前的每个月450亿美元。后续

量化宽松政策退出的节奏，将会取决于经济数据，初步估计可能要持续到2014年年底。

从短期来看，无论美联储对于量宽退出如何小心谨慎，无论量宽退出的时间拉得多长，美国作为全球经济的中心，美元作为全球货币的中心，其未来相对于过去更加偏紧的货币财政政策，都必然会给全球，尤其是新兴市场国家带来负面效应。随着QE削减，新兴经济体将面临流动性压力，而其中最脆弱的国家包括印尼、南非、印度等。这些国家有共同的特点，经常项目持续较大的逆差，外汇储备薄弱，因此资金流出对其的冲击较大。此前QE退出预期加强之时，其货币都经历了大幅贬值。反观中国的情况，美国量化宽松政策的退出将会在短期内对流动性造成负面影响，首先将会推升国内利率中枢水平。美国国债利率上行、人民币升值预期转向是中国国内国债利率上行的重要原因，随着美联储启动QE退出，这种趋势会进一步强化，加剧国内流动性压力。其次，可能会减少外汇流入，加剧国内流动性紧张。2013年11月外汇占款增加3979亿元，外汇连续第二个月大量流入。尽管如此，受国库现金到期、存款准备金补缴等因素影响，流动性维持偏紧。一个有利的因素，就是量化宽松政策的退出将会有效地抑制国内通胀的上行。2013年11月CPI同比上涨3%，通胀上行动力减弱。一方面，国内利率中枢水平提高抑制通胀上行；另一方面，美联储QE退出也会抑制国际大宗商品价格的上涨。

不过，从中长期来分析，美联储货币政策的影响极深，影响渠道也相当复杂，因此，评估量宽退出的全面影响，既要厘清其可能采取的形式和渠道，也需要结合国际形势发展和各国国情。要评估量宽退出的效果和影响，首先需对量宽及其影响进行分析。

客观地说，面对本轮危机，各国共同行动，尤其是共同采取宽松货币政策，是充分汲取20世纪30年代宏观调控教训的老成之举。这些政策对稳定全球经济发挥了积极作用。虽然危机并未因此而逝去，危机最恶劣的影响却显然被避免了。据IMF研究，美联储的数量宽松政策可能已使美国长期债券收益率下降超过100个基点，所带动的全球产出增长高于1%。这意味着，当全球经济可能陷入大萧条之时，以美国为首的数量宽松货币政策发挥了降低市场不确定性和稳定局面的积极作用。

当然，宽松货币政策也不可避免地带来了一些负面影响。宽松货币政策为未来通货膨胀积累了潜在的货币基础，是世所公认的弊端。但这实在只是表面现象。影响更为深远的负面作用是，它纵容（利用）了新兴经济体的失衡，使其可以通过投资大于储蓄的经典路径，维持经济较快增长。据IMF的估计，2009年量化宽松政策推出后，新兴市场累计资本流入近4万亿美元。显然，一旦这些资本撤出，新兴经济体的经济失衡状况将进一步恶化。印度尼西亚、印度、巴西、土耳其等国出现的问题，就是明证。

应当看到，数量宽松货币政策是一次规模巨大的市场干预，美联储的资产负债表因此而扩张到了35万亿美元，其对经济社会的影响本就全面、广泛而复杂。如今的量宽退出，或许会面对更为复杂的情况。从35万亿美元巨额资产负债表逐渐回缩，将是一个中长期的过程。在此期间，美联储不仅要维持债券市场的稳定，恢复其正常结构，而且要尽量保持其他金融市场的供求平稳。加之，几年来，美联储数量宽松货币政策工具繁多，可能的操作组合也相当复杂，较容易产生政策的不透明性和市场的误解，这一切都会加大全球金融市场的波动，使得其退出过程存在极大的不确定性。因此，即使美国实施量宽退出，其过程也是渐进的，要视美国经济以及全球经济的走势而定，另外，日本的“安倍经济学”正在兴头上，欧洲为巩固前一段治理成效，短时间也不大会收紧。

中国社科院副院长李扬认为，美国量宽退出对中国经济的负面影响不宜被夸大。现在大家担心量宽退出有不利影响，主要是担心国内资本会因此而大规模流出。这种看法至少是片面的，而且即便出现这种状况，也未必一定是坏事。

李扬分析：其一，如果说量宽政策的推出曾导致大量资本流入中国，使得我们积累了大量外汇储备，因而增发了大量货币，致使中国货币政策完全被外汇储备的动态所绑架的话，如今，倘若中国出现资本外流，那也会产生纠正国内金融结构的正向影响，其总体效果是，理顺国内金融结构，使得货币政策操作回归正常结构和平台。其二，如果量宽政策退出确实导致一些资本外流，这也不一定是坏事。因为一定规模的资本外流，对国内而言是启动去杠杆过程，它是挤泡沫的一个积极过程。这种市场清理机制是结构调整的一个重要组成部分。尽管这种清理是有代价的，甚至会导致一些企业倒闭，但其长期效果肯定是正向的。其三，量宽政策退出意味着美元供应将不断收紧，其汇率将趋于走强。如此，最可能的结果，是导致用美元定价的大宗商品价格下降，这将有利于降低中国企业的生产成本，提高利润水平，也有利于巩固经济增长的企稳势头。

因此，即使美国实施量宽退出，中国可能也不会出现大规模资本流出的现象。退一步说，即便出现大规模资本流出，中国外汇管理或许需要因此采取一些对冲政策，但其对中国金融体系和经济体系的总体影响，或许还是正面的。当然，正如我们近年来应对外汇储备连年巨额流入而采取的各项对冲措施是多样化和综合化的，应对外汇储备的流出，也需要多样化和综合化的政策组合，其间的不确定性和因此引致的国内金融市场波动，也会使得这个过程存在极大的不确定性。

李扬提醒，真正需要关注的是：首先，量宽政策退出导致国际资本流动在方向和规模上出现急剧变化，以及因此而引致的国内资本流动方向和规模的变化及其不确定性。需要提醒的是，亚洲金融危机前，危机国家均爆发了程度不同的流动性泛滥，这种状况与日本采取数量宽松政策，在亚洲地区形成大量息差交易密切相关。这一次，中国必须坚决防止这种现象发生。其次，应当考虑到国内正在推进金融改革，应把国内改革节奏与这个不确定的外部冲击因素统一起来考虑，防止出现风险叠加，从而积极推进国内金融改革。

大宗商品价格受地区冲突因素影响

在 2013 年 10 月的《世界经济展望》中，IMF 预测 2013 年和 2014 年石油的现货价格平均值为 104.5 美元 / 桶和 101.4 美元 / 桶，上述价格反映出炼油厂季节性需求强劲以及供给中断。食品价格指数 2013 年预期也会出现小幅上涨，但 2014 年预期会下降 6%，因为食品供应前景良好。金属价格预期会在 2013 年和 2014 年分别下降约 4% 和 5%。

新兴市场经济活动放缓是导致大宗商品价格下跌的一个重要原因。大宗商品价格上涨与新兴市场宏观经济活动增长是高度相关的；两者的第一主成分之间的相关度高达 0.8。金属价格大幅下降主要是因为近年来金属矿山的供应量持续增加和中国房地产行业显露出放缓迹象。石油需求增长趋缓，尤其是在中国、印度和中东。尽管煤、天然气价格已经出现下降，但是石油现货价格还是维持在每桶 105 美元以上，反映出种种原因导致的石油供给中断，以及市场对中东和北非地缘政治的担忧。此外，美国新的管道基础设施使美国中部多余的原油可以运输到沿海炼油厂，导致美国原油价格上升。原油价格上升是导致食品价格处于高位的原因之一，因为原油是农业的重要成本要素。

中国经济走势的基本判断

关注宏观调控中的三个重要命题

针对经济运行的新形势、新问题，中国这次宏观调控提出了三个相互关联的命题。

一是关于宏观调控的指导原则，提出“稳中有为”的命题，即宏观调控要根据经济形势变化，适时适度进行预调和微调，稳中有为。这回答了宏观调控要不要“出手”的问题。

二是关于宏观调控的政策规则，提出“合理区间”的命题，即宏观调控要使经济运行处于合理区间，经济增长率、就业水平等不滑出“下限”，物价涨幅等不超出“上限”，统筹稳增长、调结构、促改革。这回答了宏观调控什么时候“出手”和怎样“出手”的问题。

三是关于宏观调控的换挡定位，提出“中高速增长”的命题，即当前中国经济已进入中高速增长阶段，宏观调控要保证经济的持续健康发展。这回答了宏观调控“出手”的力度问题，要维持中高速增长，防止经济增速大幅度下降。

经济进入中高速增长阶段的含义

从近几年实际经济运行的情况看，从 2010 年第二季度算起，至 2013 年第四季度，中国经济连续 15 个季度下滑。这一下滑趋势给现实经济生活带来许多问题，并引起国内外的广泛关注和担忧。在这个新阶段，要保持经济持续健康发展，从宏观调控方面来说，一个重要问题就是把握好潜在经济增长率下降的幅度，也就是把握好经济增长的适度区间，把握好经济增长速度究竟换到哪一挡。

在国内外新的经济环境背景下，面对经济增速的这种下滑趋势，经济增速降到哪里为底？宏观调控究竟要不要“出手”？这些问题突出起来。2013 年 6 月中旬以后，中央采取了一系列“稳增长、调结构、促改革”的措施，7、8 月份，经济运行的许多指标出现企稳向好势头，并初步稳定了市场预期。但经济企稳回升的基础仍不牢固，不确定因素很多，经济增速下行的压力仍很大。

中国社会科学院学部委员刘树成认为，经济增长的适度区间是指，在一定时期内，社会的物力、财力、人力即综合国力所能支撑的、潜在的经

□ 全国国内生产总值累计增长

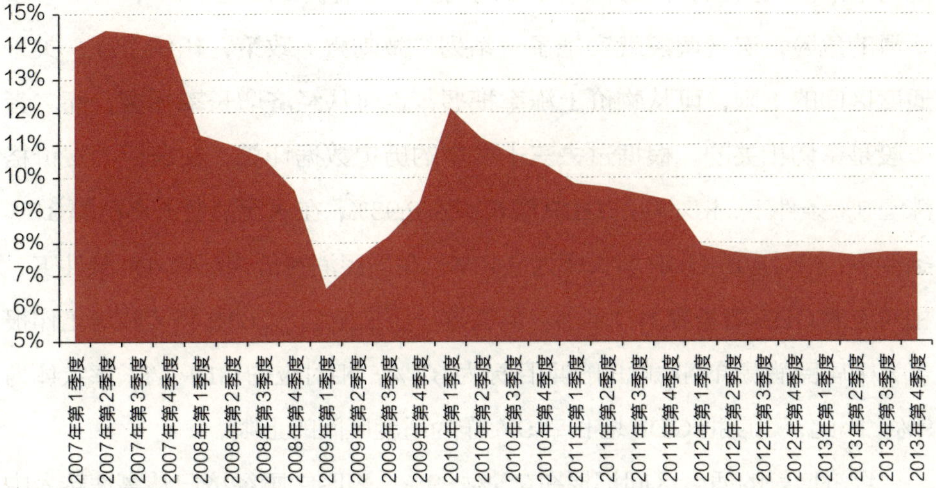

注：①2012年各季度国内生产总值及分行业增加值数据为初步核实数；②2013年各季度国内生产总值及分行业增加值数据为初步核算数。

资料来源：国家统计局

济增长幅度。过去，中国经济增长的主要问题是经常冲出上限，因此对上限的把握成为宏观调控中的突出问题。那时，学术界一般认为，中国经济增长的适度区间是8%—10%。但实际上，1979—2010年的32年间，经济增长率超出10%（含10%）的年份有16个。1979—2009年的经济增长呈一条以8%—12%为区间、约10%为中线的趋势增长率曲线。

现在，在国内外新的经济环境背景下，中国经济正处于增长速度下降的换挡期。经济增速下降具有惯性，由此，经济增长由过去经常冲出上限转变为要守住下限，对下限的把握成为宏观调控中的突出问题。那么，在当前和未来5年左右的时段里，经济增长的适度区间究竟应把握在什么范围呢？从现实国情出发，为了容易达成共识和容易在宏观调控实践中把握，一种选择是以2013年《政府工作报告》中经济增长率和物价上涨率的预期目标为参照系。2013 年经济增长率的预期目标为 7.5%，可以此作为适度区间的下限。从实践看，2013 年第二季度 GDP 增长率降至 7.5%，有进一步下滑的危险，宏观调控就实施了一系列“微刺激”政策，托住了底。关于适度区间的上限，可从物价上涨率把握，也可从经济增长率把握，而二者一般是密切相关的。根据过去三十多年的历史数据计算，在居民消费价格涨幅 3% 条件下，相对应的 GDP 增长率为 8.93%；在居民消费价格涨幅 3.5% 条件下，相对应的 GDP 增长率为 9.13%；在居民消费价格涨幅 4% 条件下，相对应的 GDP 增长率为 9.32%。借鉴这一历史数据，2013 年《政府工作报告》中居民消费价格涨幅的预期目标为 3.5%，相对应的 GDP 增长率大体为 9%。因此，可以把 GDP 增长率 9% 作为适度区间的上限。

经济增长的适度区间把握在 7.5%—9%，表明中国经济已从高速转入中高速增长阶段。其含义是：第一，从世界范围看，7.5% 的经济增速在世界主要经济体中仍然是较高的速度。第二，从国内看，与过去三十多年实际经济增长趋势曲线 8%—12% 的区间相比，下限由 8% 下降至 7.5%，下降 0.5 个百分点，上限由 12% 下降至 9%，下降 3 个百分点。7.5%—9% 的区间可称为中高速增长区间。这体现了我们主动将经济增长速度降下来一些，使经济发展更加注重转方式和调结构，更加注重提高质量和效益，更加注重资源节约和环境保护，更加注重保障和改善民生。第三，中国经济增长刚刚从过去三十多年经常冲到 10% 以上的高速路走下来，社会各方面（政府、企业、居民个人等）都要有一个适应过程。如果经济增长率过快、过急地大幅度下降，不利于转方式、调结构，不利于稳定市场预期。经济增长先从高速转入中高速，分阶段地逐步下降是有利的。第四，中国是一个地域辽阔、人口众多的国家，工业化、信息化、城镇化、农业现代化正在向纵深发展，国内市场和需求的回旋余地很大，加之改革开放的不断深化和推动，充分释放改革红利，更大限度、更广范围发挥市场在资源配置中的基础性作用，更好地转变政府职能，使我们有条件实现经济的中高速增长。

中国经济潜在增长率估计在 6%—8%

经济增长是由多种因素以某种方式组合起来共同发生作用的结果，此即经济增长的结构问题。在支撑经济增长的诸结构中，最重要的当推生产要素结构和产业结构。正是这些结构的变化，使中国经济增长进入了新的时期。

2014 年《经济蓝皮书》分析提出，过去三十余年，中国产业结构变化的基本趋势是：第一产业比重下降，第二产业（特别是制造业）比重迅速提高，第三产业份额缓慢增长。这对应的是中国的工业化过程。这一进程的本质，就是大量的劳动人口和资源从劳动生产率较低的第一产业即农业、种植和养殖业等，向劳动生产率较高的第二产业即制造业和建筑业转移。由于第二产业的劳动生产率远高于第一产业（在中国，制造业的劳动生产率相当于农业的 10 倍），这种转移意味着经济整体的劳动生产率日益提高，经济增长速度因之加快，此即"结构性增速"。但是，经过三十余年的发展，中国第二产业已趋饱和，劳动力和资源开始向以服务业为主的第三产业转移。然而，研究显示，中国服务业的劳动生产率远远低于制造业（在劳动生产率最高的上海，前者只相当于后者的 70%）。基于这样的差异，当越来越多的劳动力和资源从制造业转移到服务业之时，中国经济整体的劳动生产率必将下降，由之决定的经济增长速度也必然下滑。

再看生产要素结构的变化。劳动、资本和技术进步，是支撑经济发展的主要生产要素。在过去三十余年中，每年高达 1000 万人的劳动投入增长，是支撑中国经济高速增长的主要因素。但是，随着转移人口日趋下降，随着人口老龄化日趋严重，劳动投入的增长率将趋下降，摩擦性失业和结构性失业也将长期并存。就资本投入而言，过去三十余年，中国的资本投入增长率是逐年提高的。

然而，近年来，人口日趋老龄化、传统工业化接近尾声以及消费率的缓慢提高，已经导致中国几十年高悬的储蓄率趋于下降。这使得无通货膨胀的资本投入亦呈逐渐下降之势。技术进步的动态仍然令我们失望。我们

□ 国外机构关于中国潜在增长率的估计结果

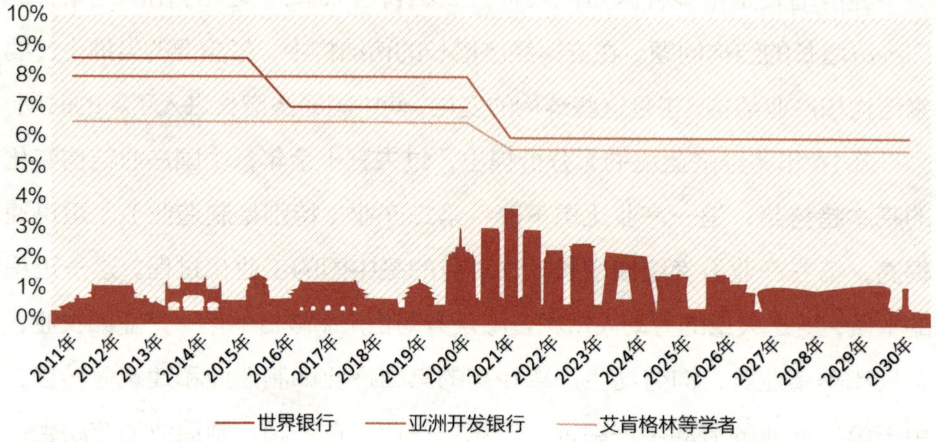

资料来源：据媒体公开报道整理

希望技术进步能发挥积极作用，但是资本回报率低、技术进步缓慢，一直是中国经济的痼疾，至今未见显著变化。总之，劳动力和资本投入增长率下降，技术进步缓慢，这三个因素叠加，导致未来中国的经济增长率将趋于下降。

潜在增长率构成未来中国现实经济增长的基准。各方对目前中国经济潜在增长率的估计大致都落在 6%—8% 这样一个区间。世行认为，中国经济增长潜力在 2011—2015 年为 8.6%，在 2016—2020 年为 7%。在一项关于经济增长的跨国研究中，艾肯格林等推测中国在 2011—2020 年每年增长 6.1%—7.0%，在 2021—2030 年每年增长 5.0%—6.2%。同样，亚洲开发银行与北京大学的联合研究估计也认为，中国在 2011—2020 年的增长潜力为 8%，在 2021—2030 年为 6%。

2014 年主要经济指标预测

GDP 增速预测集中在 7.5% 左右

中国社科院 2013 年秋季报告预测，2014 年，中国仍处于重要战略机遇期。十八届三中全会已就全面深化改革开放、推动体制机制创新做出了新的部署。预计 2014 年中国 GDP 增长 7.5％左右，将继续保持在经济运行的合理区间内，中央政府将着力深化改革开放、推动结构调整和转型升级。预计 2014 年全社会固定资产投资名义增长率为 20.1％，实际增长 18.5％，增速较 2013 年有小幅回落，但仍为较高的增速；社会消费品零售总额名义和实际增长率分别为 13.1％和 11.3％，保持较稳定的增长；出口和进口分别增长 9.1％和 8.5％，增速均略高于 2013 年。

清华大学 2013 年 10 月 19 日发布的《2013 第四季度中国宏观经济预测与分析报告》指出，考虑到政府推进改革、主动降速，清华大学中国与世界经济研究中心预测 2014 年全年 GDP 增长率为 7.4%，全年贸易顺差约为 1902 亿美元，占 GDP 的 1.8%，固定资产投资同比增长 19.8%，社会消费品零售总额同比增长 13.1%。

来自国家开发银行的预测显示，受 2013 年“微刺激”的滞后效应，城市基础设施改造、保障房建设和棚户区改造，人民币实际有效汇率升值减速，2013 年实施的“简政放权”、营改增等改革措施以及十八届三中全会精神所释放的改革红利等因素的影响，2014 年全国经济将略好于 2013 年，预计 GDP 增速在 7.9% 左右。而目前可知的资料显示，国家发改委价格监测中心 2013 年 12 月 1 日发布报告预测，2014 年中国经济将继续保持稳中有进的增长态势，增速有望实现接近 8%，为最乐观的预测。

不过值得注意的是，在“突出改革”的情境下，多家研究机构建议

□ 中国主要经济指标预测

指标名称	2013 年	2014 年预测值
1. 总量		
GDP 增长率（%）	7.7	7.5
2. 三次产业		
第一产业增加值增长率（%）	3.8	4
第二产业增加值增长率（%）	7.8	7.5
其中：重工业增长率（%）	7.9	7.6
轻工业增长率（%）	7.6	7.2
第三产业增加值增长率（%）	8.4	8.3
其中：批发零售业增长率（%）	10.1	9.8
第一产业对 GDP 增长的拉动（个百分点）	0.3	0.3
第二产业对 GDP 增长的拉动（个百分点）	4	3.8
第三产业对 GDP 增长的拉动（个百分点）	3.4	3.4
第一产业贡献率（%）	4	4.1
第二产业贡献率（%）	52	50.5
第三产业贡献率（%）	44	45.4
3. 投资		
全社会固定资产投资（亿元）	451,110	541,780
名义增长率（%）	20.4	20.1
实际增长率（%）	19.2	18.5
支出法投资率（%）	49.5	49.2
4. 消费		
社会消费品零售总额（亿元）	238,280	269,490
名义增长率（%）	13.3	13.1
实际增长率（%）	11.6	11.3
5. 外贸		
出口总额（亿美元）	22,270	24,300
出口增长率（%）	8.7	9.1

（续表）

指标名称	2013 年	2014 年预测值
进口总额（亿美元）	19,540	21,200
进口增长率（%）	7.5	8.5
外贸顺差（亿美元）	2730	3100
6. 价格		
居民消费价格上涨率（%）	2.6	2.8
工业品出厂价格上涨率（%）	−1.6	0.8
投资品价格上涨率（%）	1.1	1.3
GDP 平减指数（%）	2	2.3
7. 居民收入		
城镇居民人均可支配收入实际增长率（%）	7.2	7.5
农村居民人均纯收入实际增长率（%）	9.5	9.6
8. 财政		
财政收入（亿元）	127,060	137,470
财政收入增长率（%）	8.4	8.2
财政支出（亿元）	139,060	150,470
财政支出增长率（%）	10.6	8.2
9. 金融		
新增贷款（亿元）	92,490	104,030
新增货币发行（亿元）	5040	5550
居民储蓄存款余额（亿元）	446,900	507,680
居民储蓄存款余额增长率（%）	14	13.6
M2（亿元）	1,114,430	1,273,790
M2 增长率（%）	14.4	14.3
各项贷款余额（亿元）	722,400	826,420
各项贷款余额增长率（%）	14.7	14.4
社会融资总额（亿元）	174,030	193,370

数据来源：2014 年《经济蓝皮书》

2014 年的 GDP 增速目标由 2013 年的 7.5% 下调至 7%。

国家信息中心 2013 年 12 月 2 日发布《经济信息绿皮书：中国与世界经济发展报告（2014）》。该报告预计 2014 年中国 GDP 增速将维持在 7.5% 左右，但建议将 2014 年的 GDP 预期增长目标确定为 7%。

国家信息中心经济预测部主任祝宝良表示，7% 的建议增长目标一方面能较好地协调经济、增长、物价三者之间的关系，合理利用好现有的生产能力，使发展、改革与稳定相互协调、相互促进；另一方面也可以引导政府、企业把经济工作重点放在加快推进经济体制改革和加快转变经济发展方式上，不再盲目追求高速度，更加注重增长的质量和效益。

中金公司也发布报告称，2014 年的经济增长目标可能下调至 7%。报告指出，从目前的迹象来看，政府正决心推行结构性改革，引领中国经济走上一条更具持续发展能力的道路。

在中金公司首席经济学家彭文生看来，在宏观政策目标的平衡中，调

□ 国内机构预测的 2014 年中国 GDP 增长情况

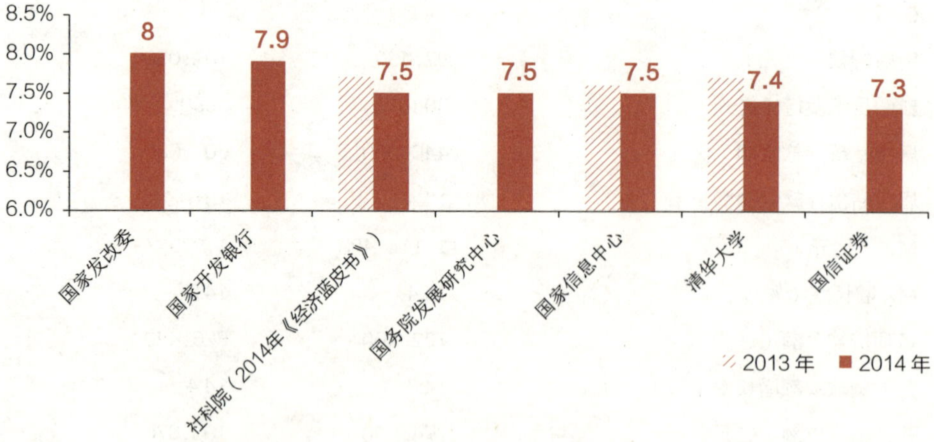

注：按照 2014 年数据降序排列。

资料来源：据媒体公开报道整理

□ 相关机构预测“三驾马车”情况

机构	全社会固定投资增长率（%）		社会消费品零售总额增长率（%）		出口总额增长率（%）	
	2013 年	2014 年	2013 年	2014 年	2013 年	2014 年
中国社科院“秋季报告”	20.4	20.1	11.6	11.3	8.7	9.1
中国社科院财经战略研究院	20.3	20.1	13	13.3		
清华大学	20.3	19.8	13.1	13.1	全年贸易顺差约 1928 亿美元，占 GDP 的 2.1%	全年贸易顺差约为 1902 亿美元，占 GDP 的 1.8%
国家信息中心	20.1	19	13	13	—	—
国家开发银行	—	19—20	—	13.5	—	出口将平稳增长，增速在 9% 左右；进口将增长 7.5% 左右

资料来源：据媒体公开报道整理

结构与控风险的重要性增加。考虑到为结构改革和控制金融风险提供空间，彭文生预计 2014 年经济增长目标将下调至 7%。野村证券中国首席经济学家张智威也表示，基于中国推动经济结构转型，新一届政府更倾向于放缓经济增速来降低风险，因此，预期 2014 年经济增长目标将由 2013 年的 7.5% 调降至 7%。

除了建议下调 GDP 增速目标，国家信息中心的上述报告同时指出，2014 年应继续实施积极的财政政策和稳健的货币政策，为“调结构”创造良好的资金环境。

□ 国外机构预测的 2014 年中国 GDP 增长情况

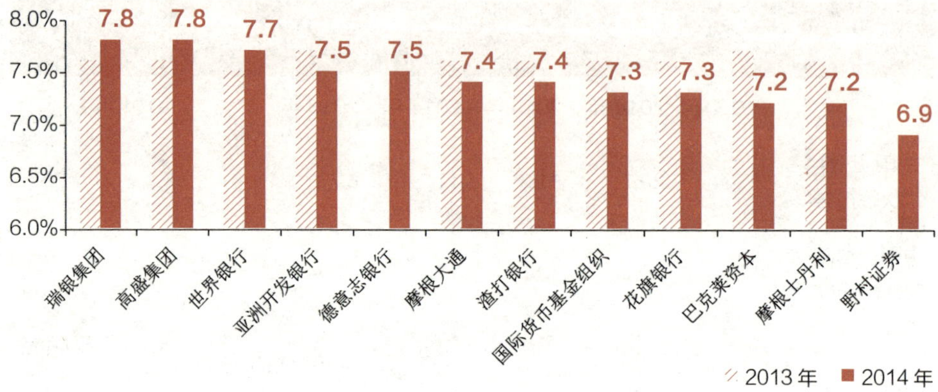

资料来源：据媒体公开报道整理

国外机构小幅上调对中国经济的预测值

从国外机构的预测值看，各机构对于 2014 年中国经济均持谨慎乐观态度。除瑞银、高盛和世行外，其他机构均低于或等于 2013 年目标值（7.5%）。一些机构在十八届三中全会后纷纷对过去的预测值做出了积极的调整。亚洲开发银行将中国 2014 年经济增长预期从 7.4% 调高至 7.5%；巴克莱资本将中国 2014 年 GDP 增长预期上调 0.1 个百分点，为 7.2%；摩根士丹利将早前的 2014 年、2015 年预期值 7.1% 和 6.9% 分别上调至 7.2% 和 7.4%；此外，瑞银集团预计 2014 年中国 GDP 增速将在 7.8%。花旗银行 2013 年 7 月 31 日曾将 2013 年中国经济增长预估从 7.6% 下调至 7.4%，同时将 2014 年的经济增长预期从 7.3% 下调至 7.1%；而根据花旗银行的最新研判，中国 2014 年增长预测上调至 7.3%。

促使这些机构纷纷上调中国经济增长预期的原因是宏观数据的平稳向好，10 月全社会用电量同比增加 9.5%，增速同比提高 3.4 个百分点，11 月中国制造业采购经理指数（PMI）为 51.4%，连续 14 个月站在荣枯线以上。而十八届三中全会所释放的积极的改革信号同样也为中国经济增长的提升带来可能。

各方面专家学者也对 2014 年中国经济发展的深层次问题进行了分析。原世界银行高级副行长、知名经济学家林毅夫 2013 年 12 月 15 日在京表示，2014 年中国经济增速有望达到 8%。未来几年中国依靠深挖内需，保持 7.5%—8% 之间的经济增长是完全有可能的。其中，作为内需的重要一环，投资仍具有较大的扩展空间。尽管中国经济出现了部分产能过剩，但作为一个中等发达国家，中国仍有大量产业升级的空间；虽然近年来中国对基础设施开展的投资不少，但城市内部设施，包括地下铁路、污水处理等基础设施目前仍严重不足；前述投资都将产生较高的经济回报率和社会回报率。

2013 年 12 月 4 日，国研中心宏观经济研究部部长余斌表示，由 10% 到 7%，表面看是增长速度的下降，本质是增长动力的转换。过去经济的高速增长主要依赖工业制造业，未来将依赖服务业。但依靠服务业拉动经济增长，不是不发展工业，而是在工业发展到一定阶段后，服务业会逐渐扩大，所占 GDP 的比重会越来越高。企业在转型升级中需要面对劳动力成本、资

□ 专家学者预测的 2014 年中国 GDP 增长情况

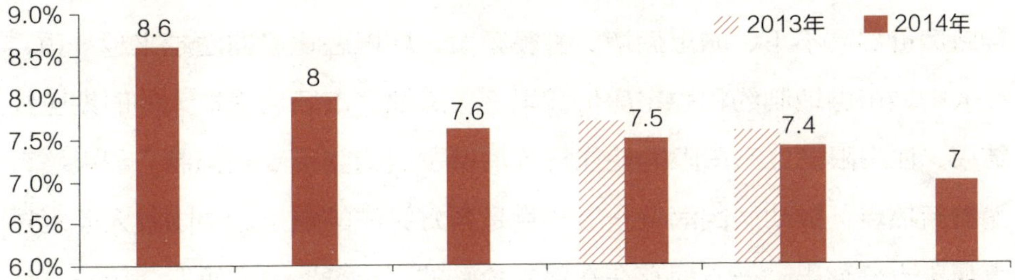

注：①德意志银行董事总经理、大中华区首席经济学家；②原世界银行高级副行长、知名经济学家；③美国银行美林证券大中华区首席经济学家；④中国社会科学院数量经济与技术经济研究所副所长；⑤摩根大通中国首席经济学家；⑥国务院发展研究中心宏观经济研究部部长。

资料来源：据媒体公开报道整理

金成本、土地成本、流通成本、知识产权保护成本、准入成本六大成本过高问题。

需要重点关注的几个问题

需警惕经济持续下行风险

季度数据显示，从 2010 年第二季度到 2013 年第四季度，GDP 增速连续 16 个季度出现下滑。增速放缓的原因是多方面的：一方面，国际金融危机以来，各国经济复苏乏力，国际贸易水平明显降低，外需对经济增长的支持力度明显减弱。数据显示，2003—2007 年世界货物贸易出口额年均增长 16.6％，经济危机之后 2008—2012 年年均增长 3.2％；同期中国出口增长率从 29.2％降至 9.4％。另一方面，过去三十多年，投资始终是拉动中国经济持续增长的核心推动力，但投资规模不当、效率低下又产生了一系列问题，如产能过剩问题突出、地方债务风险加剧等。

工业化、城镇化使资源、人口、产业等经济要素向一、二线城市集中，导致房价居高不下、城市拥堵、雾霾频发、环境恶化等问题越来越严重，在大中城市供地制约和稳定房价背景下，房地产市场快速扩大的时期已经结束。住房限购、汽车限购使住行等消费发展的势头受到抑制。积极培育消费新热点，推动居民消费升级一直是各方关注的焦点。中国收入差距过大现象十分突出。一方面存在在境外抢购的“土豪”“大妈”，另一方面农村居民收入增长速度虽然有所增加，但由于基数低，绝对数量与城镇差距不断拉大，收入差距过大成为抑制消费的重要因素。

长期积累的需求结构、产业结构和要素分配结构非均衡发展，导致了中国经济结构性减速。专家认为，在实体经济收缩、金融“去功能化”的情况下，继续维持现状将进一步降低实体经济的竞争力和回报水平，并可能受到外部冲击。地方分权式竞争模式曾是中国经济赶超阶段取得成功的制度安排，目前却成为妨碍经济增长活力的结构性掣肘。政府应减少对城市建设以及经济增长的过多干预甚至主导，从“增长型”目标转向“服务型”目标，使经济内生性的增长能力逐步增强。

地方债风险总体可控，局部严重

地方债问题处理是中国 2014 年的重头戏。2013 年年底召开的中央经济工作会议，首次明确将“防控债务风险”列为全年工作的一项主要任务。2012 年以来，政府性债务问题逐步引起广泛关注，其中地方债务问题尤为突出。分析人士表示，地方债务规模过大以及监控之外的隐形债务，对经济等多个领域将会产生难以估量的风险。

2013 年 12 月 30 日，审计署公布的《全国政府性债务审计结果》显示，截至 2013 年 6 月底，全国各级政府负有偿还责任的债务 20.7 万亿，负有担保责任的债务 2.9 万亿，可能承担一定救助责任的债务 6.7 万亿。其中，省市县三级政府负有偿还责任的债务 10.6 万亿，负有担保责任的债务 2.6 亿元，可能承担一定救助责任的债务 4.3 万亿，三者合计 17.5 万亿，相比于 2010 年年底的 10.7 万亿，增长了 6.8 万亿（或 63.6%）。

与此前各方预期相同，此次公布的全国政府性债务风险总体可控。从国际通用的负债率、债务率和逾期债务率等风险控制指标看，截至 2012 年年底，全国政府负有偿还责任的债务的负债率为 36.74%；若将政府负有担保责任的债务、政府可能承担一定救助责任的债务分别按照 2007 年以来各年度由财政资金实际偿还的最高比率 19.13%、14.64% 折算，总负债率为 39.43%，低于国际上通常使用的 60% 的负债率控制标准参考值。全国政府负有偿还责任的债务的债务率为 105.66%；两类或有债务分别按照

□ 全国政府性债务规模情况表（亿元）

年度	政府层级	政府负有偿还责任的债务（政府债务，下同）	政府或有债务	
			政府负有担保责任的债务	政府可能承担一定救助责任的债务
2012 年底	中央	94,376.72	2835.71	21,621.16
	地方	96,281.87	24,871.29	37,705.16
	合计	190,658.59	27,707.00	59,326.32
2013 年 6 月底	中央	98,129.48	2600.72	23,110.84
	地方	108,859.17	26,655.77	43,393.72
	合计	206,988.65	29,256.49	66,504.56

资料来源：《2013 年第 32 号公告：全国政府性债务审计结果》

19.13%、14.64% 的比率折算后的总债务率为 113.41%，处于 IMF 确定的 90%—150% 的债务率控制标准参考值范围之内。三类债务的逾期债务率均处于较低水平。

不过，虽然总体风险可控，但是局部问题依然严重。从审计署发布的审计结果看，以下问题值得高度关注：

一是地方政府负有偿还责任的债务增长较快。截至 2013 年 6 月底，省市县三级政府负有偿还责任的债务余额为 10.6 万亿，比 2010 年年底增加 3.9 万亿元，年均增长 19.97%。其中，省级、市级、县级年均分别增长 14.41%、17.36% 和 26.59%。

二是部分地方和行业债务负担较重。截至 2012 年年底，有 3 个省级、99 个市级、195 个县级、3465 个乡镇政府负有偿还责任的债务的债务率高于 100%；其中，有 2 个省级、31 个市级、29 个县级、148 个乡镇 2012 年政府负有偿还责任的债务的借新还旧率超过 20%。从行业债务状况看，截至 2013 年 6 月底，全国政府还贷高速公路和取消收费政府还贷二级公路

□ 2013 年 6 月底地方各级政府性债务规模情况（亿元）

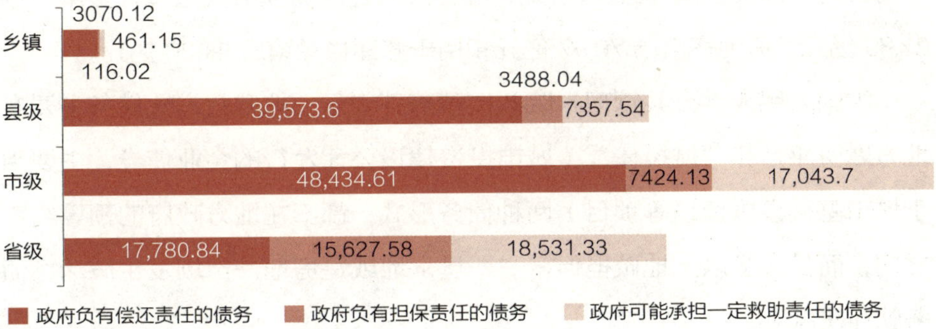

资料来源：《2013 年第 32 号公告：全国政府性债务审计结果》

债务余额分别为 19,422.48 亿元和 4433.86 亿元，债务偿还压力较大。

三是地方政府性债务对土地出让收入的依赖程度高。截至 2012 年年底，11 个省级、316 个市级、1396 个县级政府承诺以土地出让收入偿还的债务余额为 3.5 万亿，占省市县三级政府负有偿还责任债务余额 9.4 万亿的 37.23%。

四是债务期限较短。从未来偿债年度看，2013 年 7 月至 12 月、2014 年到期需偿还的政府负有偿还责任债务分别占 22.92% 和 21.89%，2015 年、2016 年和 2017 年到期需偿还的分别占 17.06%、11.58% 和 7.79%，2018 年及以后到期需偿还的占 18.76%。

五是部分地方和单位违规融资、违规使用政府性债务资金。审计发现，部分地方违规通过 BT、向非金融机构和个人借款等方式举借政府性债务 2457.95 亿元；地方政府及所属机关事业单位违规提供担保 3359.15 亿元；融资平台公司等单位违规发行债券 423.54 亿元。国发〔2010〕19 号文件下发后，仍有 533 家只承担公益性项目融资任务且主要依靠财政性资金偿还债务的融资平台公司存在继续融资行为；财政部等四部委 2012 年年底明确要求地方政府规范对融资平台公司的注资行为后，仍有部分地方将市政道路、公园等公益性资产和储备土地等以资本金形式违规注入 71 家融资平台公司，涉及金额 544.65 亿元；部分地方违规将债务资金投入资本市场 22.89 亿元、房地产市场 70.97 亿元和用于修建楼堂馆所 41.36 亿元。

中国人民大学公共管理学院教授黄燕芬表示，地方政府性债务主要有地方融资平台和“城投债”（城市投资建设公司发行的企业债券，主要用于城市基础设施建设等项目）两种债务形式，都不在地方政府的预算约束之内，而且大多以土地做担保。“一旦土地或是房地产市场发生波动，债务就存在风险。”

财政部财政科学研究所副所长刘尚希表示，单独提出防控债务风险，强化责任和风险意识是非常有必要的“未雨绸缪”之举。因为债务问题横向关联到银行业，纵向关联到县、市、省和中央，很容易引发系统性风险。

安邦智库分析认为，归根结底，地方债问题是土地财政的问题，也是经济发展模式不可持续的问题，需要在经济转型上做文章。此前的中央经济工作会议提出，要把短期应对措施和长期制度建设结合起来，做好化解地方政府性债务风险各项工作；加强源头规范，把地方政府性债务分门别类纳入全口径预算管理，严格政府举债程序；明确责任落实，省区市政府要对本地区地方政府性债务负责任；强化教育和考核，从思想上纠正不正确的政绩导向。只有建立起制约地方政府行为的各类长期制度，地方债问题才有可能得到妥善的处理与化解。

化解产能过剩须有供给管理的思维

经过多年的发展， 中国工业已建立起竞争力较强、门类齐全的产业体系，2010 年中国超越美国成为世界第一制造业大国。然而，中国工业规模在快速增长的同时，也积累了很多结构性矛盾。比如产业结构失衡。产业结构失衡主要体现在很多行业中普遍存在的产能过剩与产能不足并存。

□ 债务举借主体债务举借总量为 108,859.17 亿元

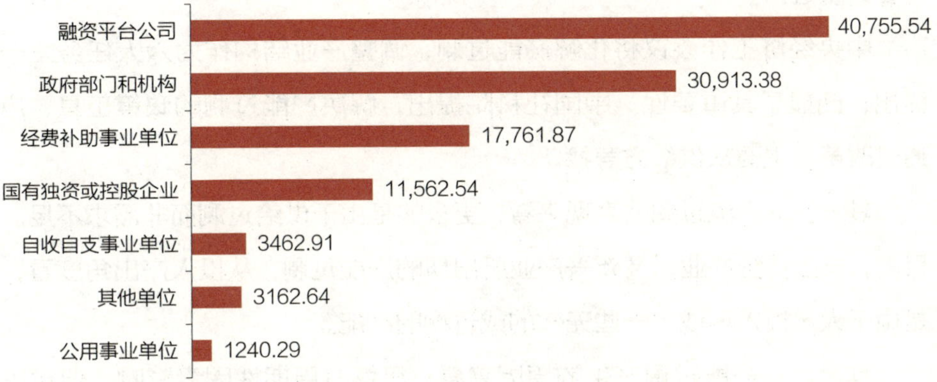

资料来源：《2013 年第 32 号公告：全国政府性债务审计结果》

一方面，社会资本大量向一些行业集中，造成了严重的产能过剩问题。2012 年底，中国钢铁、水泥、电解铝、平板玻璃、船舶的产能利用率分别仅为 72%、3.7%、71.9%、73.1% 和 75%，明显低于国际通常水平。不仅传统产业，光伏、风电等战略性新兴产业同样存在严重的产能过剩问题。目前受出口受阻等因素影响，中国多晶硅生产企业中开工的不足一半。产能过剩造成了大量的资源浪费，加重了环境压力，同时也造成了企业之间的恶性竞争，降低了企业技术创新的动力和能力，影响了产业组织整体效率的提高。甚至可以说，产能过剩已经成为中国经济运行中的突出矛盾和诸多问题的根源。另一方面，由于技术水平落后、体制机制不顺等原因，很多行业存在严重的产能不足，甚至很多产能严重过剩产业的高端环节，同样依赖大量进口。例如，芯片产业关系到整个国家的经济安全，但中国芯片 90% 依赖进口，每年进口额超过石油；机械工业是决定一个国家工业竞争力的基础性行业，但中国企业在发动机、液压、传动和控制技术等关键零部件上核心技术不足，严重依赖于进口；中国高端医疗器械 70%—80% 依赖价格昂贵的进口或外资品牌，导致检查费用高，患者负担重；中

国已经成为光伏组件的第一生产大国，面临严重的产能过剩，而多晶硅却需要大量进口。

中央经济工作会议将化解产能过剩、调整产业结构作为六大任务之一提出，凸显了其重要性。中国社科院提出，解决产能过剩的政策工具，应通过改革，主要从供给方寻找。

其一，从产能过剩的表现来看，更多的是由于供给过剩而非需求不足。目前，一些传统产业以及新兴产业所出现的产能过剩，从投入产出角度看，是由于大量投入形成了一些无效的或过剩的产能。

其二，从产能过剩产生的原因来看，尽管有周期性因素影响，但更主要是体制性的、供给面的原因。一些企业（特别是那些有政府背景的企业）在扩张过程中，不计成本、不顾后果、盲目扩张、重复建设，这是导致产能过剩的主要因素。有人说，重复建设在市场经济中也是正常现象，但需要注意的是，在市场经济中，盲目投资、重复建设造成的损失是由企业自己来埋单的，而在中国目前这种情况下，造成的损失可能最终由政府特别是中央政府来埋单，因此，一些企业或地方政府在投资决策时会更加“大胆”，通过给土地、赠予矿产资源、低价甚至免费的方式推动投资，使投资行为发生扭曲。中国社科院的一项经验研究表明，产能过剩较严重的产业，恰恰是政策倾斜产业和扶持性产业。

其三，从治理产能过剩的思路看，要想从根子上解决产能过剩，还需要供给管理的思维。过去我们主要通过上项目、重投资来解决产能过剩问题，这或可因新投资需求的出现而暂时缓解当前的产能过剩，但会导致未来新一轮规模更大的产能过剩。鉴于此，我们必须摒弃以创造新的投资需求来消弭过剩产能的传统做法，应通过减少政府的干预，充分发挥企业和市场的作用，来最终抑制产能的盲目增长。

推进以人为核心的城镇化：国家新型城镇化规划中的目标与任务

中国经济发展已经步入全面建成小康的关键时期。在现在的基础上既要继续保持20—30年的适当速度的发展，又要分好改革红利，公共服务均等化和化解户籍藩篱的城镇化是关键和保证。十八届三中全会通过的《中共中央关于全面深化改革若干重大问题的决定》指出，农业转移人口市民化要求城镇发展要有多元的产业支撑、完善的公共服务保障和合理的户籍制度安排，帮助农民工实现“职业上从农业到非农业、地域上从农村到城镇、身份上从农民到市民”的三维转换。在探索城镇化发展的道路上，各地近年来积累了许多先进的经验，同时也推出了一批城镇化建设的样板与典型。

城镇化不是一个目标，而是一个结果。中国城镇化发展已经站在新的历史起点上，既面临巨大机遇，更面临诸多难题。2013年年底，中央城镇化工作会议召开，这也是改革开放以来中央级别的第一次城镇化工作会议。2014年3月，《国家新型城镇化规划（2014—2020年）》（以下简称《规划》）对外公布，这是今后一个时期指导全国城镇化健康发展的宏观性、战略性、基础性规划。

《规划》提出了推进城镇化的主要任务，首先强调的就是“推进农业转移人口市民化”，体现了“人”是新型城镇化的主体和核心。目前，中国已实现52％的常住人口城镇化率，但只实现了35％的户籍人口城镇化率，17个百分点之差使两亿多名农民工处于“半市民化”状态，难以享受到城镇基本社会公共服务。《规划》强调“推进农业转移人口市民化”，其目的就是推进以人为核心的城镇化，逐步缩小常住人口、户籍人口两个城镇化率之间的差距，让符合条件的农业转移人口真正实现市民化，融入城市社会，提升人民生活水平和质量。

中国经济发展已经步入全面建成小康的关键时期。在现在的基础上要继续保持20—30年的适当速度的发展，又要分好改革红利，公共服务均等化和化解户籍藩篱的城镇化是关键和保证。十八届三中全会通过的《中共中央关于全面深化改革若干重大问题的决定》（以下简称《决定》）指出，农业转移人口市民化要求城镇发展要有多元的产业支撑、完善的公共服务保障和合理的户籍制度安排，帮助农民工实现“职业上从农业到非农业、地域上从农村到城镇、身份上从农民到市民”的三维转换。在探索城镇化发展的道路上，各地近年来积累了许多先进的经验，同时也推出了一批城镇化建设的样板与典型。

新型城镇化战略提出五大发展目标

城镇化是现代化的必由之路，是解决农业、农村、农民问题的重要途径，是推动区域协调发展的有力支撑，是扩大内需和促进产业升级的重要抓手。制定实施《规划》，努力走出一条以人为本、四化同步、优化布局、生态文明、文化传承的中国特色新型城镇化道路，对全面建成小康社会、加快推进社会主义现代化具有重大现实意义和深远历史意义。

《规划》提出，在城镇化快速发展过程中，存在一些必须高度重视并着力解决的突出矛盾和问题。大量农业转移人口难以融入城市社会，市民化进程滞后。“土地城镇化”快于人口城镇化，建设用地粗放低效。城镇空间分布和规模结构不合理，与资源环境承载能力不匹配。城市管理服务水平不高，“城市病”问题日益突出。自然历史文化遗产保护不力，城乡建设缺乏特色。体制机制不健全，阻碍了城镇化健康发展。

《规划》提出了五大发展目标：

一是城镇化水平和质量稳步提升。城镇化健康有序发展，常住人口城镇化率达 60% 左右，户籍人口城镇化率达 45% 左右，户籍人口城镇化率与常住人口城镇化率差距缩小 2 个百分点左右，努力实现 1 亿左右农业转移人口和其他常住人口在城镇落户。

二是城镇化格局更加优化。“两横三纵”为主体的城镇化战略格局基本形成，城市群集聚经济、人口能力明显增强，东部地区城市群一体化水平和国际竞争力明显提高，中西部地区城市群成为推动区域协调发展的新的重要增长极。城市规模结构更加完善，中心城市辐射带动作用更加突出，中小城市数量增加，小城镇服务功能增强。

三是城市发展模式科学合理。密度较高、功能混用和公交导向的集约紧凑型开发模式成为主导，人均城市建设用地严格控制在 100 平方米以内，建成区人口密度逐步提高。绿色生产、绿色消费成为城市经济生活的主流，节能节水产品、再生利用产品和绿色建筑比例大幅提高。城市地下管网覆盖率明显提高。

四是城市生活和谐宜人。稳步推进义务教育、就业服务、基本养老、基本医疗卫生、保障性住房等城镇基本公共服务覆盖全部常住人口，基础设施和公共服务设施更加完善，消费环境更加便利，生态环境明显改善，空气质量逐步好转，饮用水安全得到保障。自然景观和文化特色得到有效保护，城市发展个性化，城市管理人性化、智能化。

五是城镇化体制机制不断完善。户籍管理、土地管理、社会保障、财税金融、行政管理、生态环境等制度改革取得重大进展，阻碍城镇化健康发展的体制机制障碍基本消除。

《规划》提出，要实施好有序推进农业转移人口市民化、优化城镇化布局和形态、提高城市可持续发展能力、推动城乡发展一体化四大战略任务。

□ 新型城镇化主要目标

指标		2012 年（%）	2020 年（%）
城镇化水平	常住人口城镇化率	52.6	60
	户籍人口城镇化率	35.3	45
基本公共服务	农民工随迁子女接受义务教育比例	≥ 99	≥ 99
	城镇常住人口基本养老保险覆盖率	66.9	≥ 90
	城镇常住人口基本医疗保险覆盖率	95	98
	城镇常住人口保障性住房覆盖率	12.5	≥ 23
基础设施	城镇公共供水普及率	81.7	90
	城市污水处理率	87.3	95
	城市生活垃圾无害化处理率	84.8	95
	城市社区综合服务设施覆盖率	72.5	100
资源环境	人均城市建设用地（平方米）	≤ 100	≤ 100
	城镇可再生能源消费比重	8.7	13
	城镇绿色建筑占新建建筑比重	2	50
	城市建成区绿地率	35.7	38.9
	地级以上城市空气质量达到国家标准的比例	40.9	60

资料来源：新华网

有分析认为，《规划》最大的亮点是强调以人为本，推进以人为核心的城镇化。《规划》提出，保障随迁子女平等享有受教育权利、完善公共就业创业服务体系、扩大社会保障覆盖面、改善基本医疗卫生条件、拓宽住房保障渠道等一系列举措，推进农业转移人口享有城镇基本公共服务，并要求创新体制机制，建立健全农业转移人口市民化推进机制。

提高融入城镇的素质和能力，维护农民工经济权益与安全权益

从农村到城市，是生活环境和生存方式的转变。但本身素质不高使很多人很难具备这种跨越能力。随着产业结构的不断调整变化和城市现代文明进程的加快，城市对务工人员的素质要求越来越高，而农民工素质的高低又直接影响其就业、择业。全面提升农民工素质是一项长期的任务，要求党和政府要从长计议，配套政策措施，建立长效机制并落到实处。中央城镇化工作会议强调要努力提高农民工融入城镇的素质和能力，就是要从根本上推动农民工融入城市的进程。

早在 2010 年 1 月，国务院办公厅发布《关于进一步做好农民工培训工作的指导意见》，要求各地建立规范的培训资金管理制度，强化培训能力建设。尽管在经济转型和解决"三农"问题的大背景下，从中央到地方政府，皆把农民工培训作为一项重要的"战略工程"来抓。但是，经调查了解，农民工培训在部分地区实施过程中遭遇"政府一头热"的尴尬，培训走过场、教学质量不高、培训内容与市场需求脱节等诸多问题亦亟待解决。

毋庸置疑，在当前乃至今后一段时期，解决农民工问题的关键不仅在于维护农民工的经济权益与安全权益（包括平等就业权、劳动报酬权、职

业安全权、社会保障权、教育培训权、子女教育权与居住权），更要把农业内部、农村区域和农民进城就业一并纳入就业计划，分类实施，逐步建立城乡统一的劳动力市场和公平竞争的就业制度，让农民工也能和城镇职工一样拥有平等的就业机会，享有政府的公共就业服务，从而促使和带动农民工自身素质的快速提升。

从事制造业的流动人口比重最高

改革开放三十多年来，中国成为世界制造业中心。制造业是吸收流动人口就业最重要的行业之一，流动人口在制造业发展过程中扮演着重要角色，在制造业就业的农业流动人口占农村转移劳动力总数的一半左右。总的来看，一是制造业是吸纳流动人口就业的最重要的行业。据相关调查显示，

□ 制造业内部流动人口职业技能结构（%）

制造业分类	没有职称	初级工	中级工	高级工	各级技师	各级专业技术职称
纺织、服装、鞋帽制造	84.0	5.7	6.0	0.6	1.4	2.3
木材加工、造纸、体育用品、办公用品、工艺首饰及家具制造	82.9	6.0	5.0	0.4	1.8	3.9
化学原料、化学纤维、家庭洗浴、生物、医药等制造	83.0	4.0	4.5	1.6	2.3	4.6
建筑材料及玻璃等制造	87.1	4.6	3.1	1.6	1.2	2.4
各种工程机械、动力设备、电气等制造	74.7	11.5	6.4	0.9	2.0	4.5
通讯、计算机、仪器仪表及其他电子、元器件制造	78.1	10.6	4.4	0.7	1.9	4.3

资料来源：《中国2011年流动人口发展报告》

吸纳流动人口就业的主要行业是制造业（39.6%）、批发零售业（17.9%）、住宿餐饮业（10.0%）、社会服务业（8.8%）、建筑业（5.8%），五个行业合计达82.1%。制造业从业流动人口中，乡—城流动人口占92.4%，明显高于其他行业。二是流动人口在东部地区的制造业从业比例明显高于中西部地区。不同地区流动人口在制造业就业的比例差异明显，东部地区为43.8%，中部为8.6%，西部为9.9%。三是制造业从业流动人口普遍只接受过基本义务教育。制造业从业流动人口平均受教育年限为9.5年，低于全体就业流动人口的平均受教育年限（9.6年）。只有26.9%的制造业从业流动人口接受过高中、中专及以上教育。四是制造业从业流动人口工作时间普遍较长。制造业就业流动人口平均每周工作58.2小时，远高于每周40小时的法定工作时间。在低端制造业中，流动人口工作时间更长，纺织、服装、鞋帽制造业每周工作时间长达62.8小时，意味着其单位时间收入更低。

制造业从业流动人口的技能培训不足

一是劳动技能整体偏低。在制造业就业的流动人口中，81.8%没有任何职称，有职称的仅为18.2%。拥有职称的被访者中，25.0%并没有获得企业或政府部门的规范认证；所拥有的职称层次较低，主要集中为初级工和中级工，具有专业技术职称的只有3.4%。流动人口拥有职称的比例低，一方面说明制造业从业流动人口的劳动技能水平有待提高，另一方面也说明政府和相关部门对流动人口专业技能水平的评估机制尚未完善。

二是制造业从业流动人口接受培训比例低。就业培训可在短期内有针对性地提高流动人口的工作技能，但制造业从业流动人口中仅有21.7%接受过政府、单位或专门机构提供的工作技能培训。高端制造业流动人口接受培训的比例稍高于低端制造业，但最高也仅为29.3%。值得关注的是，在接受过培训的流动人口中，大部分都是在2010年受到培训的。该数据表明，近年流动人口职业技能培训得到了加强。

随着全社会对农民工的高度关注以及一系列政策措施的出台，农民工队伍的整体素质、创业能力、技能水平、思想观念以及对社会的认知度都在不断发生着变化，甚至有为数不少的农民工经过艰苦创业，已成为市场经济的管理者或领跑者，对社会的贡献越来越大。政府应该引领全社会站在更长远的角度，以新思维、新理念、新视角对农民工这一群体进行再认识、再定位：重视他们的存在、尊重他们的劳动，尽快落实农民工的教育培训权，引导他们全面提高自身素质，尽快融入城市文明；在此基础上，加快统筹城乡发展，为农民工融入城市创造条件；取消对农民工就业的各种政策限制与地域歧视，让农民工获得合理的工资报酬，从而找到自我价值感和尊严感。

□ 制造业内部流动人口接受专业技能培训情况（%）

制造业分类	曾经接受培训	其中 2010 年接受培训
纺织、服装、鞋帽制造	18.3	72.0
木材加工、造纸、体育用品、办公用品、工艺首饰及家具制造	18.6	70.5
化学原料、化学纤维、家庭洗浴、生物、医药等制造	29.3	79.9
建筑材料及玻璃等制造	18.6	75.3
各种工程机械、动力设备、电气等制造	27.5	61.6
通讯、计算机、仪器仪表及其他电子、元器件制造	24.9	79.6
车、船舶、汽车、摩托车、仓储机械、兵器及零配件制造	22.6	64.7
食品制造	22.7	77.5
其他制造	22.2	75.4
平均	21.7	72.9

资料来源：《中国 2011 年流动人口发展报告》

□ 流动人口工资排名前五位和后五位的行业分布及其工资水平

序号	行业	行业分布（%）	工资收入（元）
1	科研和技术服务业	1.5	4103
2	金融、保险、房地产	1.2	3889
3	教育文化	1.0	3321
4	批发零售业	17.9	3274
5	党政团体	0.2	2996
	……	……	……
11	住宿餐饮业	10.0	2356
12	卫生	1.2	2320
13	社会服务业	8.8	2240
14	制造业	39.6	2196
15	农林牧渔业	1.0	1821

资料来源：《中国 2011 年流动人口发展报告》

增强中小城市产业承接能力，引导和吸纳人口向中小城市和小城镇流动

中央城镇化工作会议按大中小城市和小城镇分级承接转移人口的要求，是对十八届三中全会精神的再次重申。在城镇化进程中，应重点引导农民进入大中城市还是小城镇，历来是各界争论的焦点问题。近年来，一些城市人口规模快速膨胀，患上“大城市综合征”，给资源、环境承载能力带来严峻挑战。与此同时，人才流失、产业空心、公共服务配套滞后又成为许多小城镇“成长的烦恼”。

类似这样的城市发展困惑，为中国新型城镇化发展提出了一个重大的

命题——如何实现大中小城市和小城镇协调发展，既避免“大城市病”，又克服小城镇“空心化”。根据中央城镇化工作会议的精神，在新型城镇化发展过程中，中小城市和小城镇被明确为吸纳转移人口的主体。下一步，中小城市和小城镇应优化城市结构和空间格局，把培育和发展产业放在首位，以业立城、以业兴城、以产业带动就业，引导和吸纳人口向中小城市和小城镇流动，形成人口在各类城市和小城镇合理分布的格局。

统筹推进新型工业化和新型城镇化

工业化与城镇化必须相互关联，互相促进。新型工业化是新型城镇化的基础，新型城镇化是新型工业化的重要载体，只有坚定不移地把新型工业化作为第一推动力，努力在抢抓机遇中扩大开放，以项目为抓手，统筹推进新型工业化和新型城镇化，才能真正实现工业化和城镇化。

在产业化带动城镇化方面，湖南株洲醴陵市“引进外商投资兴镇”模式以及广东佛山“雄狮计划”等尝试取得了一定的成果。

“三集中”+“双新”：总理认可的新型城镇化模式

2013 年 3 月 27 日，李克强总理到江苏省江阴市新桥镇考察小城镇规划建设情况。这是李克强就任总理后首次到地方调研。为什么是新桥？早在 20 世纪 90 年代初，新桥镇就提出了“三集中”的发展思路，即“工业向园区集中、农民向集镇集中、农田向种养大户集中”，走出了一条以城镇化推进工业化、农业现代化、农民市民化的发展新路。

以“三集中”为核心，新桥镇通过“双新”并举，即农民将土地流转出去规模种植，然后到镇上工厂上班，集中居住，具有双重身份，既是“新农民”，也是“新市民”，体现了新型城镇化的应有之义。2011 年 10 月，

□ 农民工接受技能培训情况

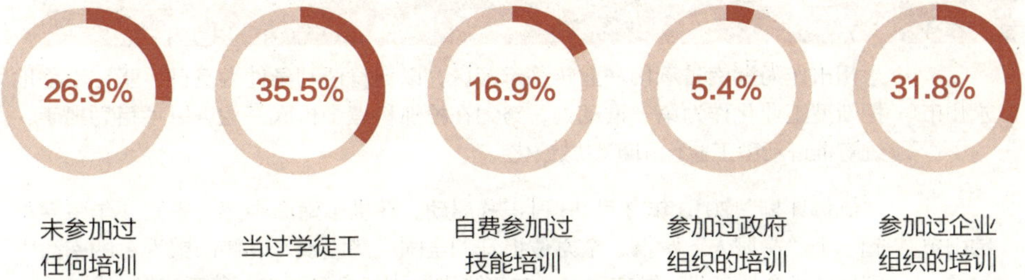

资料来源：《农民工市民化》，国务院发展研究中心课题组

新桥镇从韩国首尔捧回了国内首个乡镇级别的“国际花园城市”银奖，获得联合国在城市人居环境管理、生态建设、资源利用、人与自然、可持续发展等多方面的认可。正如李克强总理所说，小城镇建设好了，甚至比大城市生活得更舒适方便。新桥镇城镇化样本的意义还在于，城镇化必须有产业做支撑，实现产城结合。进城的农民有就业能创业，生活就会安稳，城镇化就能走得更扎实。

工业向园区集中——产业高新化的“新桥”

新桥镇将全镇规划为三大功能区，即 7 平方公里的生态林区、7 平方公里的工业园区和 5.3 平方公里的商贸居住区。在规划的 7 平方公里工业园区内，按照“老企业加快搬迁、新企业一律进园”的原则，新桥镇大力推进产业升级，全力做大园区。目前，园区利税贡献率达 98%。

通过企业向园区集中，新桥镇产业发展的规划布局、功能配套、产出效率、资源利用水平等大幅提升，产业集聚、企业集群的发展格局逐步形成。目前，该镇已成为全国最大的毛纺面料和职业服装生产基地，拥有江苏阳光、四环生物、凯诺科技 3 家 A 股上市公司。

在优化布局的同时，新桥镇着力推进传统产业高新化、高新产业规模化。

□ 工业发展带动城镇化发展典型

样本	简介
永州市	永州市作为湖南省承接产业转移示范区，以自身便利条件为基础，坚定不移地把新型工业化作为第一推动力，努力在抢抓机遇中扩大开放，以项目为抓手，统筹推进新型工业化和新型城镇化
佛山市	“雄狮计划”2013 年 3 月 26 日正式启动。在佛山南海中部，未来 3 年将会崛起一个“产城人”融合、全方位提升的全国经济重镇。以狮山镇为主的南海中部片区将会从产业、城市建设、交通基础设施建设等四方面着手建设
醴陵市	在城镇化过程中，醴陵市通过长期以来的不断努力，摸索出了“引进外商投资兴镇”的新模式，城镇建设投资体制改革收效明显

全镇拥有阳光、海澜、精亚国家火炬计划高新技术企业 3 家；世界名牌 1 个，中国驰名商标 4 个，中国名牌 4 个；企业参与制定国家标准、行业标准 6 项；成立博士后工作站 5 家。

□ 新桥镇 “三个一”推进农民市民化

解决一套安置房

对集中居住的农民，除按人均约60平方米给予补偿外，另给予每人1.05万元的补贴。农民安置区统一配套服务中心大楼、社区广场、体艺场馆、商场、学校等服务设施，实现一站式、一条龙便民服务

系上一根保险带

实现农村医保、农民养老保险全覆盖，全面落实历次被征地农民基本生活保障和城乡居民最低生活保障，本地职工城保参保率达98%。对集中居住的男满60周岁、女满55周岁的本镇农民，每人每月发放150元生活补助。设立总额4000多万元的慈善基金，有效保障弱势群体生活

铺好一条致富路

形成以就业创业收入为主体，保障收入、土地收益、合作社分红、置业收入为辅的多元收入体系，2012年全镇农民人均收入2.5万元，是10年前的3.6倍。全镇80%以上的农民成为现代产业工人，资产性收入占总收入的32%

□ 五项举措搭建城乡发展一体化平台

方面	内容
实施“产业兴镇”工程	推进城乡一体化的规划编制、产业发展、基础设施建设和社会事业发展。促进以农产品加工为重点的产业发展，做大做强乡镇工业园区，增强城镇的支撑和聚集能力，增强对农业转移人口的吸引和容纳能力。推进经济发达镇行政管理体制改革试点，省里选择 10 个乡镇开展“四化同步”试点。完善产业兴镇考评体系，省里每年评选表彰“百强乡镇”
持续推进农产品加工“四个一批”工程	支持龙头企业通过并购、重组等多种方式组建大型企业集团，重点培育一批百亿元的龙头企业。推动龙头企业与农户建立紧密型利益联结机制，让农户更多分享加工销售收益。做好品牌的整合和推广，加大驰名商标、地理标志农产品创建力度
稳步推进农村转移人口市民化	落实放宽中小城市和小城镇落户条件的政策，切实保障进城落户农民的土地承包经营权、宅基地使用权、集体收益分配权等财产权利。各职能部门要细化政策措施，推动农民工平等享有劳动报酬、子女教育、公共卫生、计划生育、住房租购和文化服务等基本权益
深化新农村建设试验示范	大力推进八个层面的新农村建设试点示范建设，按照规划要求，分阶段性目标进行考核验收。继续评选表彰新农村建设示范乡镇和示范村。深入推进 10 个省级农村体制机制改革试验联系点工作。实施“三农”发展新模式推广工程。每个县（市、区）选择一个镇，学习龙头企业带动镇域“四化同步”发展的“福娃模式”、创新土地利用机制建设农村新社区的“尹集模式”或多产业发展镇域经济的“大冶经验”；选择一个村，学习以企业发展促进新农村建设的“彭墩模式”、以土地流转推进股份合作的“龙岗模式”或以合作社全程机械化服务推进规模经营的“华丰模式”。开展农村综合改革示范试点，推进“一事一议”财政奖补试点工作。继续推进国有农场分离办社会职能改革
推进农村金融服务全覆盖	推进农村商业银行和村镇银行县域全覆盖、电话银行乡村全覆盖。加强对县域存贷比的激励优惠和评估考核，县域存贷比每年提高 2—3 个百分点。创新金融产品和服务。积极规范发展多元化农村金融机构，加快发展农业小额信用贷款，支持发展农村合作金融，逐步扩大贫困村农民资金互助合作规模。支持农民合作社开展内部信用合作。根据国家安排，规范政策性农业保险运作和管理，注重引入商业保险，鼓励开办适合各地特点的农业保险试点

农民向集镇集中——农民市民化的“新桥”

在农民向镇区集中过程中，新桥镇引入市场化投入机制，由过去政府“大包大揽、大拆大建”的单一投入，变为“政府引导、企业参与、社会支持”的多元投入，充分依托骨干企业，有序开放建设市场，加快社会资本进入。同时，为解除农民的后顾之忧，新桥镇以“三个一”推进农民市民化：即解决一套安置房；铺好一条致富路；系上一根保险带。

10 年来，新桥镇已建成 120 多万平方米的安置小区、3 个社区睦邻中心。目前，镇区集中居住率超过 82%，全镇 80% 以上的农民成为现代产业工人，农民年人均纯收入达 2.5 万元。镇区建成“六纵六横”的道路网络，新建改造了中小学、幼儿园、居家养老中心等配套设施，污水管网覆盖全镇，工业污水集中处理率达 100%，镇区生活污水处理率达 95% 以上。

按照规划，新桥镇所有行政村住户，都将搬迁至以镇区为中心的住宅小区，实行社区居委会管理。而今，新桥镇已被列为“国家小城镇建设示范科研项目”。

农田向种养大户集中——农业高效化的“新桥”

按照“自愿、有偿、依法、规范”的原则，新桥镇逐步完善土地流转机制，稳步提高流转价格，实现土地股份合作社村级全覆盖。目前，新桥镇 1.3 万多亩农田中，有 1.18 万亩实现规模经营，集中度达到 90% 以上。亩均土地流转价格达到千元以上。

在规模经营的基础上，新桥镇鼓励工商资本反哺农业，加快推进农业结构调整、优化农业布局，农业现代化格局初步成型。目前，以阳光生态农林等为主体，现代农业迅速发展，生态、观光农业有力推进，农田亩均产出达 6500 多元，高效农业比重达 95% 以上。

湖北一号文件首提“产业兴镇”

2013 年 2 月 16 日，湖北省委省政府发布《关于创新和完善农村体制机制　增强城乡发展一体化活力的若干意见》。文件开门见山以六句话作为全年“三农”工作的总体思路：“保粮食、强基础、兴加工、增收入、新农村、重改革”。文件从建立农产品供给保障机制、探索“四化同步”发展机制、构建新型农业生产经营体制、改进农村公共服务机制、创新“三农”工作机制等六方面出发，对 2013 年的“三农”工作作出具体部署。

2013 年的中央一号文件强调：对现在的经营方式进行改革创新，把重心逐步转移到专业户、家庭农场和农民合作组织上。围绕这个大方向，湖北的一号文件进一步明确，要继续促进农民外出务工经商，强化就业培训工作，加强劳务品牌建设；推进农村工业结构调整和产业升级，大力发展农村服务业；落实促进农民就近就地创业就业的政策，支持发展小型微型企业，鼓励创办家庭农场和生态农庄。

从目前情况看，“三农”工作的核心与根本问题需要重新定位和审视，特别要正确处理生产力与生产关系的问题、内因与外因关系、政府领导农村工作的工作方式问题。政府的着眼点、着力点都必须放在创造和培育农村走上一条“内生型”的发展路径，以此来培育、发展、壮大农村内部的活力，在这方面，湖北省的一号文件明确提出，要围绕现代农业和新农村建设，坚持和完善农村基本经营制度，着力构建集约化、专业化、组织化、社会化相结合的新型农业经营体系，增强城乡发展一体化活力。

“一号文件” 首提“产业兴镇”。城镇化要增加支撑力和吸引力，需产业化做支撑。在这方面，湖北省“一号文件”首次提出“产业兴镇”，并再次强调农产品加工业的发展，承诺将在 5 年内扫尾农村土地承包经营权确权登记颁证工作，重点培育新型农业经营主体。 值得注意的是，这里的产业，主要是指农产品加工业，以湖北省福娃集团为例，新沟镇 2012 年工农业总产值达 89 亿，福娃集团产值就达 64 亿，而新沟镇的城镇化率也高达 54%，远高于监利县 37% 的平均水平。

合理确定城市落户条件，有序放开中小城市落户限制

农业转移人口市民化问题必须解决，但这需要一个过程。面对如此庞大的转移人口基数，再加上历史欠账和财力所限，要“一揽子”全盘解决基本没有现实可操作性。农业转移人口市民化既要尽力而为，也要量力而行。因此，中央城镇化工作会议提出，从目前中国城镇化发展要求来看，主要任务是解决已经转移到城镇就业的农业转移人口落户问题，努力提高农民工融入城镇的素质和能力，优先解决存量，有序引导增量。

当下至 2020 年这段改革期内，户籍制度改革有望取得突破性进展。在具体思路上表现为创新人口管理，加快户籍制度改革，全面放开建制镇和小城市落户限制，有序放开中等城市落户限制，合理确定大城市落户条件，严格控制特大城市人口规模。

户籍创新是融入城市的标志

20 世纪 50 年代建立的户籍管理制度直接导致了中国特有的城乡人力资源二元结构体制的形成。这种户籍管理制度虽然未能阻止乡村劳动力进城务工经商，却一直是进城务工人员应享有的经济、政治、社会、文化等各项权益受到损害的深层原因。随着城乡交流的日益广泛，户籍制度已引起愈来愈广泛的争议，被指抑制了劳动力、人才的自由流动。中国社科院人口与劳动经济研究所所长蔡昉提出，从 2010 年开始，中国的人口红利已经消失。保证中国经济未来持续、平稳发展的重点在于推行户籍制度改革。

首先，户籍制度改革使农民变成市民，这部分人就变成了稳定的劳动力，直接改变了劳动供给。其次，户籍制度改革让农民工有了制度保障，政府的激励可以加大农民工的转移力度。最后，农民工变成市民后，享受各种社会保障，解除了农民工的后顾之忧，可以改善内需中的消费需求。

事实上，户籍制度改革的难点不在于其本身，而在于它背后的利益格局。国研中心社会发展研究部研究室主任王列军认为，中国的福利支出责任主要由省级及以下政府承担，而且长期以来省以下政府支出占大头。在这样一种福利支出责任机制下，为新落户人口提供公共服务就主要依靠地方自身财力来解决，城市政府放宽落户条件的积极性显然不高。

当下，十八届三中全会《决定》让问题获得了解决的可能。按照《决定》，部分社会保障、跨区域重大项目建设维护等作为中央和地方共同事权，逐步理顺事权关系。《决定》明确，对于跨区域且对其他地区影响较大的

□ 能够自主选择情况下农民工的定居意愿

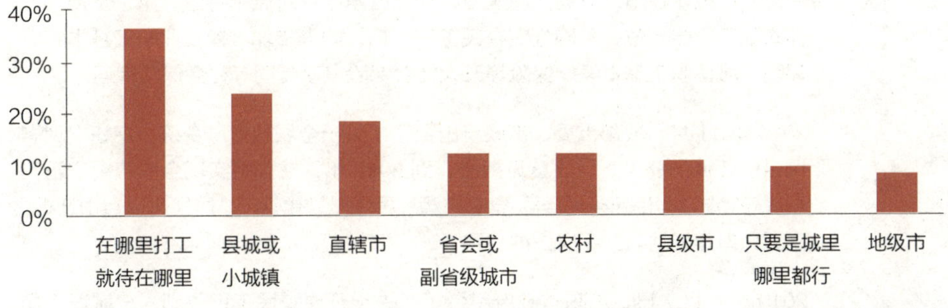

注：农民工对定居城市的选择是多元的。对定居的地方，35.7%的农民工表示在哪里打工就在哪里，24.8%的农民工希望定居在县城或小城镇，14.7%的农民工希望定居在直辖市，9.0%的人希望定居在省会或副省级城市，6.9%的农民工希望定居在地级市。根据相关数据调整后，推算出愿意在地级以上大中城市定居的农民工占53.2%，愿意在县城或小城镇定居的农民工占38%，愿意回农村定居的农民工占8.8%。这表明农民工进城定居的选择与就业路径高度一致，与大中小城市和小城镇协调发展的城镇化路径高度一致。为此，应通过规划引导产业和城镇空间布局合理发展，注重发挥各类城市和小城镇的就业和人口吸纳能力。

资料来源：国务院发展研究中心课题组：《农民工市民化》

公共服务，中央通过转移支付承担一部分地方事权支出责任。建立财政转移支付同农业转移人口市民化挂钩机制。有参与户籍制度改革的官方调研人士表示，这意味着地方财政承担的压力将减轻，这将增加地方放开户籍吸引人口落户的动力。

北上广人口规模将受严控

李克强总理曾表示，城镇化不能靠摊大饼，要大、中、小城市协调发展，东、中、西部地区因地制宜地推进，还要注意防止城市病，不能一边是高

□ 城镇化发展户籍制度改革四大模式

模式	主要内容
重庆	2010 年 7 月 12 日，重庆市政府审议并原则通过了《重庆市人民政府关于统筹城乡户籍制度改革的意见》及《重庆市户籍制度改革配套方案》。同年 8 月，户籍制度改革在重庆启动。重庆市在户籍改革中针对城市待遇问题，坚持“五件衣服”一步到位，明确规定农民工转户后，同等参加城镇企业职工基本养老保险、城镇职工基本医疗保险等五大社会保险，享受同等社会保险待遇
成都	2010 年 11 月，成都市委、市政府出台了《关于全域成都城乡统一户籍实现居民自由迁徙的意见》。该意见指出，到 2012 年，成都将实现全域统一户籍，彻底破除城乡居民身份差异，建立户籍、居住一元化管理。居民可以自由迁徙，实现户口登记地与实际居住地一致
广东	2010 年 6 月 7 日，广东省政府出台了《关于开展农民工积分制入户城镇工作的指导意见（试行）》，正式启动了“积分入户”的户籍改革探索。该意见指出，原则上农民工积满 60 分可申请入户。这套模式则是实施有条件、有限制的人口城市化
大连	2013 年 3 月 1 日，大连市正式实施 2012 年 12 月 7 日发布的《大连市户籍准入规定》，根据规定，大连市户籍管理制度改革坚持“合理控制主城区，适度放开新市区，全面放开新区”的原则，全市取消农业人口与非农业人口性质划分，实行城乡统一的户口登记制度，统一登记为“居民户口”

楼林立，一边是棚户连片。十八届三中全会《决定》强化了这一概念，提出“合理确定大城市落户条件，严格控制特大城市人口规模”。国家发改委城市和小城镇改革发展中心战略策划部副主任郑明媚对此分析称，现在北上广等特大城市无法再集聚和承载更多的人口，“大城市病”也越来越突出，譬如日趋严重的雾霾问题等，因此，在放开中小城市落户限制的同时，严格控制特大城市人口规模是非常有必要的。郑明媚表示，受等级化的城市管理体制影响，中国的中小城市发展并不充分，但是中小城市人口城镇化的成本相对于大城市低很多，所以政策的导向是重点发展中小城市，要引导大城市优质的资源向中小城市流动。

山东财经大学农业与农村经济研究中心副主任王蔚分析，农村外出务工人员主要向大城市集中，是因为大城市产业类型丰富，就业机会多，收入相对较高。但是这与中央城镇化工作会议提出的“以县、市为基础的就地城镇化”的政策取向形成较大反差。这就需要通过相应的政策扶持和倾斜，引导超大城市和大城市的人口、产业、城市功能向中小城市和小城镇疏散，提高后者的综合承载能力、人口吸纳能力以及可持续发展能力。

国务院发展研究中心宏观经济研究部研究员张立群则认为，这里最主要的还是强调以城市群为主体形态。城市的发展不仅是每一个城市的块头不断做大，而且要强调各个城市之间功能的相互配合，各个城市之间的协调发展。城市群在相互联系当中，应该有各自的定位，大中小城市相互配合。每个城市的发展可能都要有一定的合理边界，不是越大越好。

经济学者马光远认为，中国城镇化路径选择，一定要摒弃乌托邦的幻想，搞小城镇，而应围绕大城市、中心城市打造城市群，形成 10 个全国性的 20 个区域性的真正的城市群，使得这些城市群可以容纳 65% 以上的人口，70% 的 GDP 规模。特大城市、大城市的人口、环境压力无法控制，只能疏散。目前，上海周边的长三角基本已经形成了这种格局。

中共中央党史研究室主任欧阳淞认为有两个途径可以解决问题：一是

□ 中国户籍制度改革路线图和时间表

方面	内容
改革目标	到 2020 年，要基本形成以合法稳定住所和合法稳定职业为户口迁移基本条件、以经常居住地登记户口为基本形式，城乡统一、以人为本、科学高效、规范有序的新型户籍制度
管理办法	建立城乡统一的户口登记制度，取消城乡居民的身份差别；建立实施居住证制度，建立健全与居住年限等条件相挂钩的基本公共服务提供机制；健全实际居住人口登记制度，建设和完善覆盖全国人口的国家人口基础信息库
改革举措	公安部将会同国家发改委等 12 个部门起草《关于加快推进户籍制度改革的意见》文稿

资料来源：2013 年 12 月 17 日公安部副部长黄明媒体访谈内容

从国家宏观层面，加强城市群规模的科学规划和布局，大力推进城镇化建设，增强中小城市和小城镇的产业发展、公共服务、吸纳就业、人口聚集的功能，实现人口就地转移、就地就业。二是从北京等特大城市层面，加快转变经济发展方式，引导城镇产业升级转型，合理调控外来人口的规模与结构，同时完善城市布局，分散中心城市功能。

新型户籍制度 2020 年形成，将以常居住地登记户口

针对备受关注的户籍制度改革，公安部副部长黄明在 2013 年年底接受央视采访时表示，公安部已会同国家发改委等 12 个部门，形成了《关于加快推进户籍制度改革的意见》文稿，目前正进一步修改完善，待报中央审批和部署后，由各地因地制宜研究制订差别化的落户政策和实施方案。到 2020 年，中国将形成一套新型的户籍制度，其中包括建立城乡统一的户口登记制度，以合法稳定住所和合法稳定职业为户口迁移基本条件、以经常居住地登记户口为基本形式。

加快财税体制的改革，解决城镇化经费问题

新型城镇化对于地方政府来说，并不是有更多的土地出让，而是需要投入更多的财力物力，弥补半城镇化的差距，弥补公共服务和设施配套方面的欠账。据国家开发银行预计，未来 3 年中国城镇化投融资资金需求量将达 25 万亿元。

中央城镇化工作会议提出了四大城镇化资金来源，要求完善地方税体系；建立健全地方债券发行管理制度；推进政策性金融机构改革；鼓励社会资本参与城市公用设施投资运营。新型城镇化不可能再靠类似“四万亿”的公共投资，必须依靠市场机制，以企业为投资主体，特别要激发民间投资的活力。

民间资本与市场经济存在着天然联系。民间投资比较理性，在客观上会加速相关投资建设进程和提高投资效率，同时也能大大缓解政府因投入能力有限从而制约城镇化发展的“瓶颈”约束。调查表明，民营企业和民间资本在能源及基础设施建设，服务业特别是现代服务业和公共服务，保障房建设和棚户区改造，智慧城市与绿色发展，城市产业升级和新兴产业发展，城镇综合体和新型社区建设，中小银行和草根金融等方面都大有可为。

农民工真正市民化，人均成本不会超过 10 万元

农民工市民化是现阶段中国推进城市化的重要任务。研究表明，中国 2 亿多农民工，如果以目前人均 8 万元左右的市民化成本计算，未来 10 年，平均每年要投入约 1.6 万亿元。这个成本并非高不可攀。重庆市发改委陈继红表示，对重庆农民工市民化的成本进行过详细的测算，到 2020 年完成 1000 万农民工变成市民的成本是可以承担的。国务院发展研究中心的相关报告也认为，由于目前农民工已经享受部分公共服务，因此农民工市民化所需要增加的成本是比较少的。

坚持自愿、分类、有序，稳步推进农业转移人口市民化

凡事欲速则不达。当前，一些地方政府把城镇化作为政绩工程，违背群众意愿、当地实际情况和发展规律，过度举债，盲目造城，使大量农业转移人口一时难以融入城市社会，城镇用地粗放低效，城镇规模超出其承载能力，“城市病”日益突出，不仅没有收到良好的经济和社会

□ 市民化的公共成本测算

项目		嘉兴市	武汉市	郑州市	重庆市
1. 义务教育	小学生（元）	5807.6	7898.3	3252.2	3021.0
	中学生（元）	7321.9	10067.7	4931.3	3077.6
	校舍（元）	2659.3	2919.3	3016.8	2773.3
2. 居民合作医疗保险（元 / 年）		118.0	52.0	31.2	62.4
3. 基本养老保险（元）		36,089.0	29,753.9	42,049.3	35,816.3
4. 民政部门的其他社会保障	意外伤害保险(元 / 年）		5.0		
	低保（元 / 年）	76.5	80.7	59.0	85.9
	医疗等救助（元 / 年）	8.2	49.4	15.9	9.0
	妇幼保健等（元 / 年）	46.1	6.3		13.5
	孤寡老人（元 / 年）	14.2		8.0	
5. 城市管理费用（元 / 年）		338.0	401.0	259.8	490.7
6. 住房（元）		10,284.0	9975.6	8696.9	8570.1
合计	总成本（元）	83,690.0	85,086.6	77,361.3	80,408.0

资料来源：国务院发展研究中心课题组：《农民工市民化》。为了衡量政府的公共支出，国研中心对重庆、郑州、武汉、嘉兴四个城市进行了调研测算。基本的判断是，按照2010年不变价格计算，每个农民工市民化的政府支出公共成本在8万元左右

效益，反而为未来发展埋下不少隐患。对此，中央城镇化工作会议提出，要把促进有能力在城镇稳定就业和生活的常住人口有序实现市民化作为首要任务。

中央城镇化工作会议提出，确定城镇化目标必须实事求是、切实可行，不能靠行政命令层层加码、级级考核，不要急于求成、拔苗助长。要求在今后的城镇化进程中既要积极，又要稳妥，更要扎实。积极稳妥推进城镇化，还必须尊重人的意愿。新型城镇化是以人为核心的城镇化，目的是提高人口素质和生活质量，无论是在农业转移人口市民化过程中，还是在各类城市改造项目进程中，都要坚持自愿、有序的原则，不能为求进度强人所难，真正使城镇化建设成为利国利民的大事好事。

在新型城镇化进程中实现农村人口有序转移，要按照因地制宜、分类指导、稳步推进的原则，依照新型城镇化的空间布局，有规划、有节奏、有重点地推进农村人口向大中小城市、小城镇和新型农村社区有序转移，促进人口合理分布，加快新型城镇化健康发展。

改革征地制度，拓宽农民增收渠道，使农民合理分享城镇化的“红利”

拓宽农民转移就业增收渠道，确保农民收入持续稳定增长，是城镇化建设的一项重要任务。因此，从战略层面认识加快推进城镇化与农民增收的关系，从顶层设计角度厘清城镇化的总体思路，对于形成农民收入持续较快增长的长效机制具有重要意义。

土地是农民最大的财富，通过提高农民在土地增值收益中的分配比例，使农民合理分享城镇化的“红利”，从而顺利推进农业人口市民化的进程。十八大报告中明确提出要改革征地制度，提高农民在土地增值收益中的分配比例，并依法维护农民土地承包经营权、宅基地使用权。新型城镇化启动了农村新一轮改革，土地流转是大势所趋。重庆地票式交易、成都土地

□ 农业转移人口市民化模式及特点

模式类别	实施特点
社区安置	对建设基础较好，地理位置优越，发展后劲足的城中村、中心村、自然村，科学统一规划，集中建设具有一定规模、功能配套完善的新型农村社区，坚持先易后难、梯次推进的方法，科学有序安置
政府主导	以政府为主体，以规划为引领，以土地变现为资本，吸引企业参与，以近郊村为核心投资建设新型社区，打破城镇周边村级行政区划，整村转移安置村民到新区居住
股权分置	以拓宽农民增收渠道，使农民合理分享城镇化的“红利”为原则，可采取社区股份合作、土地股份合作、农民专业合作、投资富民合作、农村劳务合作等多种合作形式
企业拉动	依托乡村土地、劳动力、农副产品等资源优势，充分利用亲情乡情招商引资，吸引有资金实力、有技术保障、有发展眼光的大企业投资兴业。企业为并村农民集中建设住房和配套设施，吸纳本地农民就近就业、集聚居住
产业带动	依托产业发展促进人口集聚和生产要素整合流动，将社区建在产业集聚区或专业园区之内，既为集聚区或园区建设提供土地、劳动力等要素支撑，又通过产业发展带动农民就近就地转移就业
宅基地置换	利用增减挂钩、占补平衡的土地整理政策，盘活镇郊村土地。通过市场化运作的方式，开发企业先行建设符合农民意愿的住房及相关配套设施，农民以宅基地换房，腾挪出的宅基地用作建设用地或复垦。在保障农民生产生活的前提下，合理撤并行政村

资料来源：根据互联网材料整理

流转、广东佛山股权分红、天津宅基地换房，不同的地方做法不同，但都为解决城镇化进程中的用地“瓶颈”，实现土地配置市场化、农村土地资本化，优化农村资源配置和产业结构，推进统筹城乡发展探索出一条新路。

推进新型城镇化战略布局与人口战略布局分类有序协调发展

推进农村人口向城镇有序转移，实际上是生产力空间布局与人口空间

□ 城镇化发展土地流转改革样本

样本	特点
天津市华明镇	采用“城镇建设用地增加与村庄建设用地减少相挂钩”的模式，用“宅基地换房”。同时，开展“三区联动”试点，统一规划所有二、三产业，以解决搬迁村民的就业问题
杭州市萧山区凤凰村	凤凰村在工业化进程中，由集体将土地集中起来，建成标准厂房，并将村民公寓底层建成商铺，土地不是一次性征用买断，而是永久性租给企业，使村民享受永久性收入回报
佛山	将农民手中的土地集中，按股权折算，使农民在年底可以得到股权分红
重庆	地票交易就是把农村废弃、闲置的建设用地复垦为耕地，形成的指标留足农村发展空间后，将多余指标交易后拿到城市使用，实现城乡建设用地的统筹、合理利用
成都	在制度设计层面，成都开展了农村产权制度改革与土地流转，其中最重要的是推行确权颁证，实现了农民向城市居民转化过程中的资本性投入，厘清了农民的财产权

布局相适应、新型城镇化战略布局与人口战略布局相协调发展格局形成的过程，它体现了人口与城镇建设、人口与经济发展在空间、时序上的均衡与协调。经过近年来的实践，各地逐渐探索出政府主导、社区安置、产业带动、股权分置等符合科学规律、适应农情民情的城镇化发展模式。

天津市华明镇“四步走”的发展模式吸引了 7000 余次的参观团前来考察，其中，宅基地换房是推进城镇化建设的核心，“三区”联动实现了可持续发展，“三改一化”化解了城乡二元利益问题，而农村金融改革则让城镇化有了资金保障。江苏苏南地区《苏南现代化建设示范区规划》的获批，标志着中国第一个以现代化建设为主题的区域规划正式颁布实施，南京、无锡、常州、苏州和镇江 5 市阶段性发展规划和现代化建设指标体系已经成型。

城镇化是长期的历史任务，也是复杂的系统工程，更是今后一个时期协调发展工业化、城镇化、农业现代化的必然趋势。我们一方面不能操之过急，违背发展规律办事；另一方面又要积极主动，科学谋划计划，找准结合点，有步骤、有计划、合理有序地推进城镇化。

天津华明镇：大城市周边城乡一体化样本

在建设新型小城镇、统筹城乡发展的过程中，天津市华明镇分“四步走”，以宅基地换房建设示范小城镇、“三区”联动发展、实施“三改一化”改革、农村金融改革创新等，走活了城乡统筹这盘棋。2012年9月7日，天津市市长黄兴国在国家行政学院举办的省部级领导干部推进城镇化建设专题研讨班上，将华明镇作为一个成功案例向全国推荐。

宅基地换房实现土地与资金两个平衡。2005年9月，天津市委、市政府在国土资源部的支持下，决定在华明镇实行宅基地换房试点，以全新的形式规划建设小城镇。宅基地换房，就是在国家现行法律框架内，坚持承包责任制不变、可耕种土地不减、尊重农民自愿的原则，高水平规划、设计和建设有特色、适于产业集聚和生态宜居的新型小城镇。农民以其宅基地按照规定标准无偿换取小城镇中的住宅，迁入小城镇居住，原有的宅基地统一组织整理复耕。华明镇通过宅基地换房，实现了土地和资金两个平衡。全镇原来12个村的12,071亩宅基地全部复垦为耕地，新的小城镇建设只占用土地8427亩，实现了耕地的占补平衡。新城镇建设的8427亩土地中，农民还迁房建设占地3476亩，其余4951亩土地规划为经营开发用地，其出让收益用于农民住宅和配套设施建设、农民搬迁补贴、农民社会保障支出，做到资金平衡有余。

“三区”联动解决农民就业、收入两个难题。在解决了农民安居问题的基础上，华明镇实施了“三区”（示范工业园区、农业产业园区、农民居住社区）联动发展，就地就近转移就业，提高了农民收入，增加了财政来源，

□ 华明镇城镇化“四步走”

宅基地换房	提出26字方针：承包责任制不变，可耕种土地不减，尊重农民意愿，以宅基地换房
“三区”联动	工业园区：通过征收耕地，规划占地10平方公里建设华明工业园区。目前已招商引资200亿元，入驻企业1000余家，安置就业8500人 农业产业园区：通过废除村民与村集体原来签订的土地承包合同，整合农民口粮地进行流转，形成5个现代设施农业园，共占地8700亩，每年土地租金1200元—1500元每亩 农民居住区：改变传统村庄管理模式，以3000户为一个社区、300户为一个邻里，组建新型社区管理体制。在管理方式上，实行市容环卫、园林绿化管干分离，通过招投标方式选定养管队伍。在行政执法上，借鉴香港一顶“大壳帽”管到底的做法，实行一支队伍管全部。在公共服务上，开展各种类型的职业技能培训，建立劳动保障服务站，提供职业技能培训和劳动就业信息等
“三改一化”	“集改股”即村集体经济组织改为股份制公司；“农改非”即将农业户口改为城市户口；“村改居”即将村委会改为社区居委会；“一化”就是消除城乡二元体制，实现真正意义上的城乡一体化
设立村镇银行	要让农民有较多的金融话语权。村镇银行扎根在农村，对小微企业知根知底，可以高效服务，有效管理，使农村经济社会如虎添翼 要支持村镇银行做强做大。在政策上给予优惠，使其具有良好的发展环境

数据来源：《行政管理改革》2013年第1期

实现了小城镇可持续发展。预计到2015年，华明镇工业总产值可达700亿元，地区生产总值200亿元，三级财政收入30亿元，全镇农民人均纯收入达3.5万元。

“三改一化”探索农民待遇加市民待遇。2011年，华明镇开始进行“三改一化”探索。“三改”即“集改股”“农改非”“村改居”；“一化”就是消除城乡二元体制，实现真正意义上的城乡一体化。华明镇农民已成为“四金农民”（薪金、租金、股金和保障金），既保留农民的土地承包权、农村计划生育政策和奖励扶助政策等待遇，又享有市民的医疗保险、养老保险、就业保障等。华明镇已实现医疗保险全覆盖，男60岁、女55岁以上居民每月领取养老金575元。全镇就业率达92%。

“草根银行”服务“草根经济”。建设村镇银行是华明镇推进城镇化的又一项重要举措。2012 年 5 月 28 日，华明村镇银行成立，注册资本 5 亿元，其中东丽区农村集体经济组织持股 51%，山东寿光农商行持股 40%，其他股东持股 9%。该镇银行成立 3 个月就实现净利润 120 万元。

苏南区域发展：中国第一个区域现代化规划实践

2013 年 4 月，国务院批准《苏南现代化建设示范区规划》，标志着中国第一个以现代化建设为主题的区域规划正式颁布实施。规划要求高起点打造苏南现代化建设示范区，总体要求和目标定位可以概括为：坚持“四条原则”、突出“五项关键举措”、推进“五方面建设”、建设“五个区”、实现“两大阶段性目标”。5 月 21 日，江苏省委、省政府发布了《关于贯彻落实〈苏南现代化建设示范区规划〉的实施意见》。除规划中提出的，涵盖南京、苏州、无锡、常州、镇江 5 市的苏南地区人均 GDP 在 2020 年达到 18 万元外，该省又制定了近期目标——2015 年人均 GDP 达 13 万元。

六个“圈”，圈定以人为中心的公共服务均等化。该实施意见不仅提出在终身教育、就业服务、社会保障、基本医疗卫生、住房保障、养老服务等方面实现苏南基本公共服务“均等化”，而且还提出要做到“常住人口全覆盖”的高要求，并划定“15 分钟就业社保服务圈”，“15 分钟健康服务圈”，城市社区“10 分钟体育健身圈”，城市社区 15 分钟、农村社区 2 公里管理服务圈，城市“15 分钟文化圈”和农村“十里文化圈”六个以人为中心的“圈”，推动公共服务均等化。

五大指标，指明三个现代化和两个文明目标。该实施意见要求高起点打造苏南现代化建设示范区，重点推进经济现代化、城乡现代化、社会现代化和生态文明、政治文明建设五方面建设。现代化建设，离不开人的现

□ 苏南现代化建设示范区的六个“圈”

城市社区15分钟、农村社区2公里管理服务圈

着力推进社会管理重心下移，全面推广“一委一居一站一办”的新型城乡社区管理模式，形成多层次社区服务体系，依托城乡社区综合服务中心普遍开展“一站式”服务

城市“15分钟文化圈”

建立全覆盖的公共文化服务设施网络，实行公共文化服务设施免费开放，大力开展全民阅读活动，扎实推进书香苏南建设。推进公共文化资源数字化，建设一批数字图书馆、数字博物馆、网上文化馆、网上剧院、数字农家书屋、数字电影广场，实现资源联动共享。推进文化交流与合作，提升苏南文化国际影响力

农村“十里文化圈”

“15分钟就业社保服务圈”

到2020年城乡基本养老保险、基本医疗保险、失业保险覆盖率达到98%

“15分钟健康服务圈”

完善城市社区卫生服务网络和县、乡、村三级医疗卫生服务网络，落实计划生育奖励扶助政策，健全人口和计划生育公共服务体系，免费提供国家基本公共卫生服务项目

“10分钟体育健身服务圈”

整体提升体育产业发展规模和效益，加快体育公共服务体系建设，推进农民体育健身工程覆盖到全部行政村、较大自然村和农民集中居住点

代化。除规划在这五方面设置 30 项 44 个指标外，该实施意见还将居民科学素质指标纳入指标体系，提出到 2020 年，苏南现代化建设示范区居民科学素质达 12%。

□ 苏南现代化建设示范区发展阶段性目标

2015

为基本实现现代化奠定坚实基础

人均GDP达到13万元（约2万美元），城镇居民人均可支配收入达到4.8万元，农村居民人均纯收入达到2.4万元，达到高收入国家和地区发展水平

2020

基本实现区域现代化，建成全国现代化建设示范区

人均地区生产总值达到18万元（约3万美元），城镇居民人均可支配收入达到7.5万元，农村居民人均纯收入达到3.8万元，城镇化率达到75%

2030

全面实现区域现代化

经济发展和社会事业达到主要发达国家水平，成为经济发达、社会进步、生活富裕、生态良好、民主法治的现代化地区

中国大数据

BIG DATA

可视化分析篇

养老金“收不抵支”我们是否会老无所依

中国社会科学院世界社保研究中心 2013 年 12 月 12 日发布的《中国养老金发展报告 2013》（以下简称《报告》）显示，2012 年，中国共有 19 省养老金收不抵支，比 2011 年增加了 5 个。2012 年城镇职工基本养老保险个人账户累计记账额达 29,543 亿元，与 2012 年城镇职工基本养老保险基金累计余额 23,941 亿元相比，超出 5602 亿元，与 2011 年相比，缺口扩大了约 240 亿元。不可否认，中国养老体制存在巨大缺陷，双轨制导致社会不公，造成普通职工不满情绪，养老金缺口巨大，19 省养老金收不抵支，面临困境。

养老保险基金“收不抵支”

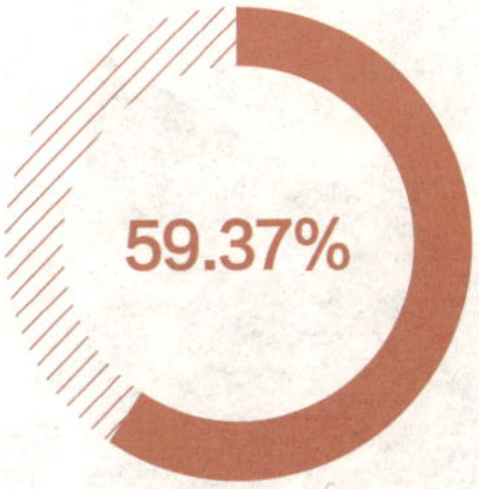

□ 2010—2012 年养老保险基金收支缺口逐年上升

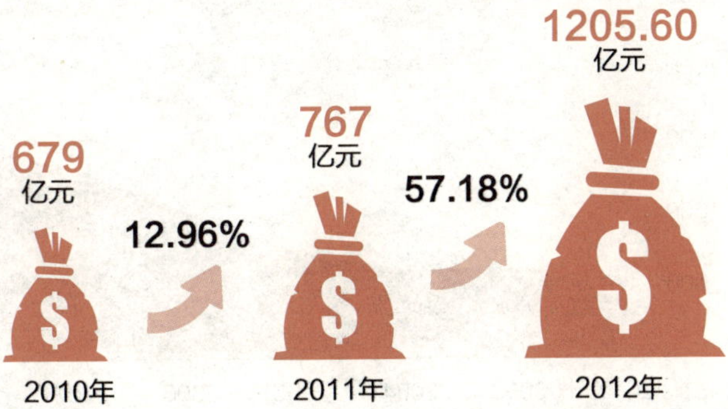

□ 收不抵支造成个人账户空账现象产生

我国养老保险不是现付制度，而是积累制，至少积累15年。

全国总工会 **李志培**

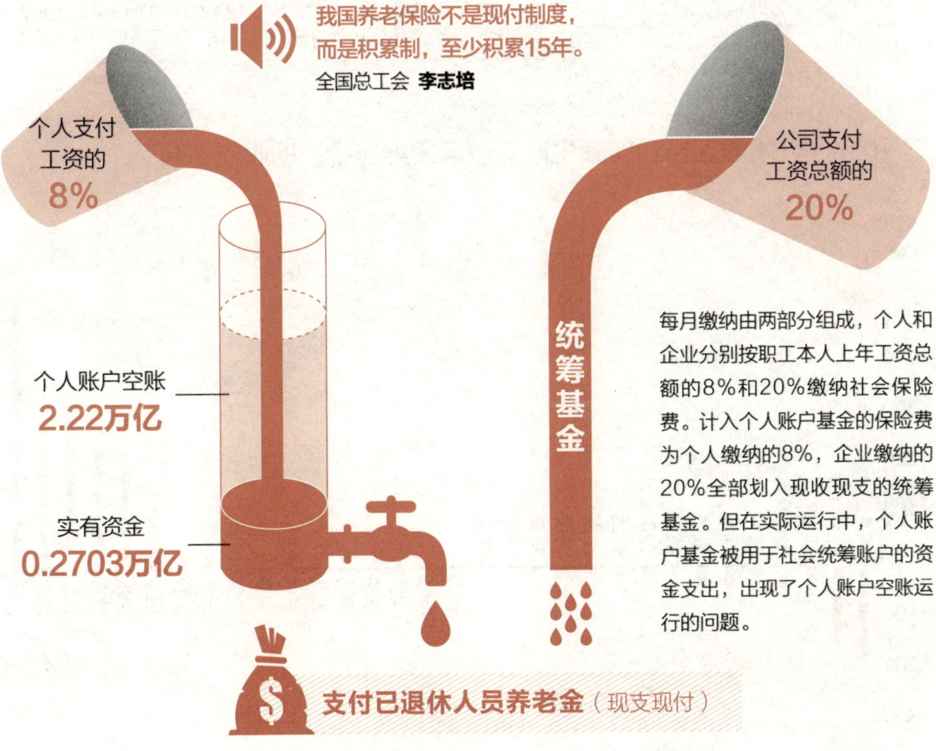

每月缴纳由两部分组成，个人和企业分别按职工本人上年工资总额的8%和20%缴纳社会保险费。计入个人账户基金的保险费为个人缴纳的8%，企业缴纳的20%全部划入现收现支的统筹基金。但在实际运行中，个人账户基金被用于社会统筹账户的资金支出，出现了个人账户空账运行的问题。

□ 各省份“收不抵支”情况逐年严重

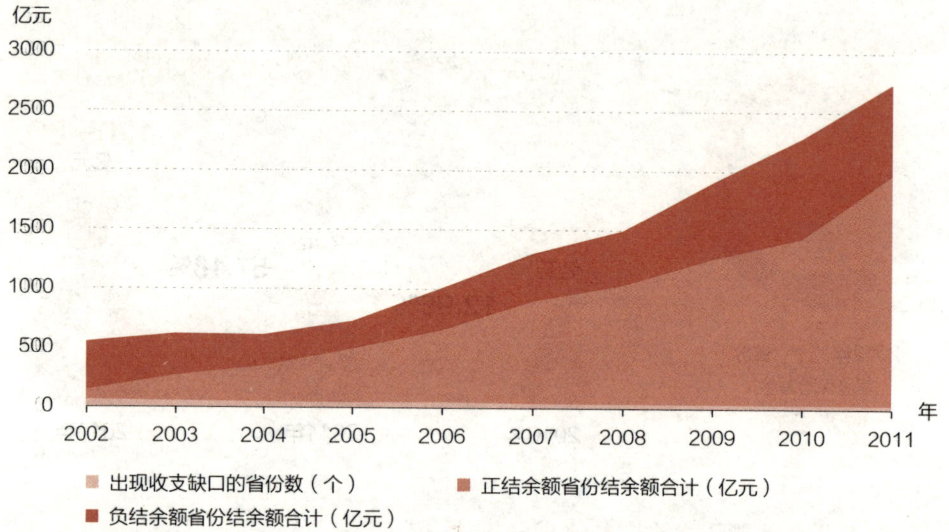

	2002	2003	2004	2005	2006	2007	2008	2009	2010	2011
■	407.6	352.8	266.1	231.2	355.7	401.2	459.5	647.1	847.4	766.5
■	111.3	239.4	322.9	475.8	630.3	882.3	1019.6	1243.8	1418.7	1957.1
■	29	25	22	20	23	18	17	16	15	14

□ 2011 年 31 省区市和新疆生产建设兵团养老金当期收支结余

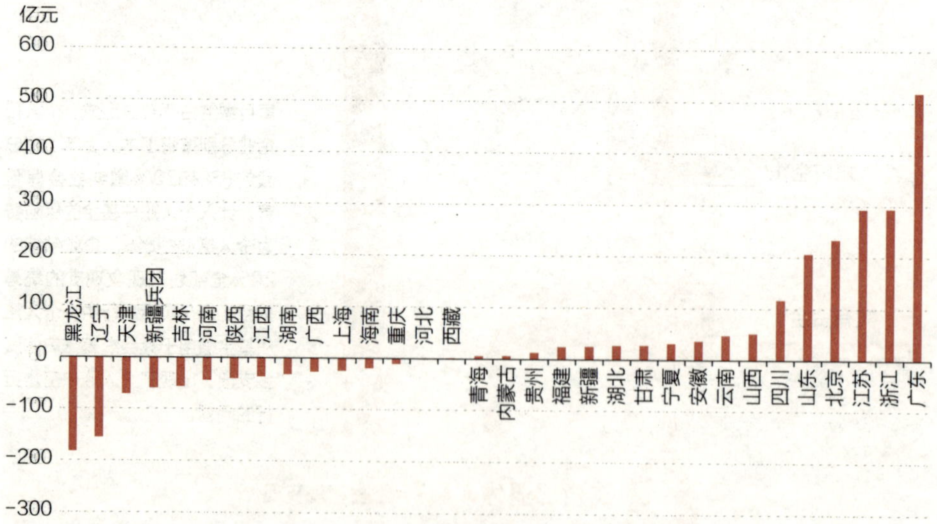

推迟退休时间是否能解决问题

按照人保部的说法，将退休时间改到**65岁**，每年可以减缓基金缺口约**200亿元**，而2011年保险金空账已经达到**2.22万亿元**，这是个什么概念呢？

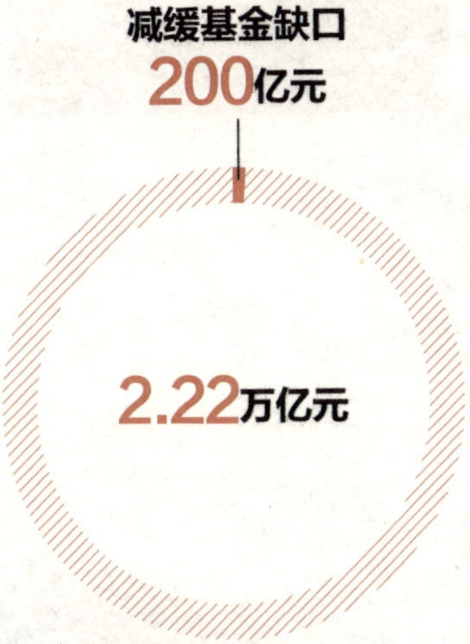

以**每年200亿**的速度填补**2.22万亿**的空账，我们需要**111年**。

而且这个数字还在不断地上涨。

目前中国平均期望寿命在70岁左右，等这些空账都填上，我们已经不再需要养老金了。

从总体上来看，“收不抵支”向部分省份集中的趋势会进一步加强。随着窗口期扩面进程的推进，虽然会有越来越多的省份走出当期收支亏损的困境，但部分困难省份的亏损趋势会继续恶化。在城镇制度为实现全国统筹的情况下，由收支赤字引起的财政补贴压力会越来越大。

灰色收入：收入分配不公平的“幕后黑手”

基于2012年全国各地5344户城镇居民的家庭情况调查和最新统计数据，中国经济体制改革研究会收入分配课题组发现灰色收入为6.2万亿元，约占GDP的12%，集中在部分高收入居民，并有向某些中高收入阶层蔓延的趋势；城镇居民收入基尼系数为0.501，城镇10%最高收入家庭的收入是城镇10%最低收入家庭的20.9倍，远高于官方统计的8.6倍。

灰色收入有多少

□ 2011 年灰色收入人群缓慢增多

□ 2011 年拥有隐性收入的群体

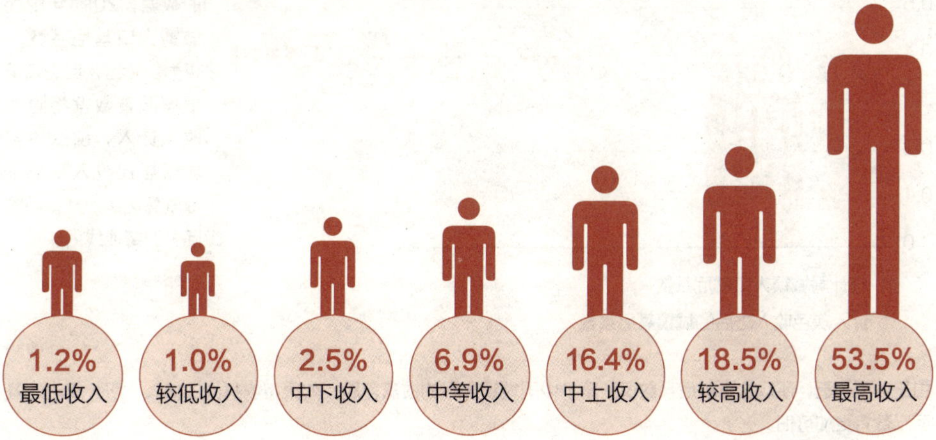

隐性收入大部分归谁

按照中国的收入层次来分类，统计局给出的统计收入越高的人群，他们的隐性收入也越高，收入最高的20%的群体占整个社会隐性收入的70%以上。

隐性收入拉大贫富差距

□ 2011 城镇居民因隐性收入造成的收入差距测算

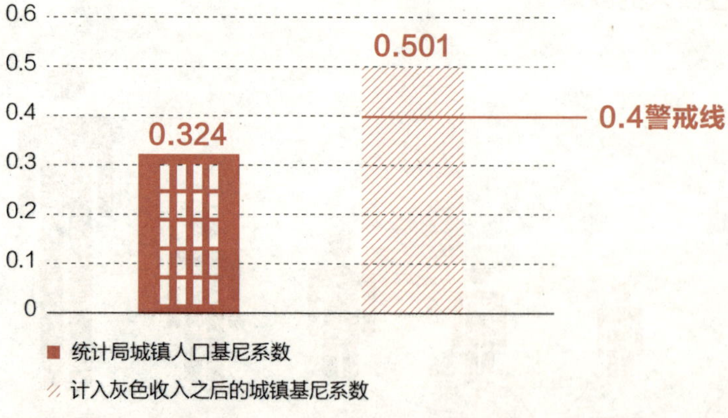

如果按照统计局公布的数据，2011年中国城镇人口基尼系数，仅为0.324，但是如果根据调查数据将隐性收入计入，那么中国城镇居民收入基尼系数就高达0.501，而国际上的警戒线为0.4。

由于数据缺乏，所以这个基尼系数仅计算了中国城镇居民的贫富差距，如果将农村人口加入，所计算出的基尼系数将更加可怕。

隐性收入还在不断扩大

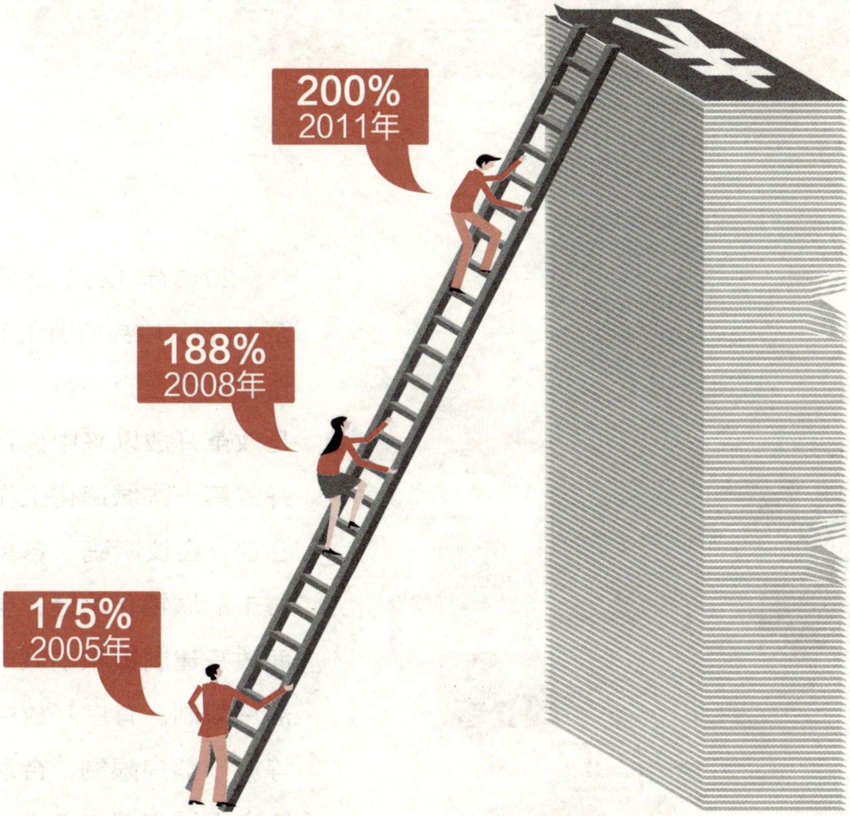

到2011年，根据调查推算的收入已经达到统计收入的**2倍**，这意味着中国有**一半左右**的收入是在官方统计之外的灰色地带。

灰色收入基尼系数是可以准确地反映社会贫富收入差距的一个基本的系数，这次调查的结果远远高于官方公布的数据。由此可以看出，中国社会收入分配的不平等不公平已经到了一个相当严重的程度，分析发现灰色收入有向中高收入阶层蔓延的趋势，这说明腐败对于社会的影响面在扩大，社会面临严重的挑战。

2013年中央城镇化工作会议：自愿、分类、有序地“市民化”

2013年12月12日至13日，中央城镇化工作会议在北京举行。这是改革开放以来中央召开的第一次城镇化工作会议。会议明确了各类城市的城镇化路径，全面放开建制镇和小城市落户限制，有序开放中等城市落户限制，合理确定大城市落户条件，严格控制特大城市人口规模。

首要任务

要以人为本，推进以人为核心的城镇化，提高城镇人口素质和居民生活质量，把促进有能力在城镇稳定就业和生活的常住人口有序实现市民化作为首要任务。

三大关切

"城"怎么建?
城市化布局 "两横三纵"

"地"怎么管?
严控增量，盘活存量

"钱"从哪来?
降低门槛，鼓励社会投资

六大任务

- 推进农业转移人口市民化
- 提高城镇建设用地利用效率
- 建立多元可持续的资金保障机制
- 优化城镇化布局和形态
- 提高城镇建设水平
- 加强对城镇化的管理

解决已经转移到城镇就业的农业转移人口落户问题，努力提高农民工融入城镇的素质和能力。

要发展各具特色的城市产业体系，强化城市间专业化分工协作，增强中小城市产业承接能力。

全面放开建制镇和小城市落户限制，有序放开中等城市落户限制，合理确定大城市落户条件，严格控制特大城市人口规模。

推进农业转移人口市民化要坚持自愿、分类、有序。

中国城镇化现状

农民工接受技能培训情况

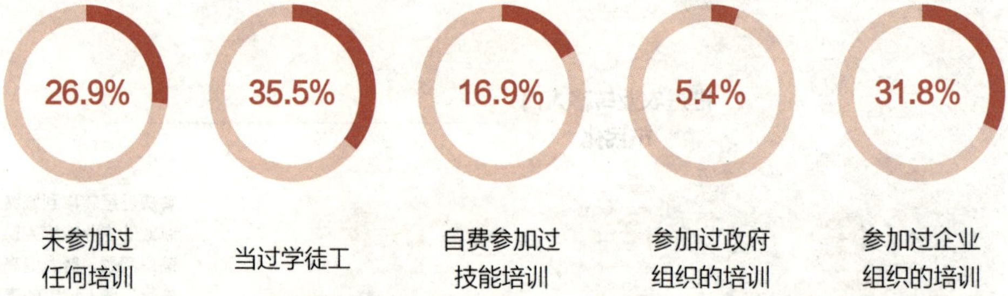

农民工对定居城市的选择是多元的

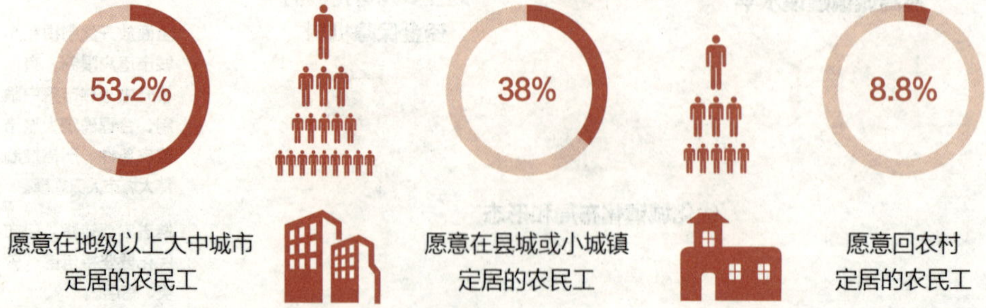

中纪委重拳“打虎”记

2012年11月十八大召开以来，国家反腐倡廉工作进入了一个新的高潮，习近平总书记指出，要坚持“老虎”“苍蝇”一起打。据人民网安徽频道统计，自2012年12月6日中纪委宣布调查李春城为始，截至2014年2月21日，十八大后已先后有20名省部级官员落马，其中多人履历曾有交集。据公开资料显示，李春城、郭永祥、李崇禧、冀文林四人先后在四川省任职：2000年，李春城任泸州市委书记、郭永祥任四川省委副秘书长、李崇禧任四川省委秘书长、冀文林任四川省委常委办公室副主任。

□ 十八大后 20 名省部级官员被查处

2013.01.17 **衣俊卿** 原中央编译局局长
2013.05.12 **刘铁男** 原发改委副主任
2013.09.01 **蒋洁敏** 原国资委主任
2013.11.28 **许　杰** 原国家信访局副局长
2013.12 **李东生** 原公安部副部长
2013.12.27 **杨　刚** 原政协第十二届全国委员会经济委员会副主任

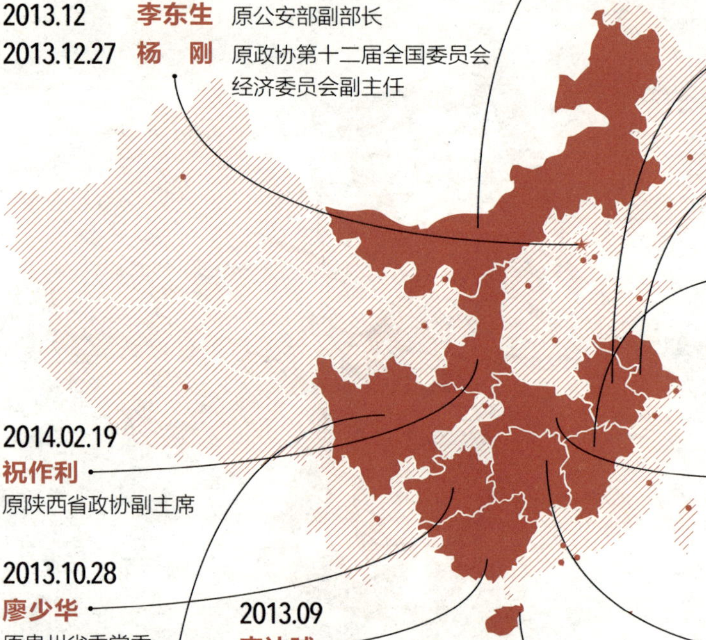

2013.06.30 **王素毅** 原内蒙古自治区党委常委、统战部部长

2013.06.04 **倪发科** 原安徽省副省长

2013.10.17 **季建业** 原南京市市长

2013.12.09 **陈安众** 原江西人大常委会副主任

2013.11.27 **郭有明** 原湖北省副省长

2013.11.20 **陈柏槐** 原湖北省政协副主席

2013.12.18 **童名谦** 原湖南省政协副主席

2014.02.19 **祝作利** 原陕西省政协副主席

2013.10.28 **廖少华** 原贵州省委常委、遵义市委书记

2013.09 **李达球** 原广西壮族自治区政协副主席

2012.12.13 **李春城** 原四川省委副书记
2013.06.23 **郭永祥** 原四川省文联主席
2013.12.29 **李崇禧** 原四川省政协主席

2014.02.19 **冀文林** 原海南省副省长

1988　1992　1997　1998　2000　2005　2008

李华林（1988—1992）：担任中国石油天然气总公司办公厅秘书处秘书

沈定成（1992—1997）：担任中石油天然气总公司办公厅副处级秘书

冀文林（1998—2008）：分别在国土资源部、四川省、公安部担任领导专职秘书

郭永祥（1998—2000）：担任国土资源部办公厅主任

郭永祥（2000—2005）：担任四川省委秘书长、办公厅主任

注：据《中国经营报》披露，中石油国际事业有限公司党委书记沈定成已经处于“失去联系”状态。其履历与冀文林、李华林、郭永祥有相同之处，即均担任过某高层领导不同时期的秘书。

中央纪委：2013 年 18.2 万人受党纪政纪处分

2013 年，全国纪检监察机关共接受信访举报 **195.0 万件（次）**，总量比上年增长 **49.2%**；初步核实处置反映问题线索 **19.7 万件**，立案 **17.2 万件**，结案 **17.3 万件**，给予党纪政纪处分 **18.2 万人**。

□ 八项规定颁布一周年的效果

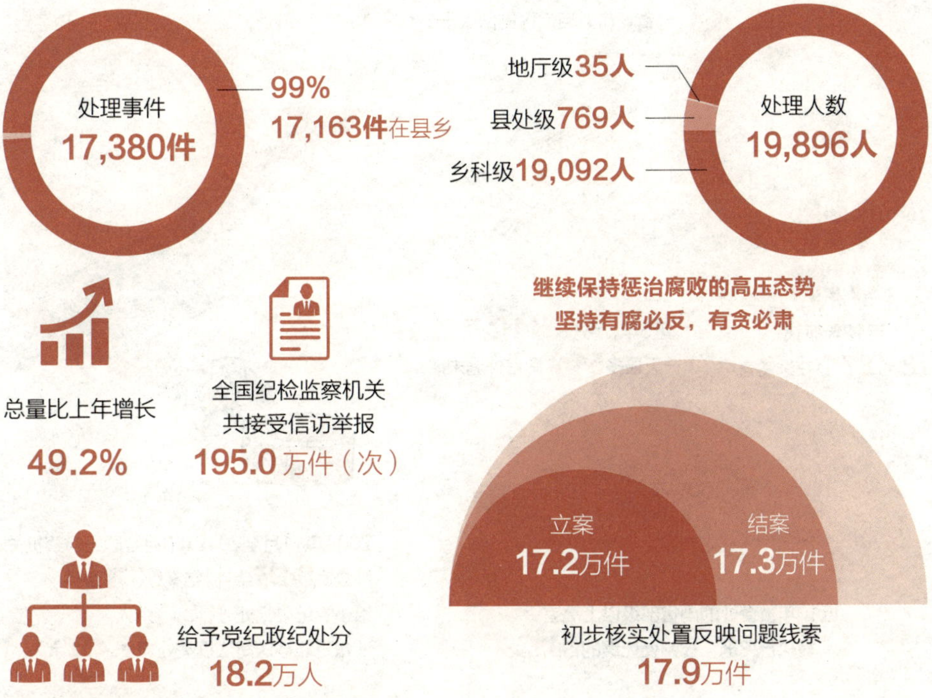

严肃查办县处级以上干部违纪违法案件	处理6400多人，比上一年增长36.3%
严肃查办违反中央八项规定精神的案件	查出24,541个问题，处理30,420人，党政纪处分7692人
严肃查办发生在群众身边的违纪违法案件	查办农村腐败案件8.3万件，处分8.7万人
严肃查办重大责任事故背后的违纪违法案件	吉林长春“6·3”火灾爆炸事故 吉煤集团“3·29”瓦斯爆炸事故 } 35名责任人被移送司法机关 对其他73名责任人给予纪律处分

□ “打虎”取得哪些成绩

近20年副省部级以上腐败官员**103人**，其中：

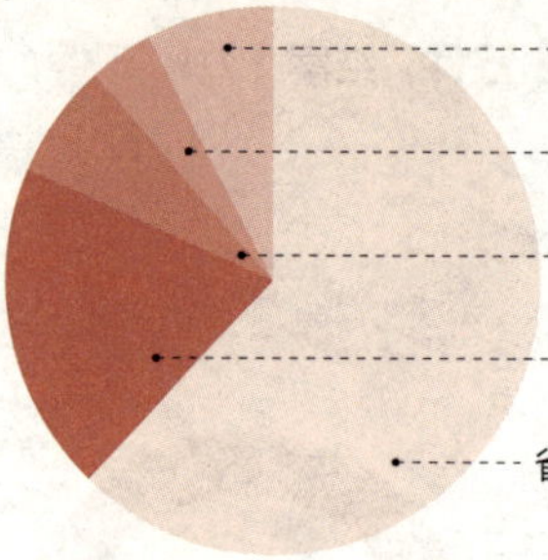

“钱、权、色”
是腐败高官的共同特征
省部级腐败高官大部分为
副部级官员
8成官员腐败期间职务能得到晋升
高发年龄段为52岁到62岁
平均9年后东窗事发
发案率政府部门最高纪委最低
政府领域腐败主要是买官卖官
腐败高官判处死缓的人数最多

近12年抓获
18,487个在逃贪官

近5年，缴获**541亿元**，
一天最多**51个**贪官外逃未遂

2007年11月至2012年6月全国纪检察机关
共立案**64万**余件 结案**63万**余件
给予党纪政纪处分**66万**余人
涉嫌犯罪移送司法机关处理**2.4万**余人

近10年被查处的副省部级以上高官，
8人被执行死刑，被判处死缓的占**11%**

坚持“老虎”“苍蝇”一起打，是中央的明确要求，同时也是反腐败工作能不能取得实效的关键所在。但是，真正做到“灭蝇打虎”绝非易事，必须依靠上下联动、干群配合，必须有抓铁有痕、踏石留印的狠劲以及善始善终、善做善成的韧劲，绝不能三天打鱼，两天晒网，更不能虎头蛇尾。只有全天候、全方位地进行反腐败工作，才能真正营造风清气正的政治环境。

2020 年中国网购规模或将达一万亿美元

仲量联行 2013 年发布的《中国电子商务市场白皮书》显示，网购已成为中国消费市场的新势力，2012 年中国网购规模达 1260 亿美元，仅次于美国的 2060 亿美元，居世界第二位；预计到 2020 年，中国网购规模将达一万亿美元，超越其他所有国家。这对于中国电子商务市场是机遇还是挑战？

□ 2012 年网购规模

□ 网络零售市场增长空间最大

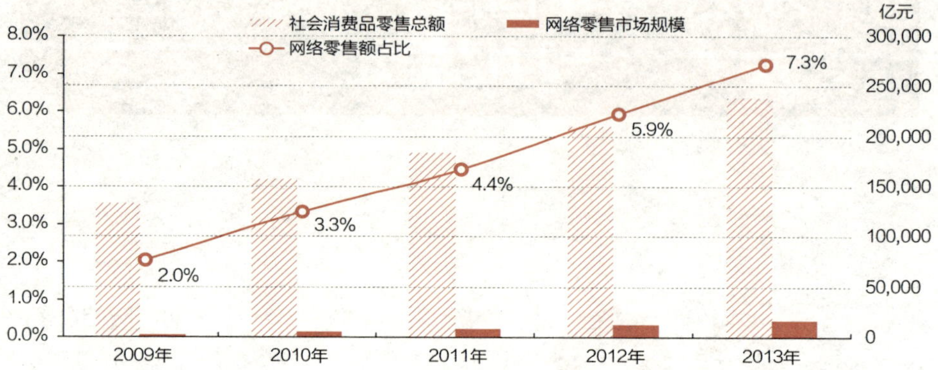

□ 2013 年全网络零售市场结构

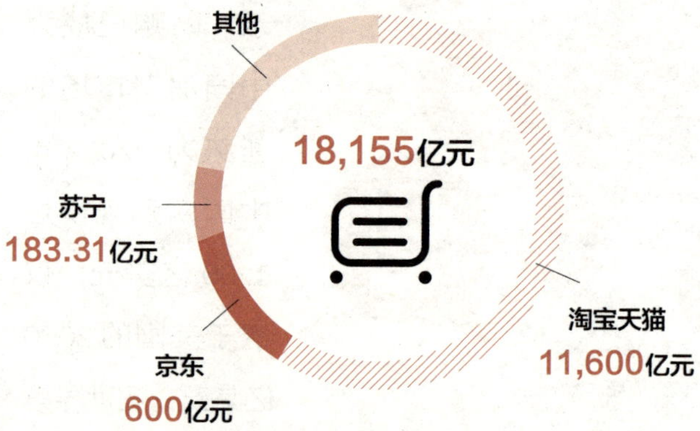

国内B2C市场呈现出四大行业特征：B2C企业发展呈现两极分化；传统零售企业“触网”持续进行；价格战依然持续，电商依旧乐此不疲；网络零售市场格局渐明朗，各电商企业寻求发展之道。

□ 网购用户规模

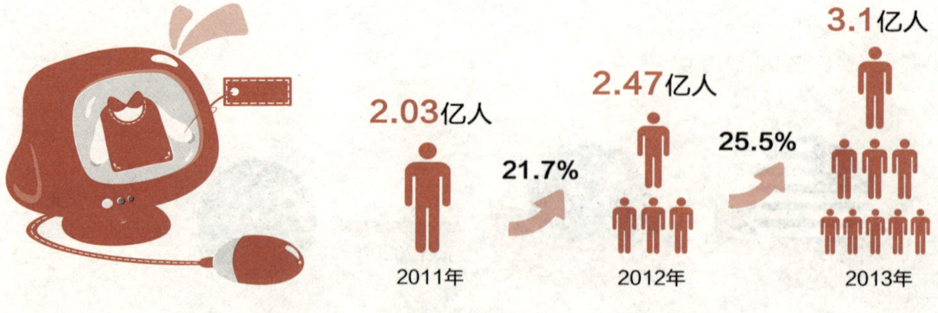

□ 2013 年双 11 期间支付宝交易额

天猫11 · 11购物狂欢节
支付宝总交易额超
350.19亿

其中手机淘宝交易额超
53.5亿

信息消费成为电子市场扩大消费新形态。2013 年国务院出台文件《国务院关于促进信息消费扩大内需的若干意见》，明确提出信息消费的主要目标：

信息消费规模快速增长。2015 年，信息消费规模超过 3.2 万亿元，年均增长 20% 以上。

信息基础设施显著改善。2015 年，适应经济社会发展需要的宽带、融合、安全、泛在的下一代信息基础设施初步建成。

信息消费市场健康活跃。生产、生活和管理的信息产品和服务更加丰富，创新更加活跃，市场竞争秩序规范透明，消费环境安全可信，信息消费示范效应明显，居民信息消费的选择更加丰富，消费意愿进一步增强。

□ 2013 年上半年电子商务投诉领域分布

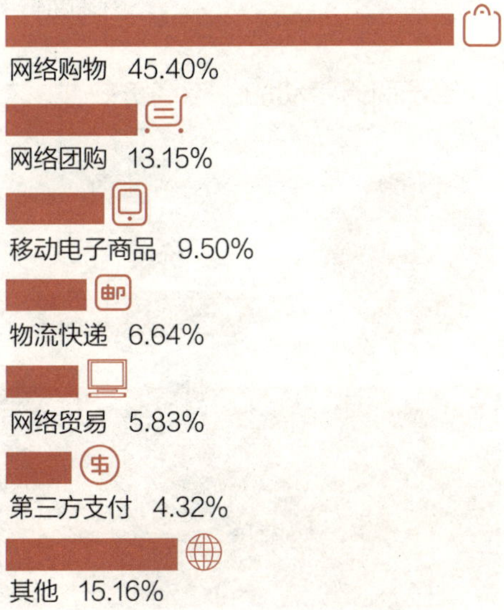

□ 全国 14 个淘宝村销售额超 50 亿元

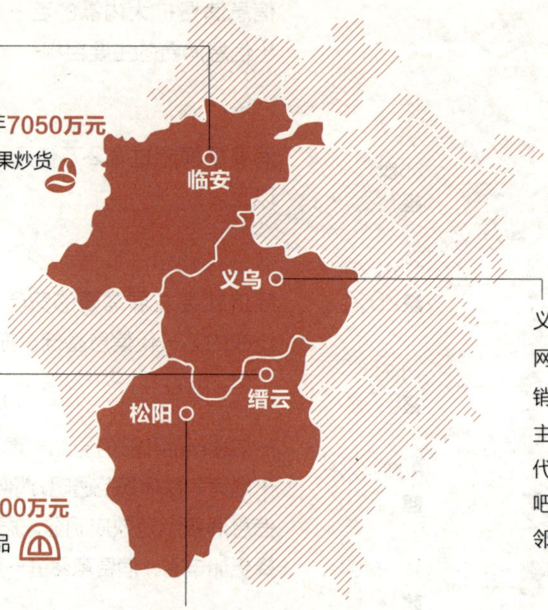

临安白牛村
网店数 **50家**
销售额 2012年**7050万元**
主导产业：坚果炒货
代表店铺：
林之源旗舰店
文文山核桃

义乌青岩刘村
网店数 **2000多家**
销售额 2012年 约**15亿元**
主导产业：小商品
代表店铺：
吧主牛二
邻家实惠小店

缙云县北山村
网店数 **100家**
销售额 2012年 **6000万元**
主导产业：户外用品
代表店铺：
北山狼旗舰店
绿野户外家园

松阳县大东坝镇
网店数 **20多家**
销售额 2012年约**1700万元**
主导产业：简易衣柜
代表店铺：新宇木业　千艺家居馆

□ 电子商务带动的生态经济效益

随着国内电子商务环境的不断完善和发展，新业态、新模式不断拓展，直接带动了从业人员规模增长；同时也拉动了如物流快递业、网络模特、网店装修师、专职网店卖家等产业链相关行业的发展，但存在物流快递得不到及时解决等问题。

"十面霾伏"看中国

2013年雾霾天52年来最多

2013年10月底，东北遭遇严重雾霾，甚至达到"伸手不见五指"的地步。11月后，地处华东的上海8天内两度遭遇重度污染，空气质量重度污染预警历时超过42小时，创下历史之最。"十面霾伏"已成为国内多省市最突出的环境矛盾。

□ 雾霾覆盖地越来越多

■ 2013年平均雾霾天数创历史同期最高地区

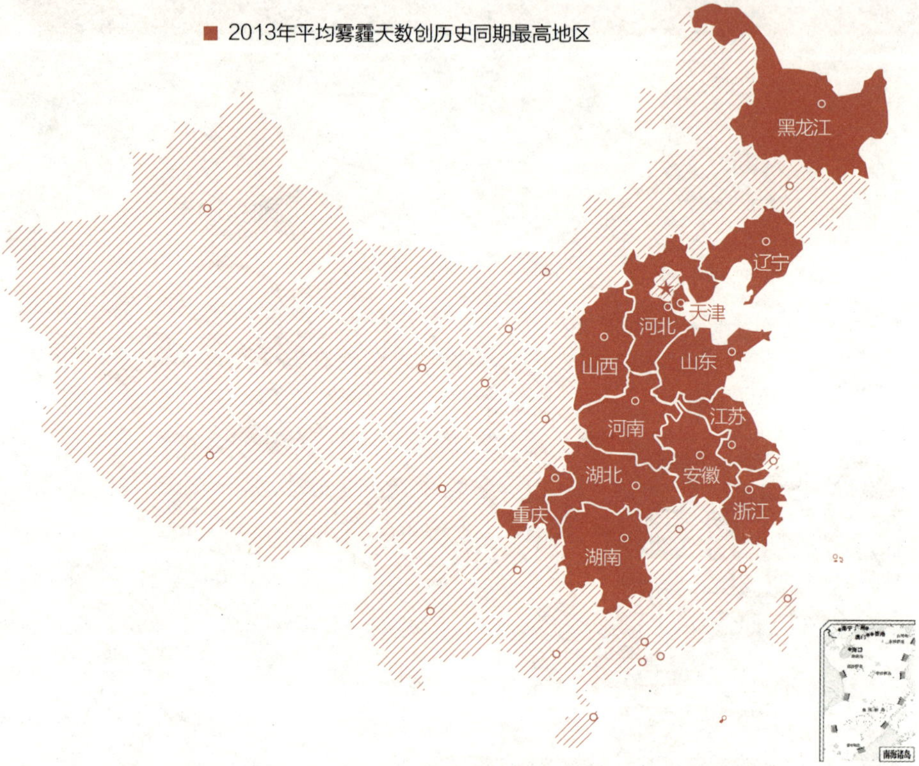

黑龙江、辽宁、河北、山东、山西、河南、安徽、湖南、湖北、浙江、江苏、重庆、天津**13省市均为历史同期最多**。雾霾覆盖地蔓延至华北、黄淮、长江中下游地区以及四川盆地等地的部分地区。

“世界最健康国家”报告

□ 中国排名在哪儿

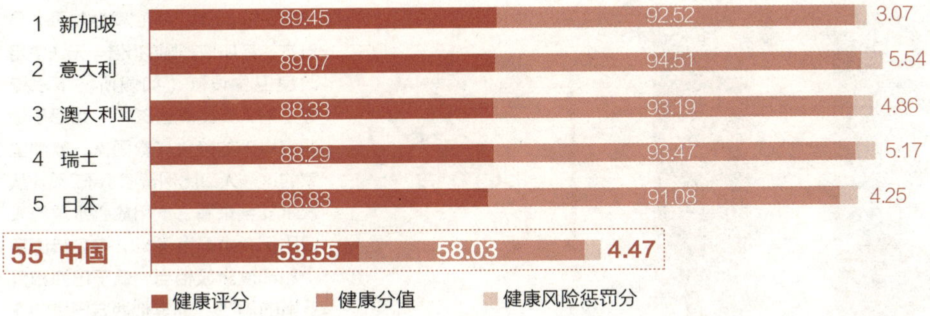

中国人的健康水平在世界上究竟如何？

根据美国彭博社发布的一份“世界最健康国家”报告，新加坡在145个排名国家中位列第一，而中国的健康水平仅列世界第55位，很难称得上是一个多么健康的国家。

□ 主要考核指标有哪些

风险惩罚

- 15岁以上人口吸烟和酗酒率
- 肥胖水平
- 高血压\血脂\血糖的人口比例
- 艾滋病人口比例
- 饮水安全
- 卫生设施
- 室内外环境污染程度

排名中的健康得分主要考察的是一国出生时预期寿命及婴幼儿死亡率、死亡原因（由于传染病或者慢性病）、不同年龄群体的死亡率、老年人口期望寿命及性别比例等。而另一指标——风险惩罚分的计算则更加详细，它包括15岁以上人口吸烟和酗酒率、肥胖水平、高血压\血脂\血糖的人口比例、艾滋病人口比例、室内外环境污染程度、饮水安全、卫生设施等共计12项内容。

□ 哪些因素拖了中国的后腿

5岁以下幼儿死亡率

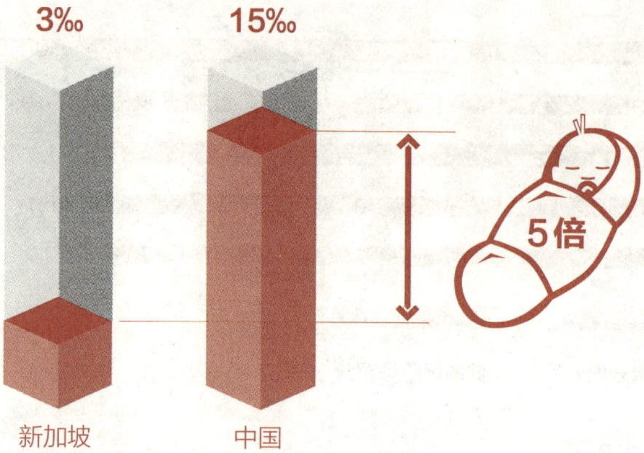

中国5岁以下幼儿死亡率为15‰，是日本、新加坡等国的5倍。无法使用改良卫生设施（如厕所、下水道等）的人口比高达35%，落后于除非洲以外的绝大多数国家，欧洲国家的这一人口比例普遍小于2%。从饮水安全来看，饮用放心水源的人口比例在中国为92%，在金砖国家中和印度旗鼓相当，低于巴西和俄罗斯的97%，而其他西方国家的安全饮水率基本为100%。

无法使用改良卫生设施（如厕所、下水道等）的人口比例

饮用放心水源的人口比例

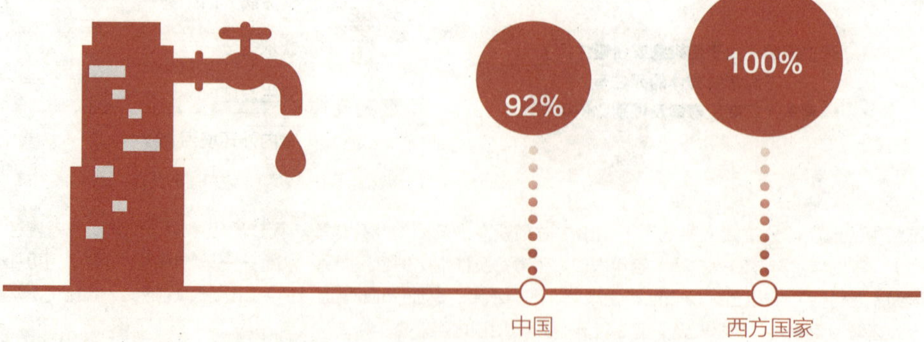

PM2.5 是什么

什么是PM2.5

PM2.5是指大气中直径小于或等于2.5微米的颗粒物，也称为可入肺颗粒物

- **直径** 它的直径还不到人头发丝的1/20
- **特点** 在大气中的停留时间长，输送距离远
- **影响** 对人体健康和大气环境质量不利

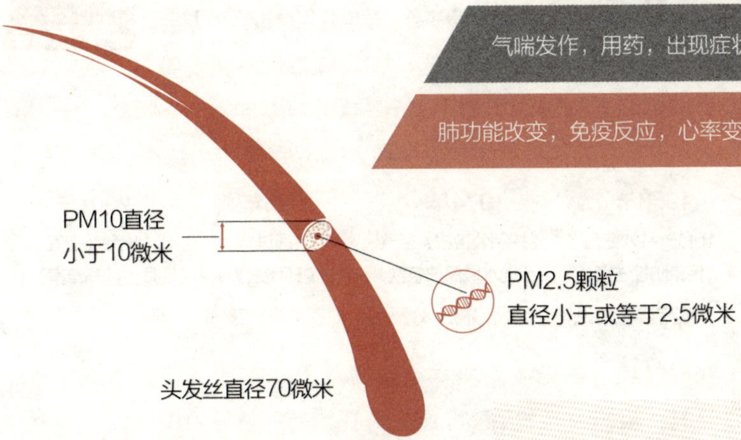

PM2.5的危害

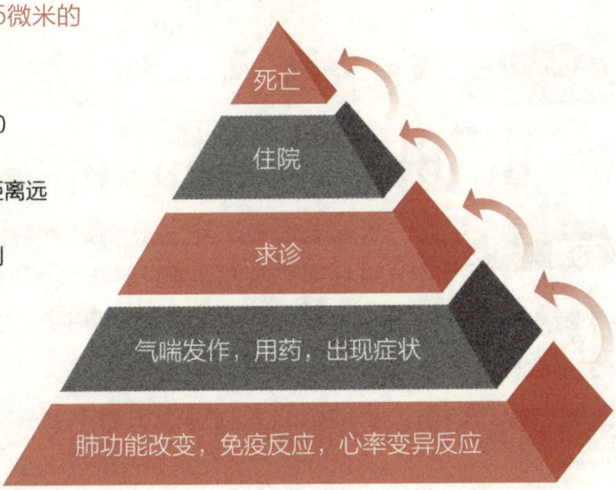

暴露在空气污染的环境下，使人体不断提高疾病及死亡的危险。

PM2.5的来源

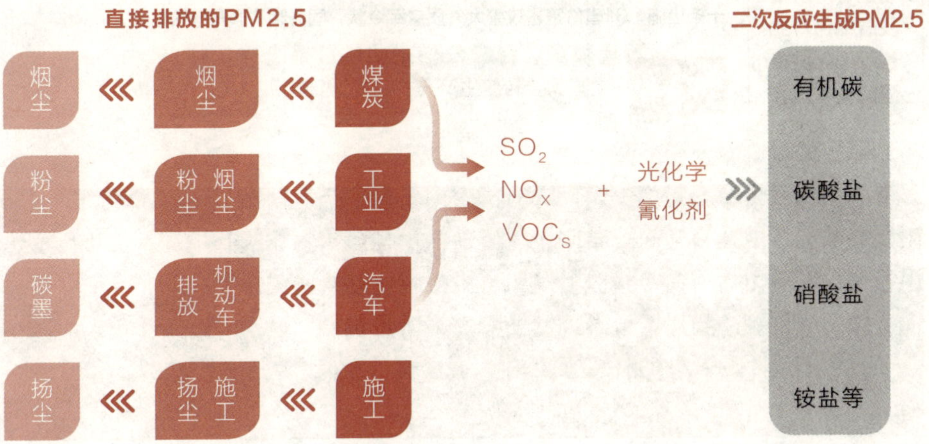

□ 1952 年英国伦敦烟雾事件

起因 1952年12月5日—8月12日无风、大雾笼罩

影响 呼吸道疾病患者剧增，城内到处可听到咳嗽声

病症 呼吸困难、眼睛刺痛、流泪不止

死亡 4天，死亡人数达4000余人
2月后，8000余人陆续丧生

死者 多为年老和有慢性病、心脏病、肺病的患者

后遗症 10年后，发生一次类似的烟雾事件，造成1200人非正常死亡

□ 英国治理“雾都”的经验

1956年	1968年	1974年	1995年	2001年
政府颁布《清洁空气法案》	出台一系列空气污染防控法案	《控制公害法》空气土地水域保护条款	通过《环境法》	出台《空气质量战略草案》

制定完备的法律、处罚措施十分严厉、配套措施完善

□ 中国治理方案

制定专门法案
发展绿色产业
建设低碳城市
限制私车出行

党中央、国务院高度重视大气污染防治工作，国务院发布《大气污染防治行动计划》十条措施，31省份签署改善大气质量军令状，国务院将颁布考核办法。

根本上 中国需要转变生产方式和能源结构

雾霾天让不少市民感慨自己身处“末日之城”，也给不少城市交通带来了严重拥堵。那雾霾天气问题如何解决呢？减少污染源，削减大气污染物是解决雾霾的根本之道。这需要全社会的共同努力，每一个人从现在做起，从心做起，少开车，多乘公共交通，这样我们的蓝天终究会再来。

全国土地出让金超过 3 万亿元

中国指数研究院最新发布的“2013 年中国 300 城市土地市场交易情报”显示，土地市场供求同涨，楼面价增幅明显，土地出让金创历史新高。

全国土地出让金的总额和主要城市的土地出让金

2012 年出让合同价款 2.69 万亿元，同比减少 14.7%。2013 年全国 300 个城市土地出让金总额为 31,304.5 亿元，同比增加 50%；其中住宅类用地（含住宅用地及包含住宅用地的综合性用地）21,324.0 亿元，同比增加 57%。

□ 2008—2012 年国有建设用地出让面积及价格情况

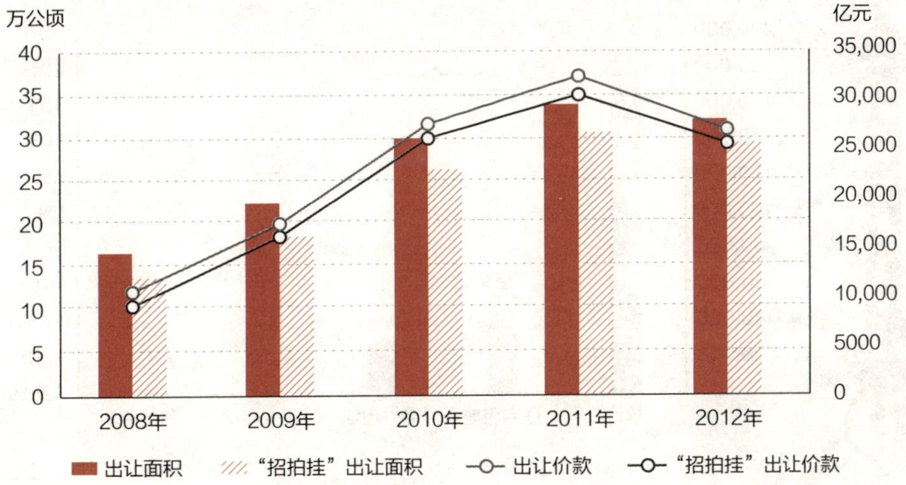

□ 2013 年全国土地出让金排行榜

排名	城市	2013 年出让金（亿元）	同比（%）
1	上海	2262.0	128.3
2	北京	1821.8	181.2
3	杭州	1351.3	113.4
4	重庆	1197.4	73.4
5	南京	830.9	96.5
6	武汉	733.9	– 23.1
7	天津	710.4	25.8
8	佛山	642.5	47.8
9	广州	615.2	149.5
10	苏州	556.3	42.0

□ 土地供应结构变化

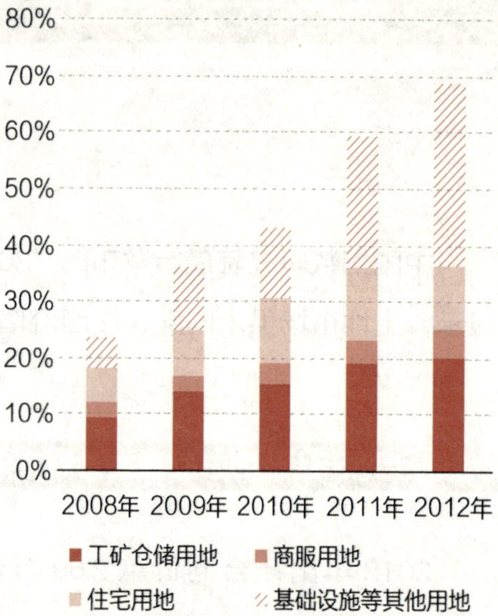

上海实现土地出让金**2262 亿元**，居全国之首，同比增加**128.3%**；北京、杭州、重庆的土地出让金超过**1000 亿元**。

□ 全国 300 城市土地供应量变化

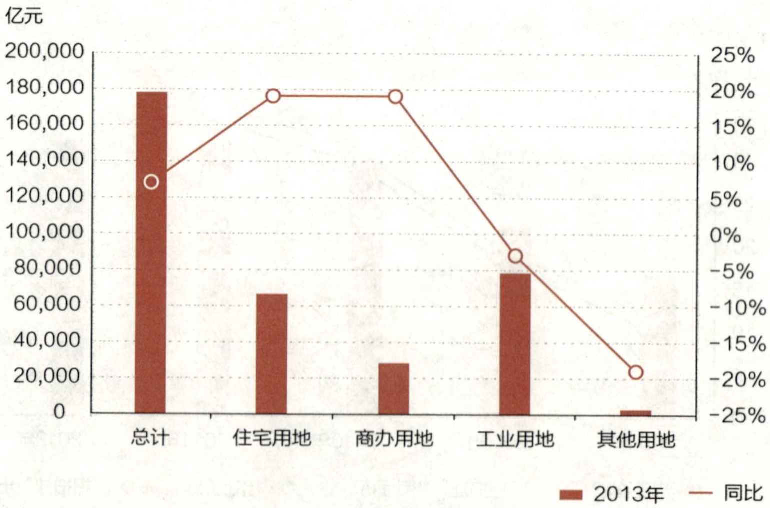

重点城市土地交易情况

□ 2013 年 10 重点城市住宅用地累计成交情况

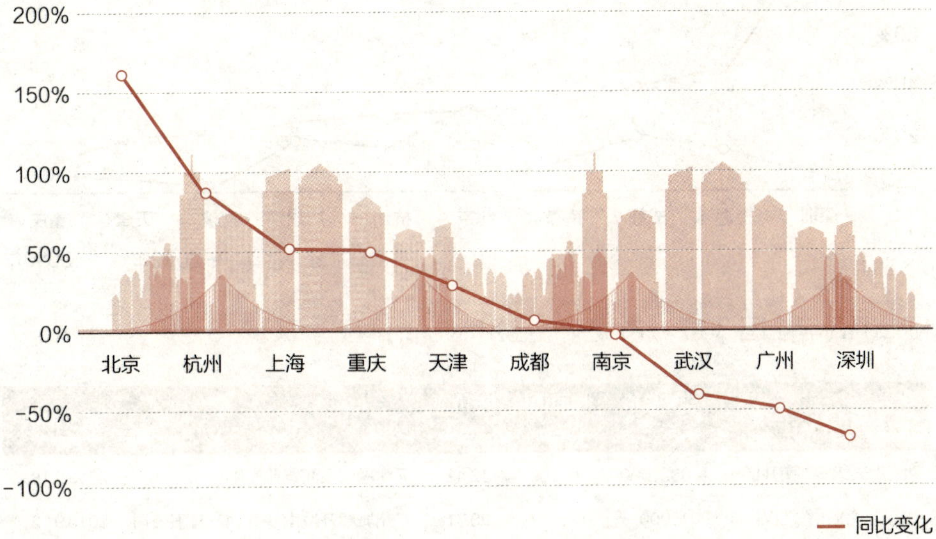

□ 2013 年 10 重点城市住宅用地成交楼面均价情况

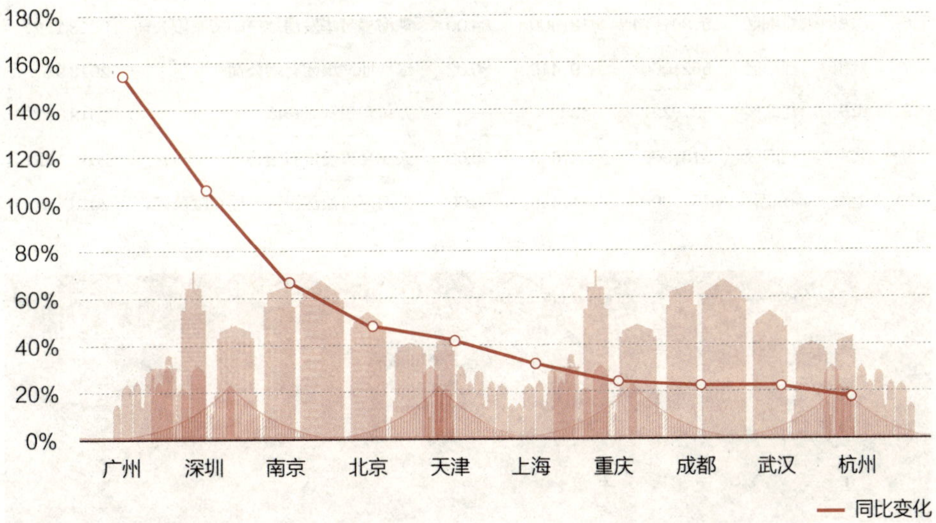

□ 2013 年 10 重点城市住宅用地溢价水平变化情况

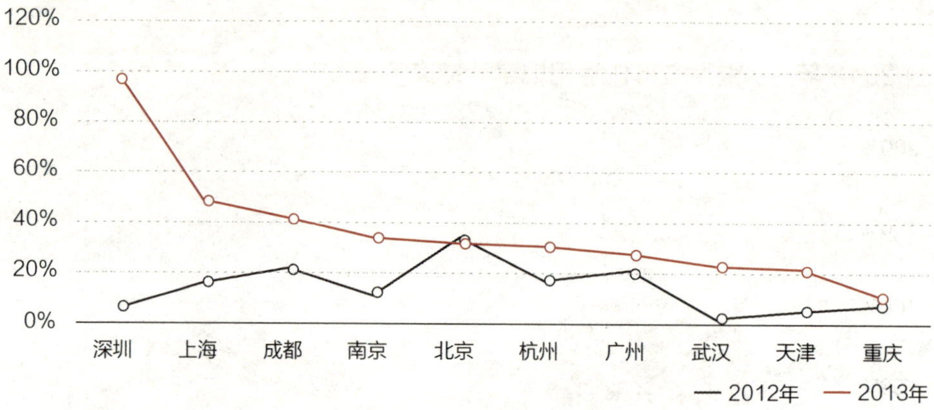

□ 2013 年全国 300 城市成交住宅用地总价排行榜 TOP10

排名	城市	区域	成交总价（万元）	楼面地价（元/㎡）	溢价率（%）	竞得方	成交时间
1	天津	南开区	1,032,000	10,109	12.42	天津融创泓润置业有限公司	2013.9.18
2	武汉	江汉区	901,000	12,617	28.71	广州城建开发南沙房地产有限公司	2013.9.12
3	珠海	香洲区	777,356.4	6000	—	珠海大横琴投资有限公司	2013.12.31
4	上海	黄浦区	595,000	32,067	—	True Thrive Investments	2013.12.11
5	北京	门头沟区	586,600	16,892	—	北京住总等公司联合体	2013.12.19
6	珠海	香洲区	5,861,74.2	18,400	84.00	珠海横琴华发房地产邮资有限公司	2013.11.21
7	杭州	江干区	562,000	19,416	30.02	绿地地产集团有限公司	2013.9.5
8	重庆	江北区	537,221	4343	—	万科和保利联合体	2013.6.27
9	北京	朝阳区	513,500	24,643	30.00	天津金碧投资有限公司	2013.11.21
10	上海	浦东新区	487,000	21,416	88.60	上海万科盈江投资管理有限公司等	2013.7.3

2013 年土地市场经历了年初的“开门红”和年末“翘尾”，全年土地供应量与出让金均创历史新高，一线城市热度持续飙升。3 月“国五条”政策出台后，房地产调控“严”字当头，但重点城市仍深陷越调越涨怪圈，地方调控收紧态势已由一线城市蔓延至二线城市，限贷、限购、限价依然为主要措施。

数据

中国大数据

BIG DATA

指标篇

经济增长与宏观调控

GDP（现价美元）

以购买者价格计算的国内生产总值（GDP）是一个经济体内所有居民生产者创造的增加值的总和加上任何产品税并减去不包括在产品价值中的补贴。计算时未扣除资产折旧或自然资源损耗和退化。数据为现价美元。GDP 的美元数据采用单一年份官方汇率从各国货币换算得出。对于官方汇率不反映实际外汇交易中所采用的有效汇率的少数国家，采用的是替代换算因子。

□ 2012 年 GDP 总量前 20 位国家

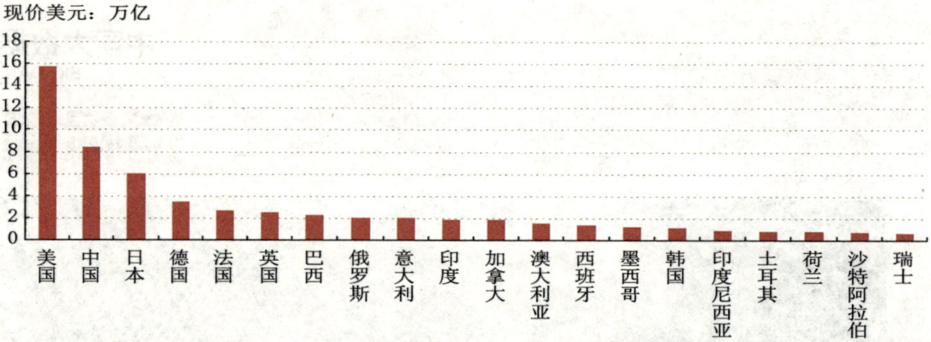

□ 1961—2011 年世界主要经济大国 GDP 占世界比例变化

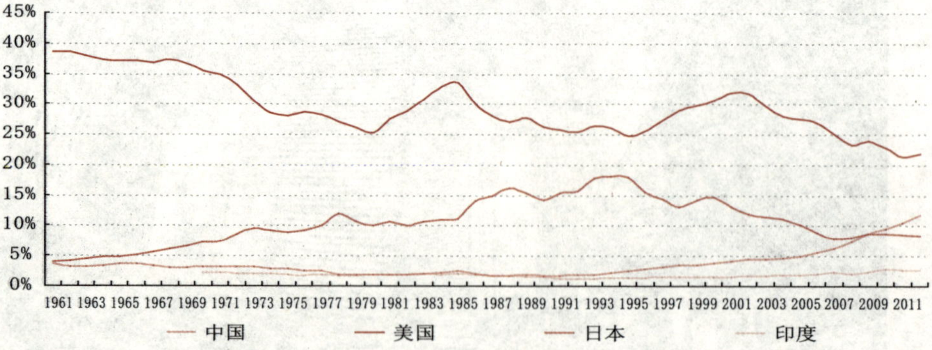

注：除特别指出，本篇数据均来源于世界银行公开数据库。

GDP（现价美元）
27.00百万
15.68万亿

GDP 增长率（年百分比）

市场价格 GDP 年增长率基于不变价本币计算。总额计算基于 2005 年不变价美元。GDP 是一个经济体内所有居民生产者创造的增加值的总和，加上任何产品税并减去不包括在产品价值中的补贴。计算时未扣除资产折旧或自然资源损耗和退化。

□ 2012 年 GDP 增长率前 10 位国家和地区及中国

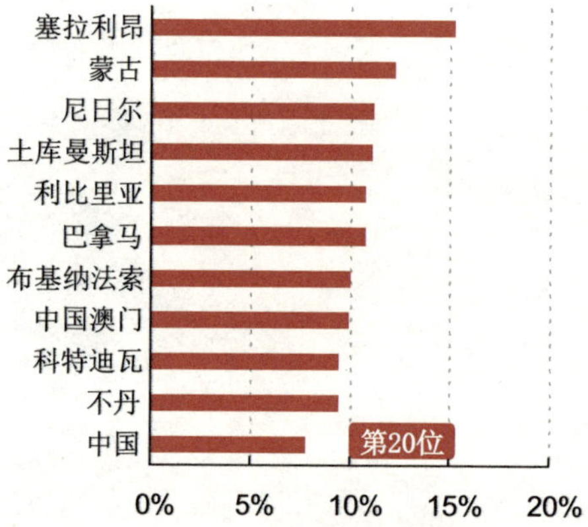

□ 2012 年 GDP 排名前 10 位国家 GDP 增长率

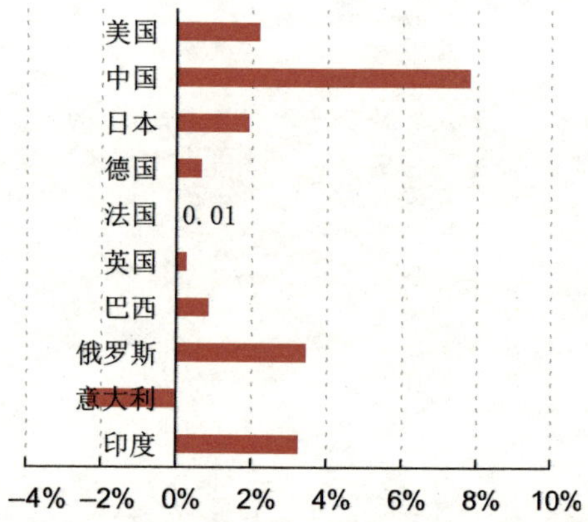

□ 1961—2012 年中国、美国及世界 GDP 增长率变化

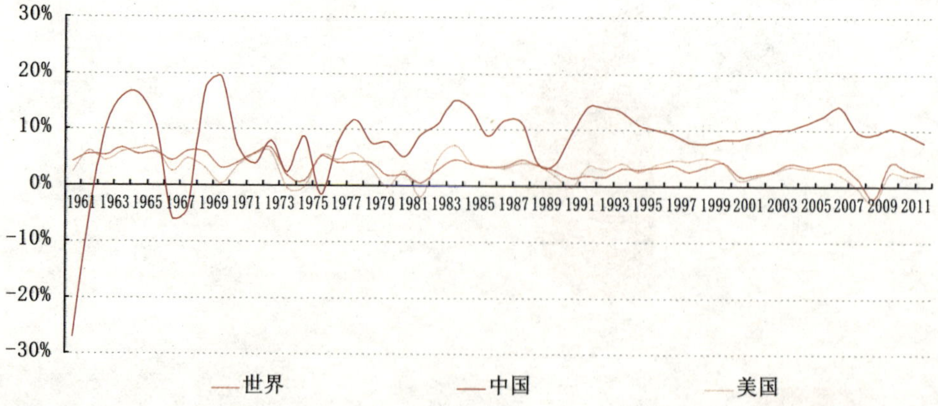

人均 GDP（现价美元）

人均 GDP 是 GDP 除以年中人口数。GDP 是一个经济体内所有居民生产者创造的增加值的总和加上产品税并减去不包括在产品价值中的补贴。计算时未扣除资产折旧或自然资源损耗和退化。数据按现价美元计。

□ 2012 年人均 GDP 前 10 位的国家和地区及中国

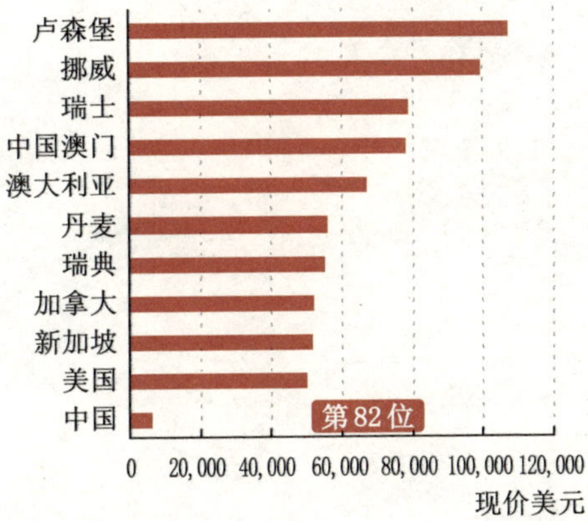

□ 2012 年 GDP 排名前 10 位国家人均 GDP

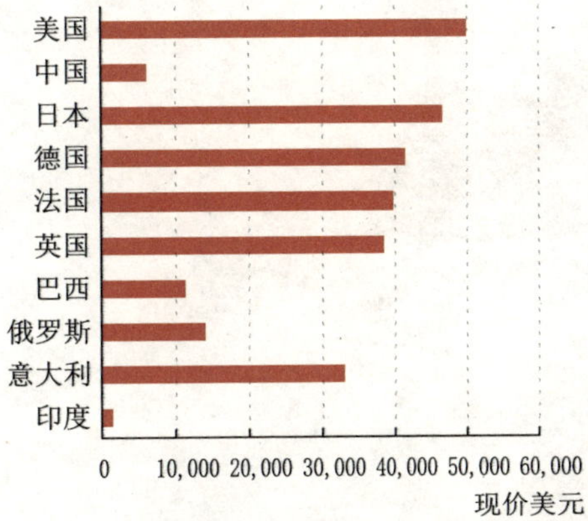

□ 1961—2012 年世界主要经济大国人均 GDP 历史变化

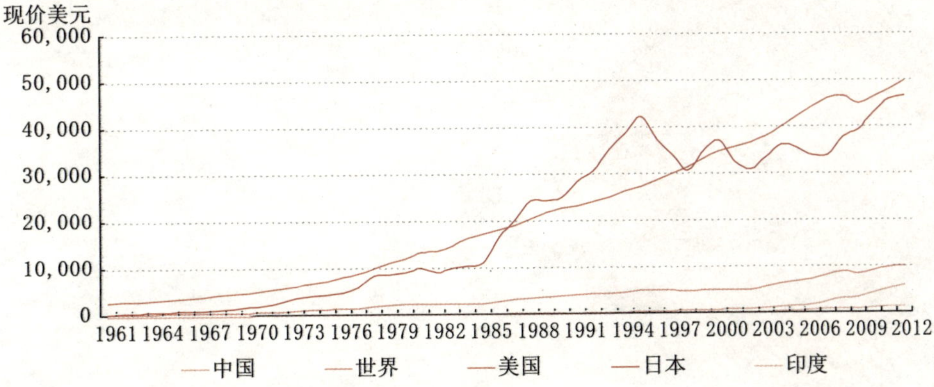

人均 GDP（现价美元）
185
163,000

人均 GDP 增长（年增长率）

基于不变价本币的人均 GDP 年增长率。人均 GDP 是 GDP 除以年中人口数。以购买者价格计算的 GDP 是一个经济体内所有居民生产者创造的增加值的总和加上任何产品税并减去不包括在产品价值中的补贴。计算时未扣除资产折旧或自然资源损耗和退化。数据以 2005 年不变价美元计。

□ 2012 年人均 GDP 增长率前 10 位国家和地区

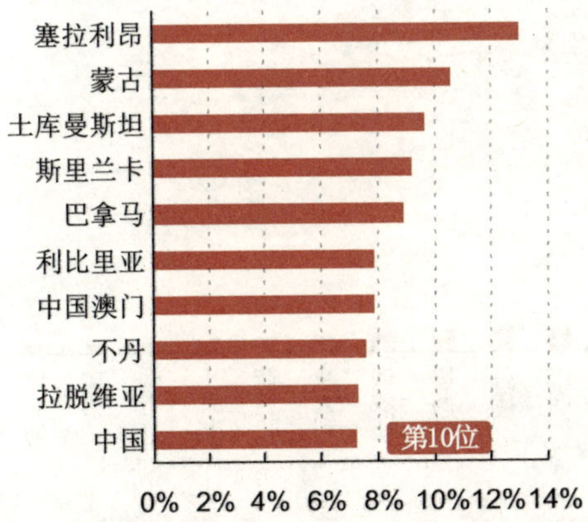

□ 2012 年 GDP 排名前 10 位国家人均 GDP 增长率

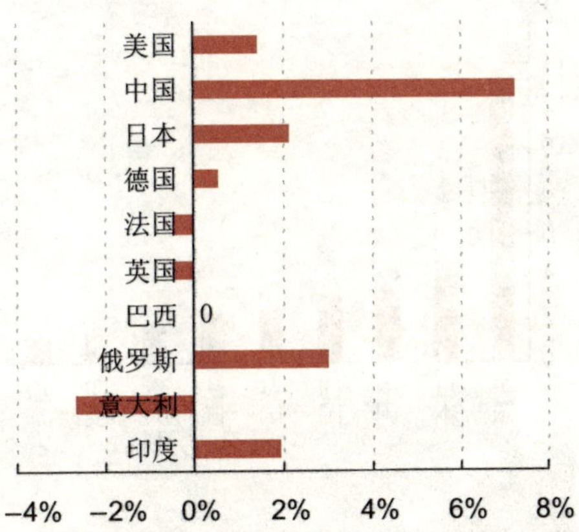

□ 1961—2012 年中国、美国及世界人均 GDP 增长率变化

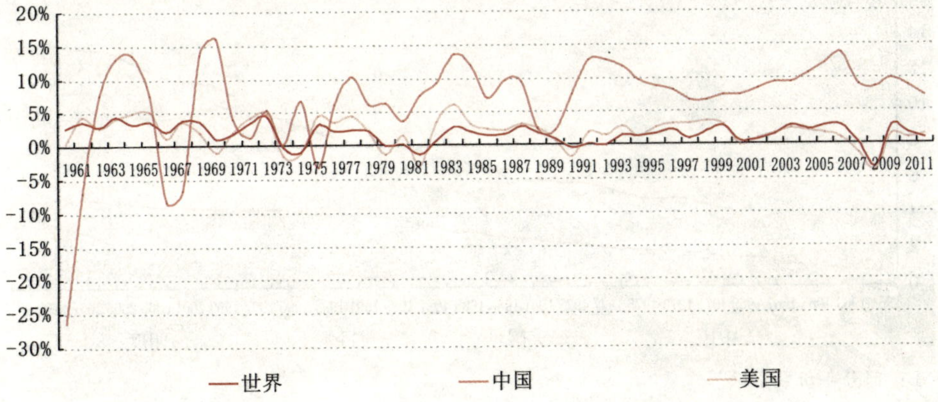

GNI（2005 年不变价美元）

国民总收入（GNI，以前称为 GNP）指所有居民生产者创造的增加值的总和，加上未统计在产值估计中的任何产品税（减去补贴），加上来自境外营业的原始收入（雇员薪酬和财产收入）的净收益。数据以 2005 年不变价美元计。GNI 统计数据比较困难，有时滞性，此处采用 2011 年数据。

□ 2011 年 GNI 总量前 20 位国家

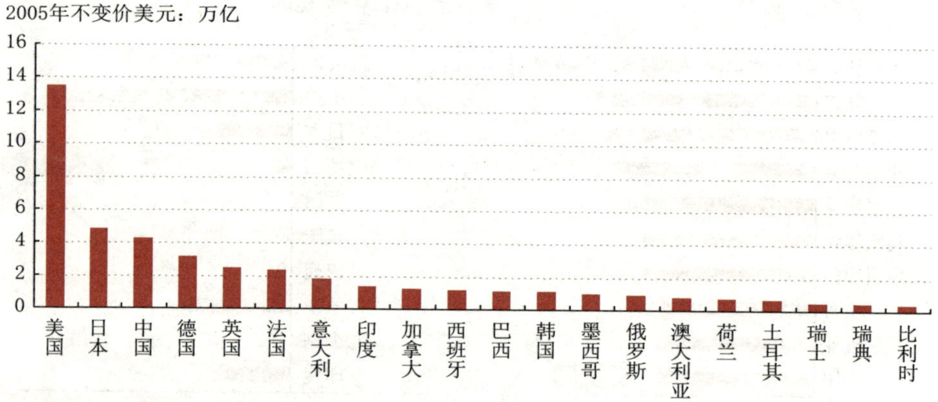

□ 1961—2011 年世界主要经济大国 GNI 历史变化

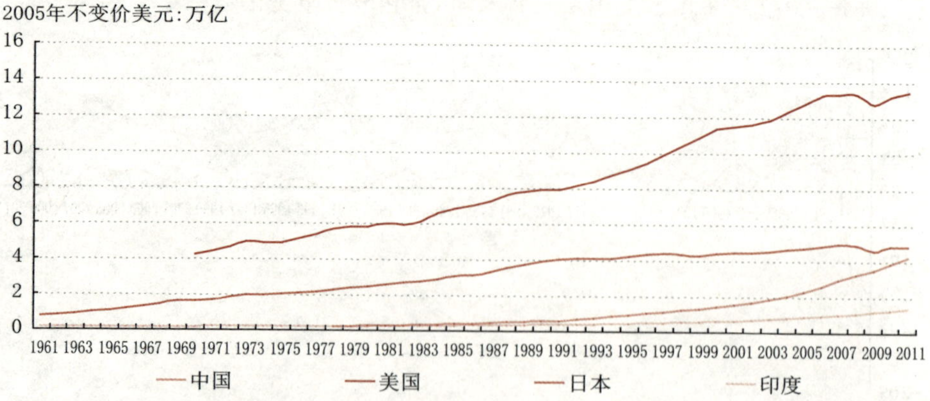

注：部分年份数据缺。

GNI 增长率（年百分比）

GNI 指所有居民生产者创造的增加值的总和，加上未统计在产值估计中的任何产品税（减去补贴），加上来自境外营业的原始收入（雇员薪酬和财产收入）的净收益。

□ 2011 年 GNI 增长率前 10 位国家和地区及中国

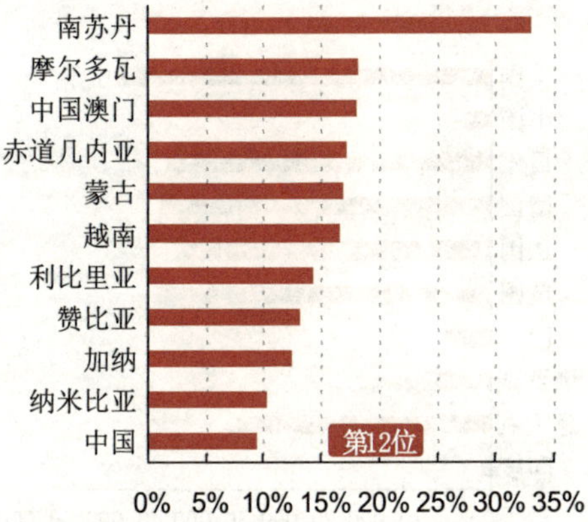

□ 2012 年 GDP 排名前 10 位国家 2011 年 GNI 增长率

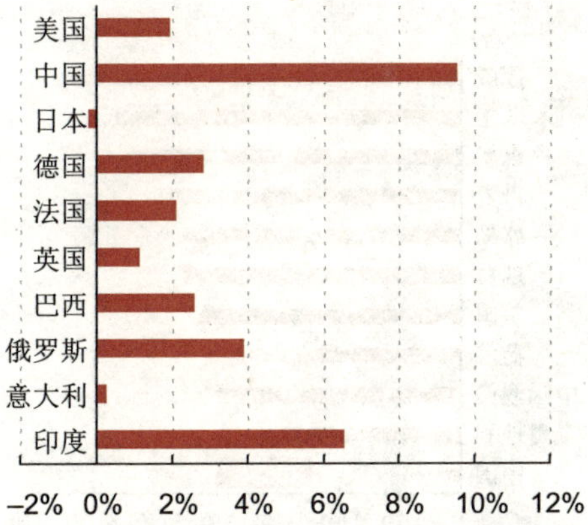

□ 1971—2011 年中国、美国及世界 GNI 增长率变化

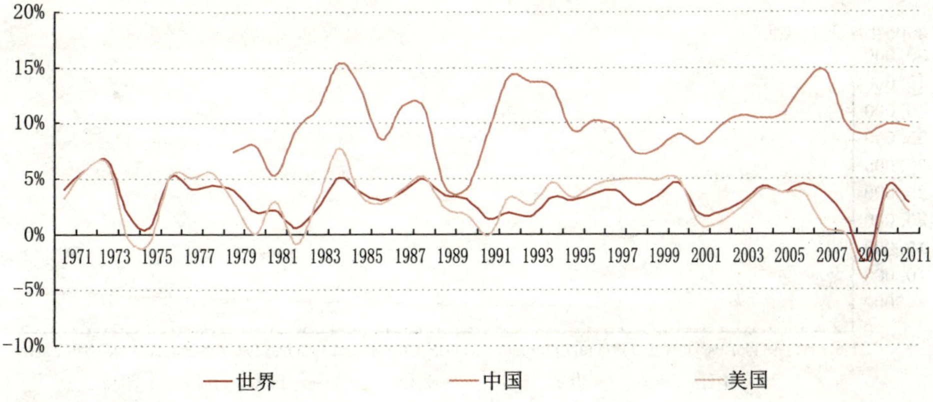

注：部分年份数据缺。

人均 GNI（2005 年不变价美元）

人均 GNI 是以 GNI 除以年中人口数。GNI 指所有居民生产者创造的增加值的总和，加上未统计在产值估计中的任何产品税（减去补贴），加上来自境外营业的原始收入（雇员薪酬和财产收入）的净收益。数据以 2005 年不变价美元计。

□ 2012 年人均 GNI 前 10 位的国家和地区及中国

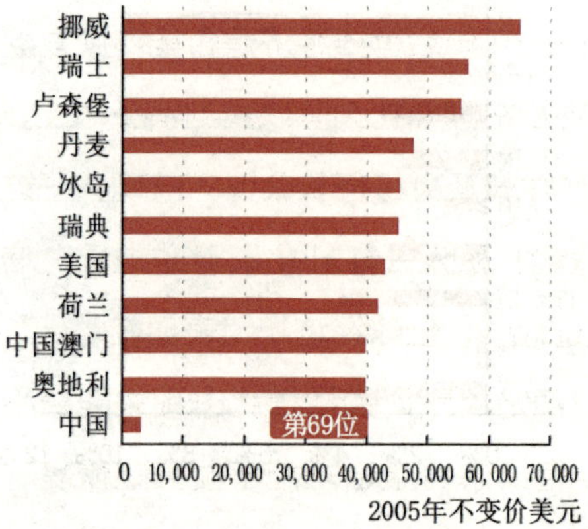

□ 2012 年 GDP 排名前 10 位国家人均 GNI

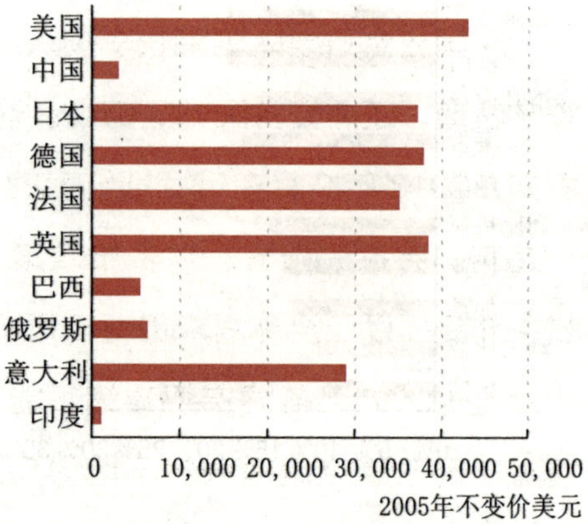

□ 1961—2011 年世界主要经济大国及世界人均 GNI 历史变化

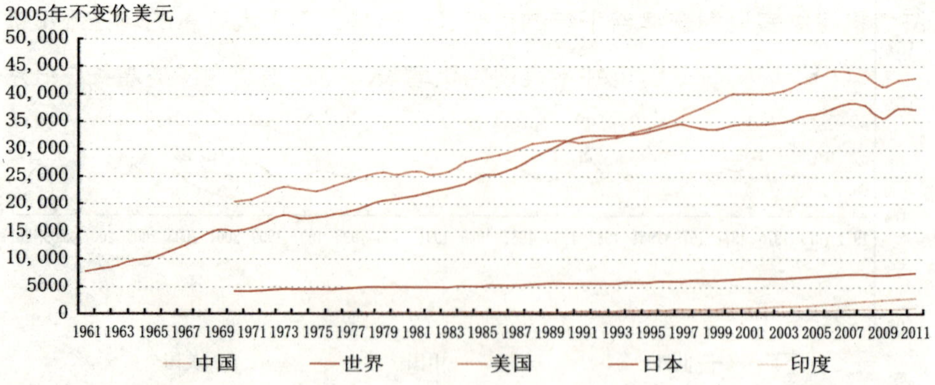

注：部分年份数据缺。

人均 GNI 增长（年增长率）

人均 GNI 是以 GNI 除以年中人口数。GNI 指所有居民生产者创造的增加值的总和，加上未统计在产值估计中的任何产品税（减去补贴），加上来自境外营业的原始收入（雇员薪酬和财产收入）的净收益。

□ 2011 年人均 GNI 增长率前 10 位国家和地区及中国

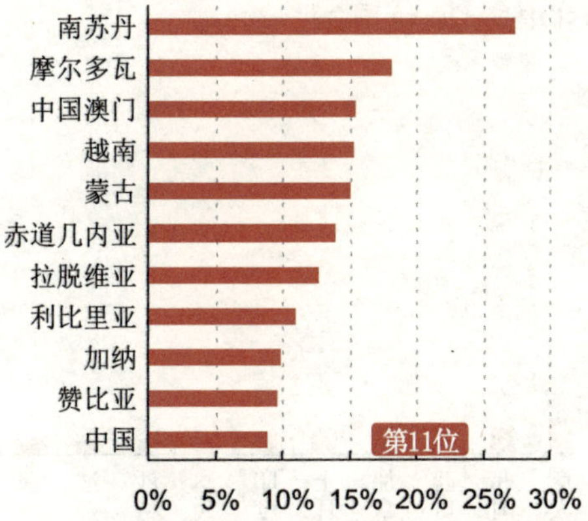

□ 2012 年 GDP 排名前 10 位国家 2011 年人均 GNI 增长率

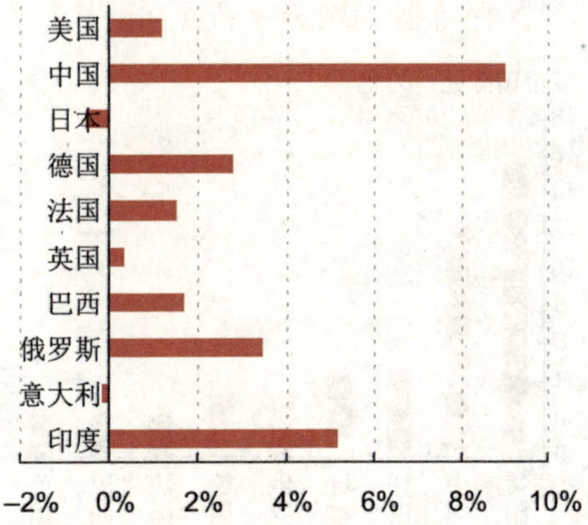

□ 1971—2011 年中国、美国及世界人均 GNI 增长率变化

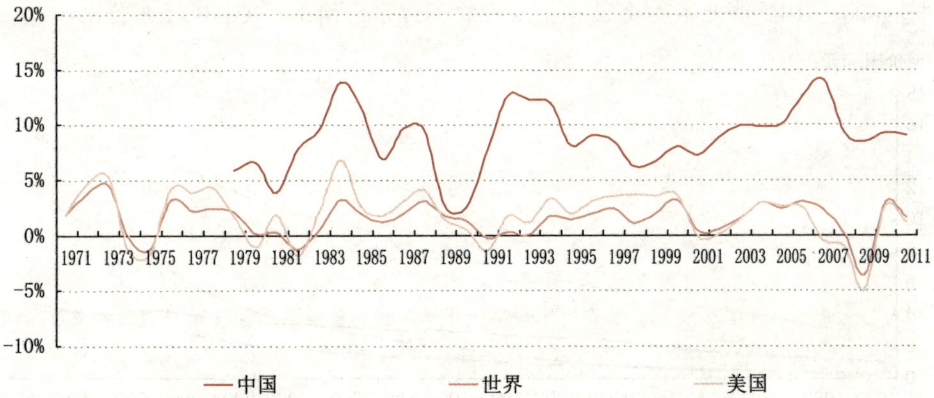

注：部分年份数据缺。

按购买力平价（PPP）衡量的GDP（现价国际元）

按购买力平价（PPP）计算的GDP是指用购买力平价汇率换算为国际元的国内生产总值。国际元的购买力与美元在美国的购买力相当。GDP是一个经济体内所有居民生产者创造的增加值的总和加上产品税并减去不包括在产品价值中的补贴。计算时未扣除资产折旧或自然资源损耗和退化。数据以现价国际元计。

□ 2012年按购买力平价（PPP）衡量的GDP前20位国家

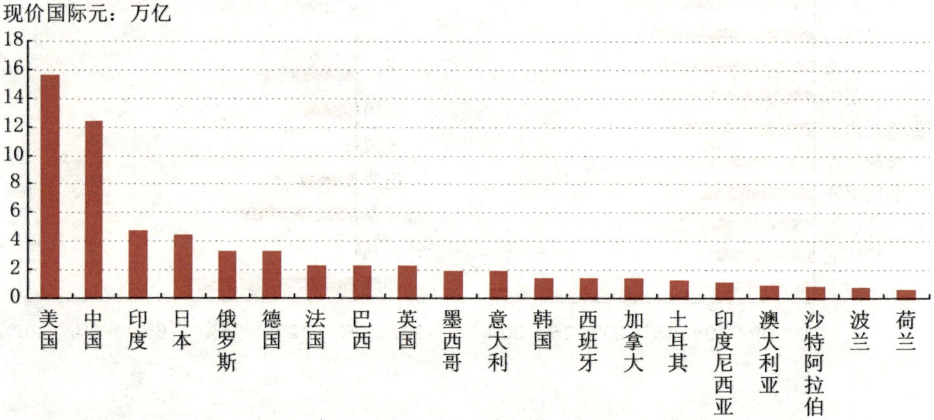

□ 1980—2012年世界主要经济大国按购买力平价衡量的GDP历史变化

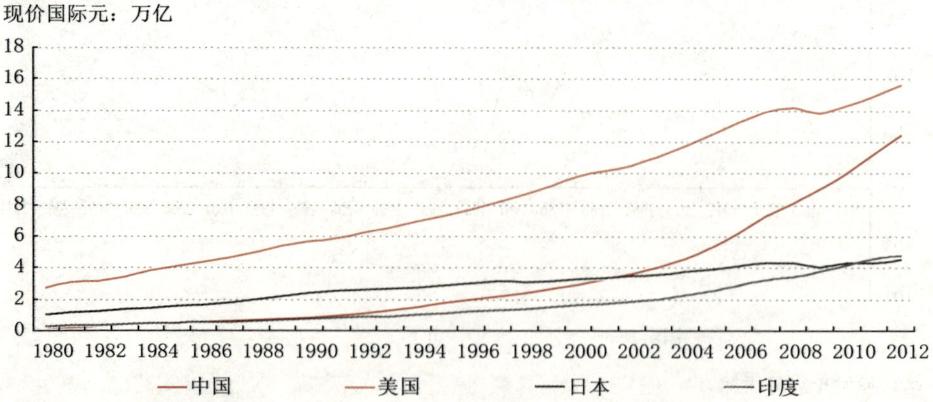

按购买力平价（PPP）衡量的人均 GDP（现价国际元）

基于购买力平价（PPP）的人均 GDP。按购买力平价（PPP）计算的 GDP 是指用购买力平价汇率换算为国际元的国内生产总值。国际元的购买力与美元在美国的购买力相当。以购买者价格计算的 GDP 是一个经济体内所有居民生产者创造的增加值的总和加上任何产品税并减去不包括在产品价值中的补贴。计算时未扣除资产折旧或自然资源损耗和退化。数据以现价国际元计。

□ 2012 年按购买力平价衡量的人均 GDP 前 10 位的国家和地区及中国

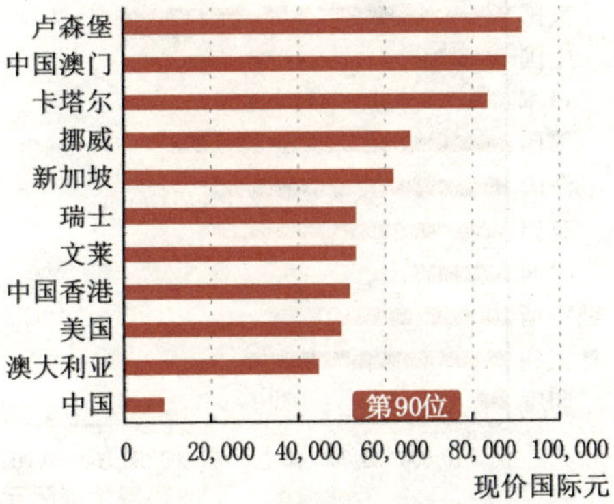

□ 2012 年 GDP 排名前 10 位国家按购买力平价衡量的人均 GDP

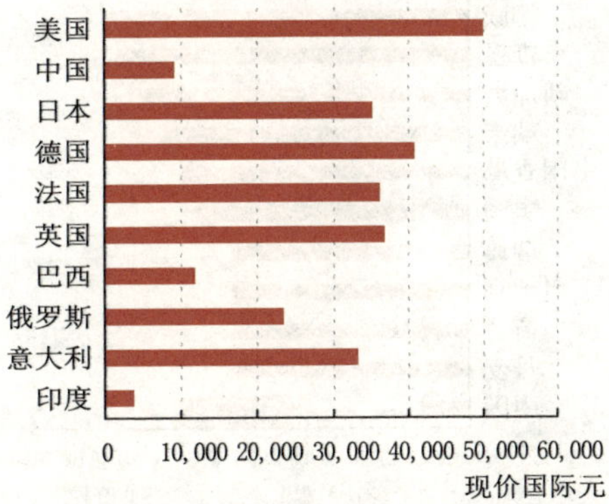

□ 1980—2012 年世界主要经济大国及世界按购买力平价（PPP）衡量的人均 GDP 历史变化

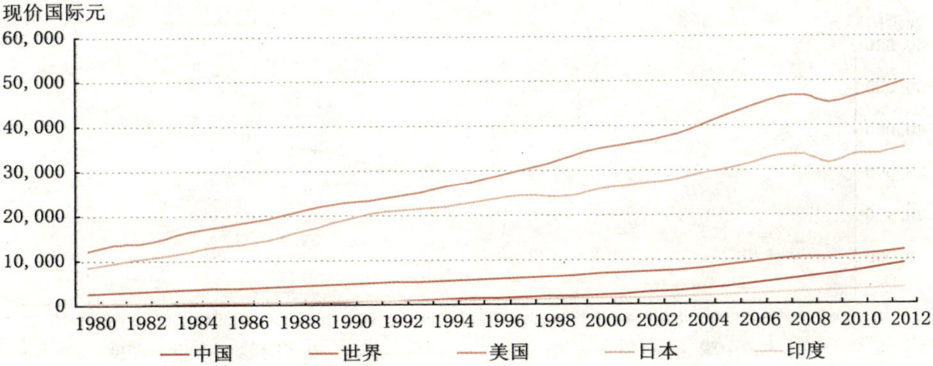

按购买力平价（PPP）衡量的人均 GNI（现价国际元）

基于购买力平价（PPP）的人均 GNI。PPP GNI 是指用购买力平价汇率转换为按国际元计算的国民总收入。对于 GNI 而言，国际元的购买力与美元在美国的购买力相当。GNI 指所有居民生产者创造的增加值的总和，加上未统计在估计产值中的任何产品税（减去补贴），再加上境外原始收入的净收益（雇员薪酬和财产收入）。数据以现价国际元计。

□ 2012 年按购买力平价衡量的人均国民总收入前 10 位国家和地区及中国

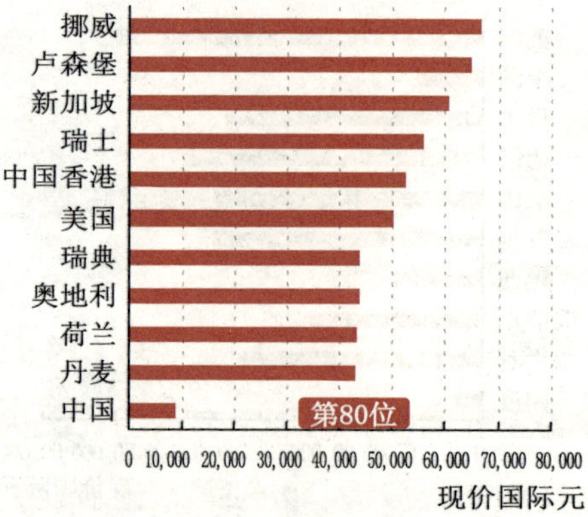

□ 2012 年 GDP 排名前 10 位国家按购买力平价衡量的人均 GNI

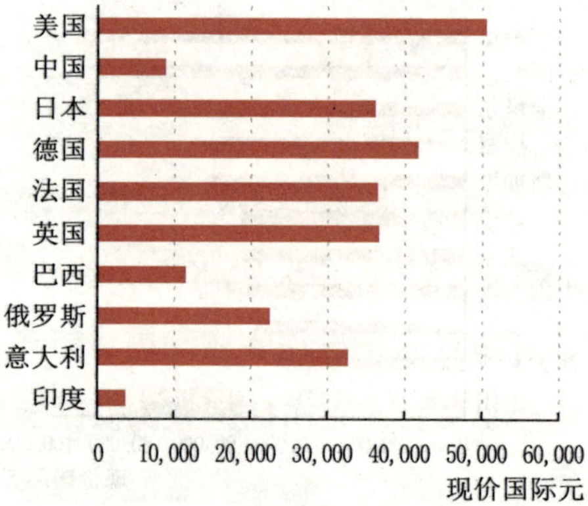

□ 1980—2012 年世界主要经济大国及世界按购买力平价（PPP）衡量的人均 GNI 历史变化

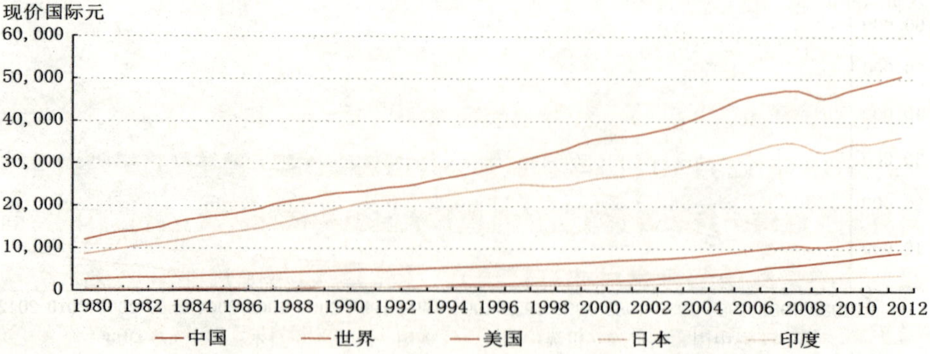

按购买力平价（PPP）衡量的GNI（现价国际元）

PPP GNI（以前称为 PPP GNP）是指用购买力平价汇率转换为按国际元计算的国民总收入。对于 GNI 而言，国际元的购买力与美元在美国的购买力相当。GNI 指所有居民生产者创造的增加值的总和，加上未统计在估计产值中的任何产品税（减去补贴），再加上境外原始收入的净收益（雇员薪酬和财产收入）。数据以现价国际元计。

□ 2012 年按购买力平价（PPP）衡量的 GNI 前 20 位国家

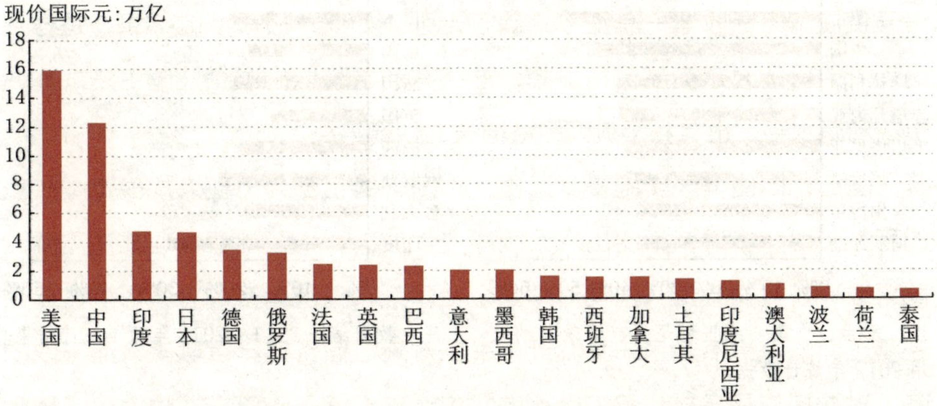

□ 1980—2012 年世界主要经济大国按购买力平价（PPP）衡量的 GNI 历史变化

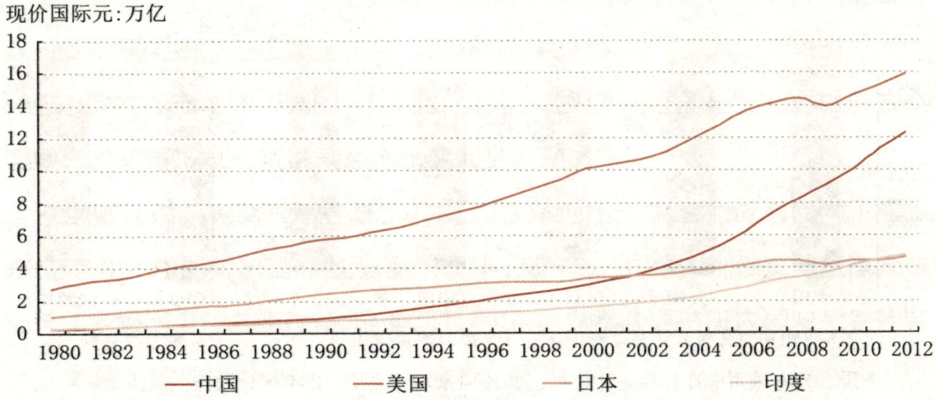

固定资本形成总额（占 GDP 的百分比）

固定资本形成总额（以前称为国内固定投资总额）包括土地改良（围栏、水渠、排水沟等）；厂房、机器和设备的购置；建设公路、铁路以及学校、办公室、医院、私人住宅和工商业建筑等。

□ 2011 年固定资本形成总额（占 GDP 的百分比）前 10 位国家

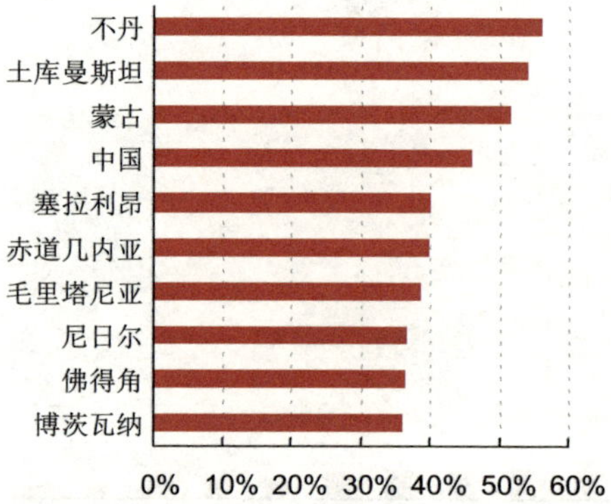

注：蒙古、中国、毛里塔尼亚、博茨瓦纳采用 2012 年统计数据。

□ 2012 年 GDP 排名前 10 位国家固定资本形成总额（占 GDP 的百分比）

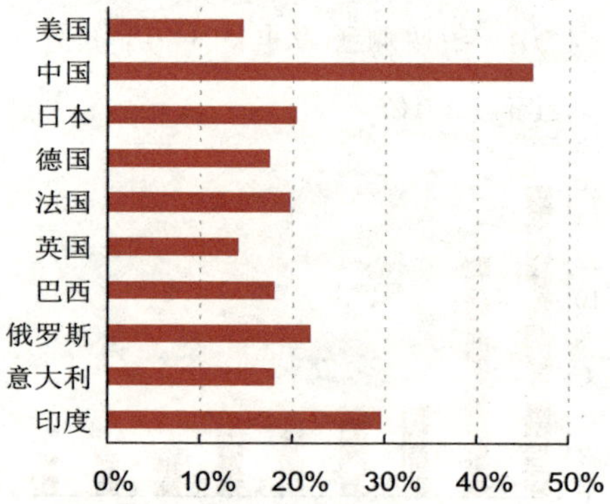

注：数据结合 2011—2012 年两年统计结果。

□ 世界主要经济大国货物和服务对外贸易差额、最终消费支出等、资本形成总额在各自 GDP 中所占比例

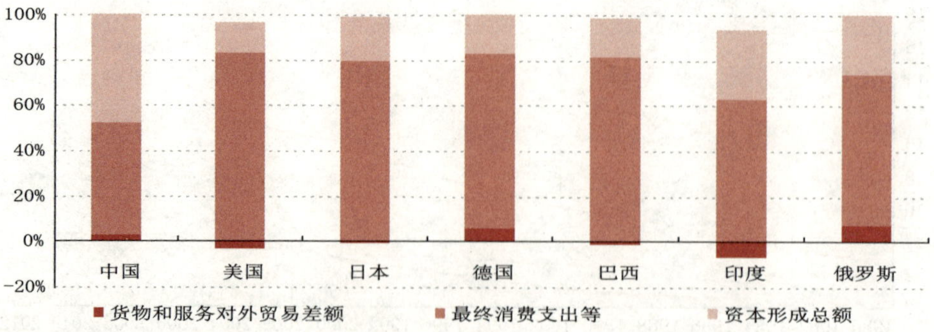

注：美国、日本采用 2011 年统计数据，其他国家均采用 2012 年统计数据。

固定资本形成总额（年增长率）

固定资本形成总额年增长率的计算基于不变价本币。总额计算基于 2005 年不变价美元。固定资本形成总额（以前称为国内固定投资总额）包括土地改良（围栏、水渠、排水沟等）；厂房、机器和设备的购置；建设公路、铁路以及学校、办公室、医院、私人住宅和工商业建筑等。

□ 2011 年固定资本形成总额年增长率前 10 位国家及中国

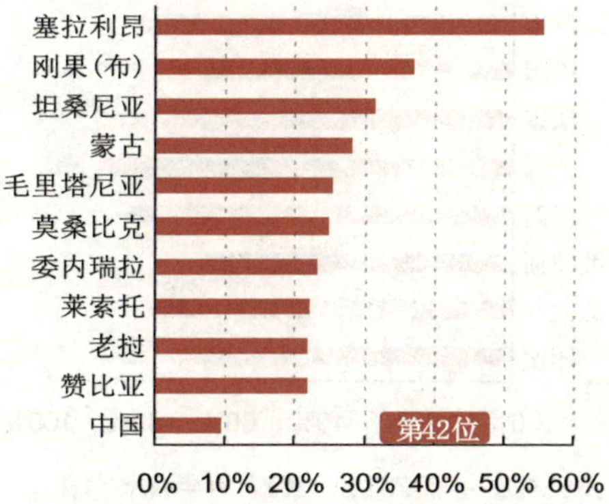

注：蒙古、毛里塔尼亚、委内瑞拉、莱索托采用 2012 年统计数据。

□ 2012 年 GDP 排名前 10 位国家固定资本形成总额年增长率

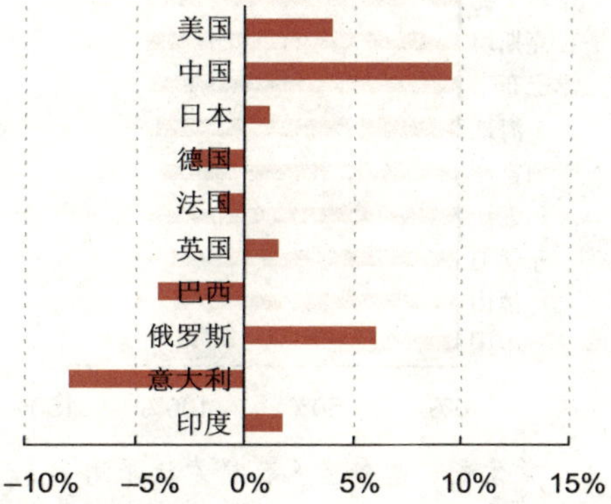

注：数据结合 2011—2012 年两年统计结果。

□ 1961—2012 年世界主要经济大国及世界固定资本形成总额年增长率历史变化

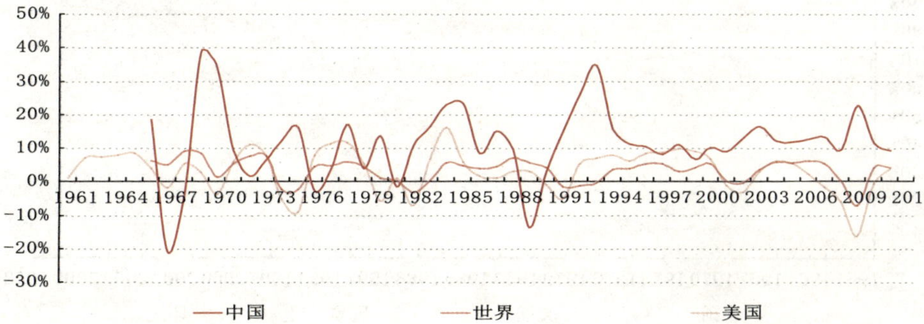

注：部分年份数据缺。

最终消费支出等（占 GDP 的百分比）

最终消费支出（以前称为总消费）指居民最终消费支出（私人消费）和一般政府最终消费支出（一般政府消费）之和。此估算包括资源使用量相对于资源供给量的任何统计差异。

□ 2011 最终消费支出等（占 GDP 的百分比）前 10 位国家及中国

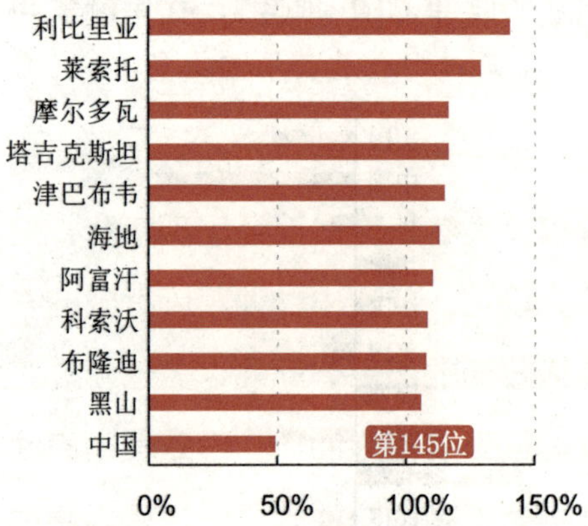

注：莱索托、摩尔多瓦、科索沃采用 2012 年统计数据。

□ 2012 年 GDP 排名前 10 位国家最终消费支出等（占 GDP 的百分比）

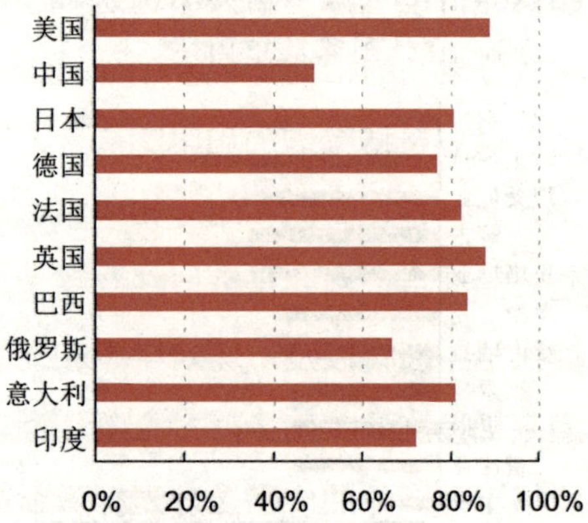

注：数据结合 2011—2012 两年统计结果。

□ 1961—2012 年世界主要经济大国最终消费支出等（占 GDP 的百分比）历史变化

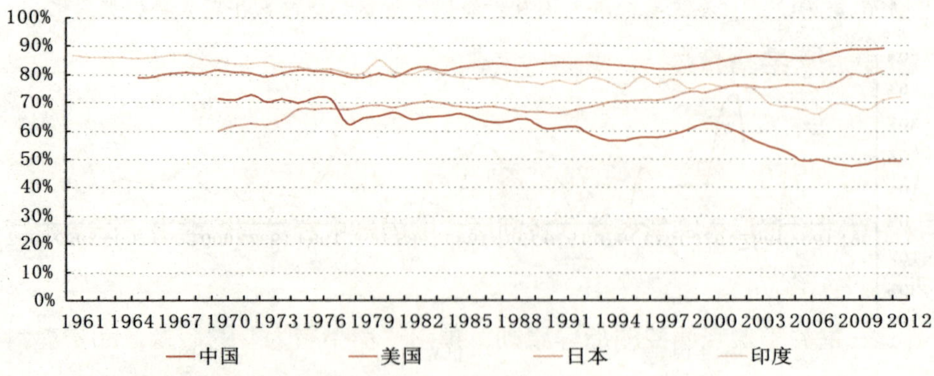

注：部分年份数据缺。

□ 世界主要经济大国居民最终消费支出等、一般政府消费支出等在各自 GDP 中所占比例

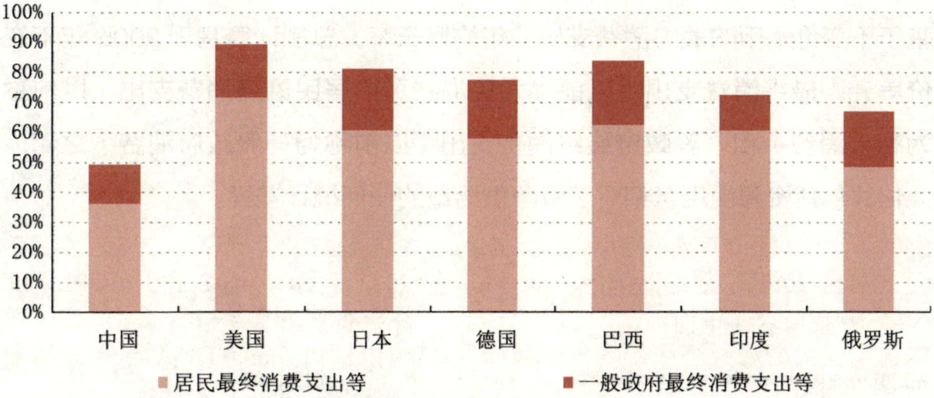

注：美国、日本采用 2011 年统计数据，其他国家均采用 2012 年统计数据。

□ 1970—2012 年中国居民最终消费支出等、一般政府消费支出等（占 GDP 的百分比）历史变化

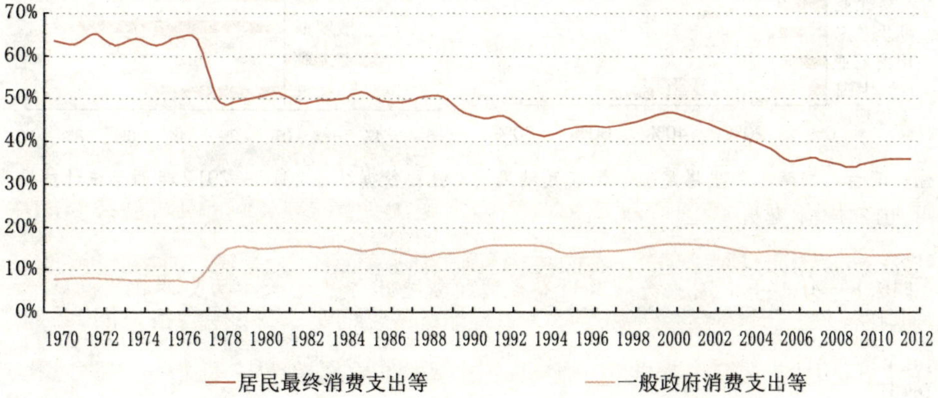

最终消费支出等（年增长率）

基于不变价本币的最终消费支出的年均增长率。总额计算基于 2005 年不变价美元。最终消费支出（以前称为总消费）指居民最终消费支出（以前称为私人消费）和一般政府最终消费支出（以前称为一般政府消费）之和。此估算包括资源使用量相对于资源供给量的任何统计差异。

□ 2011 年最终消费支出等年增长率前 10 位国家及中国

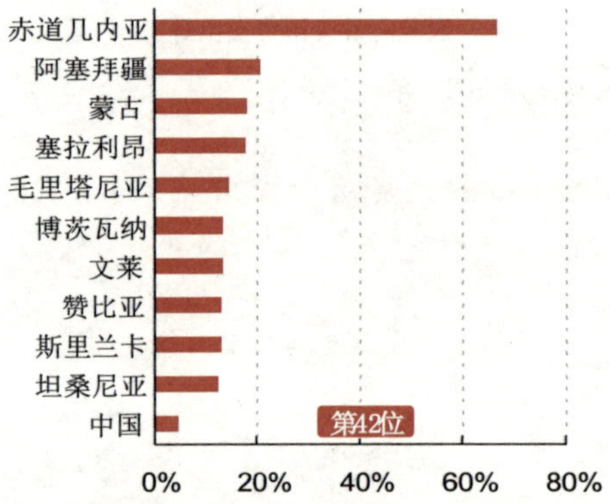

注：蒙古、文莱、毛里塔尼亚、博茨瓦纳采用 2012 年统计数据。

□ 2012 年 GDP 排名前 10 位国家最终消费支出等年增长率

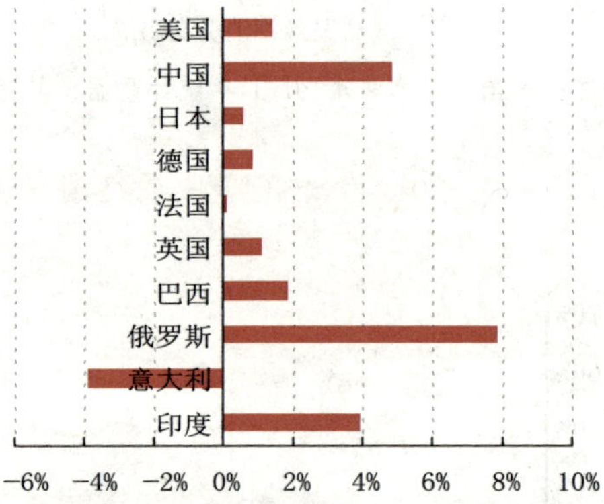

注：数据结合 2011—2012 年两年统计结果。

□ 1971—2011 年中国、美国及世界最终消费支出等年增长率历史变化

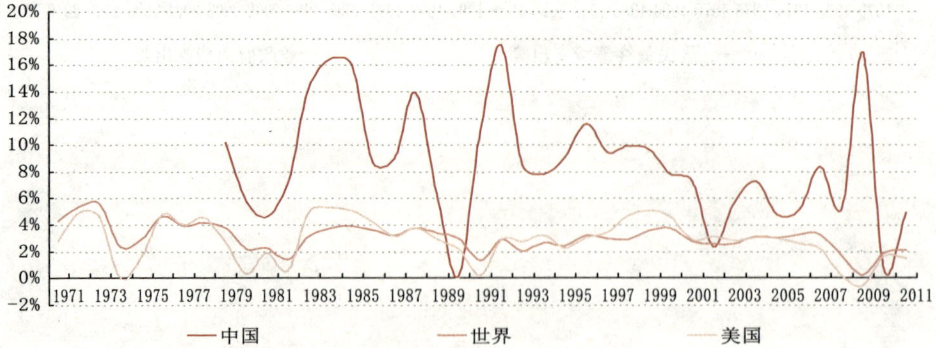

注：部分年份数据缺。

最终消费支出等（现价美元）

最终消费支出（以前称为总消费）指居民最终消费支出（私人消费）和一般政府最终消费支出（一般政府消费）之和。此估算包括资源使用量相对于资源供给量的任何统计差异。数据按现价美元计。

□ 2012 年最终消费支出等前 10 位国家

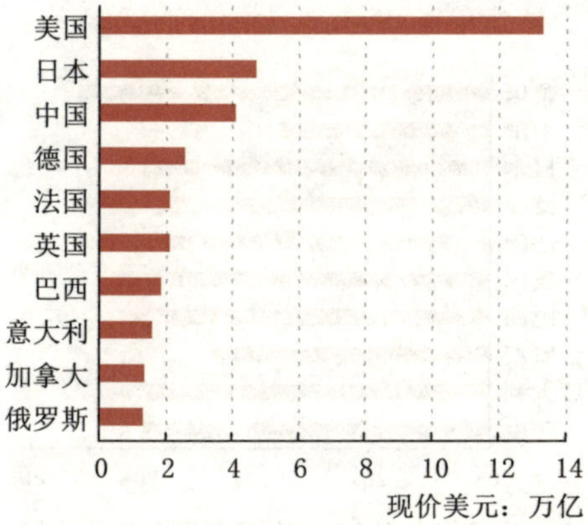

□ 2012 年 GDP 排名前 10 位国家最终消费支出等

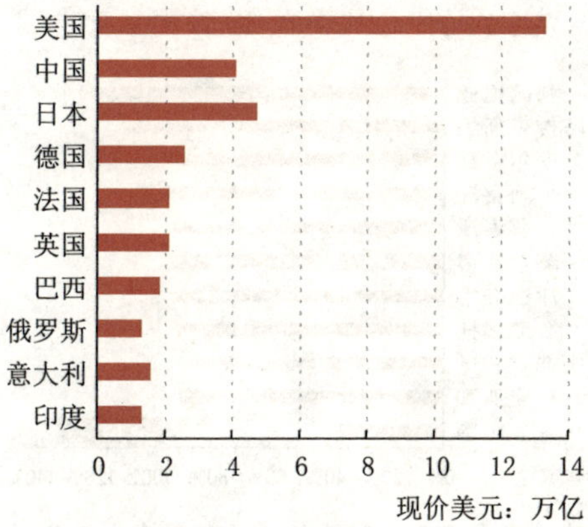

□ 1965—2012 年世界主要经济大国最终消费支出等历史变化

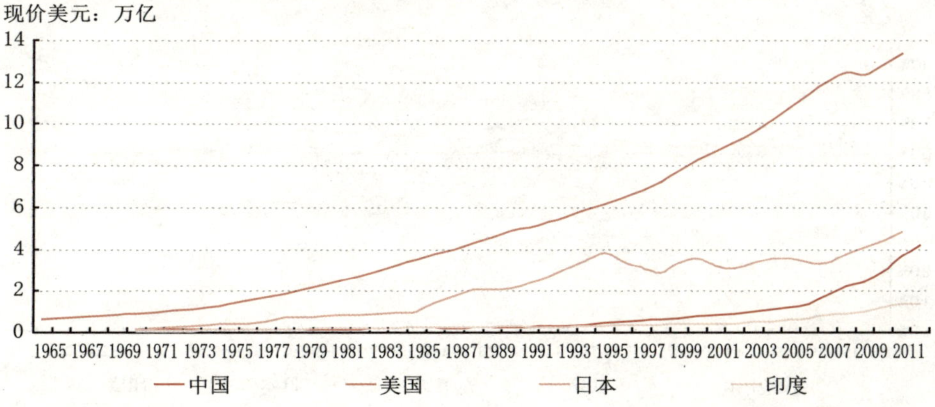

注：部分年份数据缺。

居民最终消费支出等（占 GDP 的百分比）

居民最终消费支出（以前称为私人消费）是指居民购买的所有货物和服务（包括耐用品，例如汽车、洗衣机、家用电脑等）的市场价值，不包括购买住房的支出，但包括业主自住房屋的估算租金，也包括为取得许可证和执照向政府支付的费用。此处居民消费支出包括为居民服务的非营利机构的支出，无论国家是否另行公布。此项目也包括资源使用量相对于资源供给量的任何统计偏差。

□ 2011 年居民最终消费支出等（占 GDP 的百分比）前 10 位国家及中国

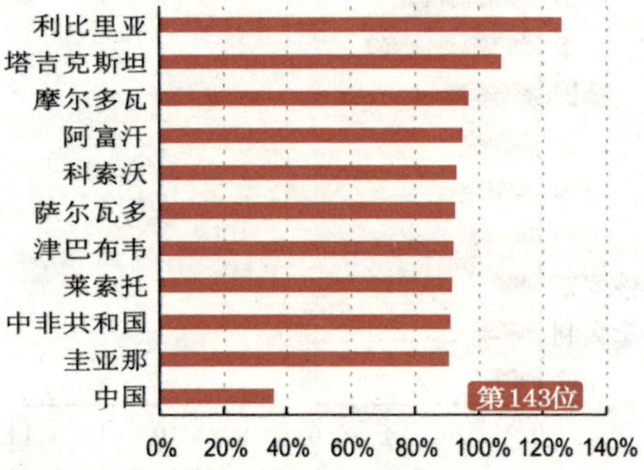

注：摩尔多瓦、科索沃、萨尔瓦多、莱索托采用 2012 年统计数据。

□ 2012 年 GDP 排名前 10 位国家居民最终消费支出等（占 GDP 的百分比）

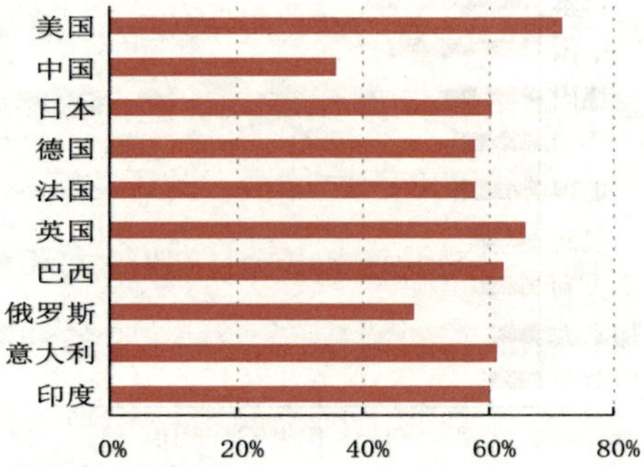

注：数据结合 2011—2012 年两年统计结果。

□ 1961—2012 年世界主要经济大国及世界居民最终消费支出等（占 GDP 的百分比）历史变化

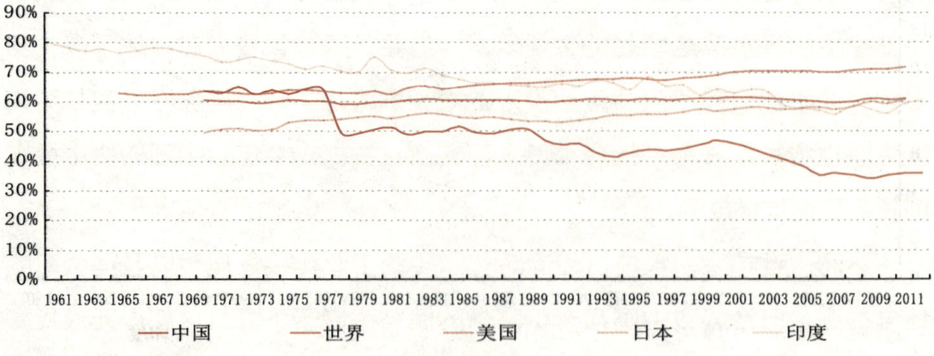

注：部分年份数据缺。

居民最终消费支出等（年增长率）

居民最终消费支出的年增长率基于本币不变价格计算。支出总额基于 2000 年不变价美元。居民最终消费支出是指居民购买的所有货物和服务（包括耐用品，例如汽车、洗衣机等）的市场价值，不包括购买住房的支出，但包括业主自住房屋的估算租金，也包括为取得许可证和执照向政府支付的费用。此处居民消费支出包括为居民服务的非营利机构的支出，无论国家是否另行公布。此项目也包括资源使用量相对于资源供给量的任何统计偏差。

□ 2011 年居民最终消费支出等年增长率前 10 位国家及中国

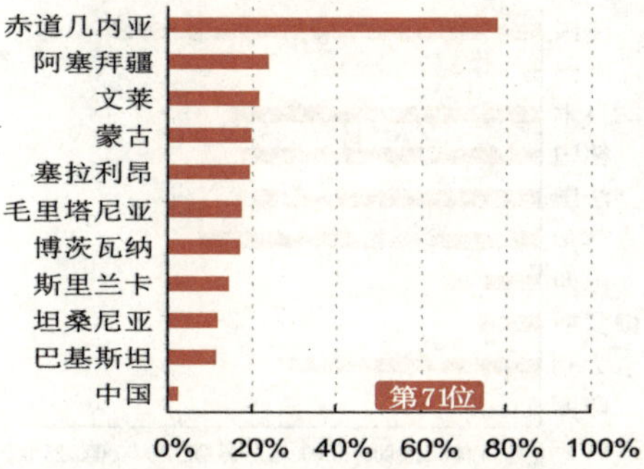

注：蒙古、文莱达鲁萨兰国、毛里塔尼亚、博茨瓦纳采用 2012 年统计数据。

□ 2012 年 GDP 排名前 10 位国家居民最终消费支出等年增长率

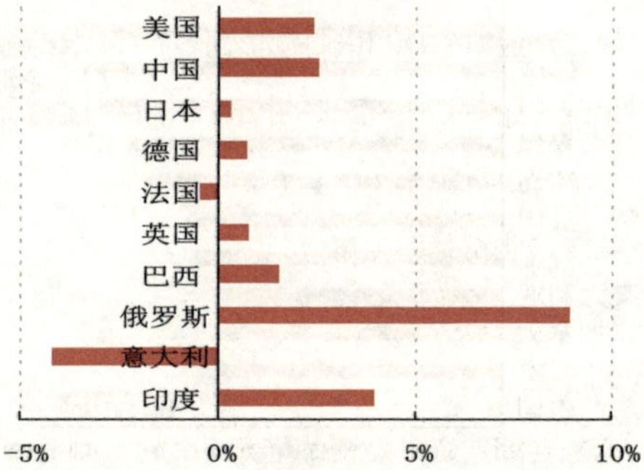

注：数据结合 2011—2012 年两年统计结果。

□ 1971—2011 年中国、美国及世界居民最终消费支出等年增长率历史变化

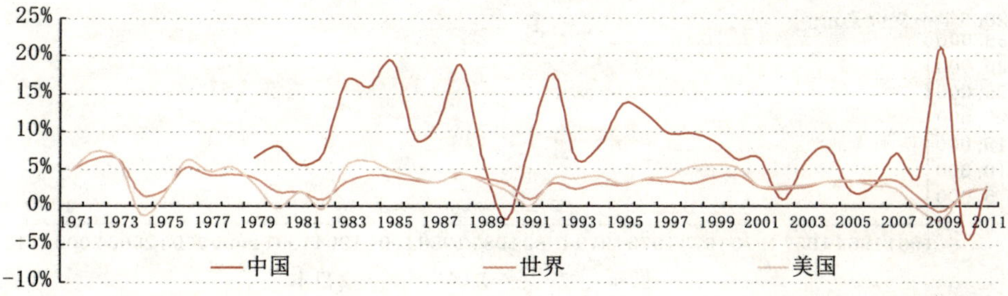

注：部分年份数据缺。

人均居民最终消费支出（2005 年不变价美元）

人均居民最终消费支出（人均私人消费）在计算时采用以 2005 年不变价衡量的私人消费和世界银行的人口估计值。居民最终消费支出是指居民购买的所有货物和服务（包括耐用品，例如汽车、洗衣机、家用电脑等）的市场价值，不包括购买住房的支出，但包括业主自住房屋的估算租金，也包括为取得许可证和执照向政府支付的费用。此处居民消费支出包括为居民服务的非营利机构的支出，无论国家是否另行公布。数据以 2005 年不变价美元计。

□ 2011 年人均最终消费支出前 10 位国家及中国

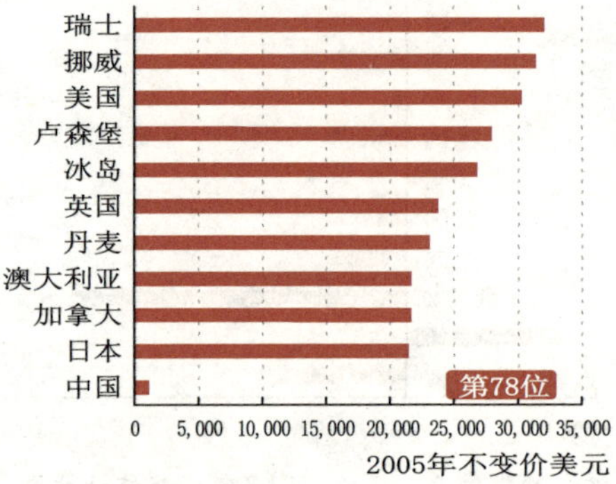

注：卢森堡、英国、澳大利亚采用 2012 年统计数据。

□ 2012 年 GDP 排名前 10 位国家人均居民最终消费支出

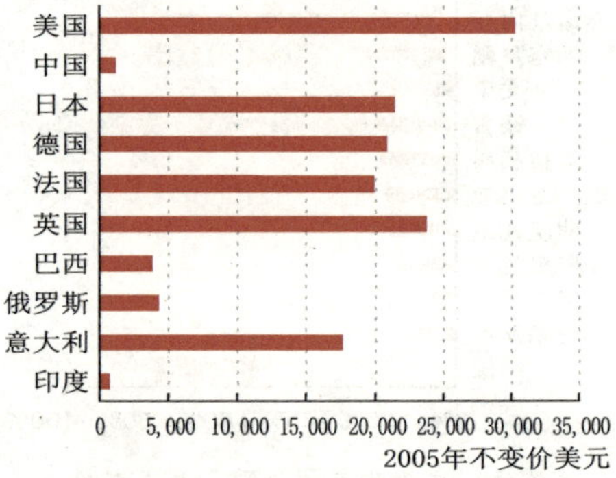

注：数据结合 2011—2012 年两年统计结果。

□ 1961—2012 年世界主要经济大国及世界人均居民最终消费支出等历史变化

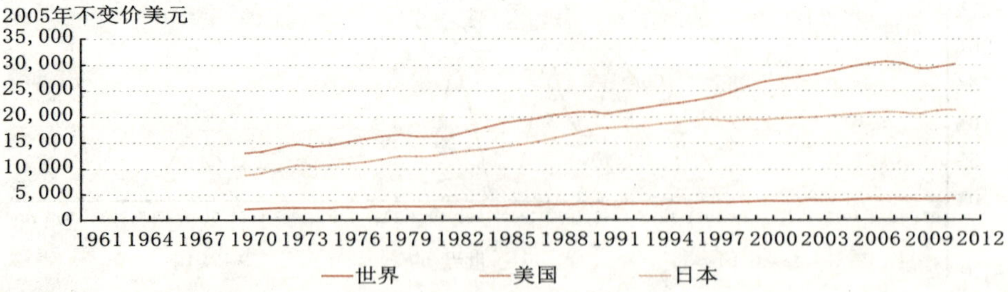

注：部分年份数据缺。

按购买力平价（PPP）衡量的居民最终消费支出（现价国际美元）

居民最终消费支出（以前称为私人消费）是指居民购买的所有货物和服务（包括耐用品，例如汽车、洗衣机、家用电脑等）的市场价值，不包括购买住房的支出，但包括业主自住房屋的估算租金，也包括为取得许可证和执照向政府支付的费用。此处居民消费支出包括为居民服务的非营利机构的支出，无论国家是否另行公布。数据用购买力平价汇率转换为按现价国际元。

□ 2011 年按购买力平价衡量的居民最终消费支出前 10 位国家

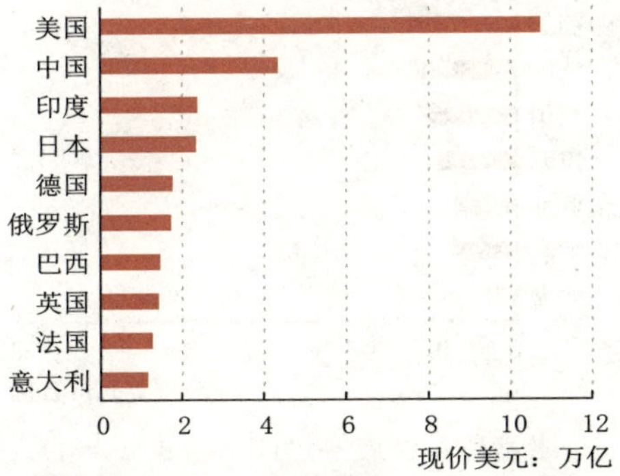

注：中国、印度、俄罗斯联邦、英国采用 2012 年统计数据。

□ 2012 年 GDP 排名前 10 位国家按购买力平价衡量的居民最终消费支出

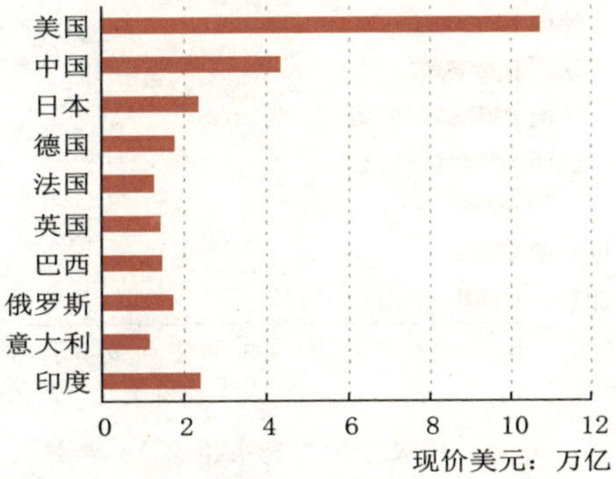

注：数据结合 2011—2012 年两年统计结果。

□ 1980—2012 年世界主要经济大国按购买力平价 衡量的居民最终消费支出历史变化

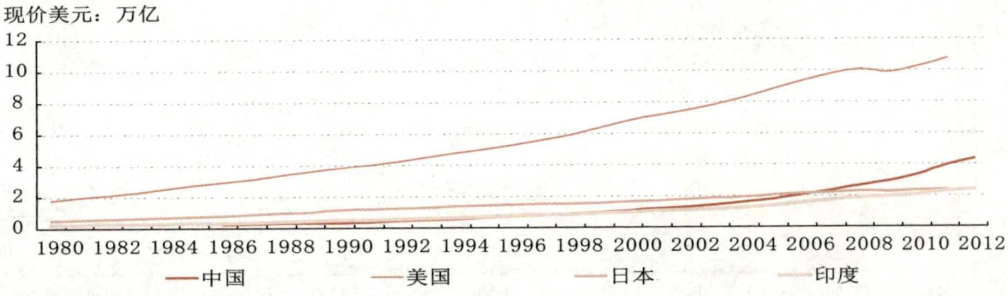

注：部分年份数据缺。

一般政府最终消费支出（现价美元）

一般政府最终消费支出（以前称为一般政府消费）包括政府为购买货物和服务（包括雇员薪酬）而发生的所有经常性支出，还包括国防和国家安全方面的大部分支出，但不包括政府军费支出，该项支出属于政府资本形成。数据按现价美元计。

□ 2012 年一般政府最终消费支出前 10 位国家

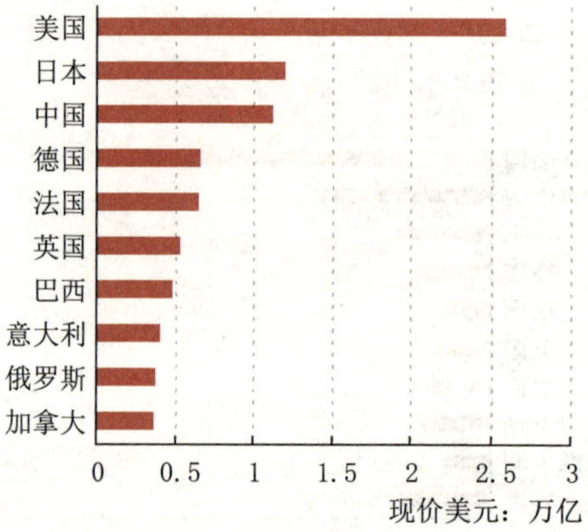

注：美国、日本、加拿大采用 2011 年统计数据。

□ 2012 年 GDP 排名前 10 位国家一般政府最终消费支出

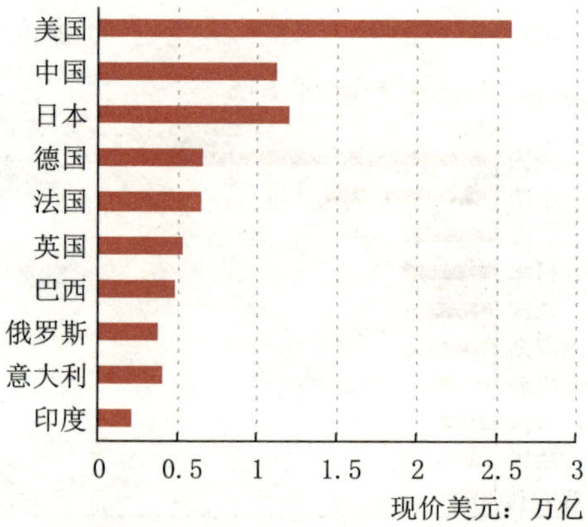

注：数据结合 2011—2012 年两年统计结果。

□ 1961—2012 年世界主要经济大国一般政府最终消费支出历史变化

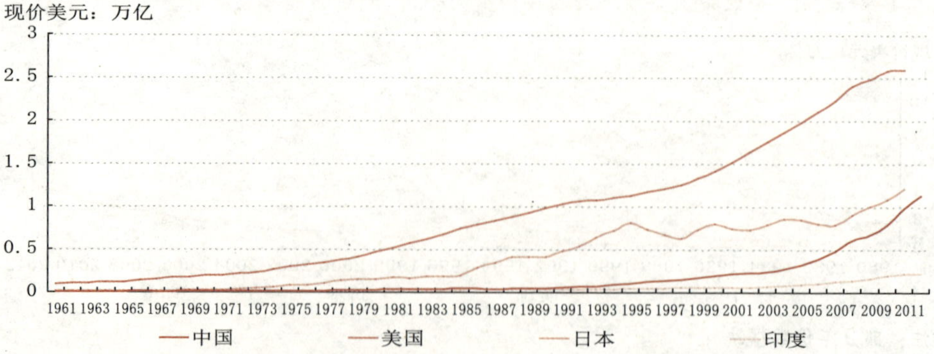

一般政府最终消费支出（年增长率）

一般政府最终消费支出的年增长率基于不变价本币计算。总额计算基于 2000 年不变价美元。一般政府最终消费支出（一般政府消费）包括政府为购买货物和服务（包括雇员薪酬）而发生的所有经常性支出，还包括国防和国家安全方面的大部分支出，但不包括政府军费支出，该项支出属于政府资本形成。

□ 2011 年一般政府最终消费支出等年增长率前 10 位国家及中国

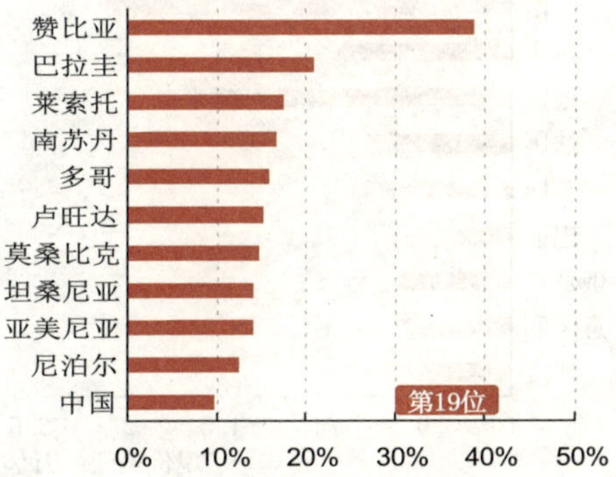

注：莱索托、卢旺达、尼泊尔采用 2012 年统计数据。

□ 2012 年 GDP 排名前 10 位国家一般政府最终消费支出等年增长率

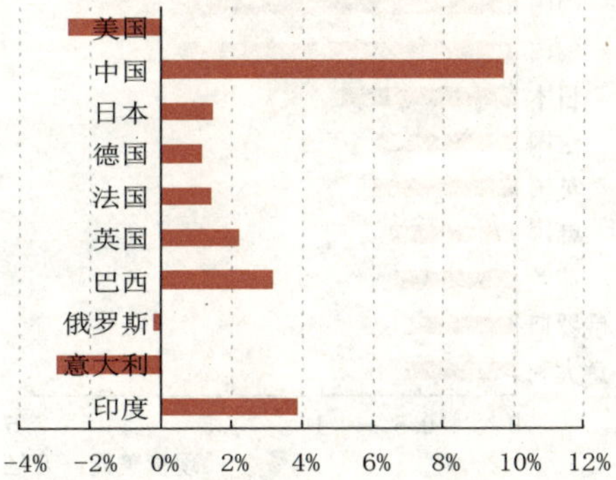

注：数据结合 2011—2012 年两年统计结果。

□ 1961—2011 年中国、美国及世界一般政府最终消费支出等年增长率历史变化

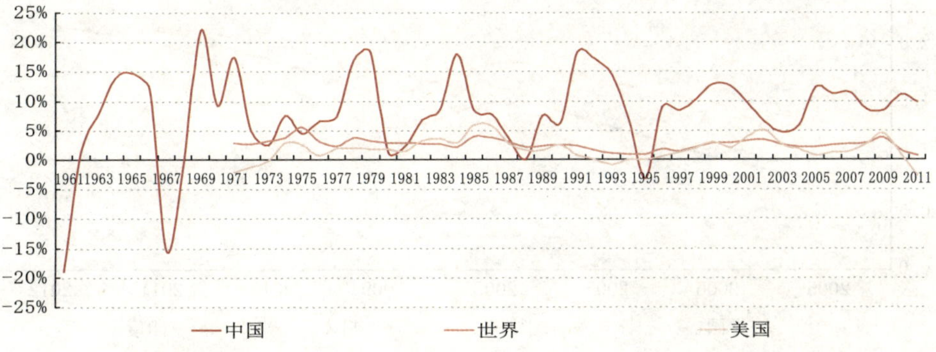

注：部分年份数据缺。

货物和服务出口（BoP，现价美元）

货物和服务出口包含一国居民与世界其他国家的所有交易，包括一般商品从居民向非居民的所有权变更、送去加工或修理的货物、非货币黄金以及服务。数据按现价美元计。

□ 2012 年货物和服务出口前 10 位国家

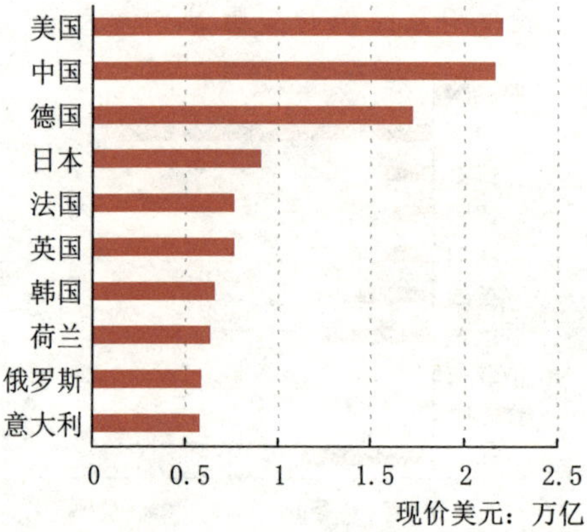

□ 2012 年 GDP 排名前 10 位国家货物和服务出口

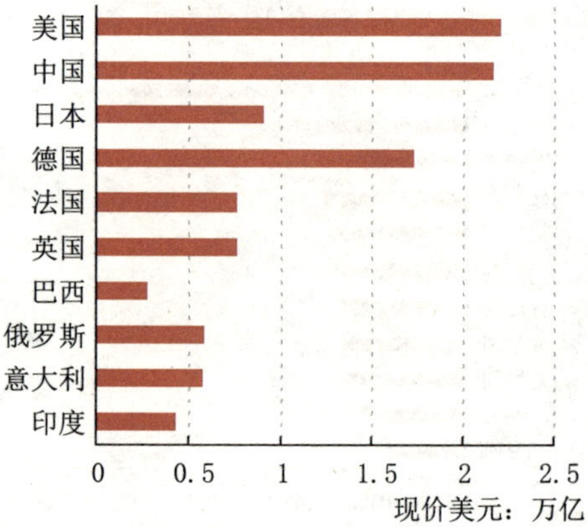

□ 2005—2012 年世界主要经济大国货物和服务出口历史变化

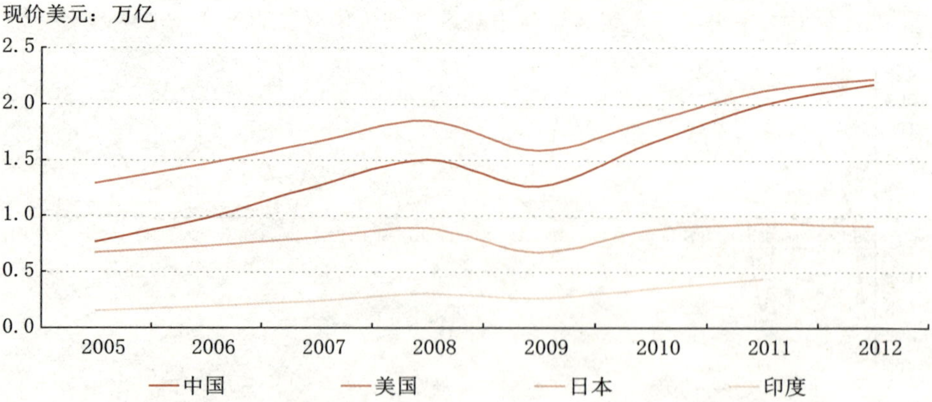

注：部分年份数据缺。

货物和服务出口（占 GDP 的百分比）

货物和服务出口是指向世界其他国家供应的所有货物和其他市场服务的价值。其包括商品、货运、保险、运输、旅游、版税、特许权费，以及通讯、建筑、金融、信息、商务、个人和政府服务等其他服务。雇员薪酬和投资收入（以前称要素服务）和转移支付不包括在内。

□ 2012 年货物和服务出口（占 GDP 的百分比）前 10 位国家和地区及中国

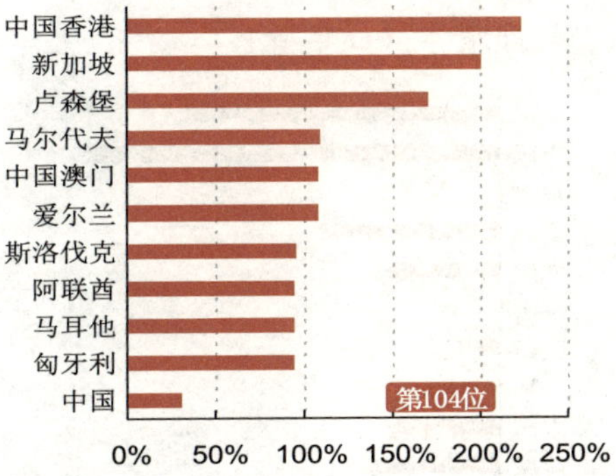

注：马尔代夫、马耳他采用 2011 年统计数据。

□ 2012 年 GDP 排名前 10 位国家货物和服务出口（占 GDP 的百分比）

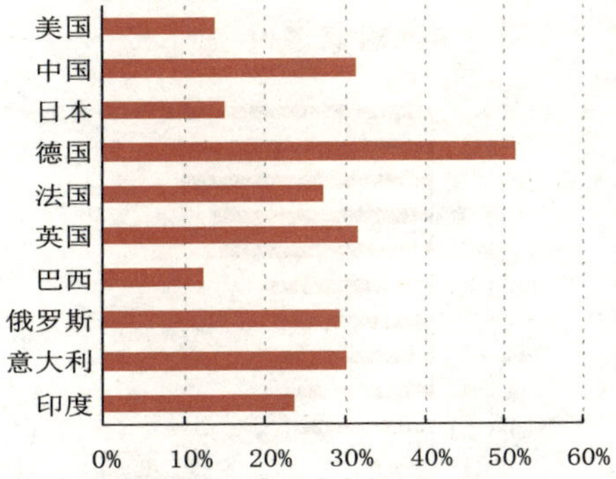

注：数据结合 2011—2012 年两年统计结果。

□ 1961—2012 年世界主要经济大国及世界货物和服务出口（占 GDP 的百分比）历史变化

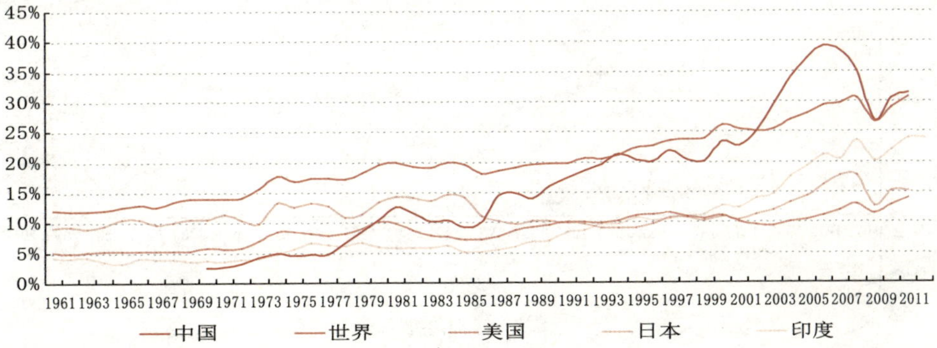

注：部分年份数据缺。

货物和服务出口（年增长率）

货物和服务出口年增长率基于不变价本币。总额的计算基于 2005 年不变价美元。货物和服务出口是指向世界其他国家供应的所有货物和其他市场服务的价值。其包括商品、货运、保险、运输、旅游、版税、特许权费，以及通讯、建筑、金融、信息、商务、个人和政府服务等其他服务。雇员薪酬和投资收入（以前称要素服务）和转移支付不包括在内。

□ 2011 年货物和服务出口年增长率前 10 位国家及中国

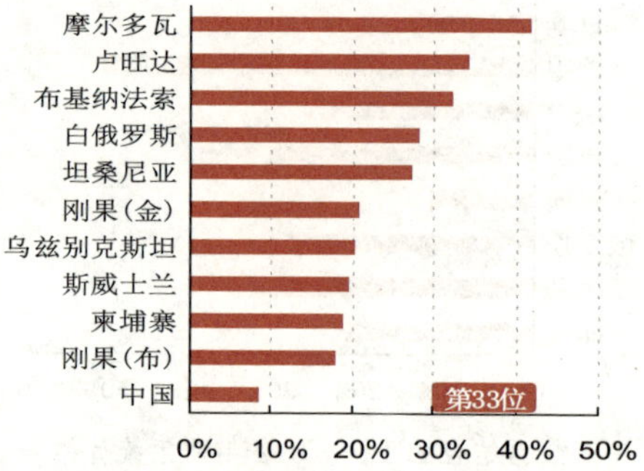

注：卢旺达采用 2012 年统计数据。

□ 2012 年 GDP 排名前 10 位国家货物和服务出口年增长率

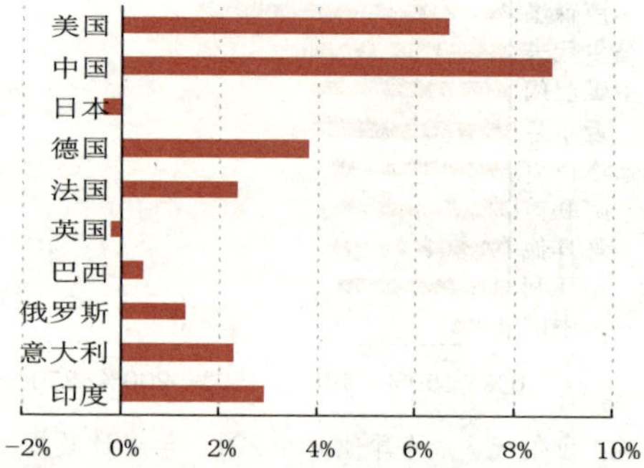

注：数据结合 2011—2012 年两年统计结果。

□ 1971—2011 年中国、美国及世界货物和服务出口年增长率历史变化

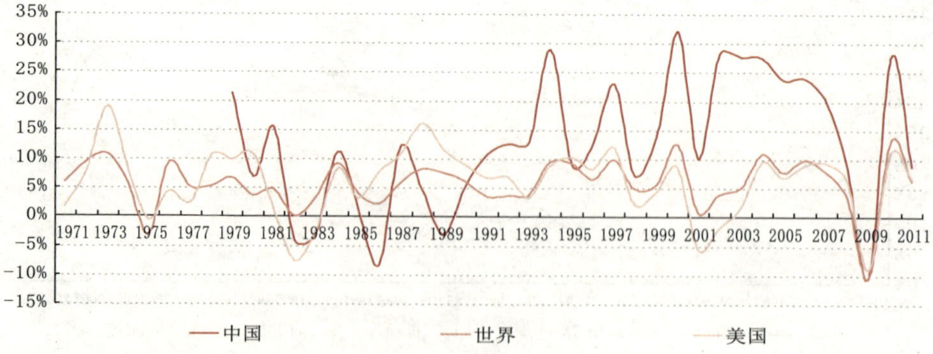

注：部分年份数据缺。

货物和服务对外贸易差额（现价美元）

货物和服务对外贸易差额（以前称为资源差额）等于货物和服务出口额减去货物和服务（以前称为非要素性服务）进口额。数据按现价美元计。

□ 2011 年货物和服务对外贸易差额前 10 位国家

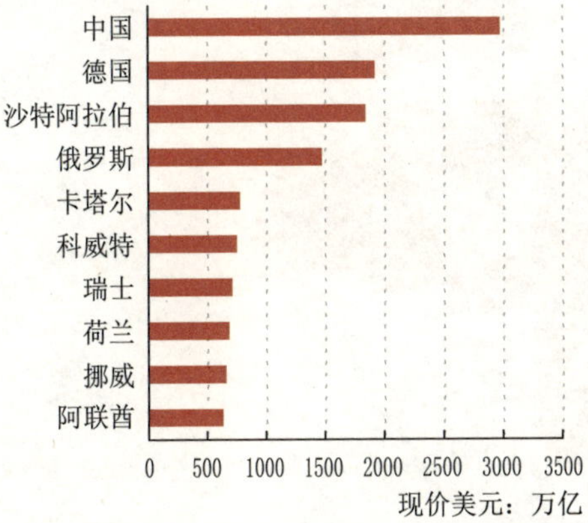

注：德国、荷兰、沙特阿拉伯、俄罗斯联邦、挪威采用 2012 年统计数据。

□ 2012 年 GDP 排名前 10 位国家货物和服务对外贸易差额

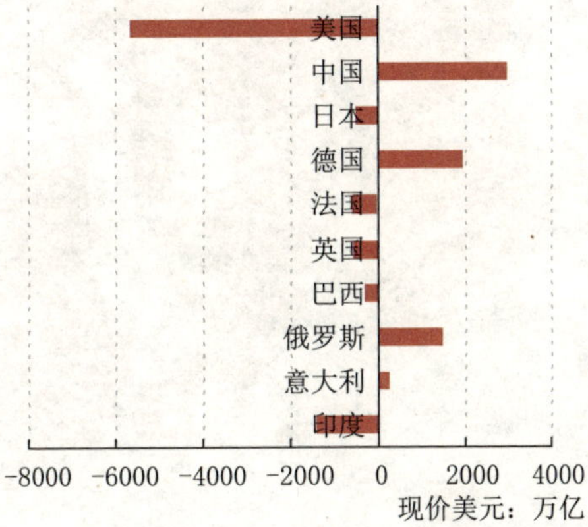

注：数据结合 2011—2012 年两年统计结果。

□ 1961—2012 年世界主要经济大国货物和服务对外贸易差额历史变化

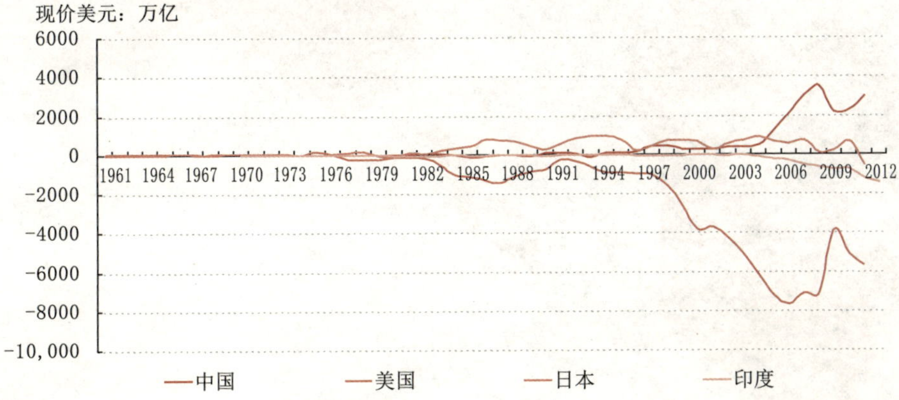

货物和服务对外贸易差额（现价美元）
-568.1 十亿
297.8 十亿

货物和服务对外贸易差额（占 GDP 的百分比）

货物和服务对外贸易差额（以前称为资源差额）等于货物和服务出口额减去货物和服务（以前称为非要素性服务）进口额。

□ 2011 年货物和服务对外贸易差额（占 GDP 的百分比）前 10 位国家和地区及中国

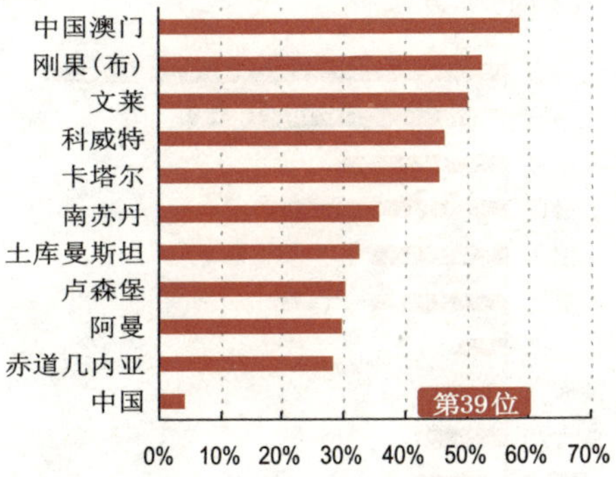

注：中国澳门、文莱、卢森堡、中国采用 2012 年统计数据。

□ 2012 年 GDP 排名前 10 位国家货物和服务对外贸易差额（占 GDP 的百分比）

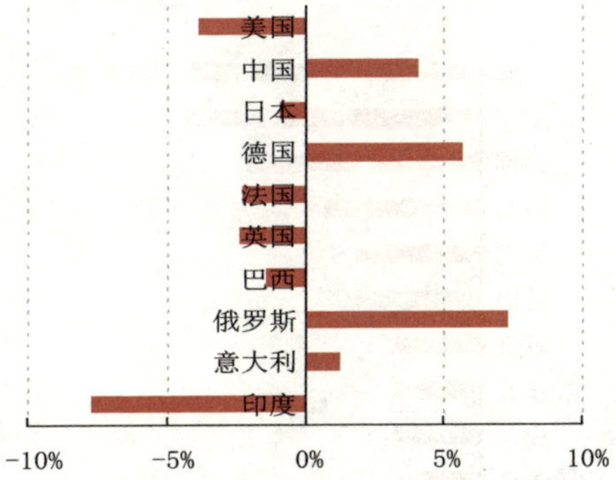

注：数据结合 2011—2012 年两年统计结果。

□ 1961—2012 年世界主要经济大国货物和服务对外贸易差额（占 GDP 的百分比）历史变化

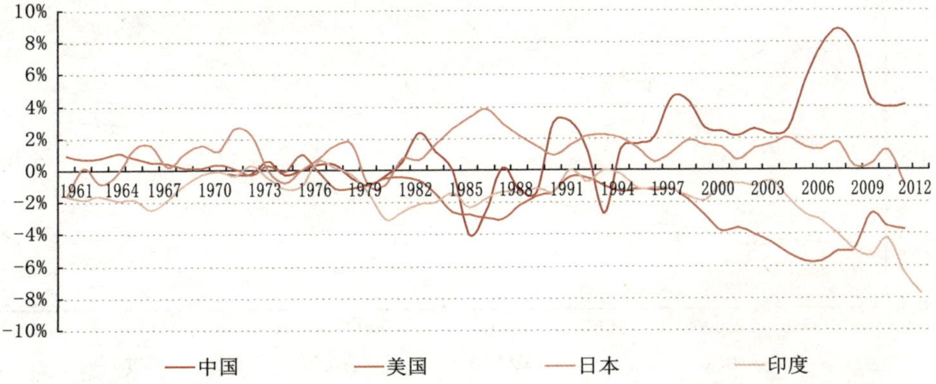

注：部分年份数据缺。

货物和服务进口（BoP，现价美元）

货物和服务进口涉及一国居民与来自世界其他国家之间的所有交易，包括一般商品从非居民向居民的所有权变更、送去加工或修理的货物、非货币黄金以及服务。数据按现价美元计。

□ 2012 年货物和服务进口前 10 位国家和地区

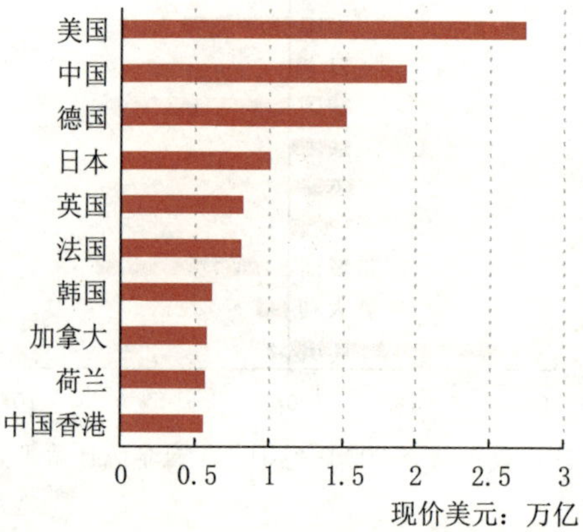

□ 2012 年 GDP 排名前 10 位国家货物和服务进口

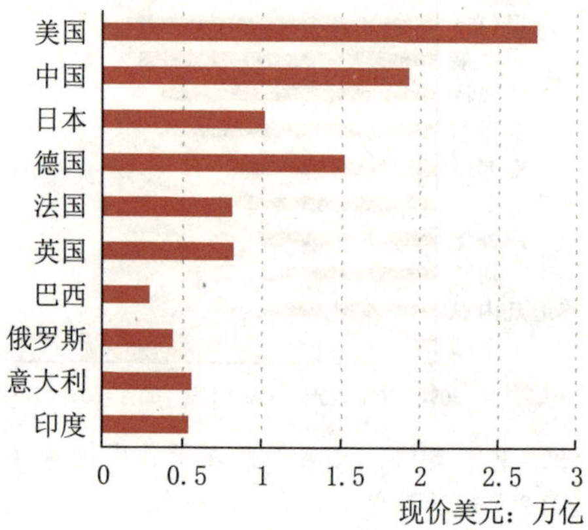

□ 2005—2012 年世界主要经济大国货物和服务进口历史变化

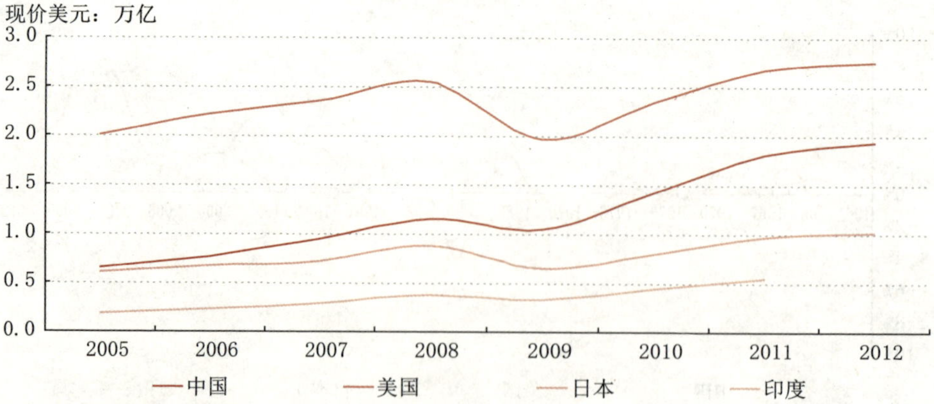

注：部分年份数据缺。

货物和服务进口（占 GDP 的百分比）

货物和服务进口是指从世界其他国家获得的所有货物和其他市场服务的价值。其包括商品、货运、保险、运输、旅游、版税、特许权费，以及通讯、建筑、金融、信息、商务、个人和政府服务等其他服务。雇员薪酬和投资收入（以前称要素服务）和转移支付不包括在内。

□ 2012 年货物和服务进口（占 GDP 的百分比）前 10 位国家和地区及中国

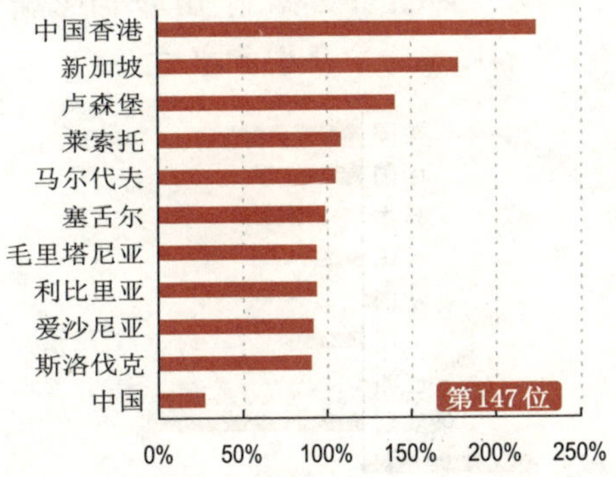

注：马尔代夫、塞舌尔、利比里亚采用 2011 年统计数据。

□ 2012 年 GDP 排名前 10 位国家货物和服务进口（占 GDP 的百分比）

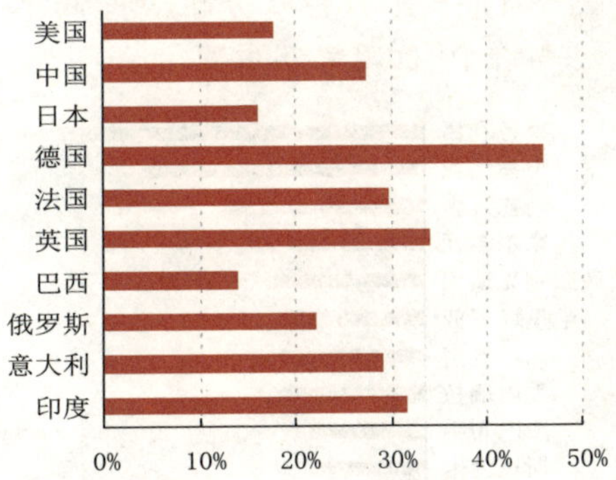

注：数据结合 2011—2012 年两年统计结果。

□ 1961—2012 年世界主要经济大国及世界货物和服务进口（占 GDP 的百分比）历史变化

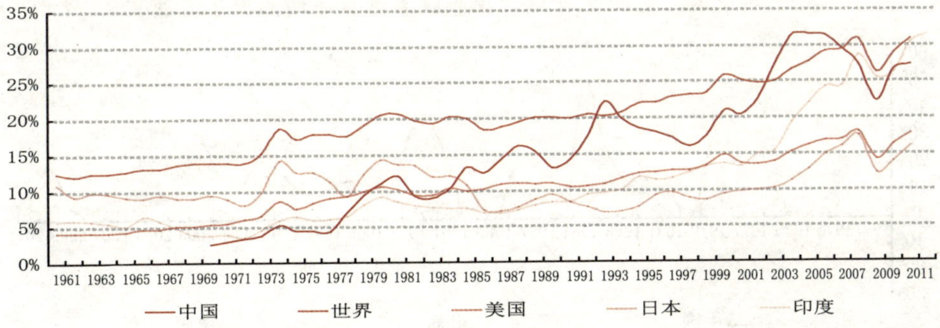

注：部分年份数据缺。

货物和服务进口（年增长率）

基于不变价本币的货物和服务进口年增长率。总额的计算基于 2005 年不变价美元。货物和服务进口是指从世界其他国家获得的所有货物和其他市场服务的价值。其包括商品、货运、保险、运输、旅游、版税、特许权费，以及通讯、建筑、金融、信息、商务、个人和政府服务等其他服务。雇员薪酬和投资收入（以前称要素服务）和转移支付不包括在内。

□ 2011 年货物和服务进口年增长率前 10 位国家及中国

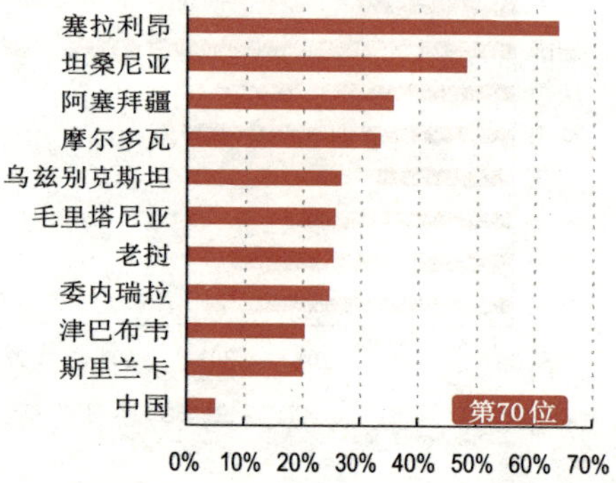

注：毛里塔尼亚、委内瑞拉采用 2012 年统计数据。

□ 2012 年 GDP 排名前 10 位国家货物和服务进口年增长率

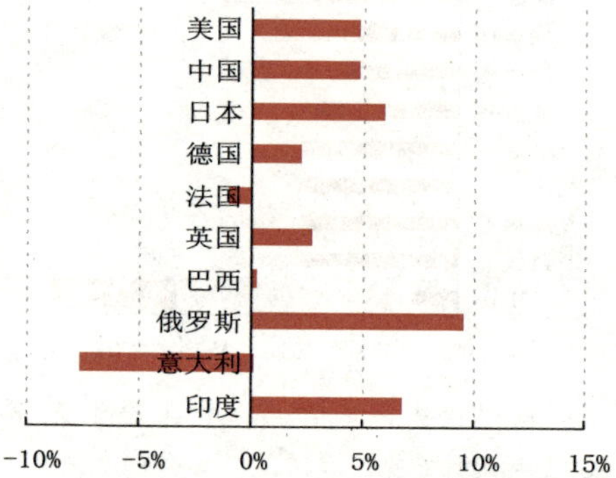

注：数据结合 2011—2012 年两年统计结果。

□ 1971—2011 年中国、美国及世界货物和服务进口年增长率历史变化

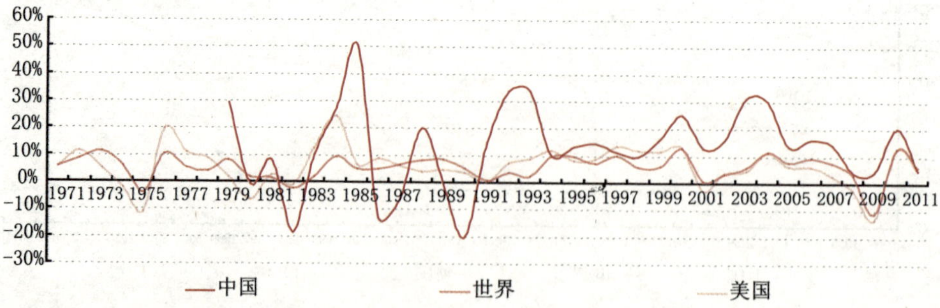

注：部分年份数据缺。

贸易额（占 GDP 的百分比）

贸易额是指货物和服务的进出口额在国民生产总值中的份额。

□ 2012 年贸易额（占 GDP 的百分比）前 10 位国家和地区及中国

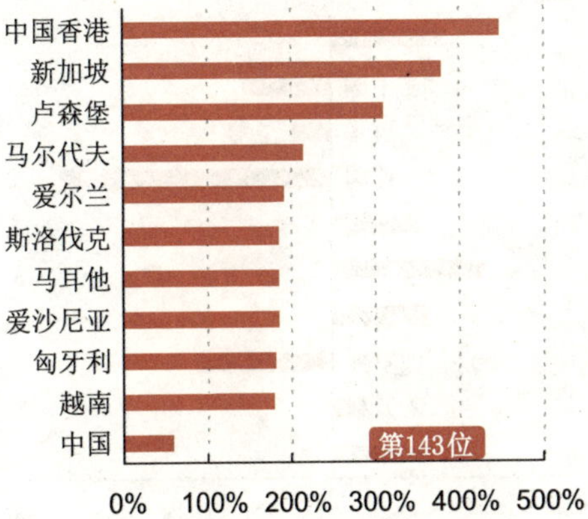

注：马尔代夫、马耳他采用 2012 年统计数据。

□ 2012 年 GDP 排名前 10 位国家贸易额（占 GDP 的百分比）

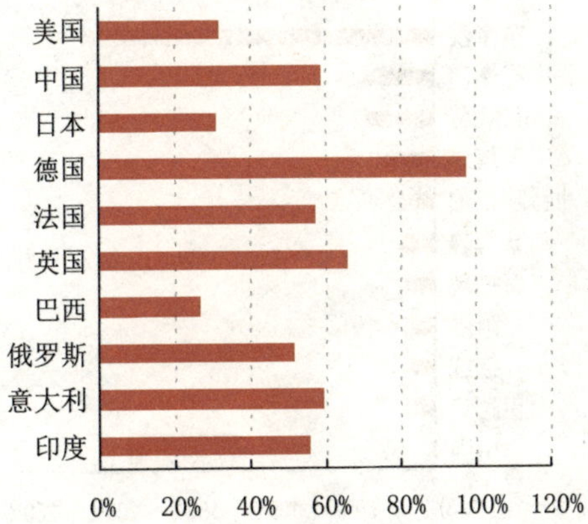

注：数据结合 2011—2012 年两年统计结果。

□ 1961—2012 年世界主要经济大国及世界贸易额（占 GDP 的百分比）历史变化

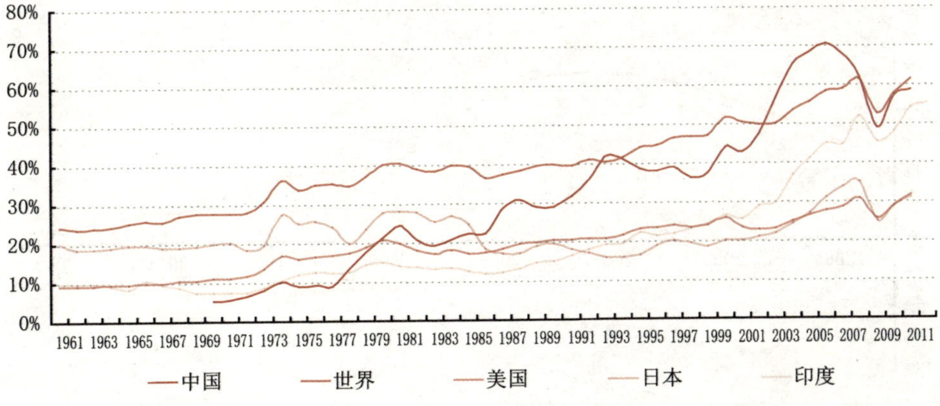

注：部分年份数据缺。

经常账户余额（占 GDP 的百分比）

经常账户余额为货物和服务出口净额、收入净额与经常转移净额之和。

□ 2012 年经常账户余额占（GDP 的百分比）前 10 位国家和地区及中国

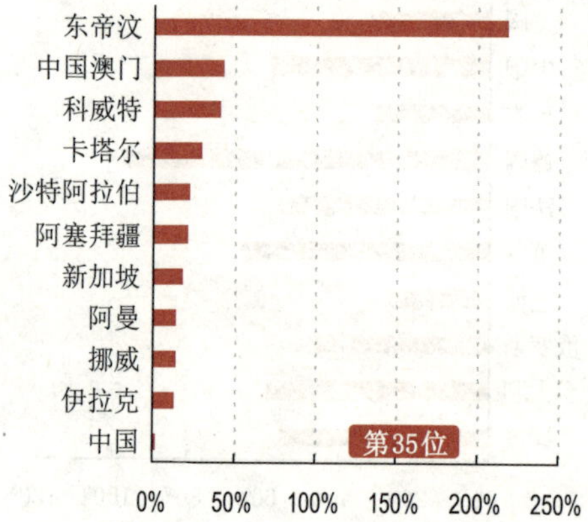

注：东帝汶、中国澳门、科威特、卡塔尔、阿曼采用 2012 年统计数据。

□ 2012 年 GDP 排名前 10 位国家经常账户余额（占 GDP 的百分比）

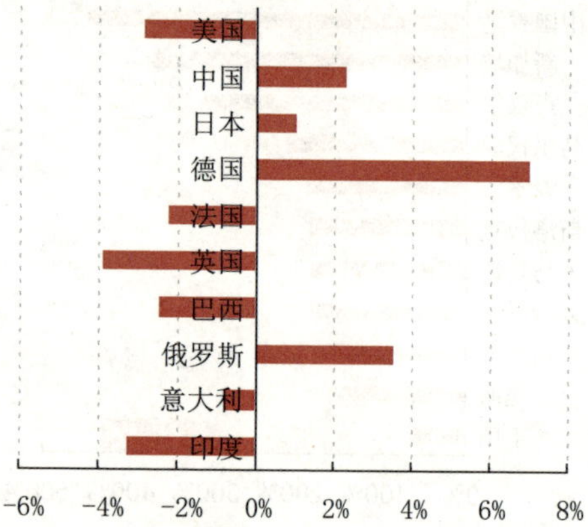

注：数据结合 2011—2012 年两年统计结果。

□ 2005—2012 年世界主要经济大国经常账户余额（占 GDP 的百分比）历史变化

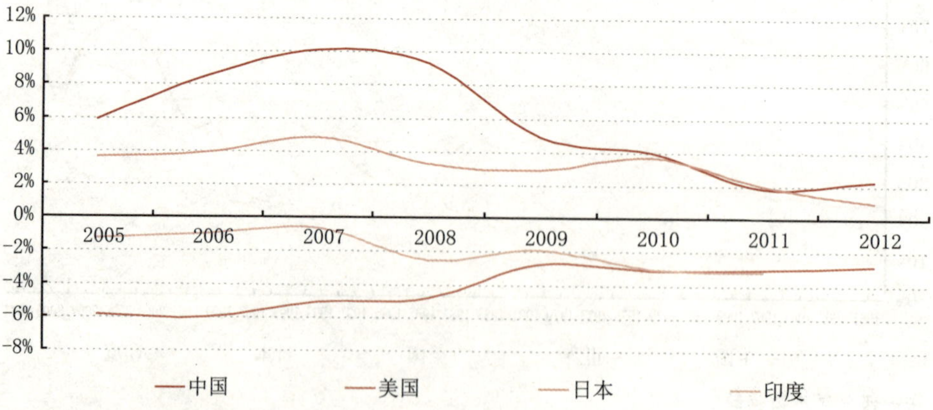

注：部分年份数据缺。

外国直接投资净流入（BoP，现价美元）

外国直接投资是指投资者为获得在另一经济体中运作的企业的永久性管理权益（10% 以上表决权）所做的投资的净流入。它是股权资本、收益再投资、其他长期资本以及国际收支平衡表中显示的短期资本之和。此系列显示报告经济体来自外国投资者的净流入（新投资流入减去撤资）。数据按现价美元计。

□ 2012 年外国直接投资净流入前 10 位国家和地区

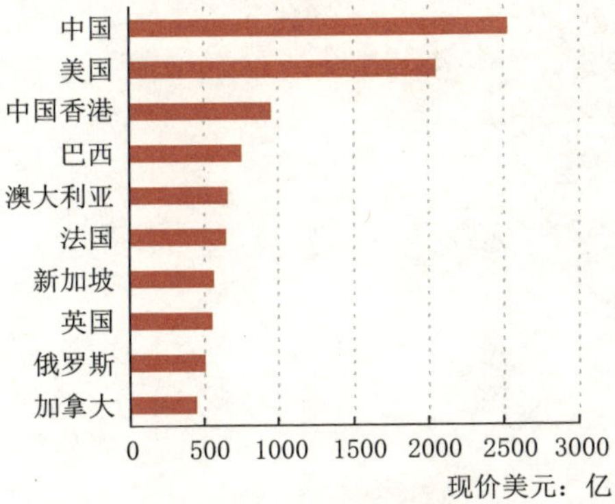

□ 2012 年 GDP 排名前 10 位国家外国直接投资净流入

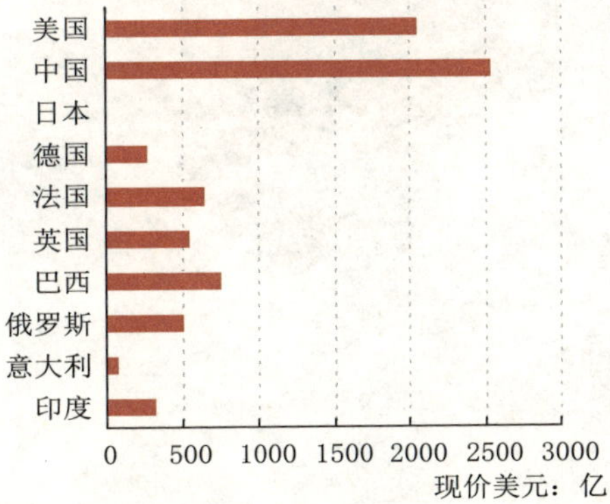

□ 1970—2012 年世界主要经济大国外国直接投资净流入历史变化

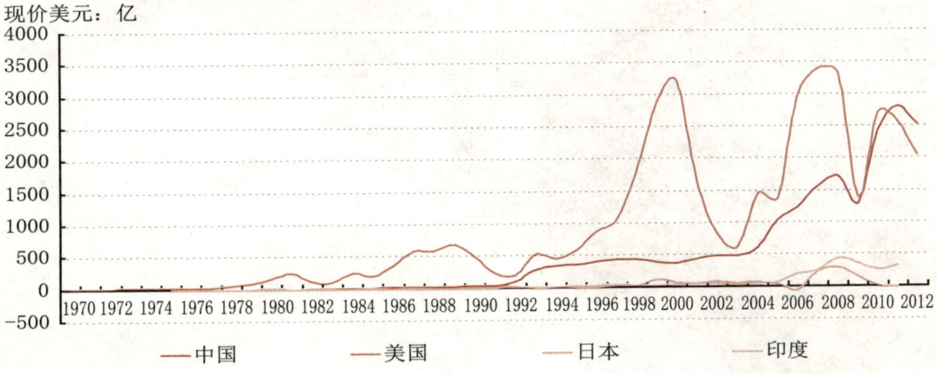

注：部分年份数据缺。

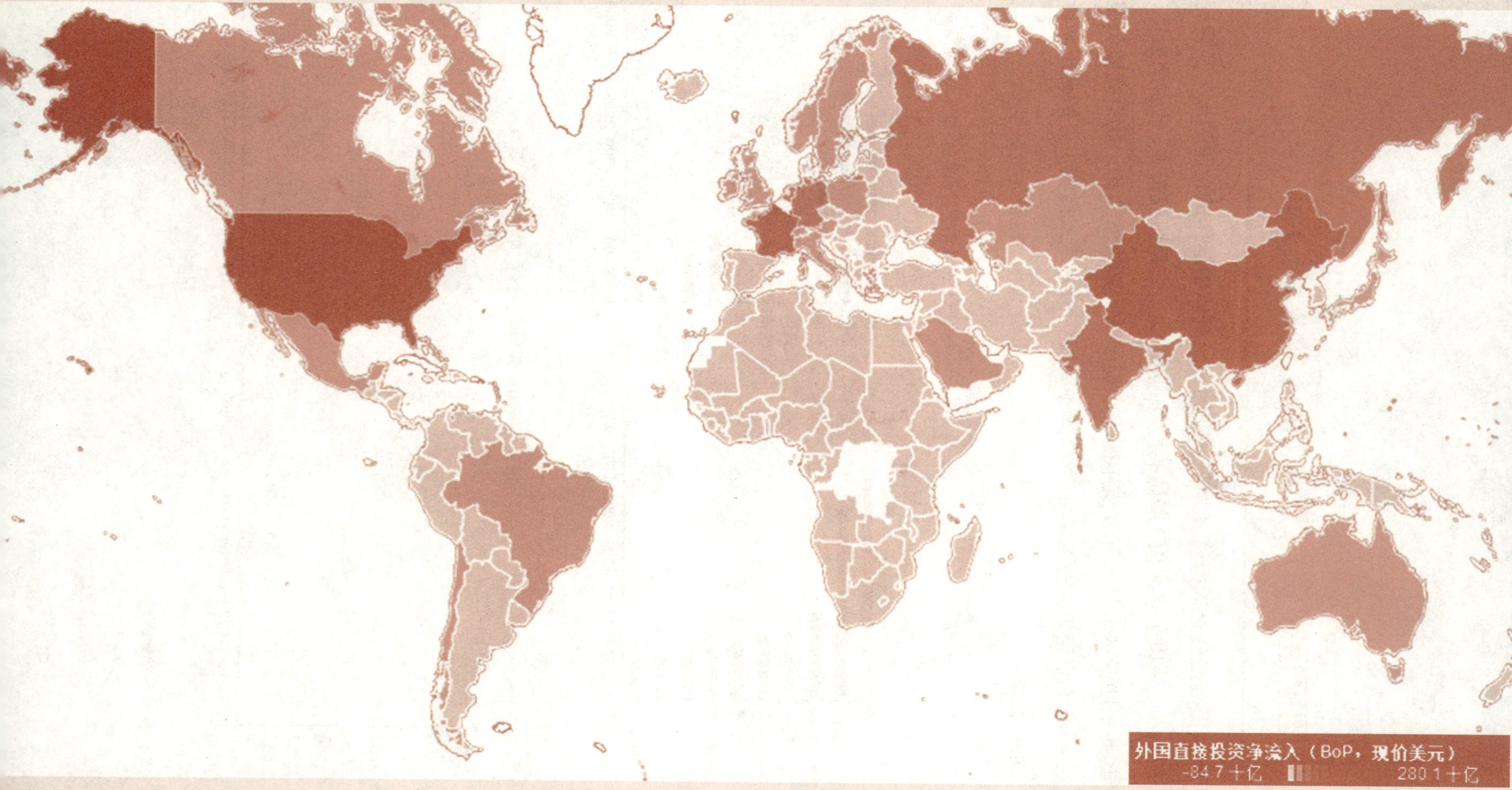
外国直接投资净流入（BoP，现价美元）
-84.7十亿
280.1十亿

外国直接投资净流入（占 GDP 的百分比）

外国直接投资是指投资者为获得在另一经济体中运作的企业的永久性管理权益（10% 以上表决权）所做的投资的净流入。它是股权资本、收益再投资、其他长期资本以及国际收支平衡表中显示的短期资本之和。此系列显示报告经济体来自外国投资者的净流入（新投资流入减去撤资），并除以 GDP。

□ 2011 年外国直接投资净流入（占 GDP 的百分比）前 10 位国家和地区及中国

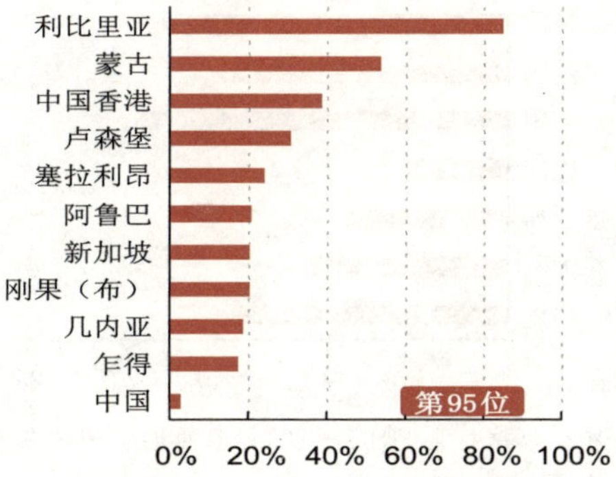

注：新加坡采用 2012 年统计数据。

□ 2012 年 GDP 排名前 10 位国家外国直接投资净流入（占 GDP 的百分比）

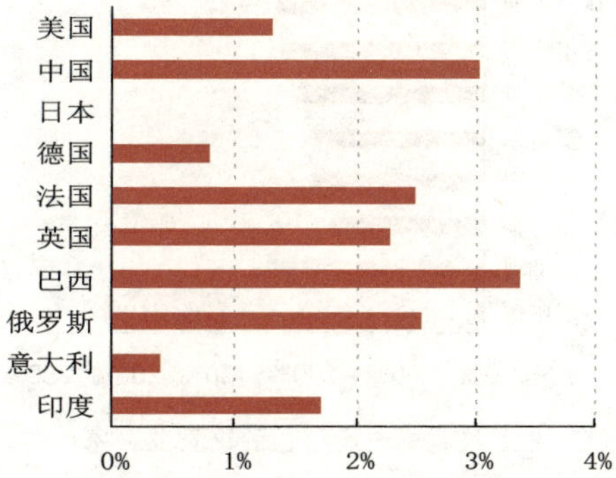

注：数据结合 2011—2012 年两年统计结果，日本数据缺。

□ 1970—2012 年世界主要经济大国外国直接投资净流入（占 GDP 的百分比）历史变化

注：部分年份数据缺。

服务贸易额（占 GDP 的百分比）

服务贸易额是指服务进出口额除以国民生产总值（GDP）的结果，计算过程中服务进出口额和国民生产总值均按现值美元计。

□ 2012 年服务贸易额（占 GDP 的百分比）前 10 位国家和地区及中国

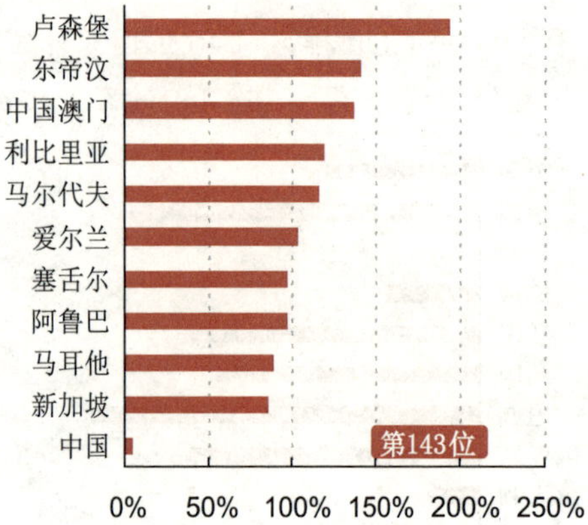

注：东帝汶、中国澳门、利比里亚、塞舌尔、阿鲁巴采用 2012 年统计数据。

□ 2012 年 GDP 排名前 10 位国家服务贸易额（占 GDP 的百分比）

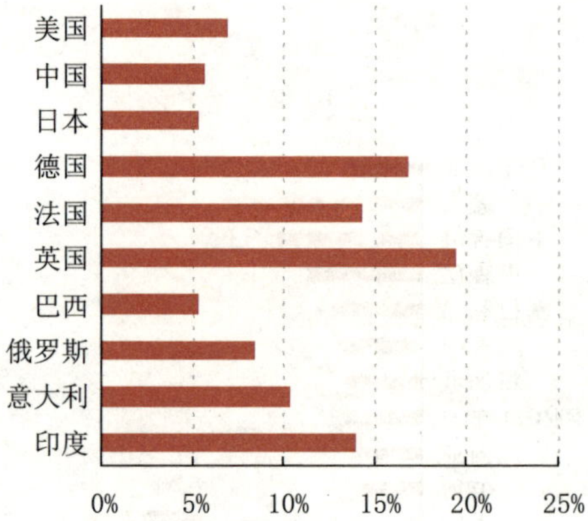

注：数据结合 2011—2012 年两年统计结果。

□ 2005—2012 年世界主要经济大国及世界服务贸易额（占 GDP 的百分比）历史变化

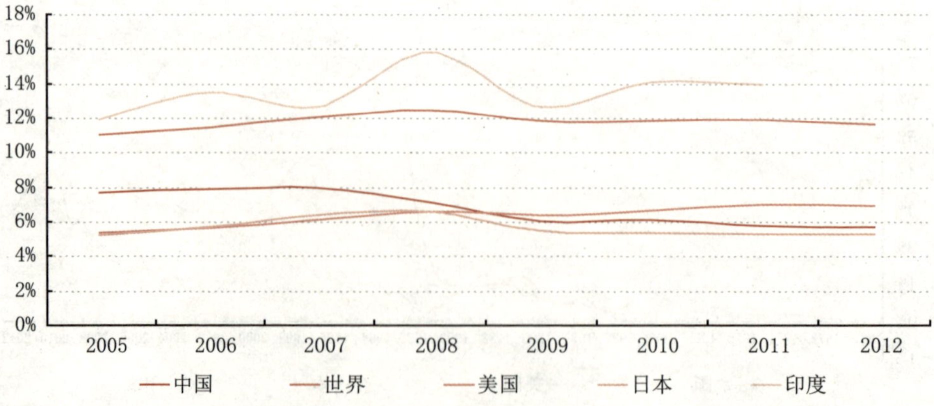

注：部分年份数据缺。

证券组合股权，净流入（BoP，现价美元）

股票投资组合包括除记录为直接投资以外的股权证券净流入，包括股份、股票、存款收据（美国或全球的）以及外国投资者在当地股票市场中直接购买的股票。数据按现价美元计。

□ 2012年证券组合股权净流入前10位国家

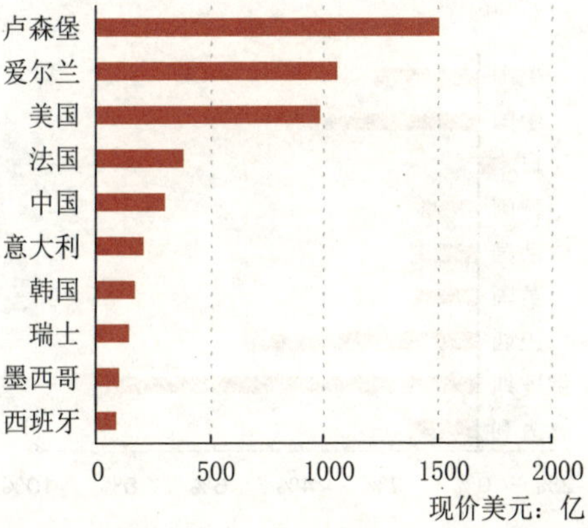

□ 2012年GDP排名前10位国家证券组合股权净流入

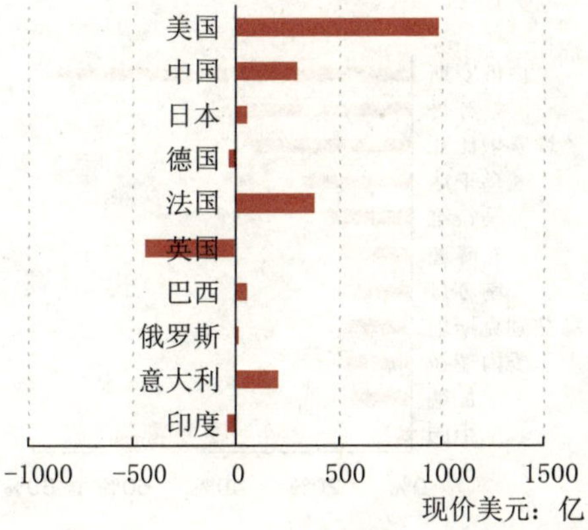

□ 1970—2012年世界主要经济大国证券组合股权净流入历史变化

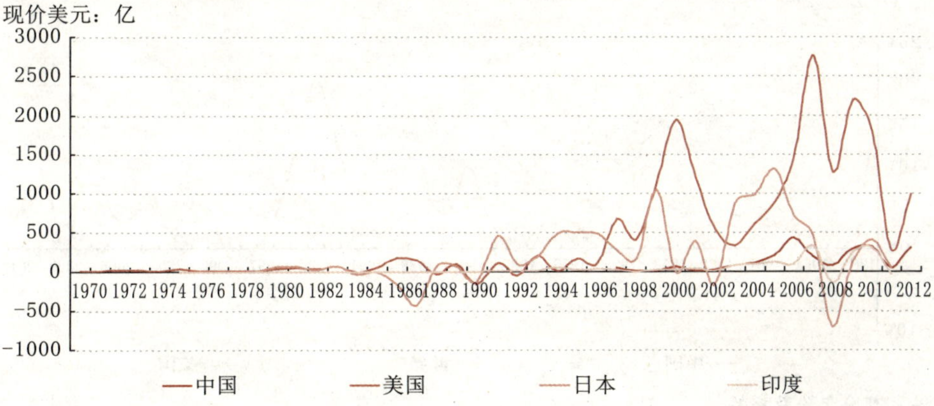

按 GDP 平减指数衡量的通货膨胀（年通胀率）

按 GDP 隐含价格平减指数年增长率衡量的通货膨胀显示的是整个经济体的价格变动率。GDP 隐含价格平减指数是按照现价本币计算的 GDP 与按照不变价本币计算的 GDP 之比。

□ 2012 年按 GDP 平减指数衡量的通货膨胀（年通胀率）前 10 位国家及中国

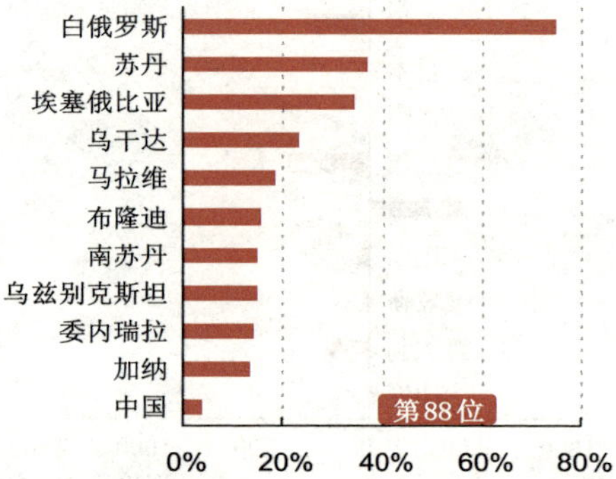

□ 2012 年 GDP 排名前 10 位国家按 GDP 平减指数衡量的通货膨胀(年通胀率)

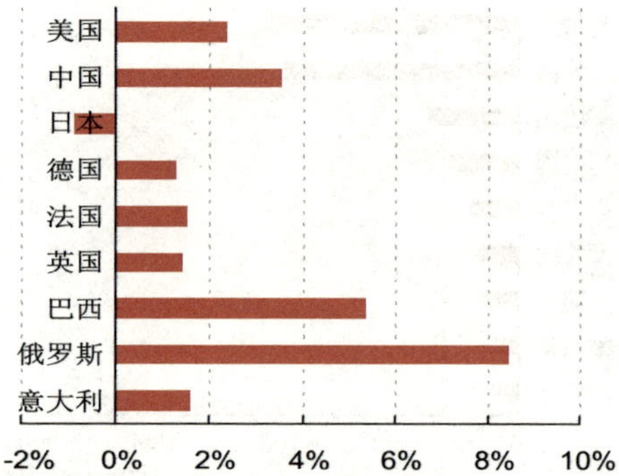

□ 1961—2012 年中国、美国及世界按 GDP 平减指数衡量的通货膨胀（年通胀率）历史变化

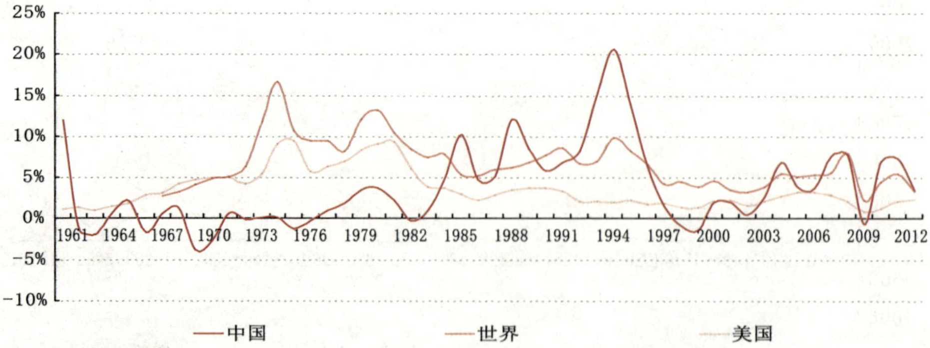

注：部分年份数据缺。

按消费者价格指数衡量的通货膨胀（年通胀率）

按消费者价格指数衡量的通货膨胀反映出普通消费者在指定时间间隔（如年度）内购买固定或变动的一篮子货物和服务的成本的年百分比变化。通常采用拉斯佩尔公式进行计算。

□ 2012 年按消费者价格指数衡量的通货膨胀（年通胀率）前 10 位国家及中国

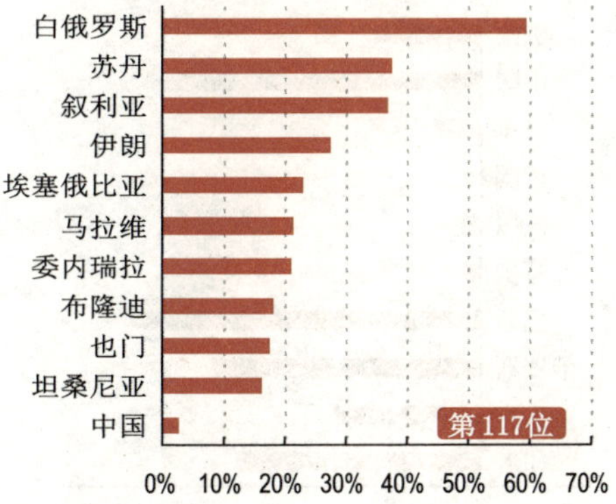

□ 2012 年 GDP 排名前 10 位国家按消费者价格指数衡量的通货膨胀（年通胀率）

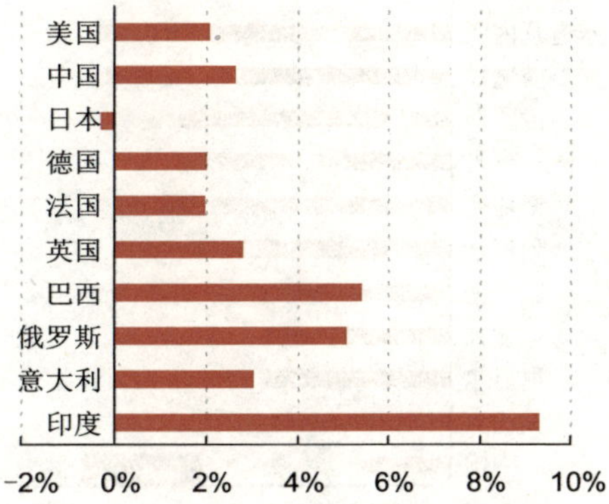

□ 1961—2012 年世界主要经济大国及世界按消费者价格指数衡量的通货膨胀（年通胀率）历史变化

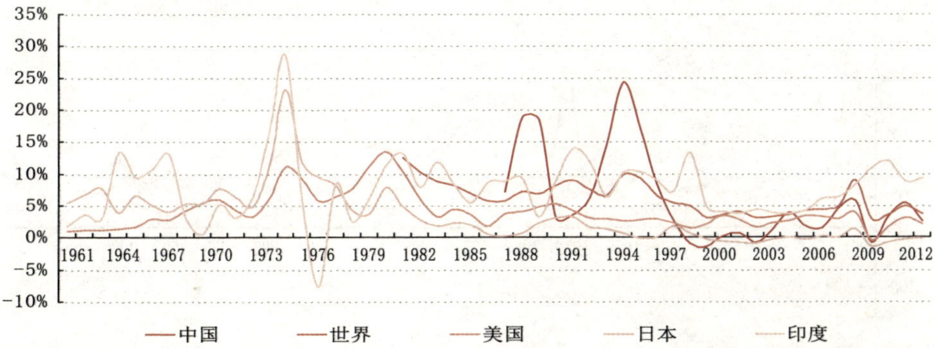

注：部分年份数据缺。

货币和准货币增长（年百分比）

货币和准货币的年均增长率。货币和准货币包括银行外的通货、除中央政府外的活期存款以及除中央政府外的居民定期、储蓄和外汇存款的总和。这个定义往往称作 M2。货币供应变化是根据年底总值相对于上一年的 M2 的水平的差异来衡量的。

□ 2012 年货币和准货币增长率前 10 位国家及中国

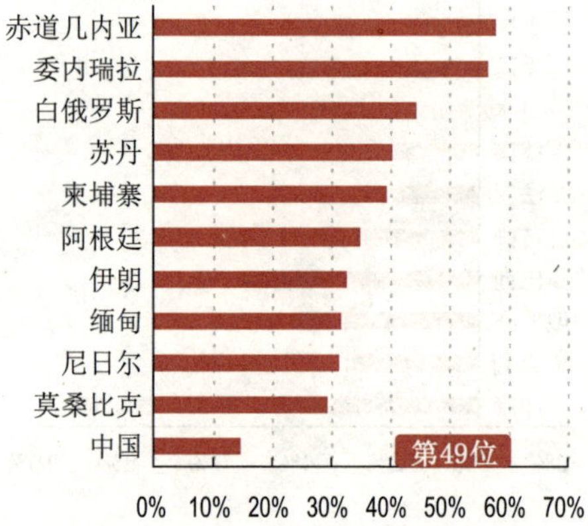

□ 2012 年 GDP 排名前 10 位国家货币和准货币增长率

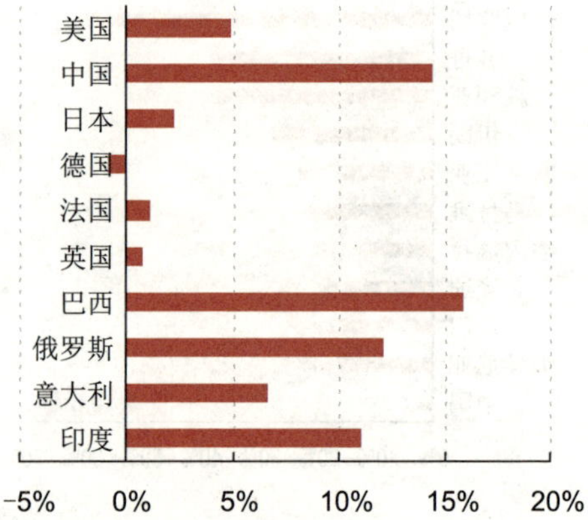

□ 1961—2012 年世界主要经济大国货币和准货币增长率历史变化

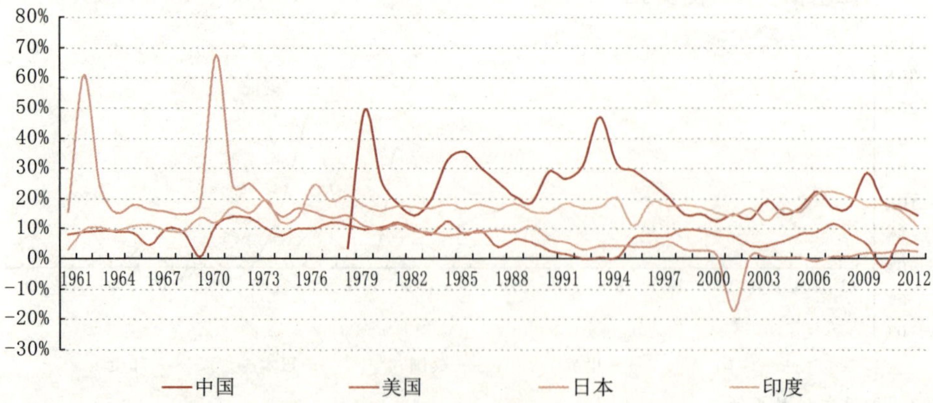

注：部分年份数据缺。

货币和准货币（M2）与总储备的比率

货币和准货币包括银行外的通货、除中央政府外的活期存款以及除中央政府外的居民定期、储蓄和外汇存款的总和。这个定义往往称作 M2。总储备包括持有的货币黄金、特别提款权、IMF 持有的 IMF 成员国的储备以及在货币当局控制下的外汇资产。这些储备中的黄金成分的价值是根据伦敦年底（12 月 31 日）价格确定的。

□ 2012 年货币和准货币与总储备的比率前 10 位国家及中国

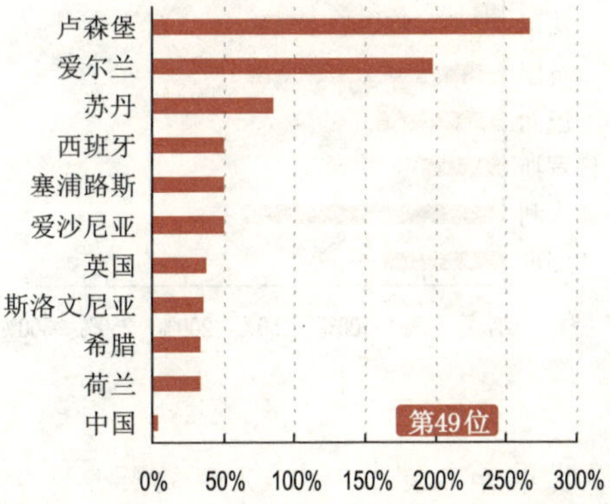

□ 2012 年 GDP 排名前 10 位国家货币和准货币与总储备的比率

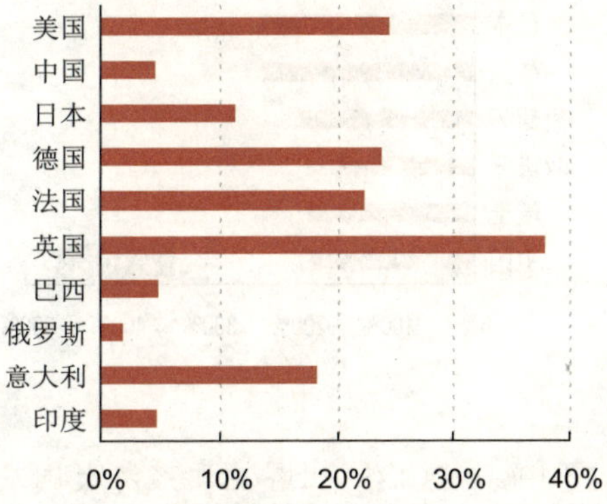

□ 1961—2012 年世界主要经济大国货币和准货币与总储备的比率历史变化

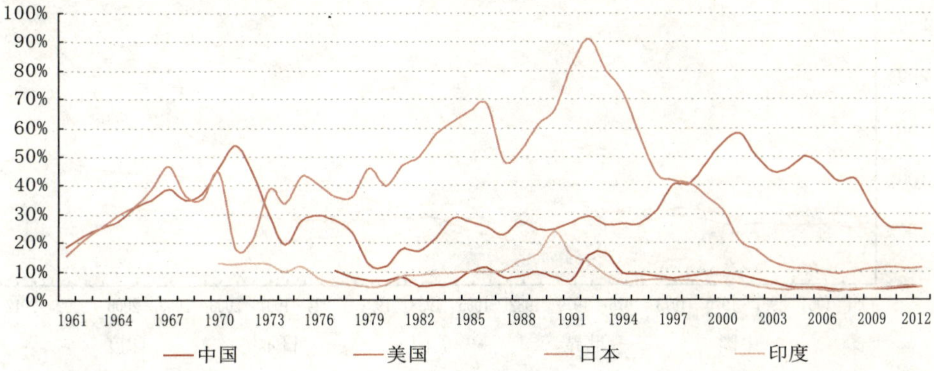

注：部分年份数据缺。

货币和准货币（M2，占 GDP 的百分比）

货币和准货币包括银行外的通货、除中央政府外的活期存款以及除中央政府外的居民定期、储蓄和外汇存款的总和。这个货币供应定义往往称作 M2。

□ 2012 年货币和准货币（占 GDP 的百分比）前 10 位国家

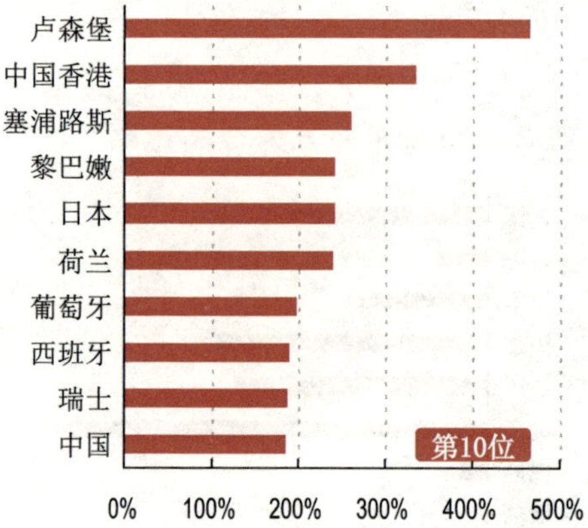

□ 2012 年 GDP 排名前 10 位国家货币和准货币（占 GDP 的百分比）

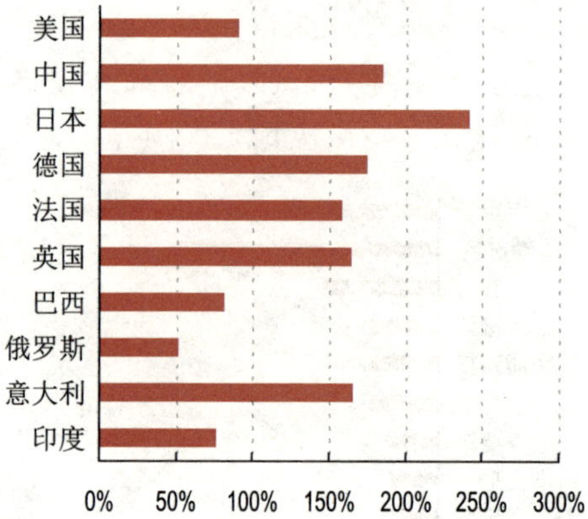

□ 1961—2012 年世界主要经济大国及世界货币和准货币（占 GDP 的百分比）历史变化

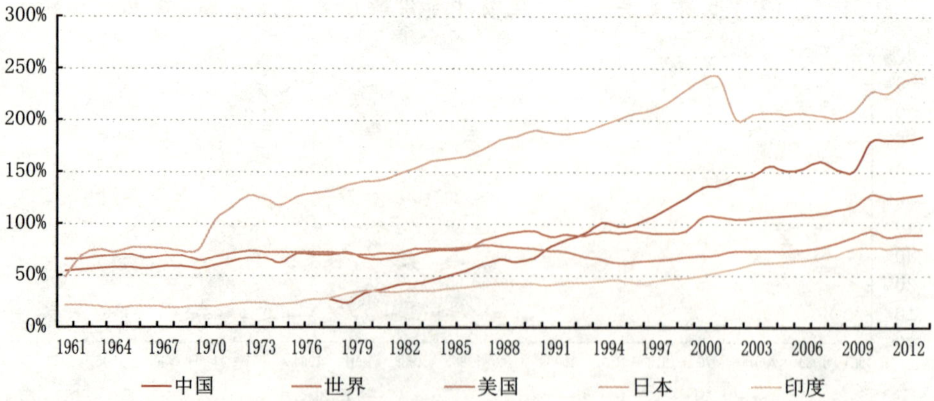

注：部分年份数据缺。

货币和准货币（M2）占GDP的百分比
10
594

国内总储蓄（现价美元）

国内总储蓄的计算是用 GDP 减去最终消费支出（总消费）。数据按现价美元计。

□ 2012 年国内总储蓄前 10 位国家

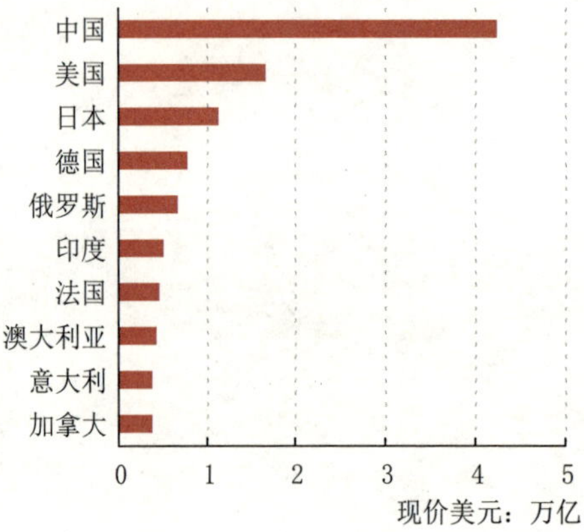

注：美国、日本、加拿大采用2011年统计数据。

□ 2012 年 GDP 排名前 10 位国家国内总储蓄

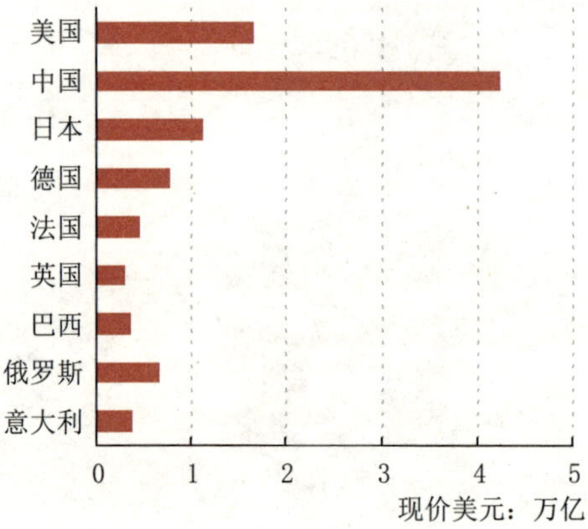

注：数据结合 2011—2012 年两年统计结果。

□ 1965—2012 年世界主要经济大国国内总储蓄历史变化

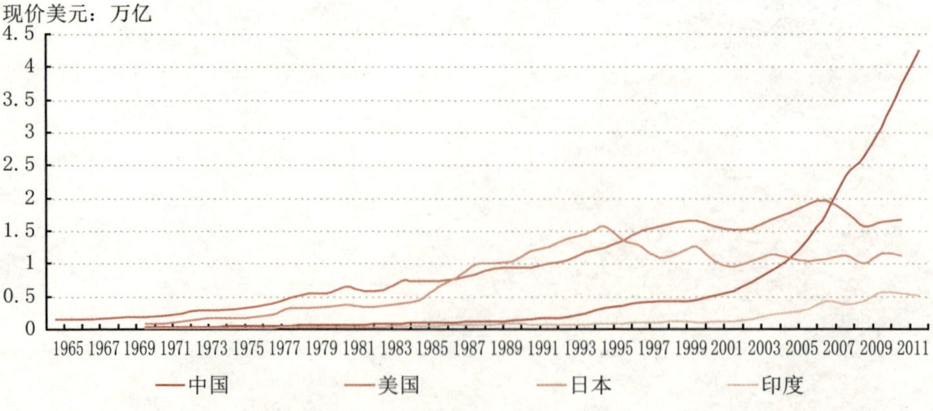

注：部分年份数据缺。

国内总储蓄（占 GDP 的百分比）

国内总储蓄的计算是用 GDP 减去最终消费支出（总消费）。

□ 2012 年国内总储蓄（占 GDP 的百分比）前 10 位国家和地区

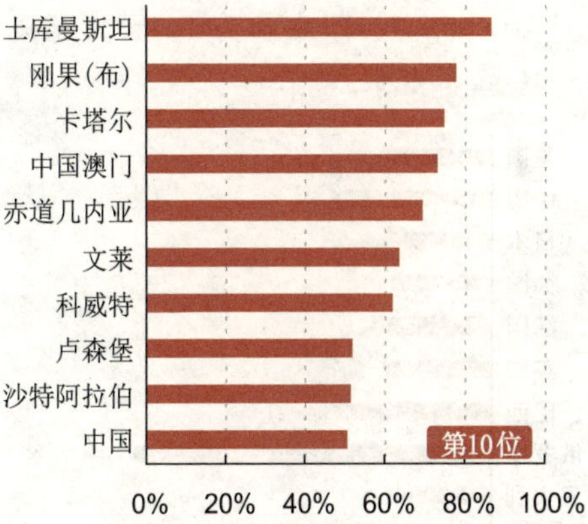

注：土库曼斯坦、刚果（布）、卡塔尔、赤道几内亚、科威特采用 2011 年统计数据。

□ 2012 年 GDP 排名前 10 位国家国内总储蓄（占 GDP 的百分比）

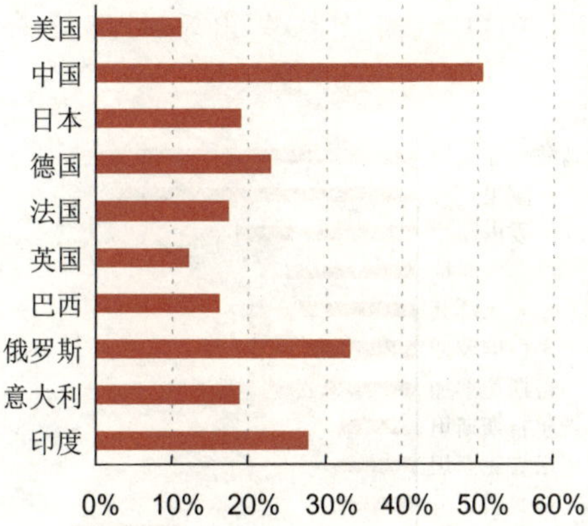

注：数据结合 2011—2012 年两年统计结果。

□ 1961—2012 年世界主要经济大国及世界国内总储蓄（占 GDP 的百分比）历史变化

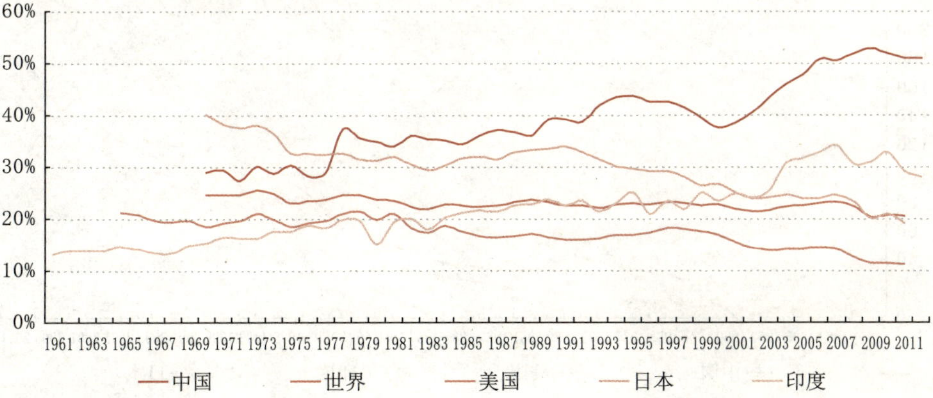

注：部分年份数据缺。

国民总支出平减指数（各国基准年有所不同）

国民总支出（以前称为国内吸收）是指居民最终消费支出（以前称为私人消费）、一般政府最终消费支出（以前称为一般政府消费）以及资本形成总额（以前称为国内投资总额）之和。

□ 2011 年国民总支出平减指数前 10 位国家及中国

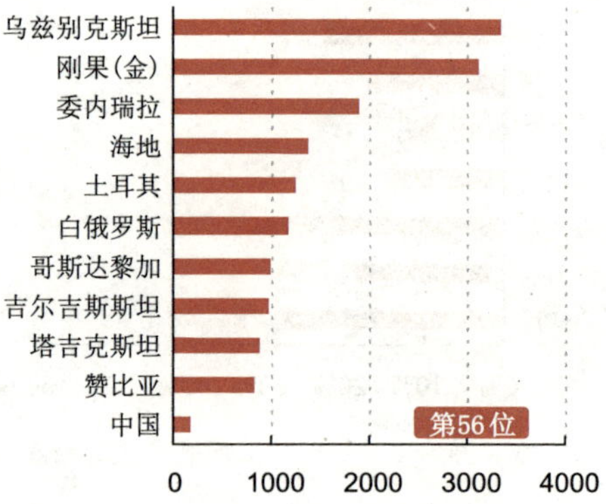

注：委内瑞拉、土耳其、哥斯达黎加采用 2012 年统计数据。

□ 2012 年 GDP 排名前 10 位国家国民总支出平减指数

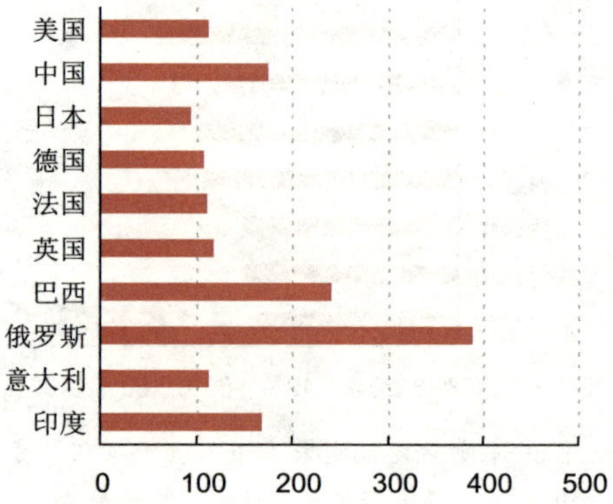

注：数据结合 2011—2012 年两年统计结果。

□ 1961—2012 年世界主要经济大国国民总支出平减指数历史变化

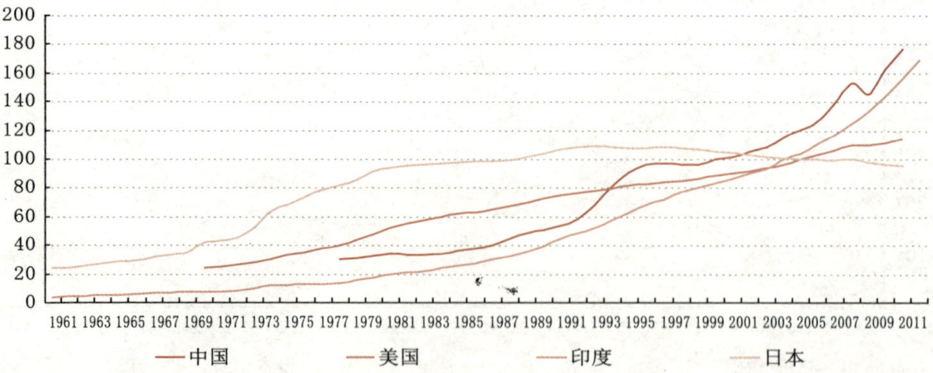

注：部分年份数据缺。

国民总支出（占 GDP 的百分比）

国民总支出（以前称为国内吸收）是指居民最终消费支出（以前称为私人消费）、一般政府最终消费支出（以前称为一般政府消费）以及资本形成总额（以前称为国内投资总额）之和。

□ 2011 年国民总支出（占 GDP 的百分比）前 10 位国家及中国

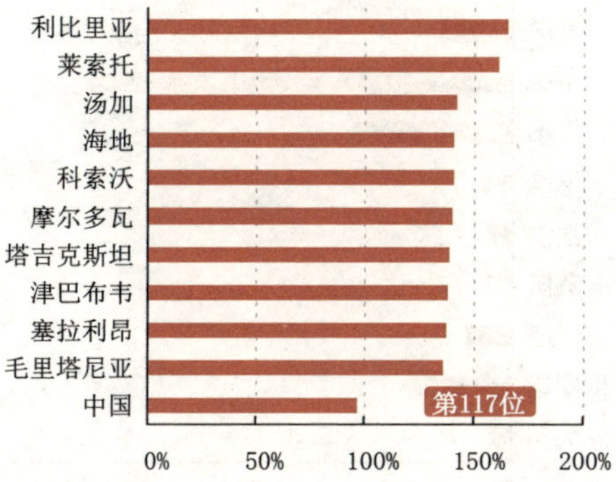

注：莱索托、摩尔多瓦、科索沃、毛里塔尼亚采用 2012 年统计数据。

□ 2012 年 GDP 排名前 10 位国家国民总支出（占 GDP 的百分比）

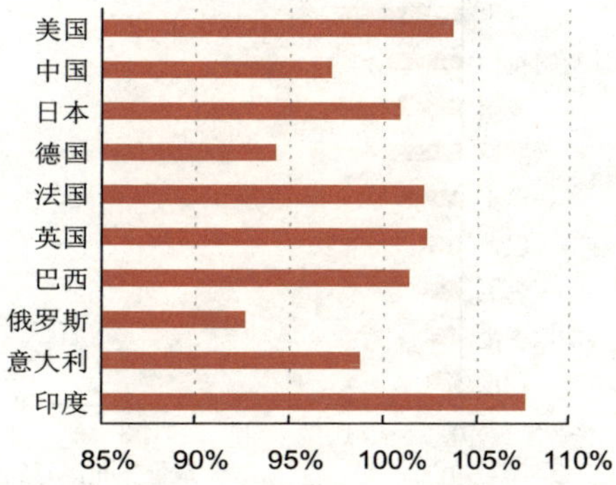

注：数据结合 2011—2012 年两年统计结果。

□ 1961—2012 年世界主要经济大国国民总支出（占 GDP 的百分比）历史变化

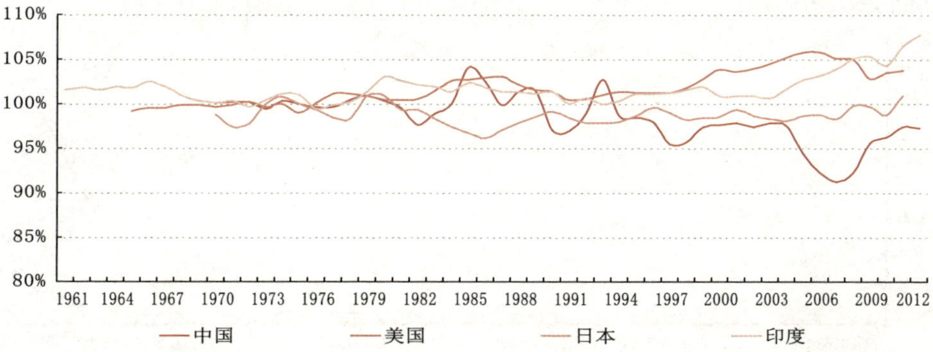

注：部分年份数据缺。

总储备（包括黄金，按现值美元计）

总储备包括持有的货币黄金、特别提款权、IMF 持有的 IMF 成员国的储备以及在货币当局控制下的外汇资产。这些储备中的黄金成分的价值是根据伦敦年底（12 月 31 日）价格确定的。数据按现值美元计。

□ 2012 年总储备前 10 位国家和地区

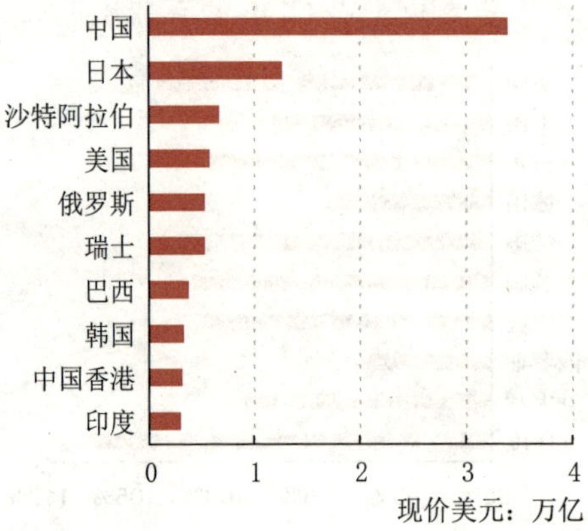

□ 2012 年 GDP 排名前 10 位国家总储备

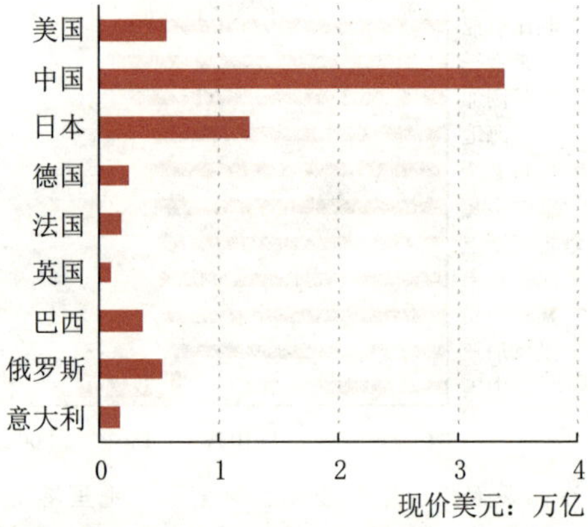

注：印度数据缺。

□ 1961—2012 年世界主要经济大国总储备历史变化

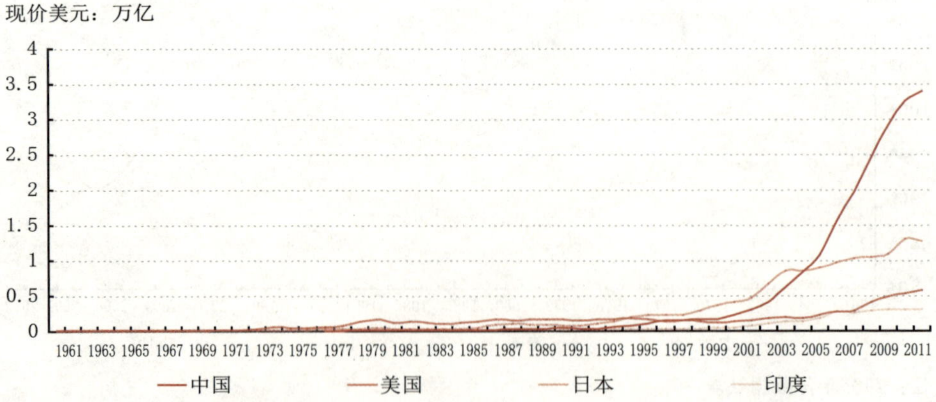

注：部分年份数据缺。

总储备（占外债总额的百分比）

国际储备与外债总额比率。采用 2011 年统计数据。

□ 2011 年总储备（占外债总额的百分比）前 10 位国家

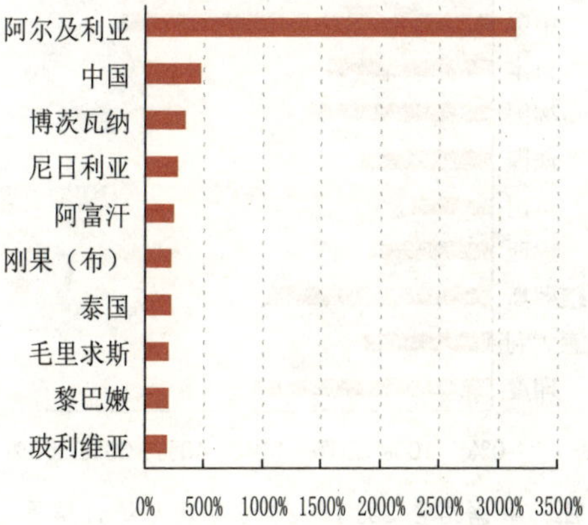

□ 中国等 4 国总储备（占外债总额的百分比）

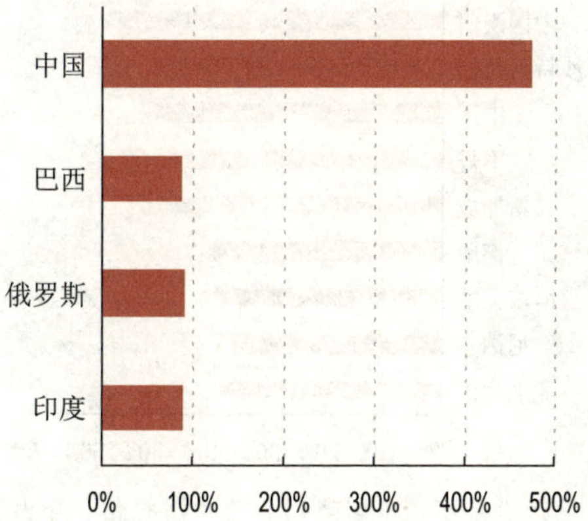

□ 1971—2011 年中印两国总储备（占外债总额的百分比）历史变化

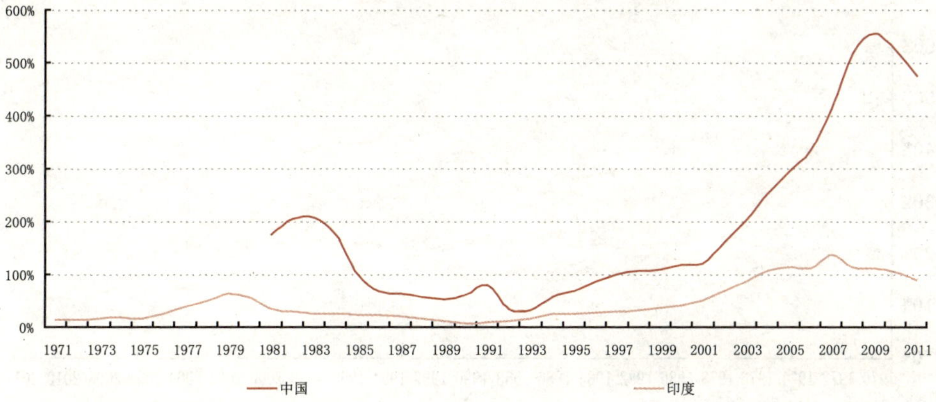

注：部分年份数据缺。

总储备（占 GDP 的百分比）

总储蓄的计算方法为国民总收入减去总消费额，再加上净转移支付。

□ 2012 年总储备（占 GDP 的百分比）前 10 位国家和地区

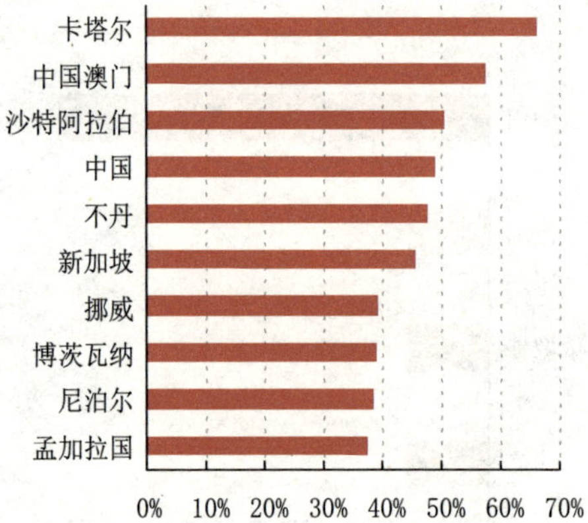

注：卡塔尔、中国澳门、沙特阿拉伯、不丹采用 2012 年统计数据。

□ 2012 年 GDP 排名前 10 位国家总储备（占 GDP 的百分比）

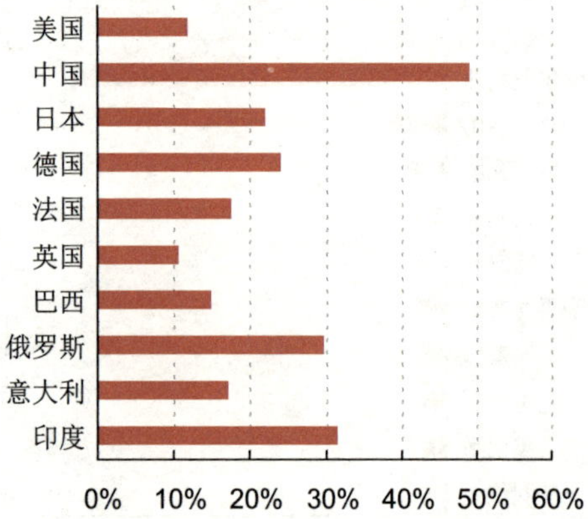

注：数据结合 2011—2012 年两年统计结果。

□ 1970—2011 年世界主要经济大国及世界总储备（占 GDP 的百分比）历史变化

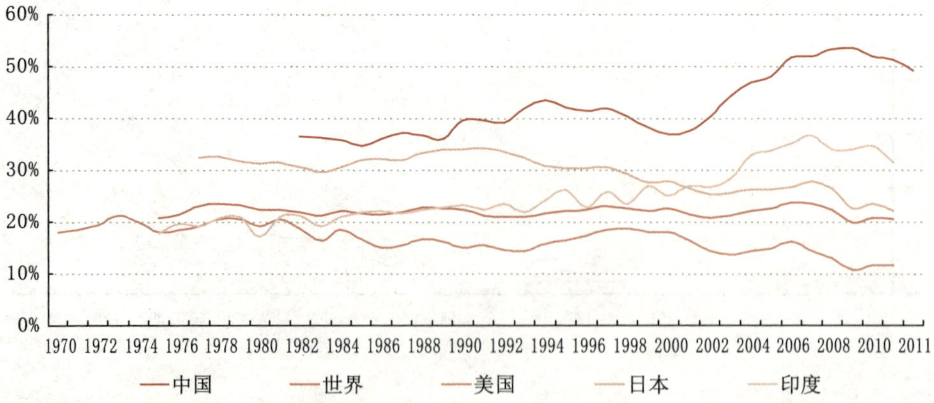

注：部分年份数据缺。

外债余额（在商品与服务的出口和初次收入中所占百分比）

外债余额是指外债存量与出口货物、服务和收入之比。采用 2011 年统计数据。

□ 2011 年外债余额（在商品与服务的出口和初次收入中所占百分比）前 10 位国家及中国

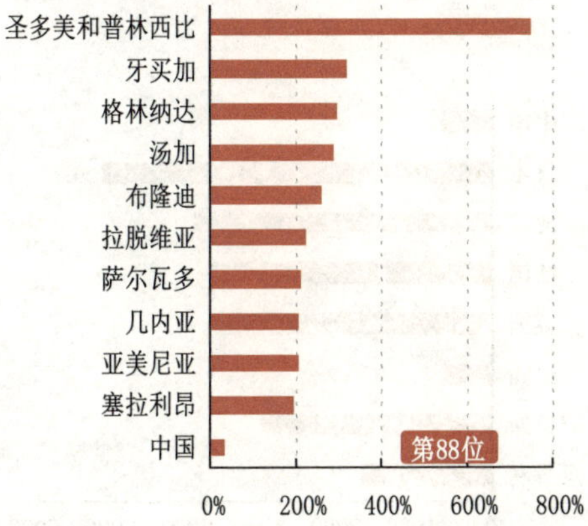

□ 2011 年中国等 4 国外债余额（在商品与服务的出口和初次收入中所占百分比）

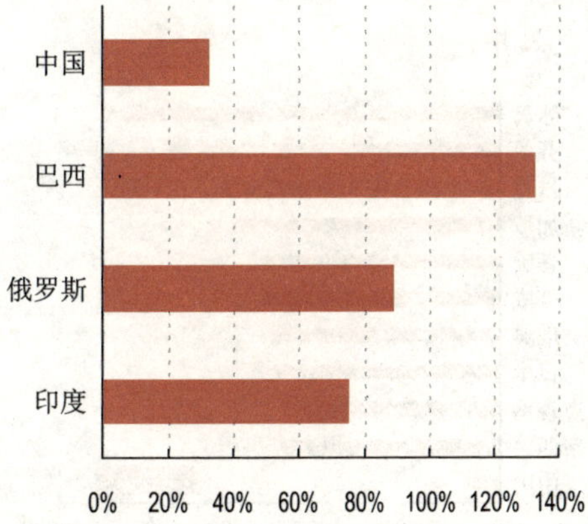

注：数据采用 2011 年统计结果。

□ 1975—2011 年中印两国外债余额（在商品与服务的出口和初次收入中所占百分比）历史变化

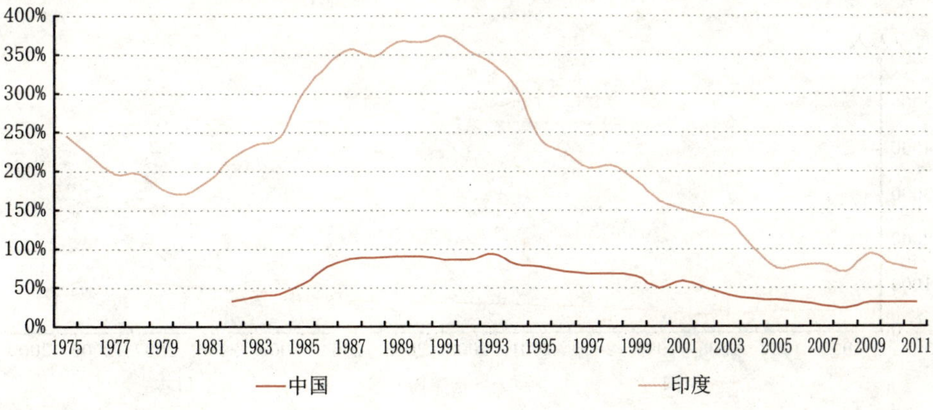

注：部分年份数据缺。

R&D 研究人员（每百万人）

R&D 研究人员是指参与新知识、新产品、新流程、新方法或新系统的概念成形或创造，以及相关项目管理的专业人员，包括参与 R&D 的博士研究生（ISCED97 第 6 级）。部分国家缺少该方面统计数据。

□ 2010 年 R&D 研究人员前 10 位国家及中国

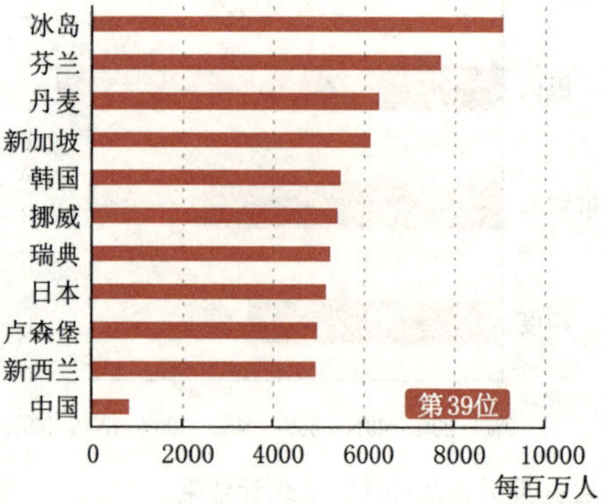

注：冰岛、新加坡、日本、新西兰采用 2009 年统计数据。

□ 2012 年 GDP 排名前 10 位国家 R&D 研究人员

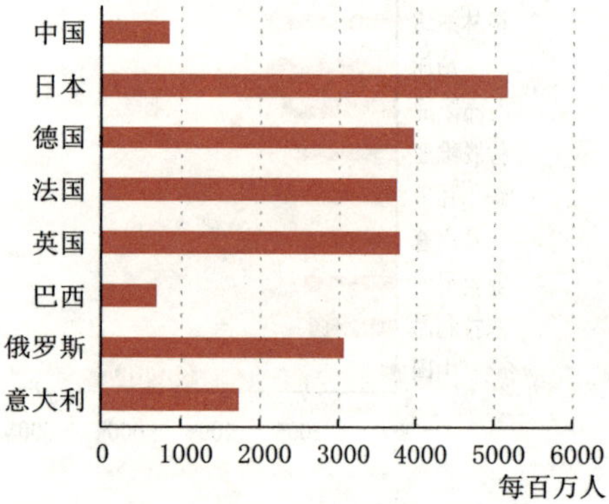

注：数据结合 2009—2010 年两年统计结果，美国、印度数据缺。

□ 1996—2009 年世界主要经济大国 R&D 研究人员历史变化

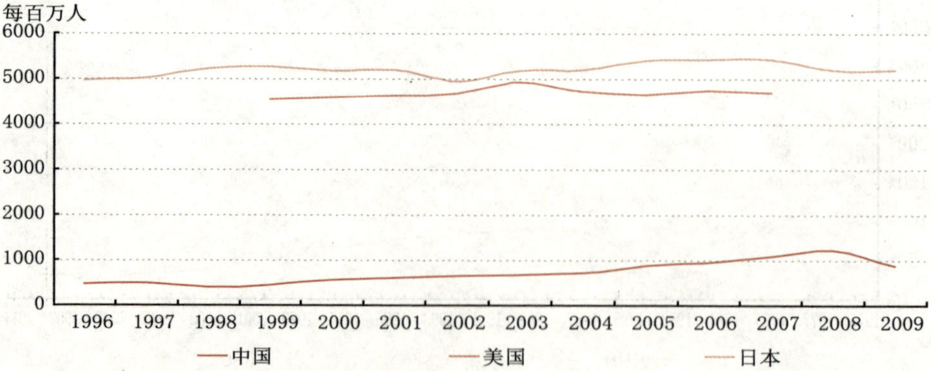

注：部分年份数据缺。

研发支出（占GDP的百分比）

研发支出是指系统性创新工作的经常支出和资本支出（国家和私人），其目的在于提升知识水平，包括人文、文化、社会知识，并将知识用于新的应用。

□ 2010年研发支出（占GDP的百分比）前10位国家及中国

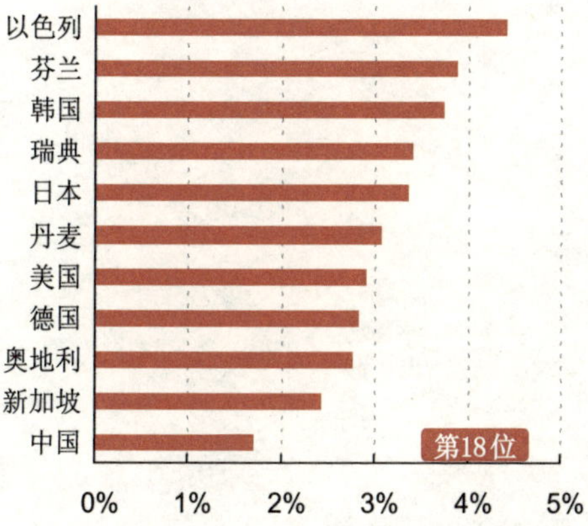

注：日本、美国、新加坡采用2009年统计数据。

□ 2012年GDP排名前10位国家研发支出（占GDP的百分比）

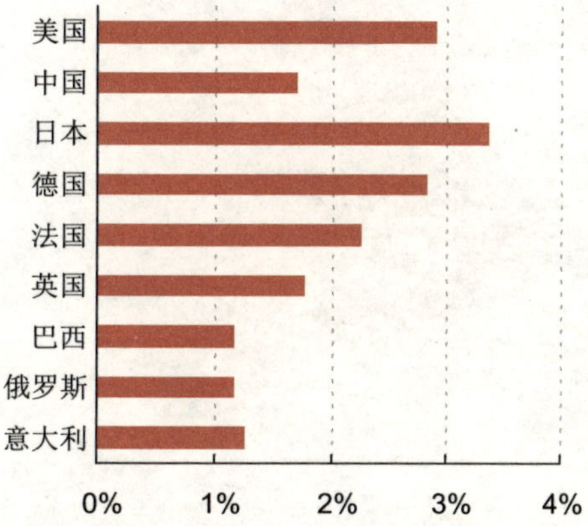

注：数据结合2009—2010年两年统计结果，印度数据缺。

□ 1996—2009年世界主要经济大国及世界研发支出（占GDP的百分比）历史变化

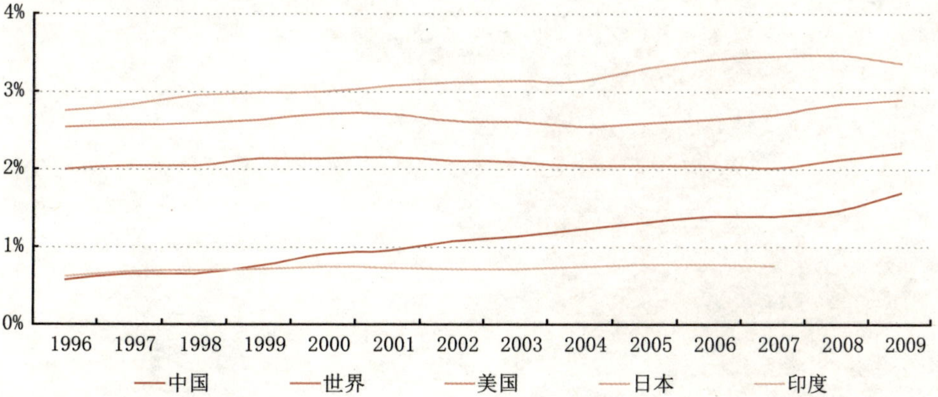

注：部分年份数据缺。

研发支出（占GDP的比例）
0
4

高科技出口（占制成品出口的百分比）

高科技出口产品是指具有高研发强度的产品，例如航空航天、计算机、医药、科学仪器、电气机械。

□ 2011 年高科技出口（占制成品出口的百分比）前 10 位国家及中国

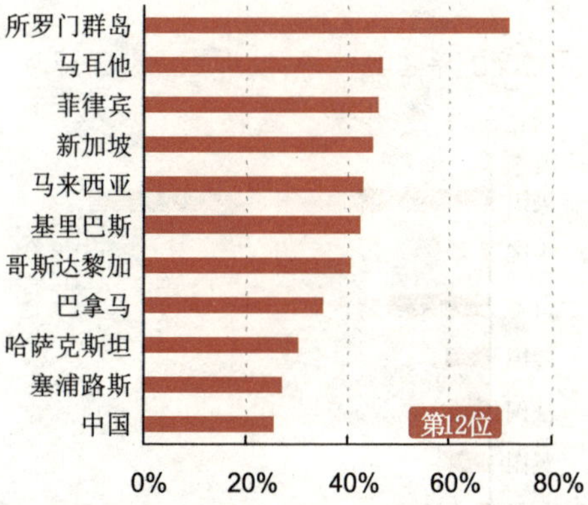

注：所罗门群岛、基里巴斯、哈萨克斯坦采用 2010 年统计数据。

□ 2012 年 GDP 排名前 10 位国家高科技出口（占制成品出口的百分比）

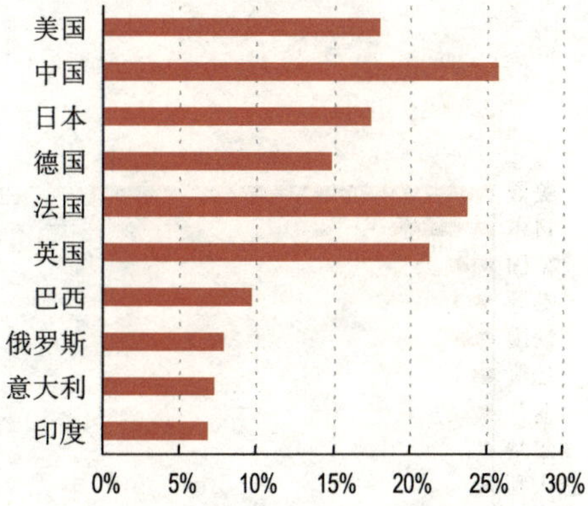

注：数据结合 2010—2011 年两年统计结果。

□ 1988—2011 年世界主要经济大国及世界高科技出口（占制成品出口的百分比）历史变化

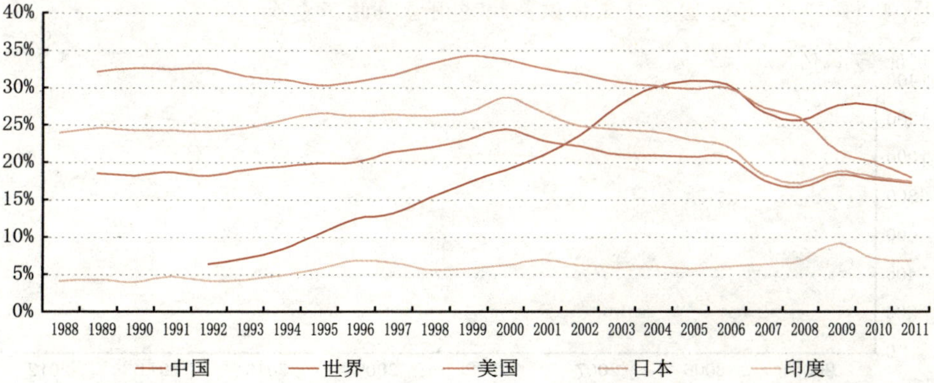

注：部分年份数据缺。

知识产权使用费，接收（国际收支平衡，现价美元）

知识产权使用费是指居民和非居民之间为在授权的情况下使用无形、不可再生的非金融资产和专有权利（例如专利、版权、商标、工业流程和特许权），以许可的形式使用原创产品的复制真品（例如电影和手稿）而进行的付款和收款。数据按现价美元计。

□ 2012 年知识产权使用费接收前 10 位国家及中国

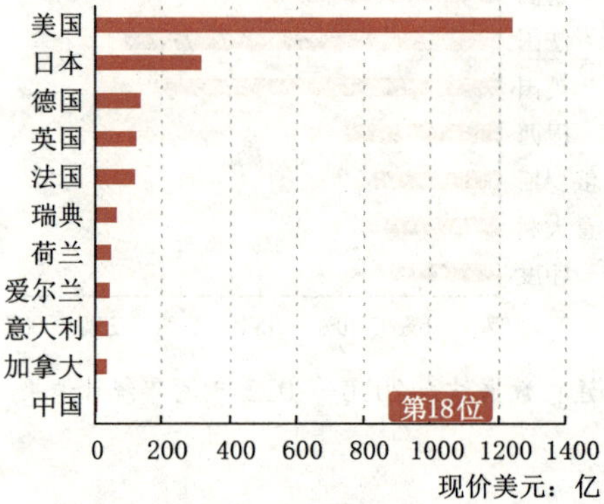

□ 2012 年 GDP 排名前 10 位国家知识产权使用费，接收

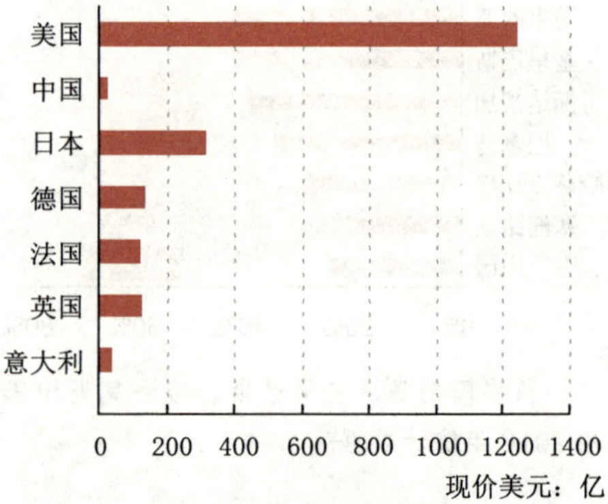

注：巴西、俄罗斯、印度数据缺。

□ 2005—2012 年美国、日本知识产权使用费接收历史变化

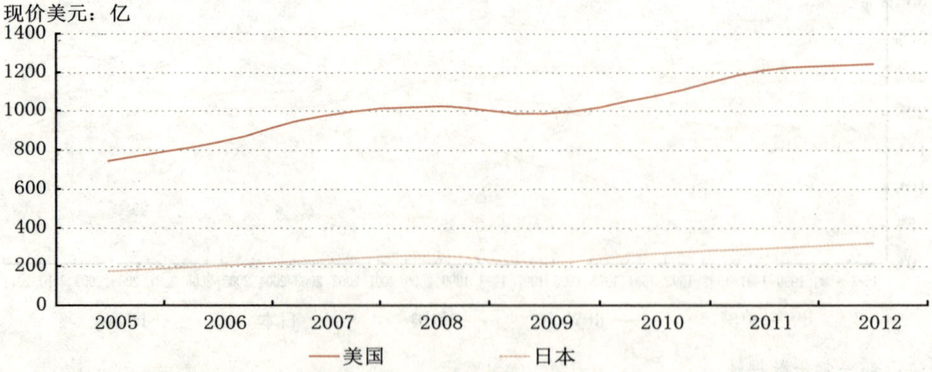

知识产权使用费，支付（国际收支平衡，现价美元）

知识产权使用费是指居民和非居民之间为在授权的情况下使用无形、不可再生的非金融资产和专有权利（例如专利、版权、商标、工业流程和特许权），以许可的形式使用原创产品的复制真品（例如电影和手稿）而进行的付款和收款。数据按现价美元计。

□ 2012 年知识产权使用费支付前 10 位国家及中国

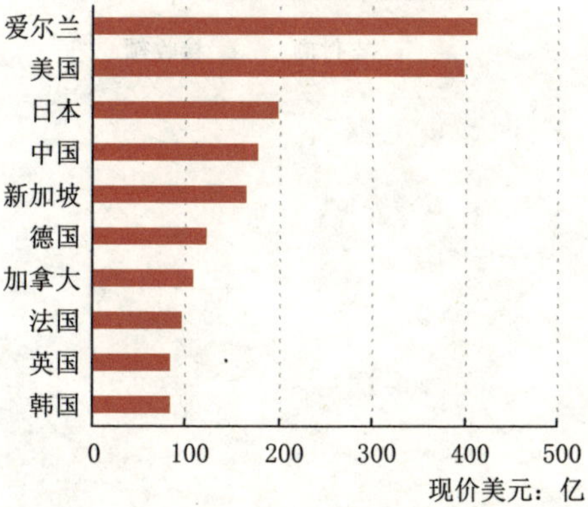

□ 2012 年 GDP 排名前 10 位国家知识产权使用费，支付

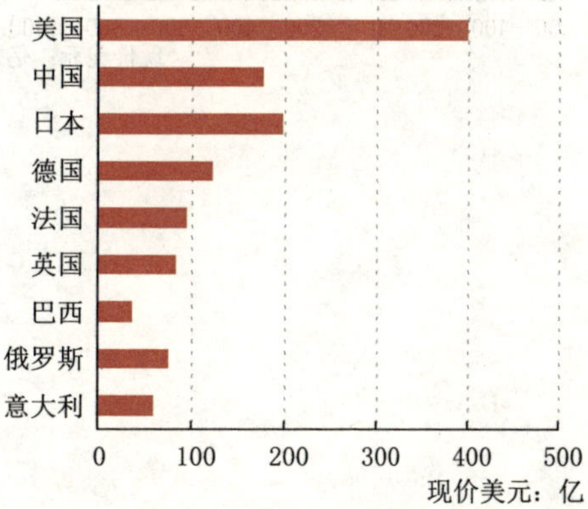

□ 2005—2012 年世界主要经济大国知识产权使用费支付历史变化

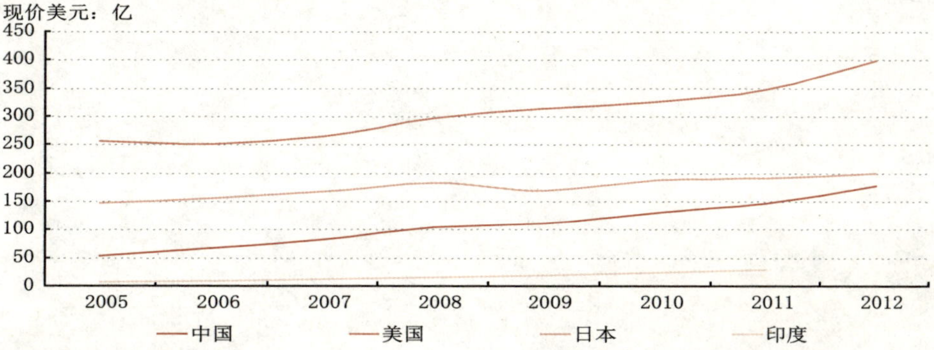

注：部分年份数据缺。

□ 2012年知识产权使用费接收与支付的差额最大的五个国家与最小的五个国家

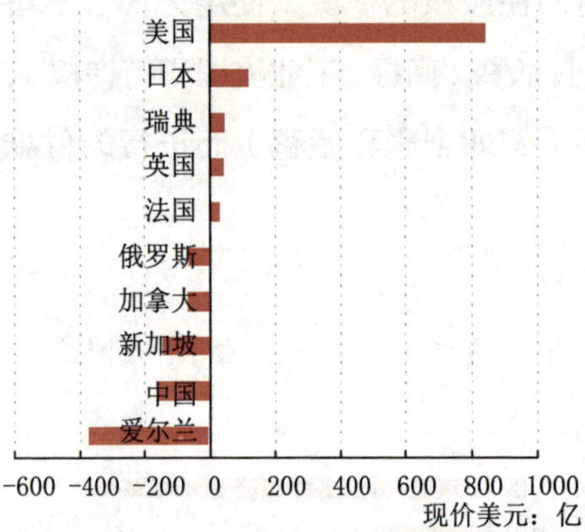

□ 2005—2012年中国知识产权使用费接收和支付差额历史变化

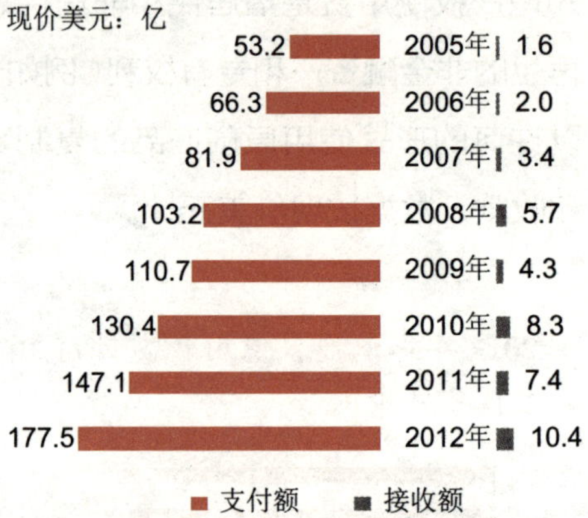

政府运行与投资环境

收入，不包括捐赠（占 GDP 的百分比）

收入是指来自税收、社会贡献和其他收入（例如，罚款、收费、租赁、源自财产或销售的收入）的现金。捐赠也被视作收入，但此处并不包括。

□ 2011 年收入（占 GDP 的百分比）前 10 位国家和地区及中国

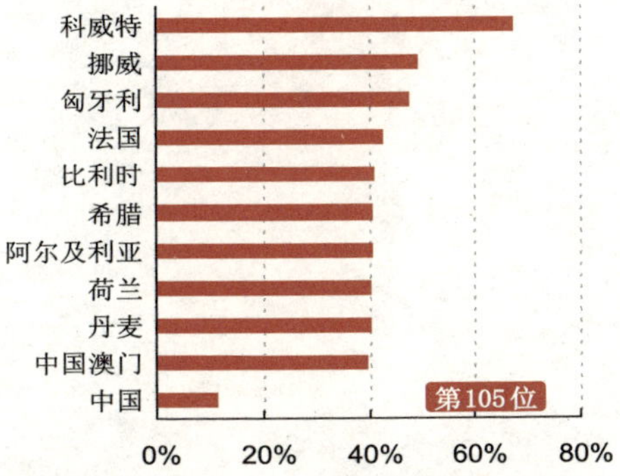

注：中国采用 2010 年统计数据。

□ 2012 年 GDP 排名前 10 位国家 2011 年收入（占 GDP 的百分比）

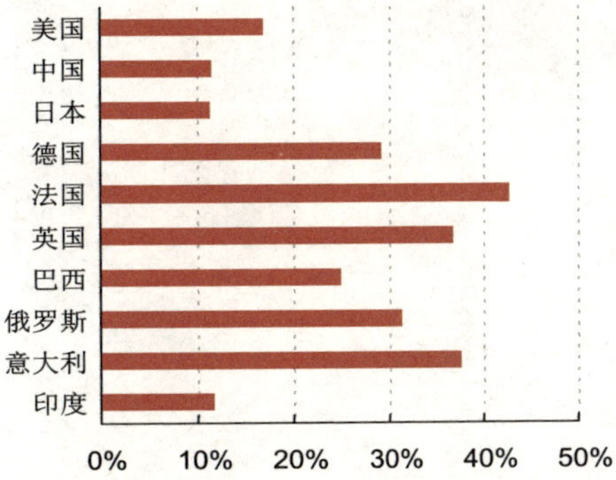

注：中国采用 2010 年统计数据。

□ 1990—2011 年世界主要经济大国及世界收入（占 GDP 的百分比）历史变化

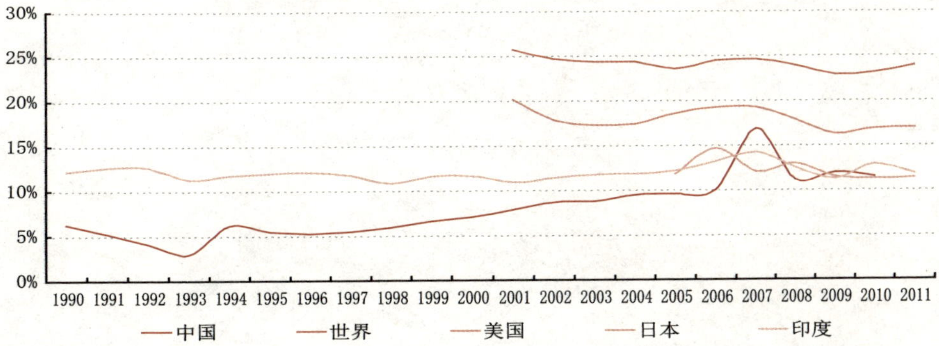

注：部分年份数据缺。

收入，不包括捐赠（占GDP的百分比）
9
67

总税率（占商业利润的百分比）

总税率度量企业在说明准予扣减和减免后的应缴税额和强制性缴费额占商业利润的比例。扣缴税款（如个人所得税）或收缴和汇给税务部门的税款（如增值税、销售税或商品及服务税）不包括在内。

□ 2013 年总税率（占商业利润的百分比）前 10 位国家及中国

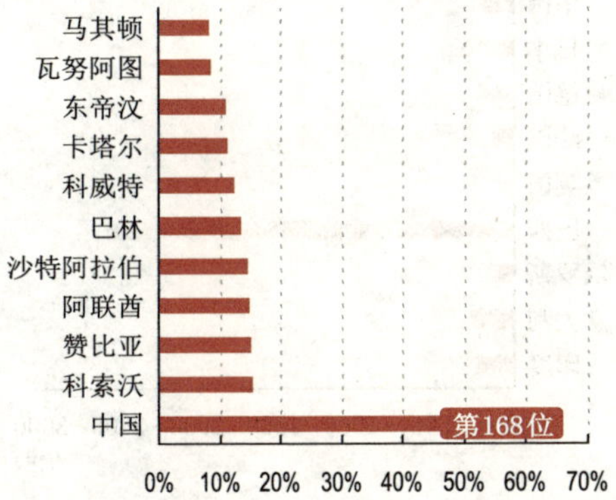

□ 2012 年 GDP 排名前 10 位国家 2013 年总税率（占商业利润的百分比）

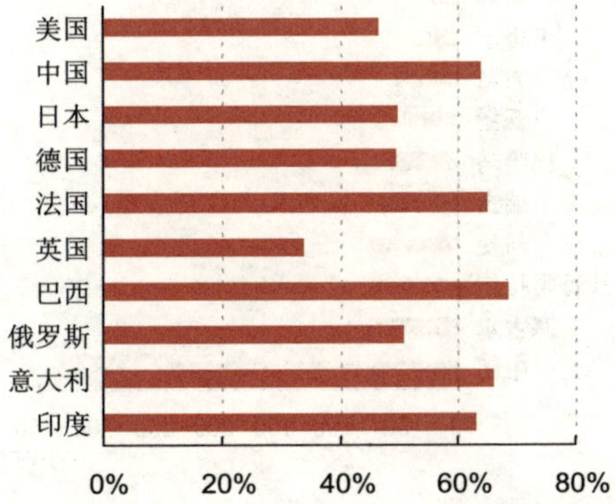

□ 2005—2013 年世界主要经济大国及世界总税率（占商业利润的百分比）历史变化

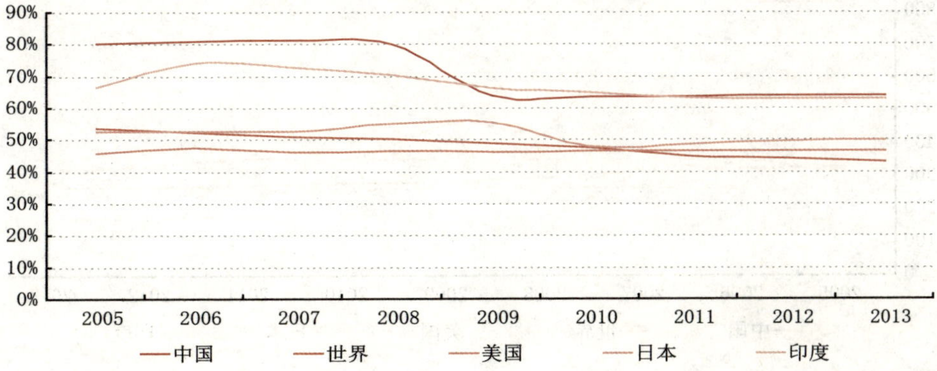

筹纳税所需时间（小时）

筹纳税所需时间为每年用于筹备、申报和缴纳（或扣除）三种主要税项（公司所得税、附加税或销售税、劳动税）的小时数。

□ 2013 年筹纳税所需时间前 10 位国家及中国

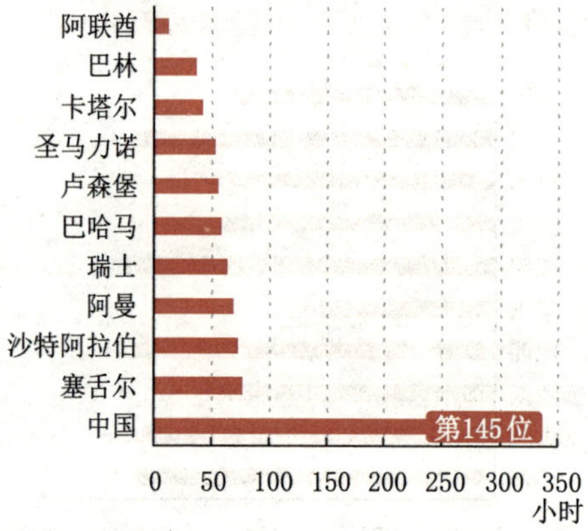

□ 2012 年 GDP 排名前 10 位国家 2013 年筹纳税所需时间

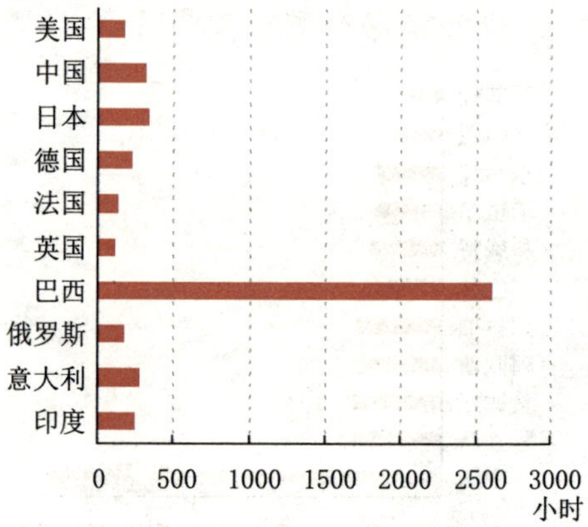

□ 2005—2013 年世界主要经济大国及世界筹纳税所需时间历史变化

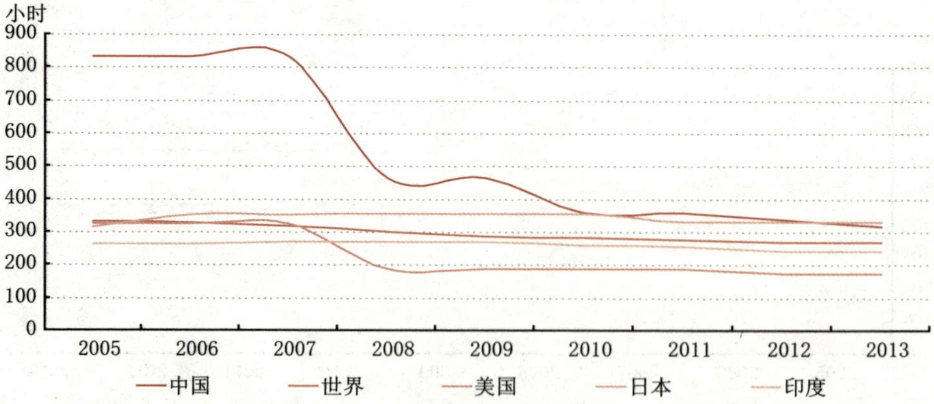

企业注册的启动程序（数量）

企业注册的启动程序即创办企业的必要程序，包括为了获取必要的许可证和执照以及为了完成开展经营活动所需的注册、验资、通知等工作所进行的接触活动。该数据用于统计具备特殊所有权特征、规模及生产类别的企业。

□ 2013 年企业注册的启动程序前 10 位国家及中国

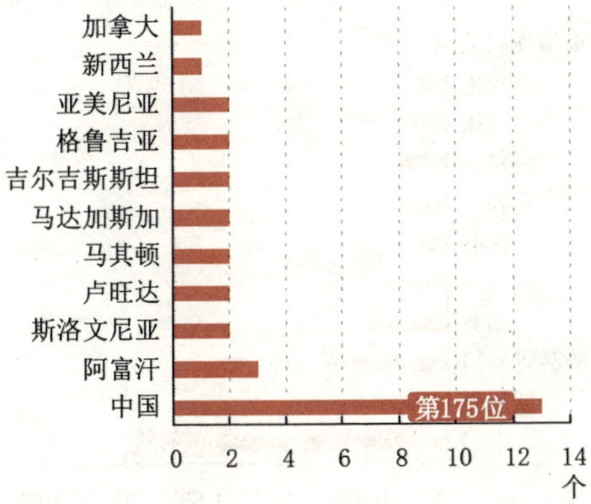

□ 2012 年 GDP 排名前 10 位国家 2013 年企业注册的启动程序

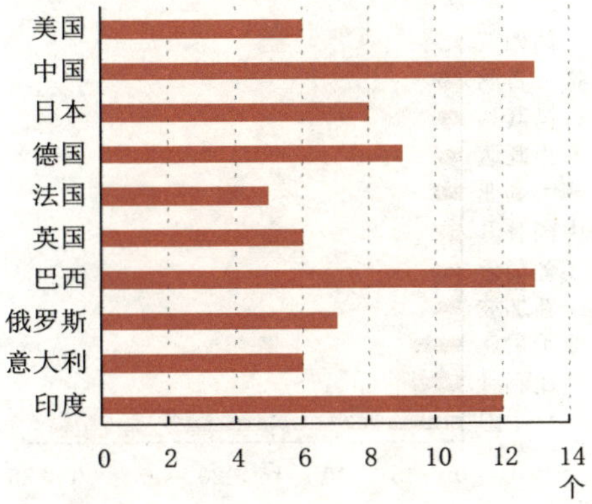

□ 2003—2013 年世界主要经济大国及世界企业注册的启动程序历史变化

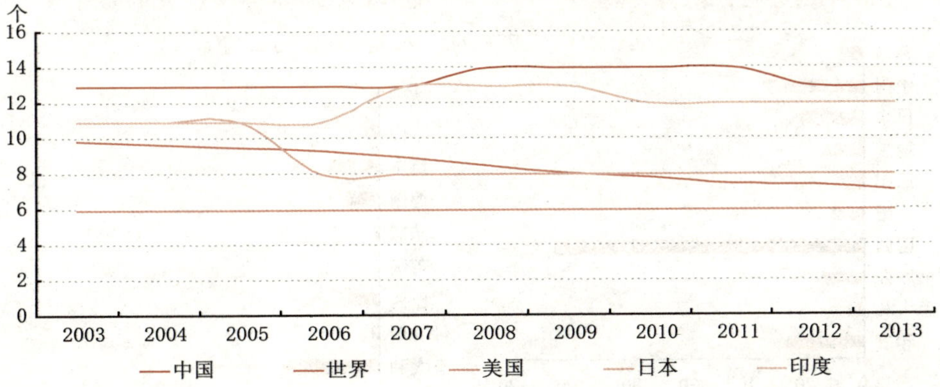

创办企业所需时间（天）

创办企业所需时间是指完成合法经营企业所需程序的历日数。如增加成本可加快进程，则不考虑成本因素直接选择最快程序。

□ 2013 年创办企业所需天数前 10 位国家或地区及中国

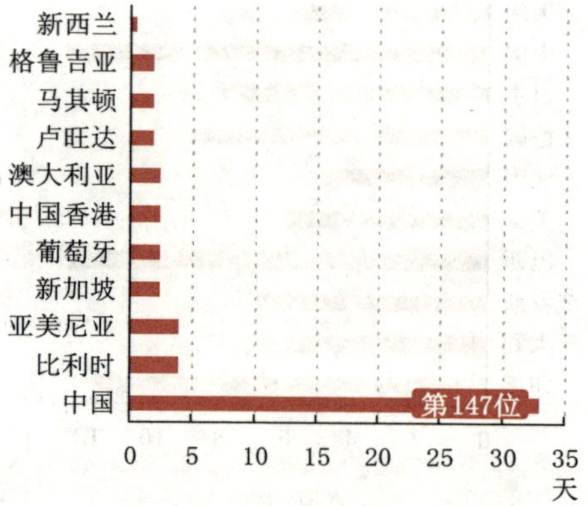

□ 2012 年 GDP 排名前 10 位国家 2013 年创办企业所需天数

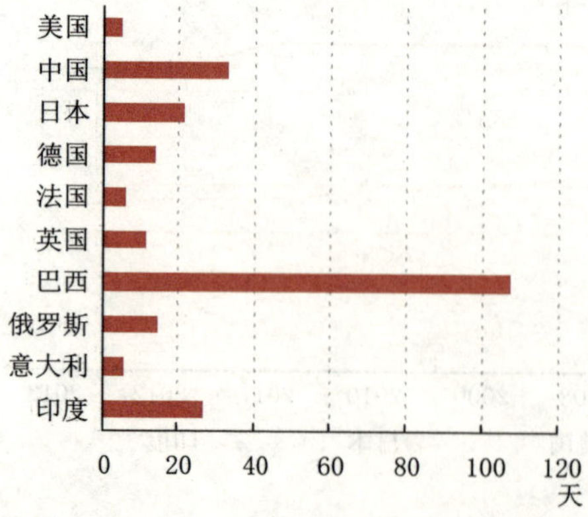

开办企业流程的成本（占人均 GNI 的百分比）

企业注册成本以占人均国民总收入（GNI）的百分比显示而常态化。

□ 2013 年开办企业流程的成本（占人均 GNI 的百分比）前 10 位国家及中国

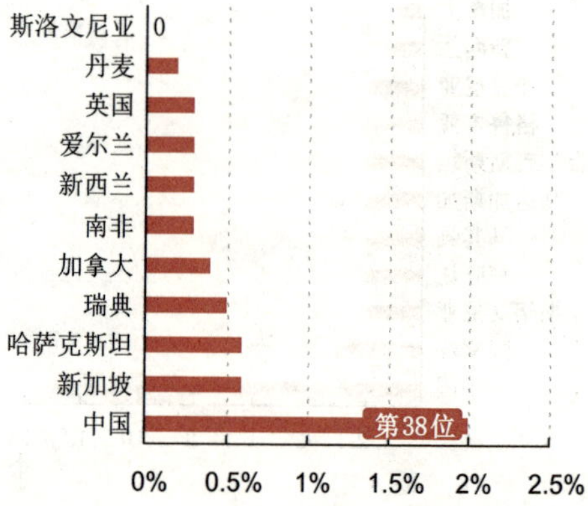

□ 2012 年 GDP 排名前 10 位国家 2013 年开办企业流程的成本（占人均 GNI 的百分比）

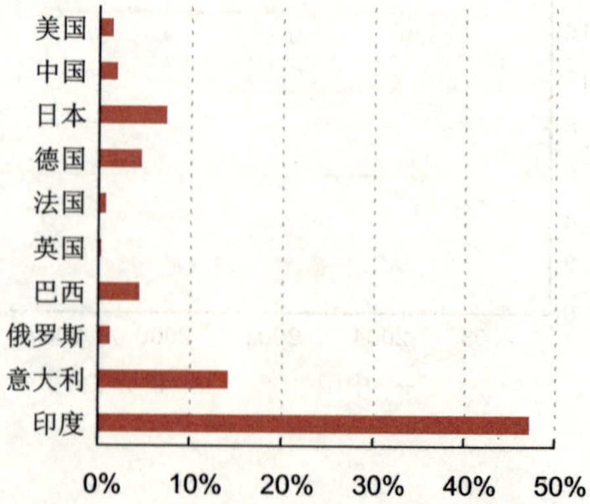

利润税（占商业利润的百分比）

利润税是企业缴纳的利润税税额。

□ 2013 年利润税（占商业利润的百分比）由低至高前 10 位国家及中国

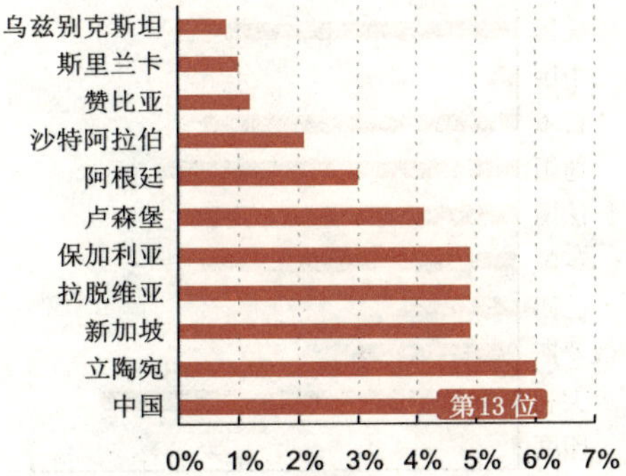

注：另有阿富汗、阿联酋、巴林、巴哈马、玻利维亚、中非、刚果（布）、密克罗尼西亚、赤道几内亚、克罗地亚、科威特、马绍尔群岛、毛里塔尼亚、卡塔尔、塔吉克斯坦、瓦努阿图 16 个国家该项数值为 0。

□ 2012 年 GDP 排名前 10 位国家 2013 年利润税（占商业利润的百分比）

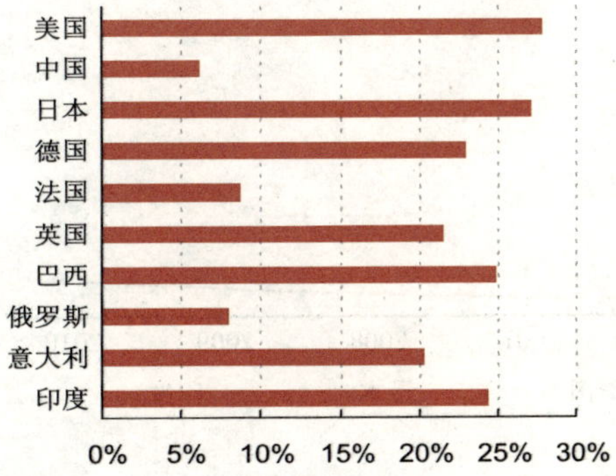

劳动税和缴费（占商业利润的百分比）

劳动税和缴费是指企业缴纳的劳动税和强制性缴费的数额。

□ 2013 年劳动税和缴费（占商业利润的百分比）由低至高前 10 位国家及中国

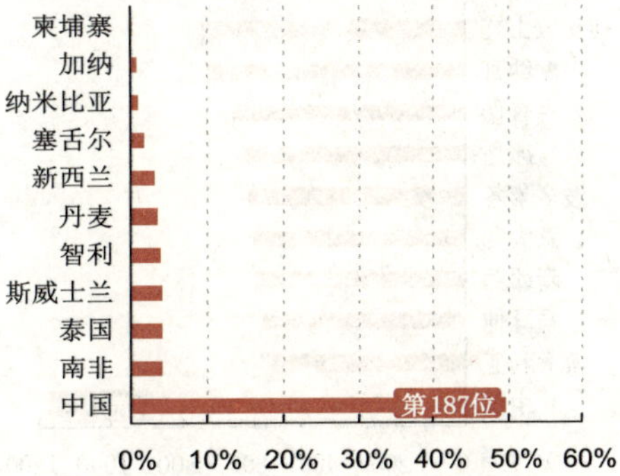

注：另有阿富汗、孟加拉国、不丹、博茨瓦纳、科摩罗、厄立特里亚、格鲁吉亚、莱索托、马其顿、缅甸、苏里南、东帝汶、约旦河西岸和加沙 13 个国家或地区该项数值为 0。

□ 2012 年 GDP 排名前 10 位国家 2013 年劳动税和缴费（占商业利润的百分比）

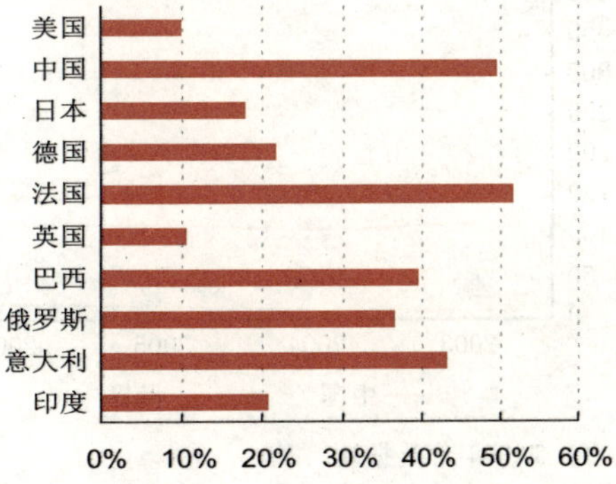

客车（每千人）

客车指的是除两轮车之外的道路机动车，目的是运送旅客，设计座位不超过九人（包括司机）。

□ 2010 年每千人拥有客车数前 10 位国家及中国

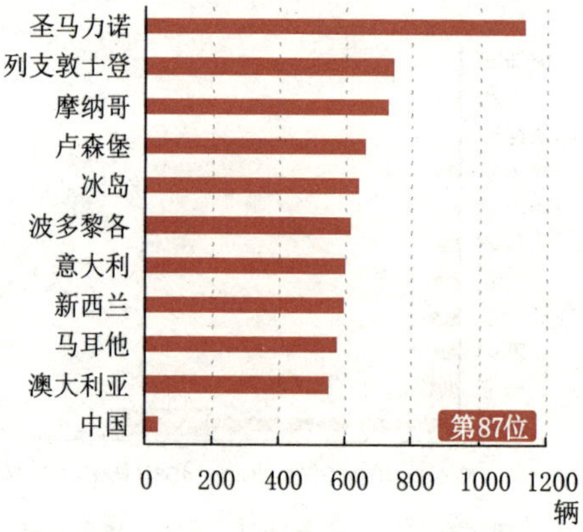

注：圣马力诺、列支敦士登采用 2009 年统计数据。

□ 2012 年 GDP 排名前 10 位国家每千人拥有客车数

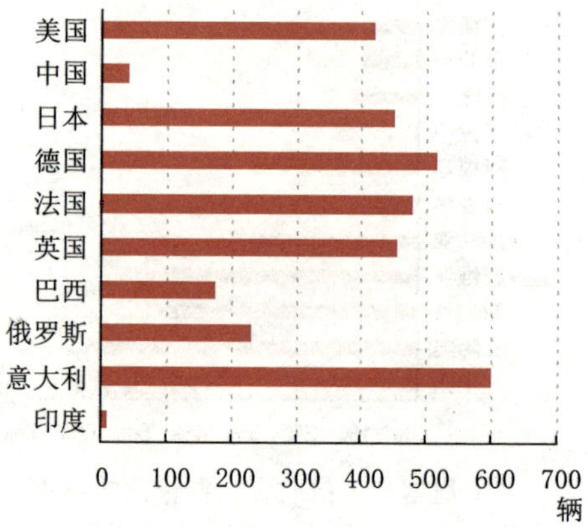

注：采用 2010 年统计数据。

□ 2003—2010 年世界主要经济大国及世界每千人拥有客车数历史变化

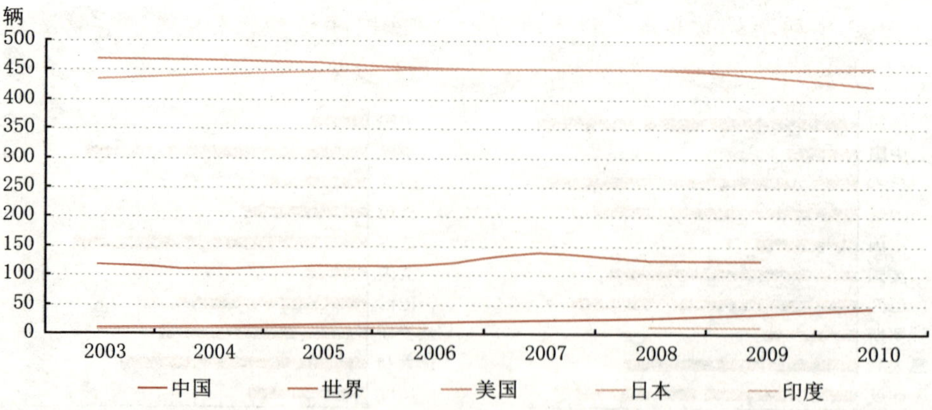

注：部分年份数据缺。

机动车（每千人）

机动车包括轿车、公共汽车以及货车，但不包括两轮车。人口指的是有数据的年度中的年中人口。

□ 2010 年每千人拥有机动车数前 10 位国家及中国

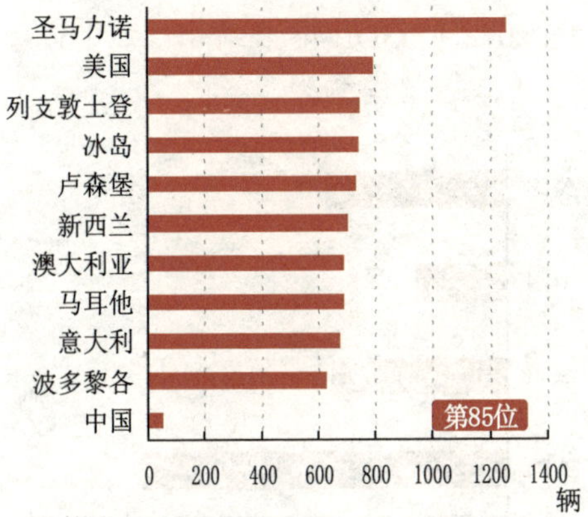

注：圣马力诺、列支敦士登采用 2009 年统计数据。

□ 2012 年 GDP 排名前 10 位国家每千人拥有机动车数

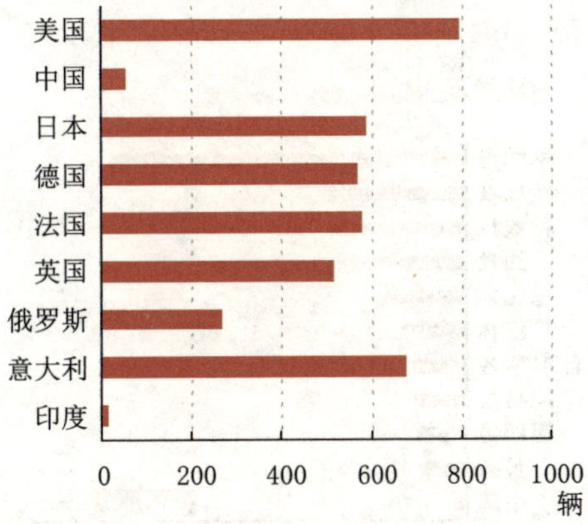

注：采用 2010 年统计数据，巴西数据缺。

□ 2003—2010 年世界主要经济大国及世界每千人拥有机动车数历史变化

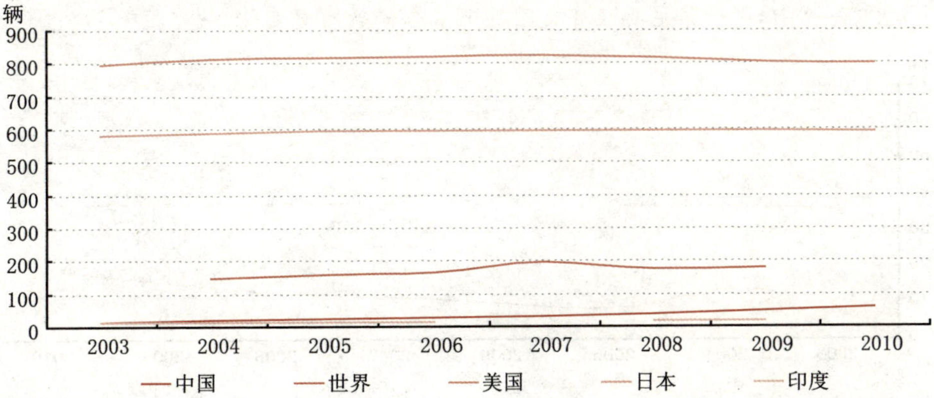

注：部分年份数据缺。

车辆数量（每千米道路）

每千米道路车辆数量包括轿车、公共汽车和货运车辆数量，两轮车数量不包括在内。道路是指高速公路、州际公路、一级公路 / 国道、二级公路 / 区域道路以及其他类型道路。高速公路是指专为机动车辆交通设计建造且将不同方向车道分隔开来的道路。数据结合 2009—2010 两年统计结果。部分国家缺乏数据。

□ 2010 年每千米道路车辆数前 10 位国家及中国

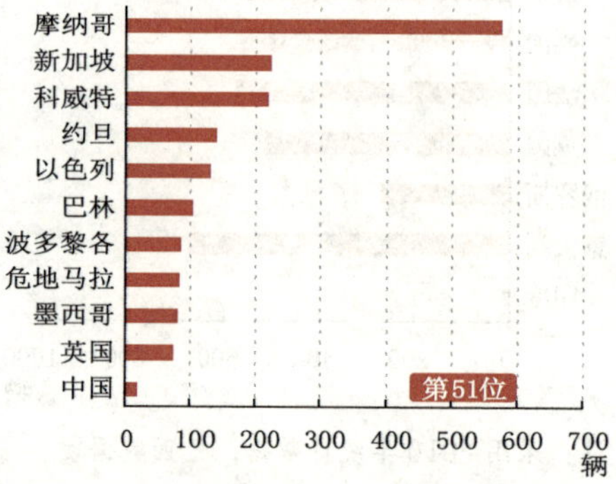

注：以色列采用 2009 年统计数据。

□ 2012 年 GDP 排名前 10 位国家每千米道路车辆数

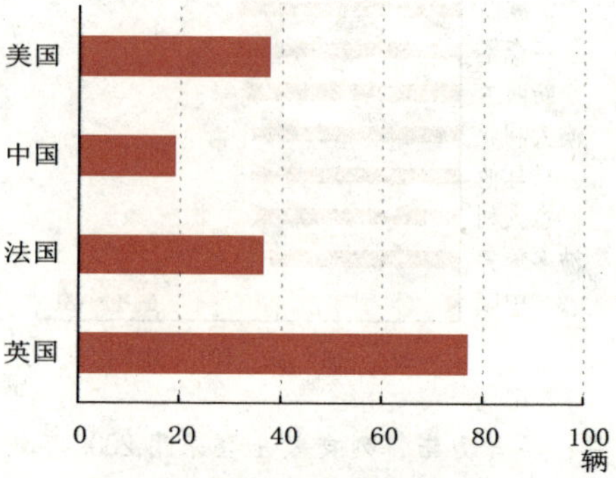

注：采用 2010 年统计数据。其他国家缺少数据。

□ 2003—2010 年世界主要经济大国每千米车辆数历史变化

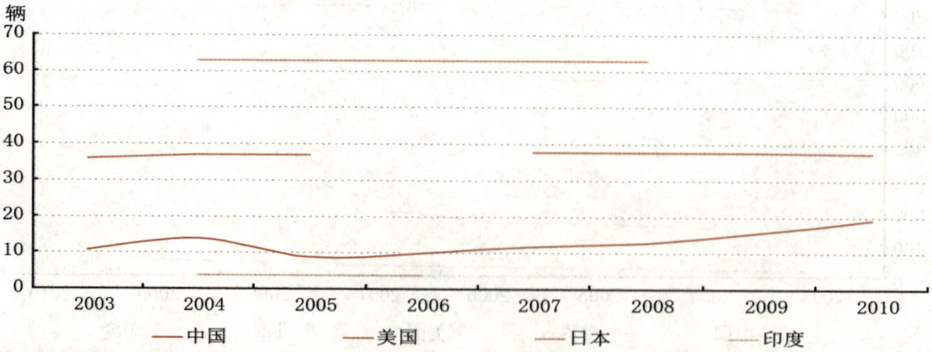

注：部分年份数据缺。

道路部门人均汽油消耗量（千吨石油当量）

汽油是用于摩托车等（飞机除外）内燃发动机的一种轻质烃油。

□ 2010 年道路部门人均汽油消耗量前 10 位国家及中国

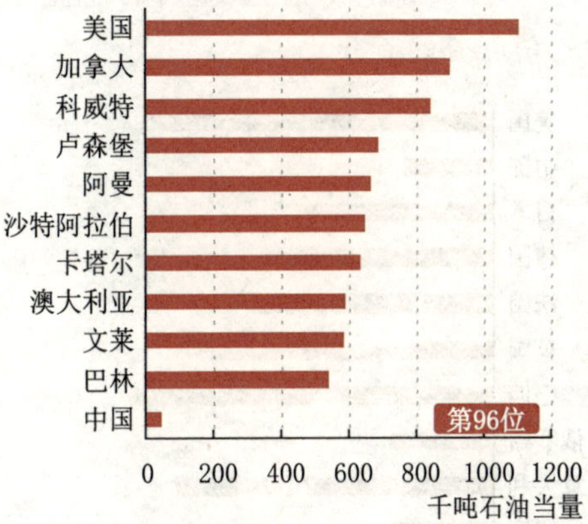

□ 2012 年 GDP 排名前 10 位国家道路部门人均汽油消耗量

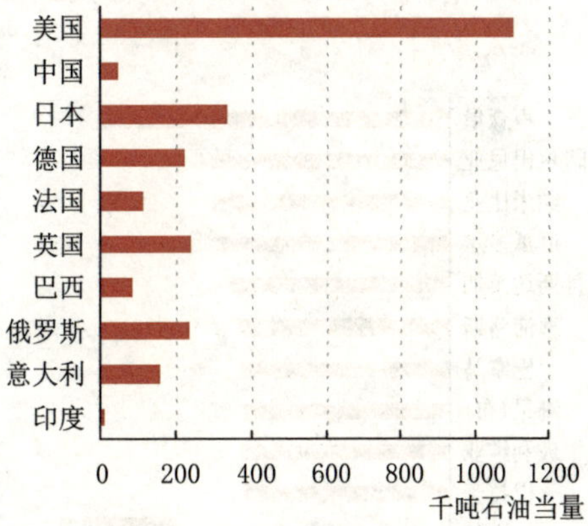

注：采用 2010 年统计数据。

□ 1961—2010 年世界主要经济大国及世界道路部门人均汽油消耗量历史变化

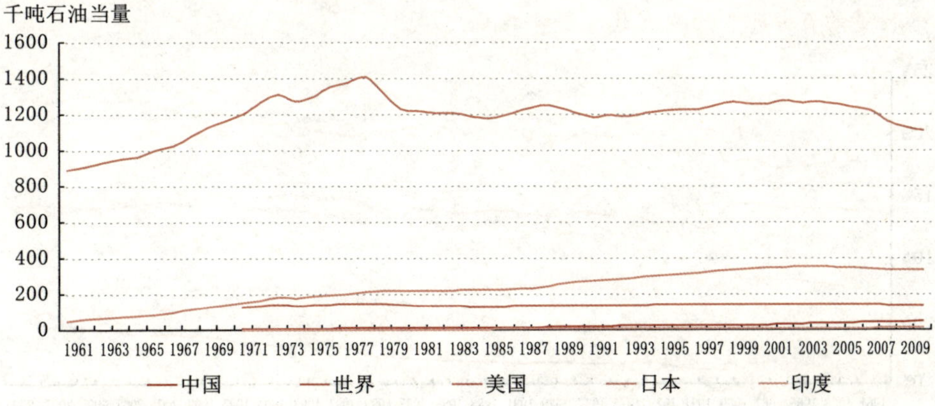

注：部分年份数据缺。

道路部门能源消耗量（占总能源消耗量的百分比）

交通行业的能源消耗是指道路行业的总能源消耗，其中包括石油产品、天然气、电力及可再生燃料和废弃物。总能耗是指某国家的总能量消耗。

□ 2010 年道路部门能源消耗量（占总能源消耗量的百分比）前 10 位国家及中国

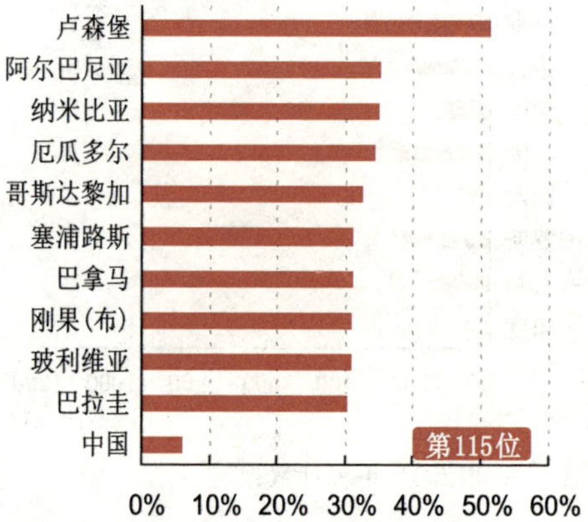

□ 2012 年 GDP 排名前 10 位国家 2010 年道路部门能源消耗量（占总能源消耗量的百分比）

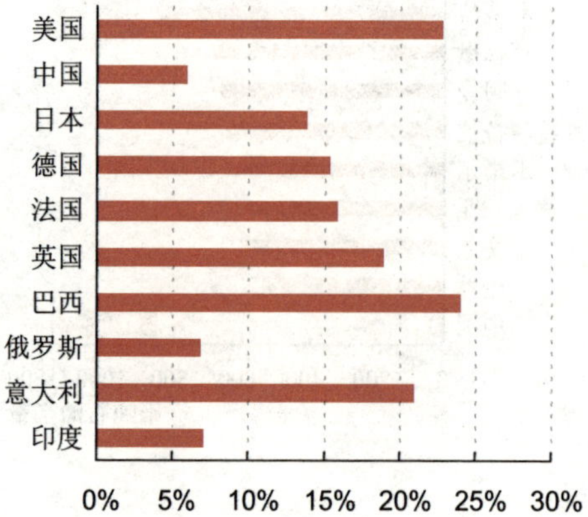

□ 1961—2010 年世界主要经济大国及世界道路部门能源消耗量（占总能源消耗量的百分比）历史变化

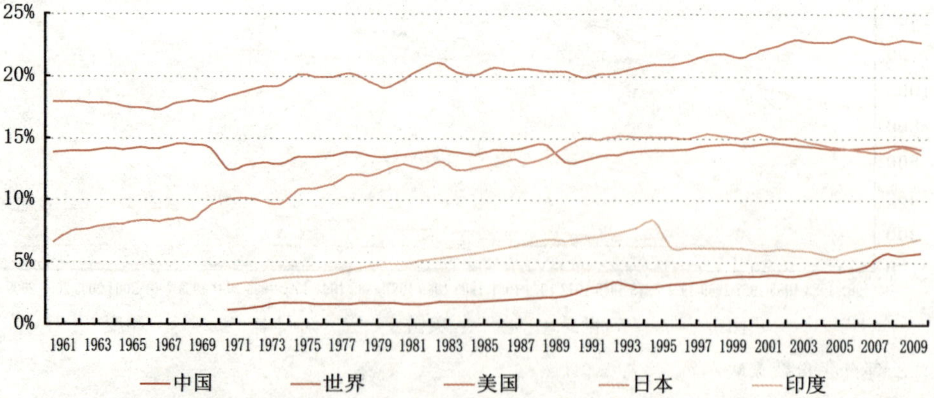

注：部分年份数据缺。

互联网用户（每百人）

互联网用户是指接入国际互联网的人数。

□ 2012 年每百人互联网用户数前 10 位国家和地区及中国

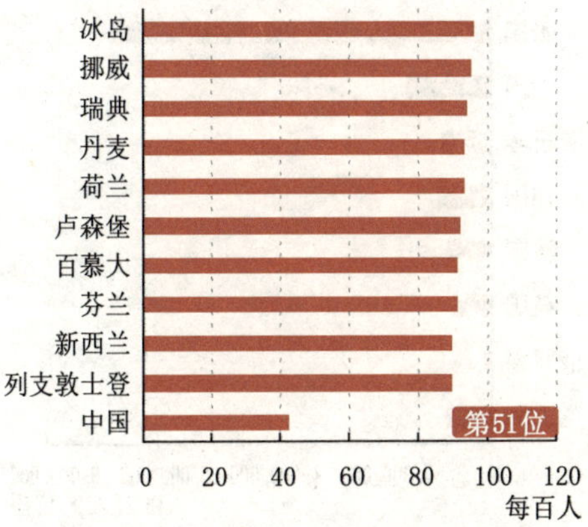

□ 2012 年 GDP 排名前 10 位国家每百人互联网用户数

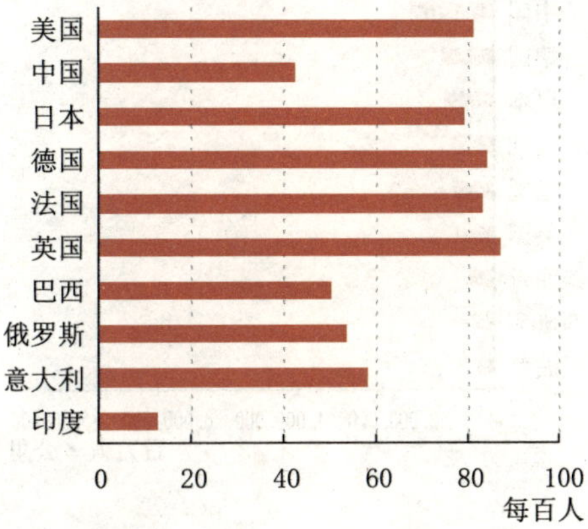

□ 1990—2012 年世界主要经济大国每百人互联网用户数历史变化

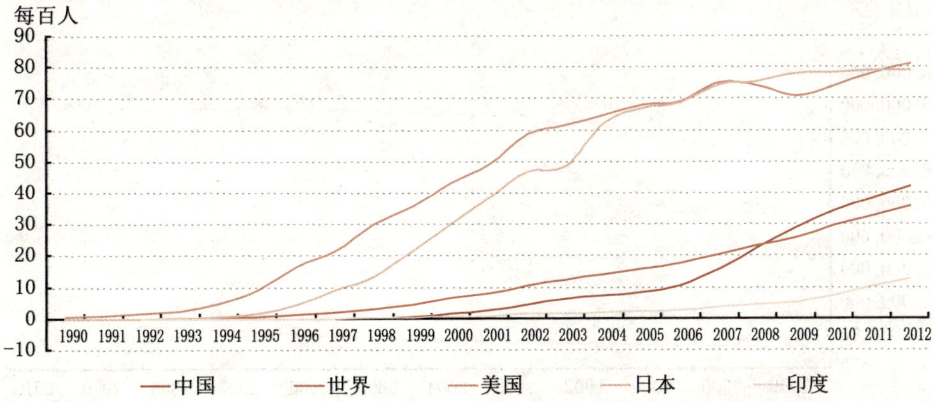

公路客运量（百万人·公里）

公路客运量为公路运输的乘客数量乘以行驶的公里数。

□ 2010 年公路客运量前 10 位国家

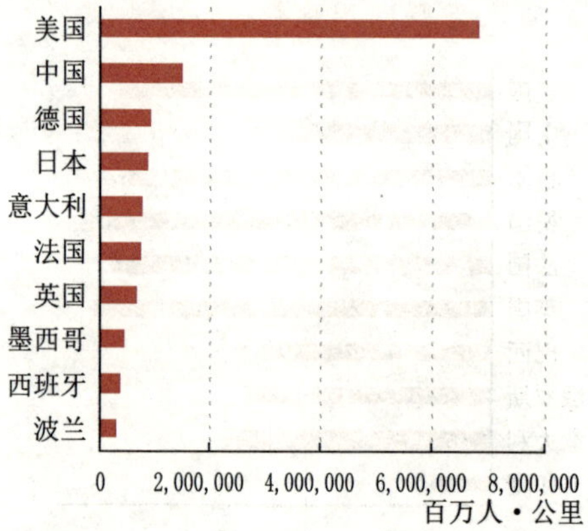

□ 2012 年 GDP 排名前 10 位国家公路客运量

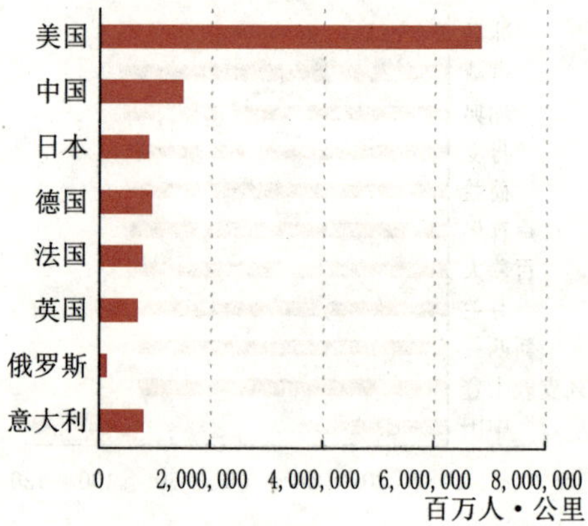

注：采用 2010 年统计数据。

□ 1999—2010 年世界主要经济大国公路客运量历史变化

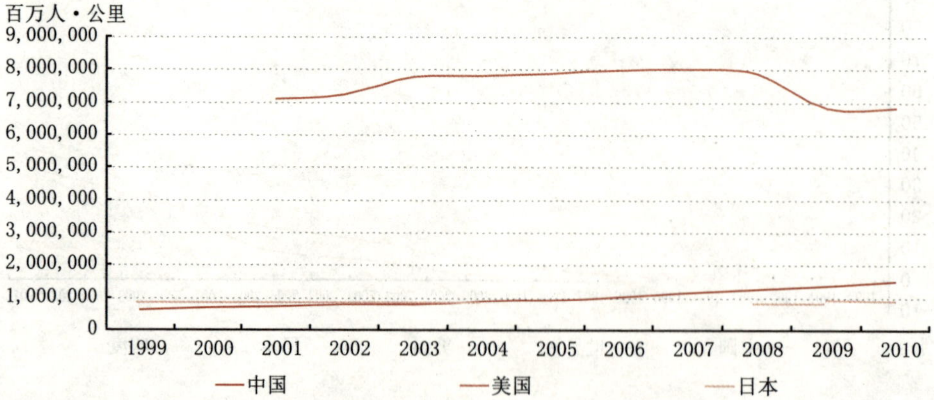

注：部分年份数据缺。

公路密度（陆地每百平方公里内公路的公里数）

道路密度是国家公路网的总长度与国家陆地面积之比。公路网包括某国内的所有道路：快速路、高速公路、主道或国道、次级或地区道路以及其他城市或乡村道路。

□ 2010 年公路密度（陆地每百平方公里内公路的公里数）前 10 位国家和地区及中国

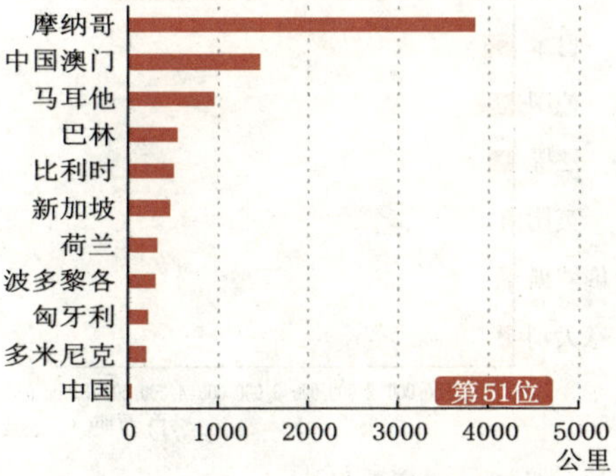

注：马耳他采用 2008 年统计数据。

□ 2012 年 GDP 排名前 10 位国家公路密度（陆地每百平方公里内公路的公里数）

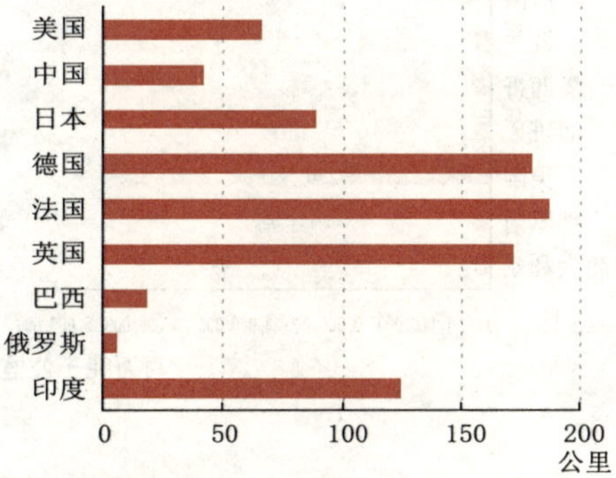

注：采用 2010 年统计数据。

□ 2003—2010 年世界主要经济大国及世界公路密度（陆地每百平方公里内公路的公里数）历史变化

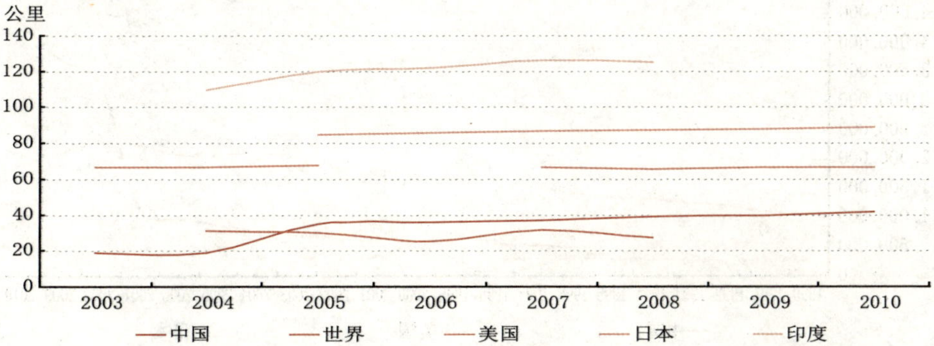

注：部分年份数据缺。

公路货运量（百万吨·公里）

公路货运是指由公路车辆运输的货物总量，衡量标准为百万吨乘以行驶的公里数。

□ 2010 年公路货运量前 10 位国家

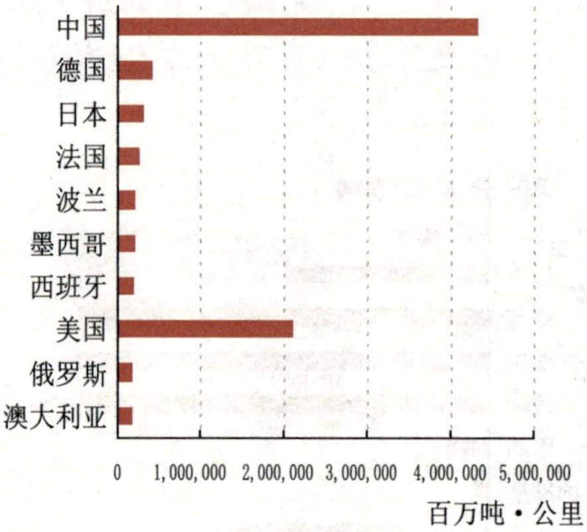

□ 2012 年 GDP 排名前 10 位 2010 年国家公路货运量

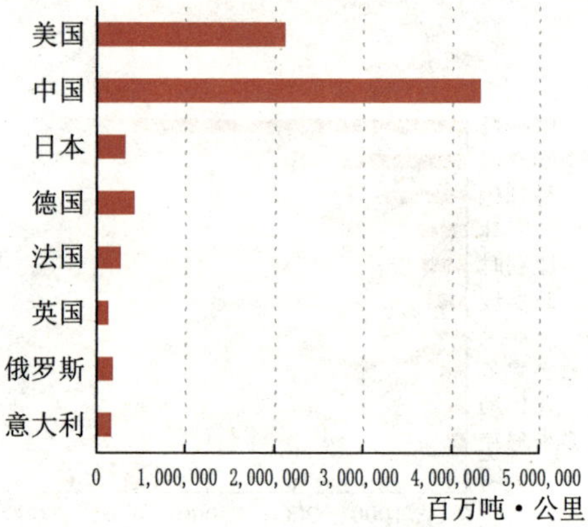

注：巴西、印度数据缺。

□ 1990—2010 年世界主要经济大国公路客运量历史变化

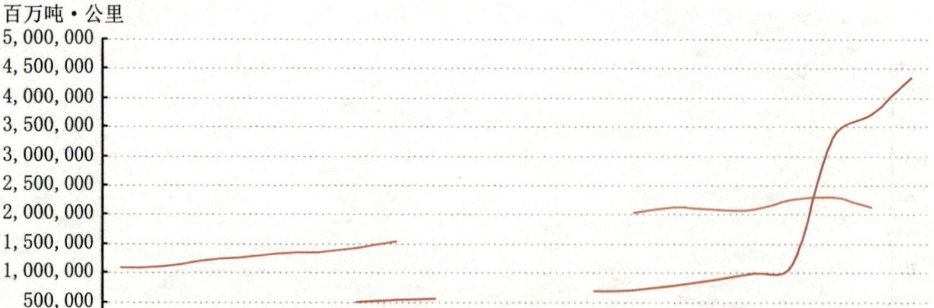

注：部分年份数据缺。

固定宽带互联网用户（每百人）

固定宽带互联网用户指使用宽带互联网线路、电缆调制解调器或高速网络技术的宽带用户数量。

□ 2012 年固定宽带互联网用户数前 10 位国家及中国

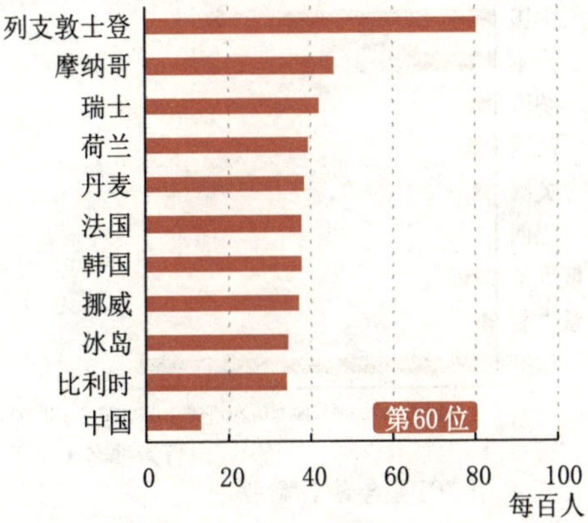

□ 2012 年 GDP 排名前 10 位国家固定宽带互联网用户数

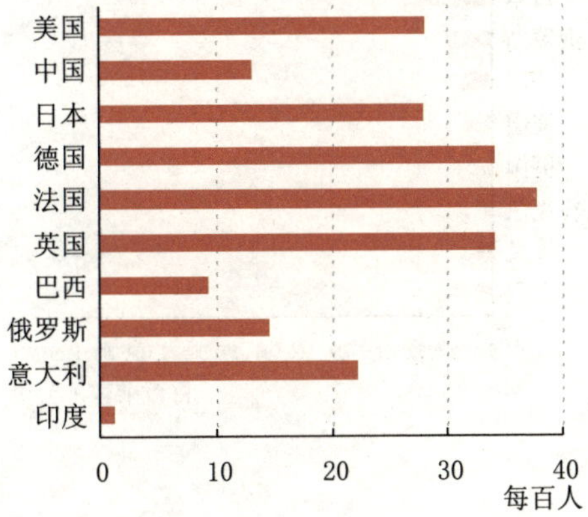

□ 1998—2012 年世界主要经济大国固定宽带互联网用户数历史变化

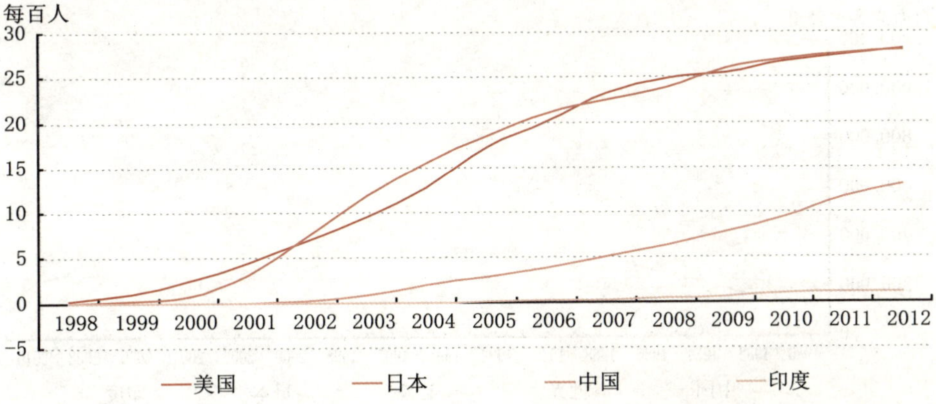

铁路客运量（百万乘客·公里）

铁路客运量是指通过铁路运输的乘客总量，按人数乘以行驶的公里数计算。

□ 2011 年铁路客运量前 10 位国家

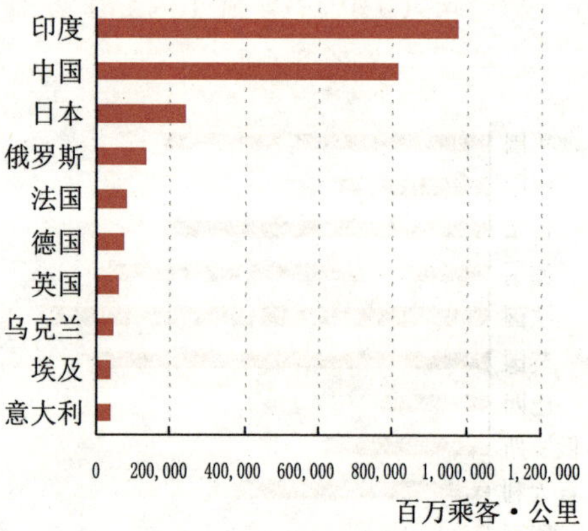

□ 2012 年 GDP 排名前 10 位国家铁路客运量

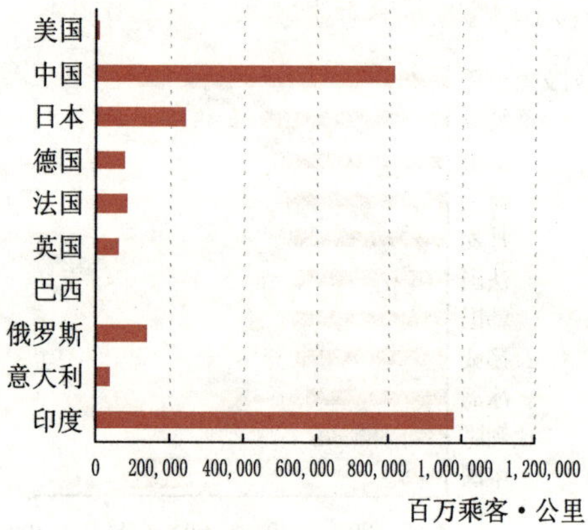

注：采用 2011 年统计数据。

□ 1980—2011 年世界主要经济大国及世界铁路客运量历史变化

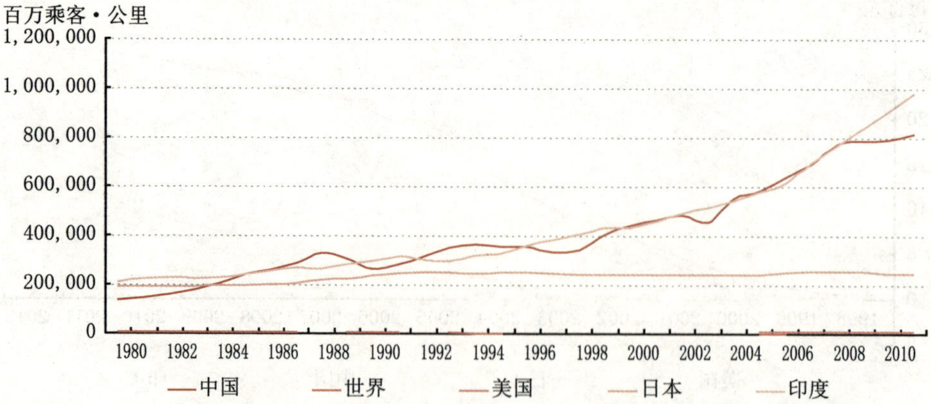

铁路货运量（百万吨·公里）

铁路货运量是指通过铁路运输的货物总量，按公吨乘以行驶的公里数计算。

□ 2011 年铁路货运量前 10 位国家

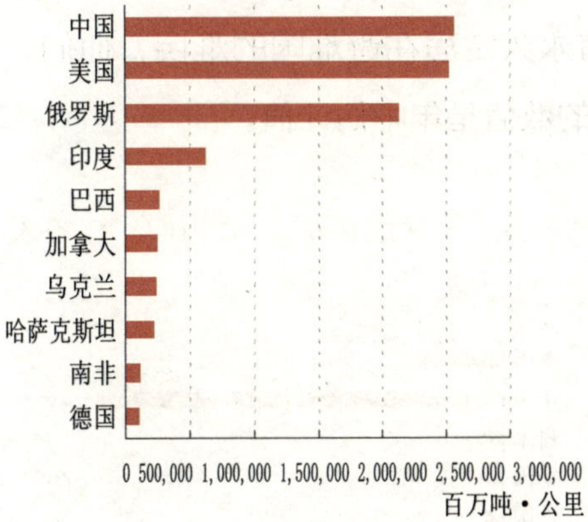

□ 2012 年 GDP 排名前 10 位国家铁路货运量

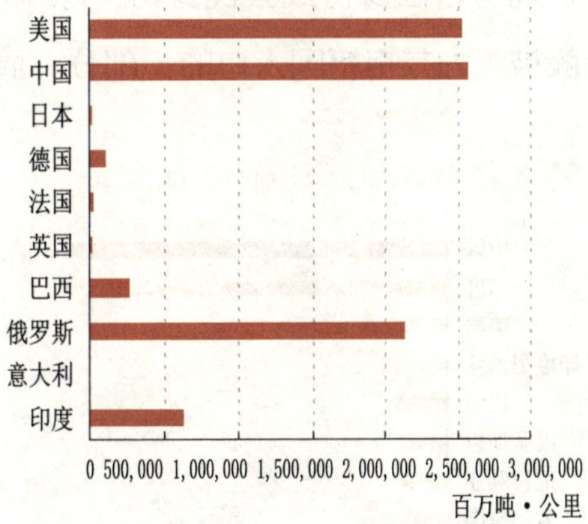

注：采用 2011 年统计数据。

□ 1980—2011 年世界主要经济大国及世界铁路货运量历史变化

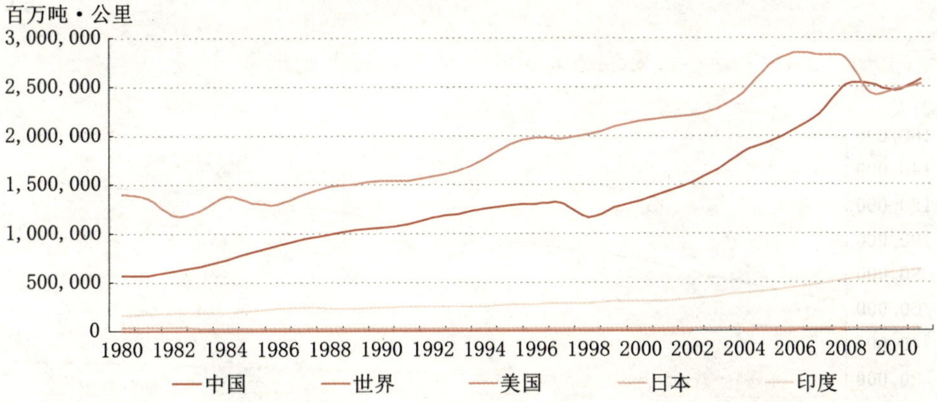

人口与城市化

人口，总数

总人口是根据约定俗成的人口定义确定的，计算所有的居民，无论他们是否拥有合法身份或公民身份，除了没有永久定居在避难国的难民，他们一般被视为其祖籍国人口的一部分。显示的数值是年中估计值。

□ 2012 年人口总数前 10 位国家

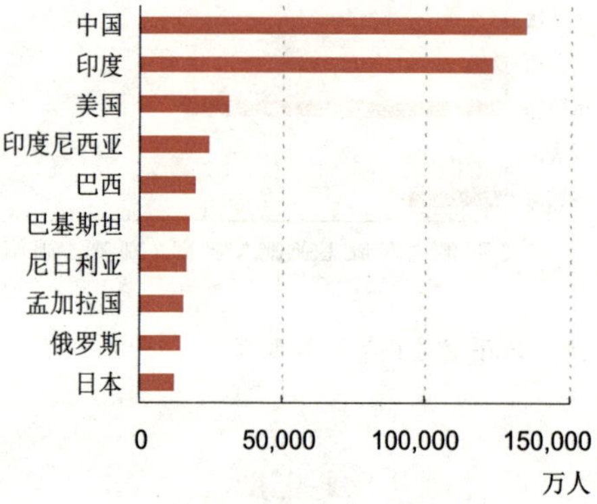

□ 2012 年 GDP 排名前 10 位国家人口总数

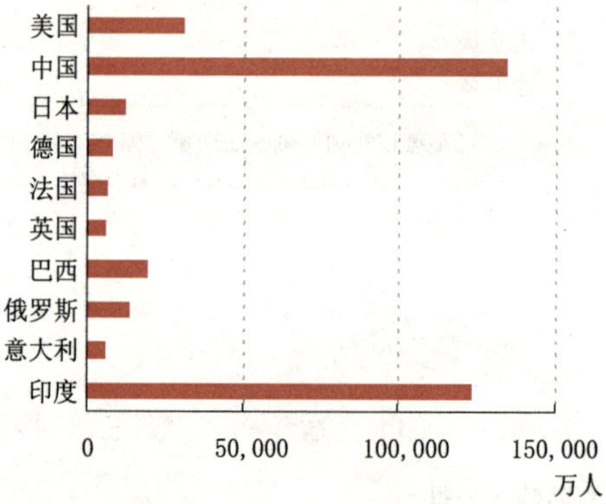

□ 1961—2012 年世界主要经济大国人口总数的历史变化

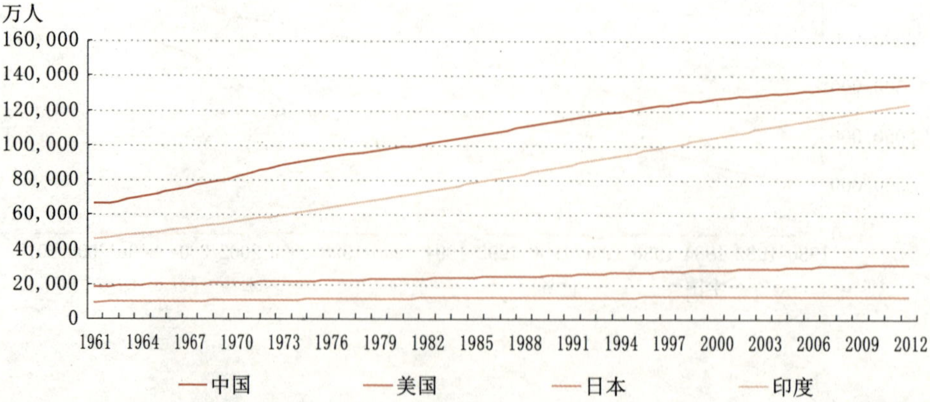

人口，人口增长（年百分比）

人口增长率是从 t-1 至 t 年的年中人口的指数增长率，用百分比来表示。

□ 2012 年人口增长率前 10 位国家及中国

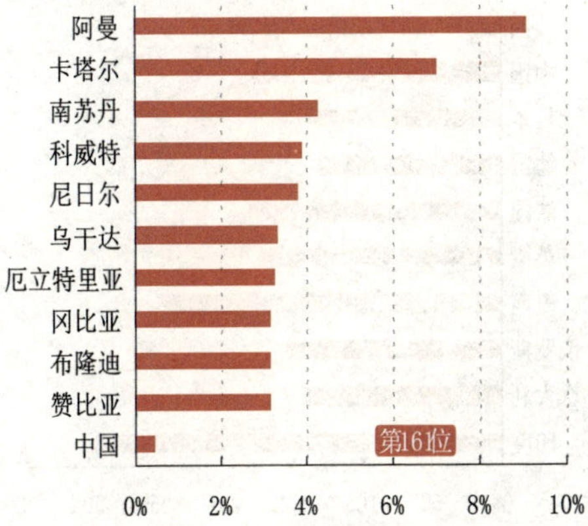

□ 2012 年 GDP 排名前 10 位国家人口增长率

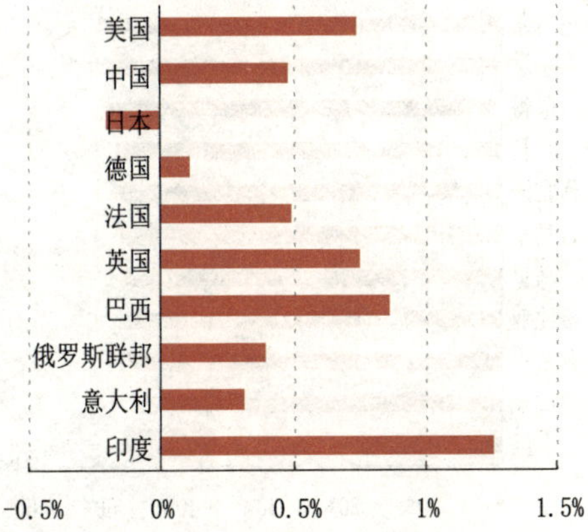

□ 1961—2012 年中国、美国及世界人口增长率的历史变化

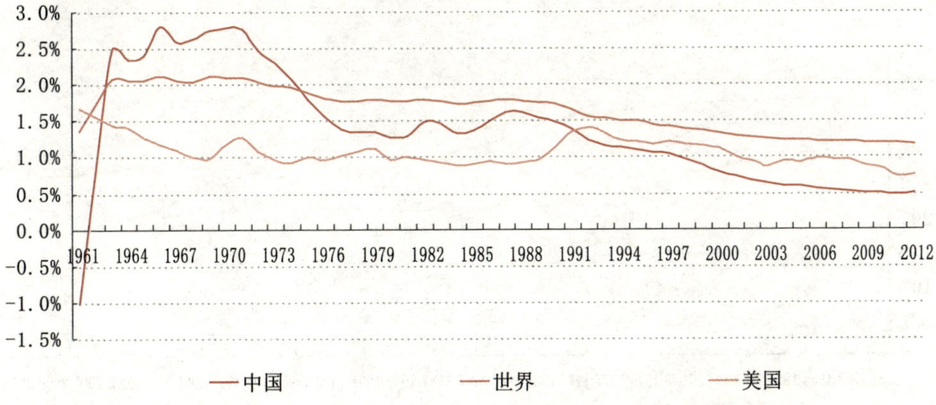

0—14 岁的人口（占总人口的百分比）

0—14 岁的人口占总人口的百分比。人口是根据实际存在的人口定义确定的。

□ 2012 年 0—14 岁的人口（占总人口的百分比）前 10 位国家及中国

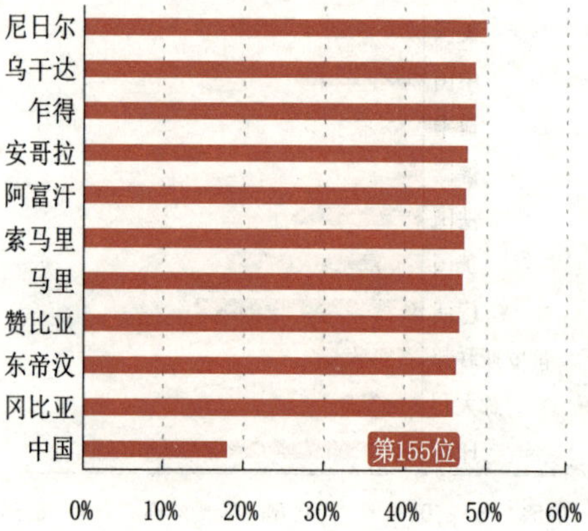

□ 2012 年 GDP 排名前 10 位国家 0—14 岁人口（占总人口的百分比）

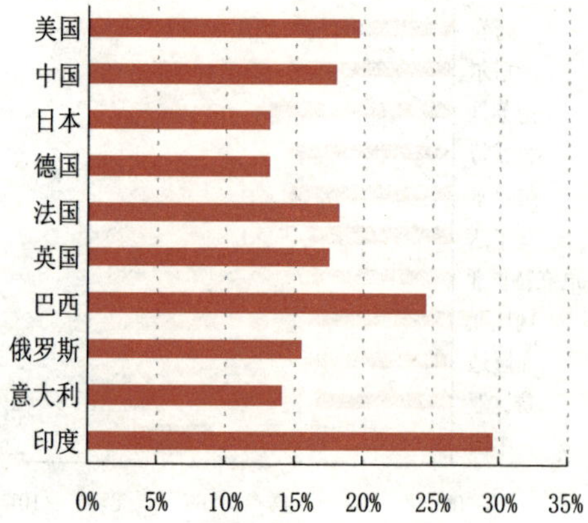

□ 1961—2012 年主要经济大国及世界 0—14 岁人口（占总人口的百分比）历史变化

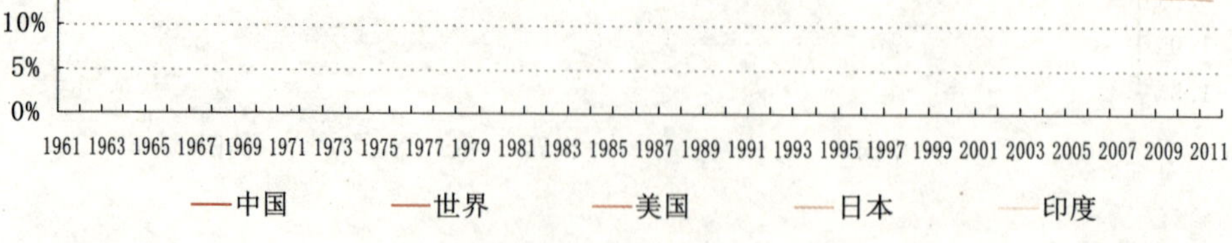

0-14岁的人口（占总人口的百分比）
12
50

15—64 岁的人口（占总人口的百分比）

15—64 岁的人口占总人口的百分比。人口是根据约定俗成的人口定义确定的。

□ 2012 年 15—64 岁的人口（占总人口的百分比）前 10 位国家和地区及中国

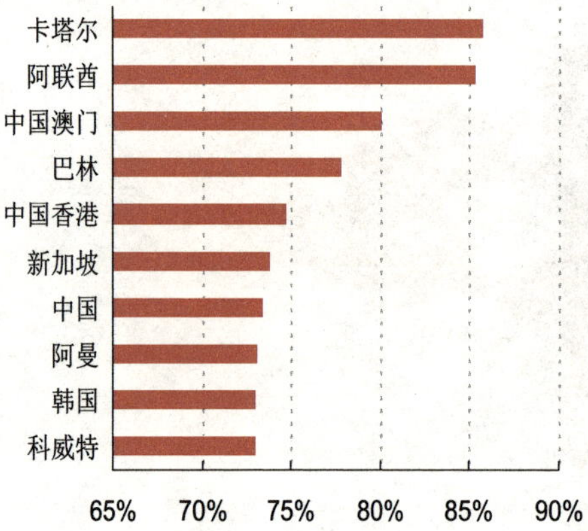

□ 2012 年 GDP 排名前 10 位国家 15—64 岁人口（占总人口的百分比）

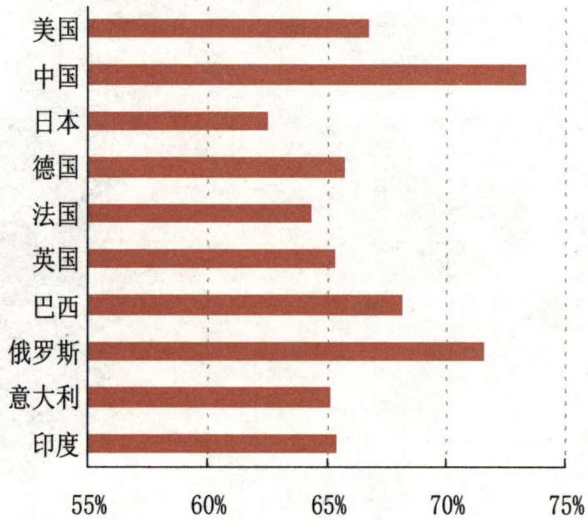

□ 1961—2012 年主要经济大国及世界 15—64 岁人口（占总人口的百分比）历史变化

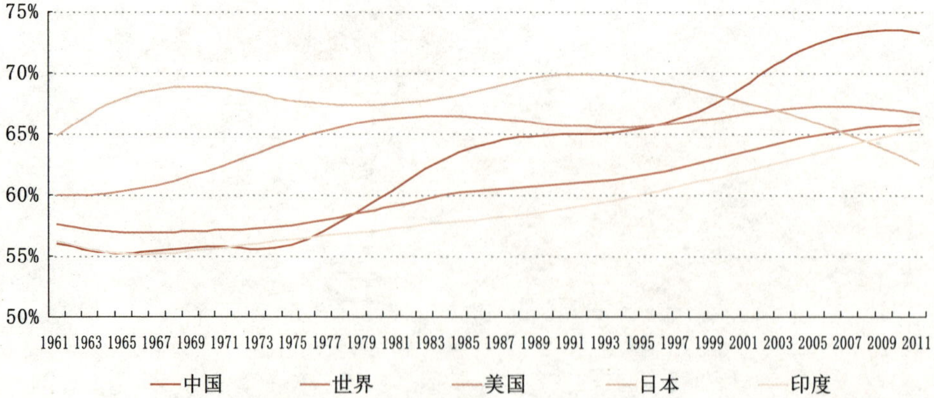

65 岁和 65 岁以上的人口（占总人口的百分比）

65 岁和 65 岁以上的人口占总人口的百分比。人口是根据实际存在的人口定义确定的。

□ 2012 年 65 岁和 65 岁以上的人口（占总人口的百分比）前 10 位国家及中国

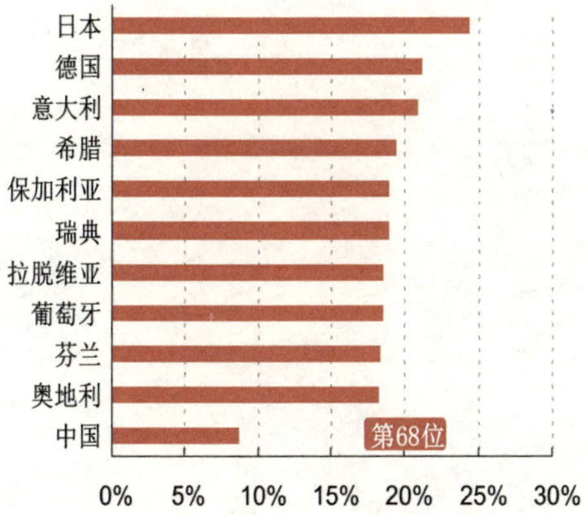

□ 2012 年 GDP 排名前 10 位国家 65 岁和 65 岁以上的人口（占总人口的百分比）

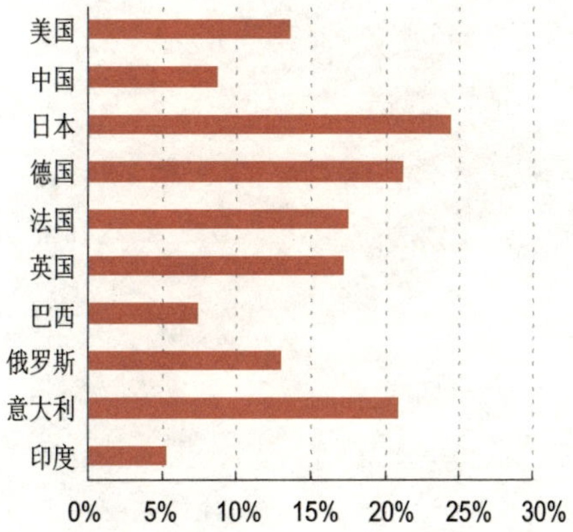

□ 1961—2012 年主要经济大国及世界 65 岁及 65 岁以上人口（占总人口的百分比）历史变化

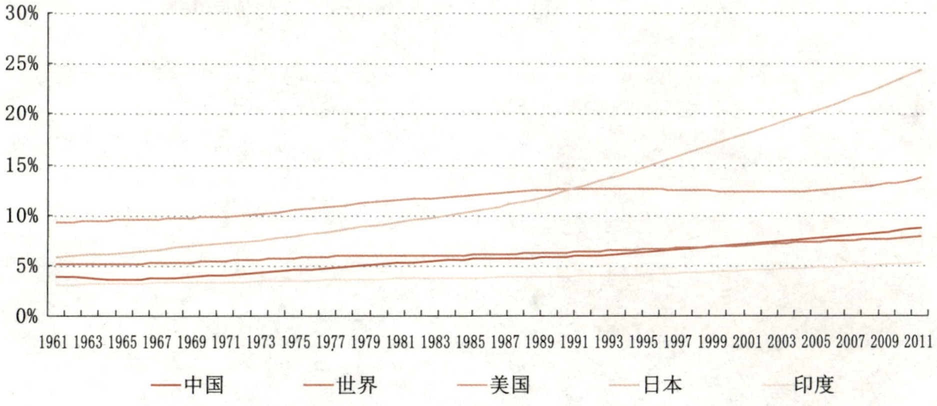

65岁和65岁以上的人口（占总人口的百分比）
0
24

出生时的预期寿命，总体（岁）

出生时的预期寿命是指假定出生时的死亡率模式在一生中保持不变，一名新生儿可能生存的年数。

□ 2011 年出生时的预期寿命总体前 10 位国家或地区及中国

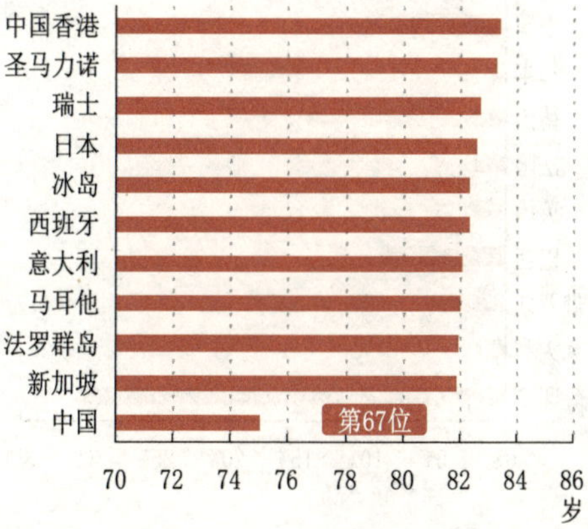

□ 2012 年 GDP 排名前 10 位国家 2011 年出生时的预期寿命总体

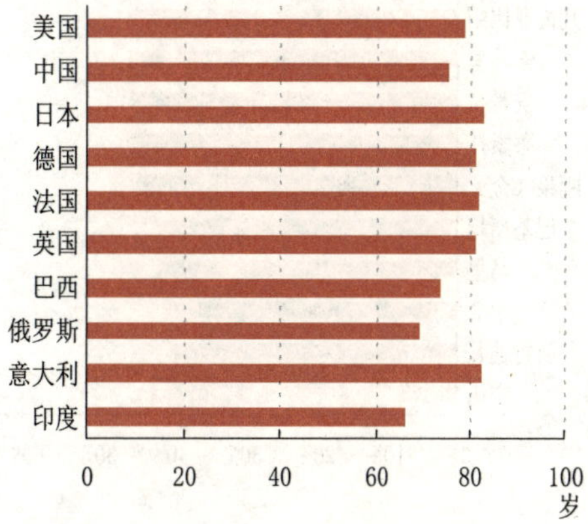

□ 1961—2011 年主要经济大国及世界出生时的预期寿命总体历史变化

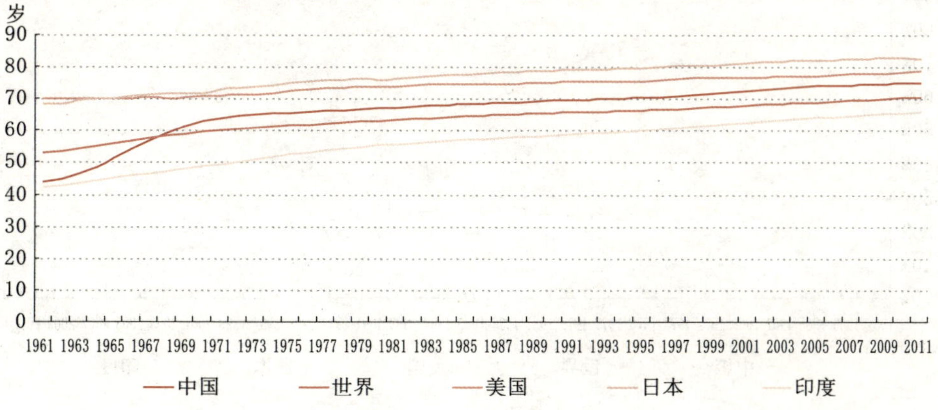

新生儿死亡率（每千例活产儿）

新生儿死亡率是指特定年每千名活产婴儿中满 28 天前死亡的新生儿人数。

□ 2012 年新生儿死亡率（每千例活产儿）前 10 位国家及中国

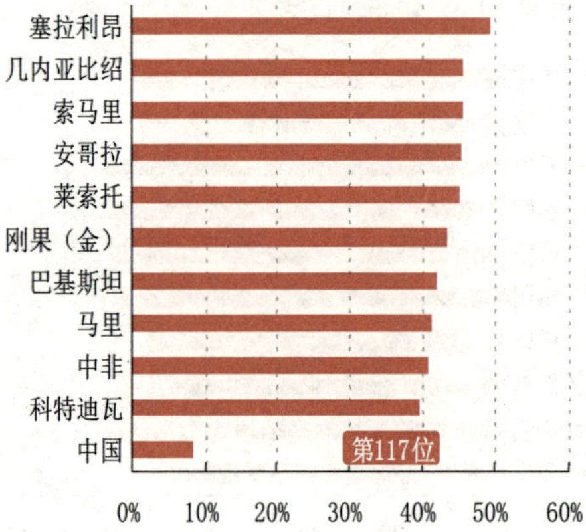

□ 2012 年 GDP 排名前 10 位国家新生儿死亡率（每千例活产儿）

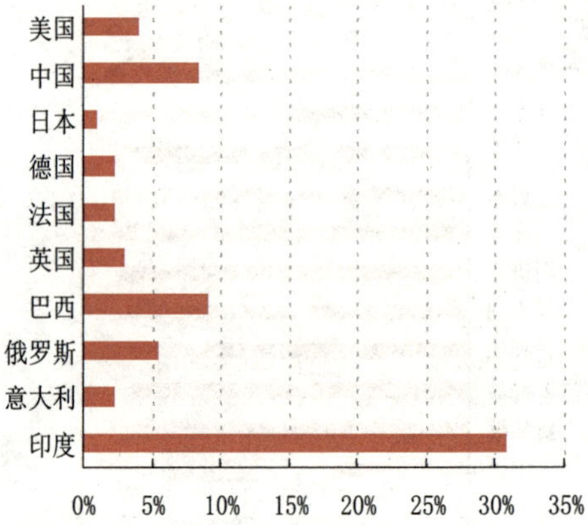

□ 1961—2012 年主要经济大国及世界新生儿死亡率（每千例活产儿）历史变化

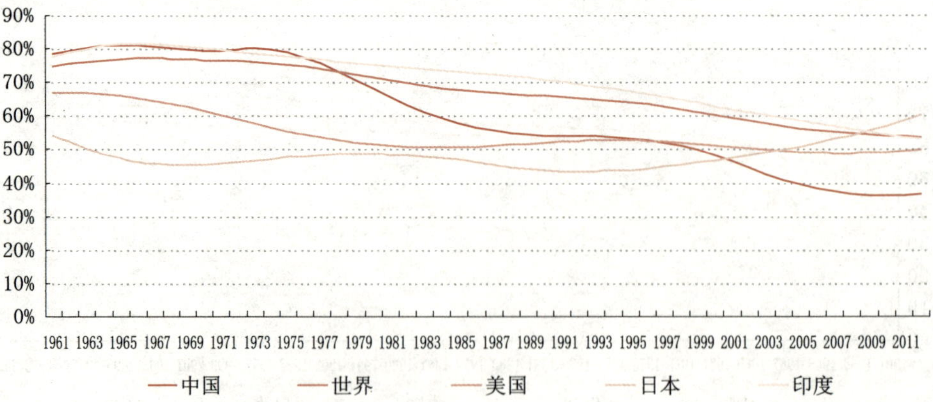

抚养比（占劳动年龄人口的百分比）

抚养比是被抚养人口（15 岁以下或 64 岁以上人口）与劳动年龄人口（15—64 岁人口）之比。数据体现为每百名劳动年龄人口中被抚养人口所占的比例。

□ 2012 年抚养比（占劳动年龄人口的百分比）前 10 位国家及中国

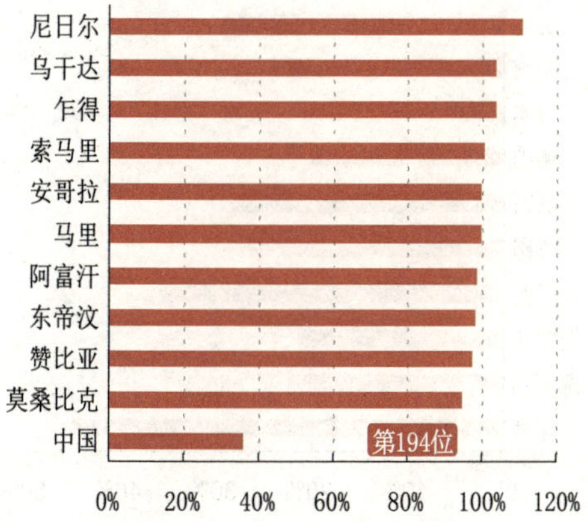

□ 2012 年 GDP 排名前 10 位国家抚养比（占劳动年龄人口的百分比）

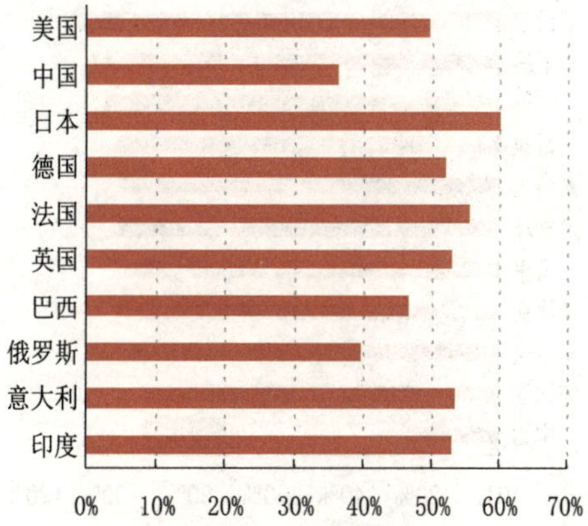

□ 1961—2012 年主要经济大国及世界抚养比（占劳动年龄人口的百分比）历史变化

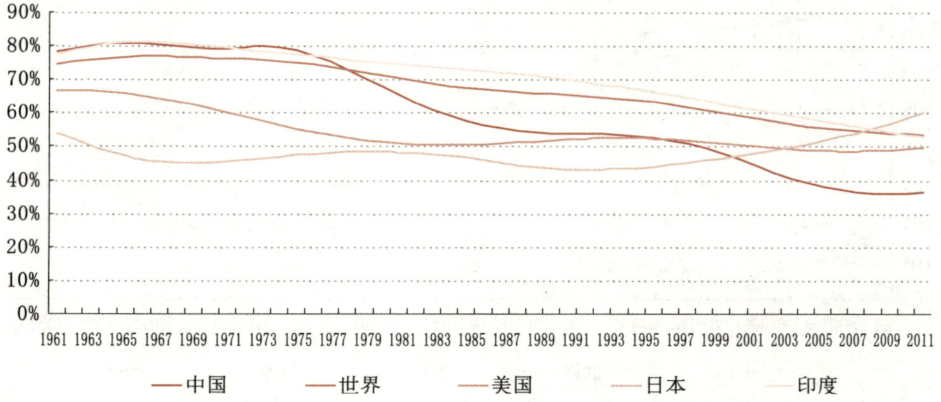

少儿抚比率（占工作年龄人口的百分比）

少儿抚养比率是被抚养少儿人口（15 岁以下人口）与劳动年龄人口（15—64 岁人口）之比。数据显示为每百名劳动年龄人口中被抚养人口所占的比例。

□ 2012 年少儿抚比率（占工作年龄人口的百分比）前 10 位国家及中国

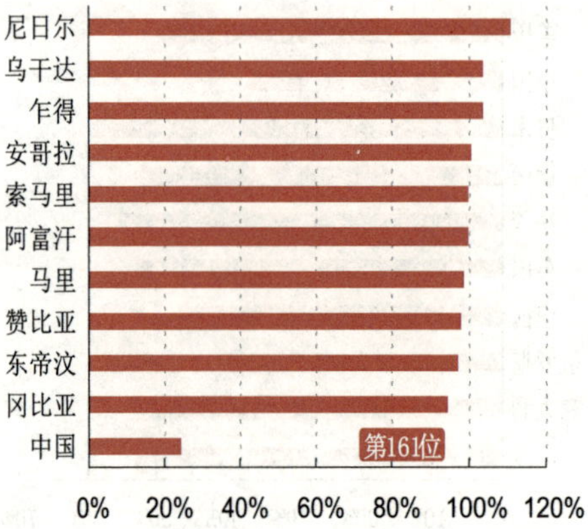

□ 2012 年 GDP 排名前 10 位国家少儿抚比率（占工作年龄人口的百分比）

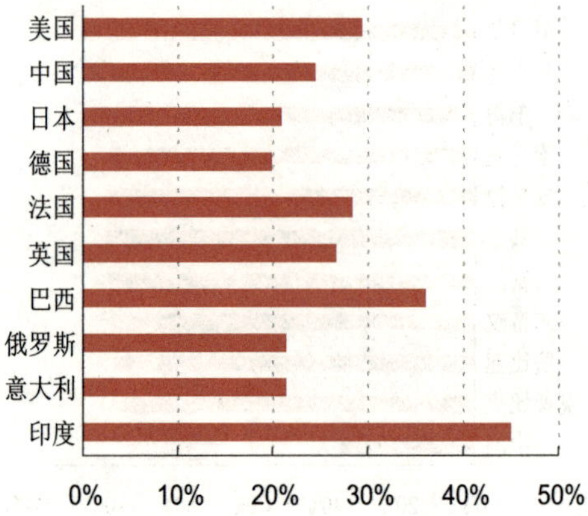

□ 1961—2012 年主要经济大国及世界少儿抚比率（占工作年龄人口的百分比）历史变化

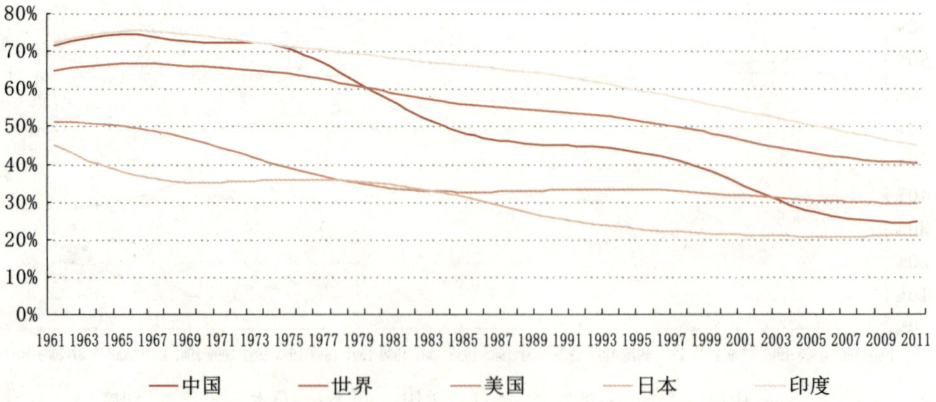

老年抚养比（占工作年龄人口的百分比）

老年抚养比是被抚养老年人口（64 岁以上人口）与工作年龄人口（15—64 岁人口）之比。数据显示为每百名工作年龄人口中被抚养人口所占的比例。

□ 2012 年老年抚养比（占工作年龄人口的百分比）前 10 位国家及中国

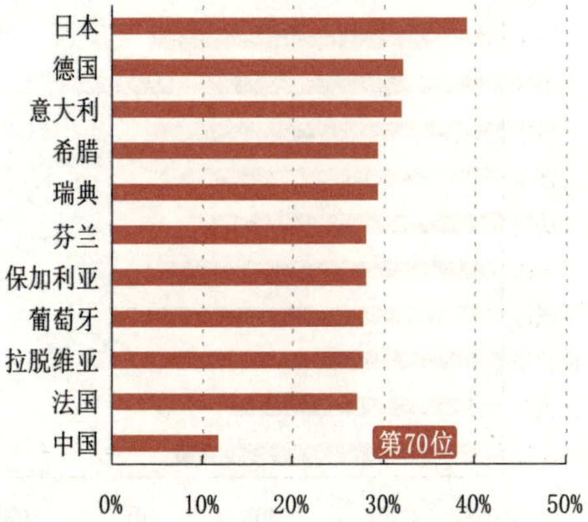

□ 2012 年 GDP 排名前 10 位国家老年抚养比（占工作年龄人口的百分比）

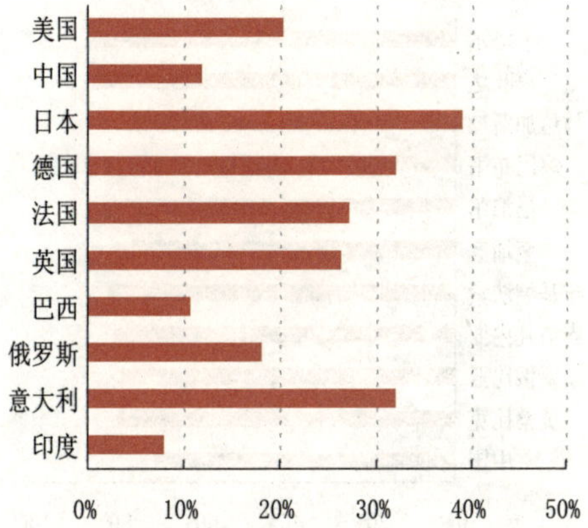

□ 1961—2012 年主要经济大国及世界老年抚养比（占工作年龄人口的百分比）历史变化

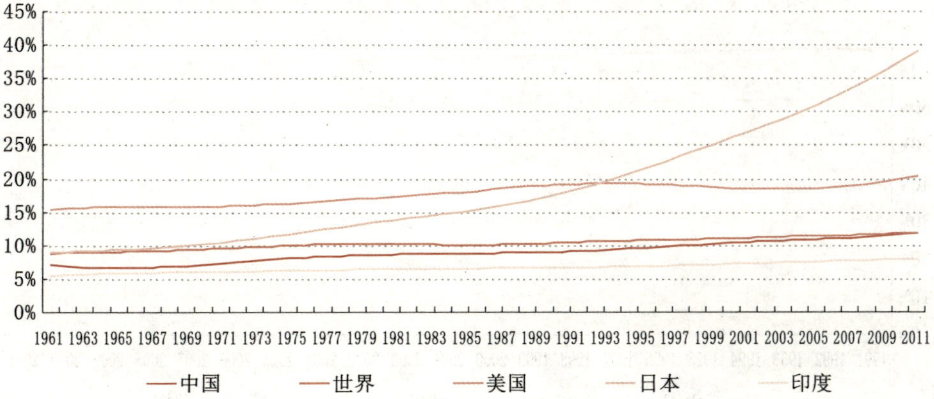

15 岁（含）以上总就业人口比率（百分比）

就业人口比率是指某一国家中就业人员占人口的百分比。一般将 15 岁（含）以上人员视为劳动适龄人口。

□ 2011 年 15 岁（含）以上总就业人口比率（百分比）前 10 位国家及中国

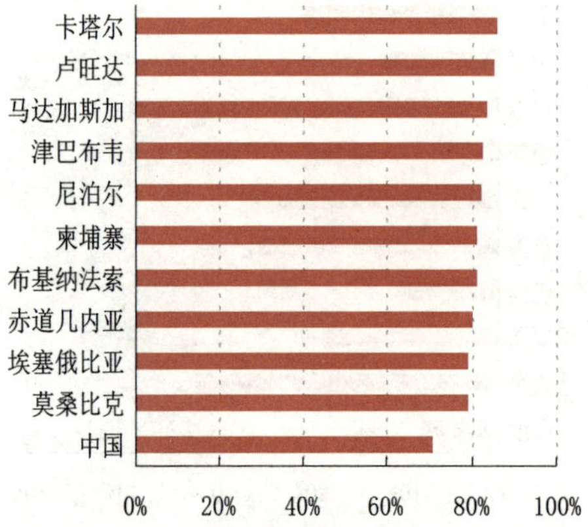

□ 2012 年 GDP 排名前 10 位国家 2011 年 15 岁（含）以上总就业人口比率（百分比）

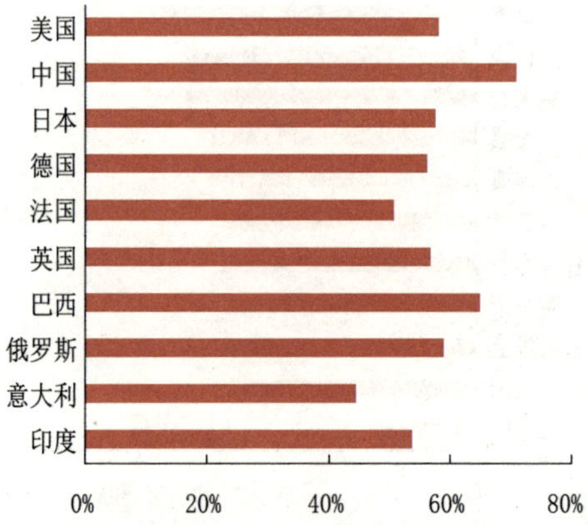

□ 1991—2011 年中国、美国及世界 15 岁（含）以上总就业人口比率（百分比）历史变化

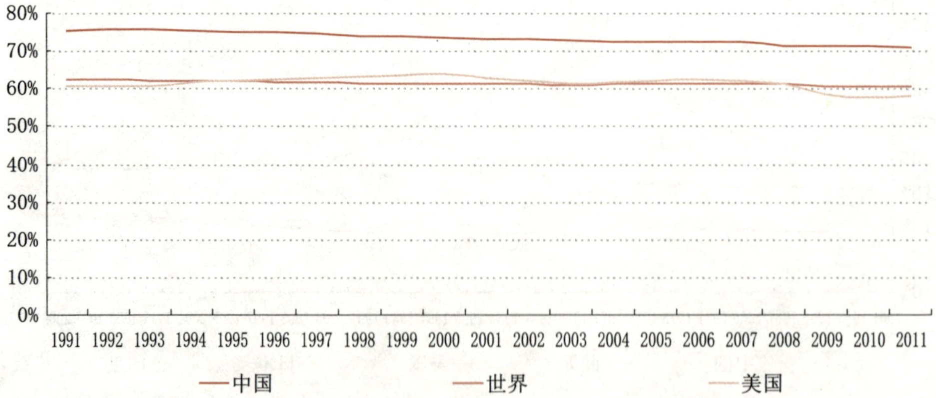

劳动力参与率（占 15 岁以上总人口的百分比）

劳动力参与率是指年龄在 15 岁及 15 岁以上的人口中从事经济活动的人口比率：所有在特定阶段为货物和服务的生产提供劳力的人员。

□ 2011 年劳动力参与率（占 15 岁以上总人口的百分比）前 10 位国家及中国

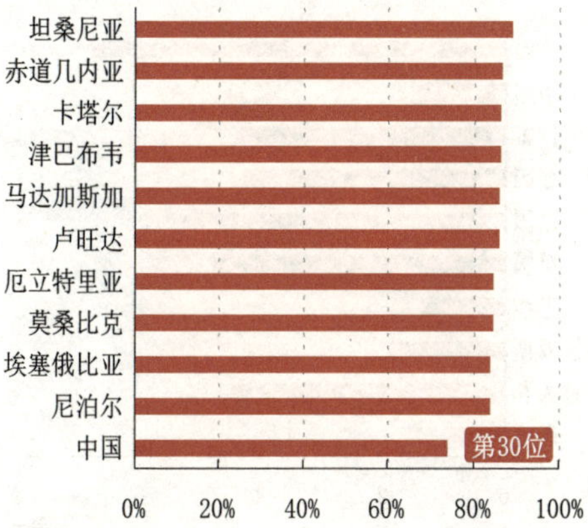

□ 2012 年 GDP 排名前 10 位国家 2011 年劳动力参与率（占 15 岁以上总人口的百分比）

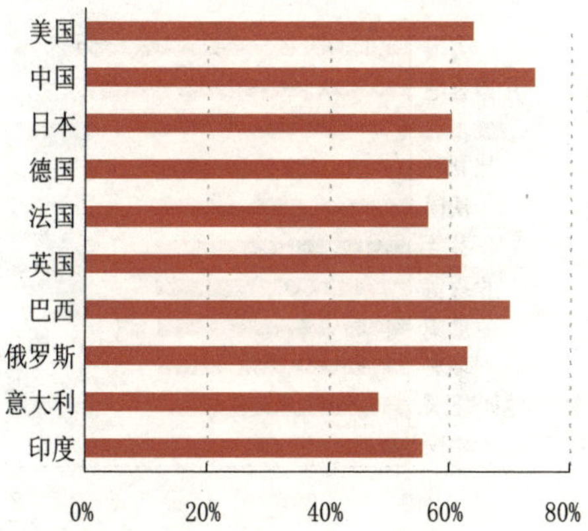

□ 1990—2011 年主要经济大国及世界劳动力参与率（占 15 岁以上总人口的百分比）历史变化

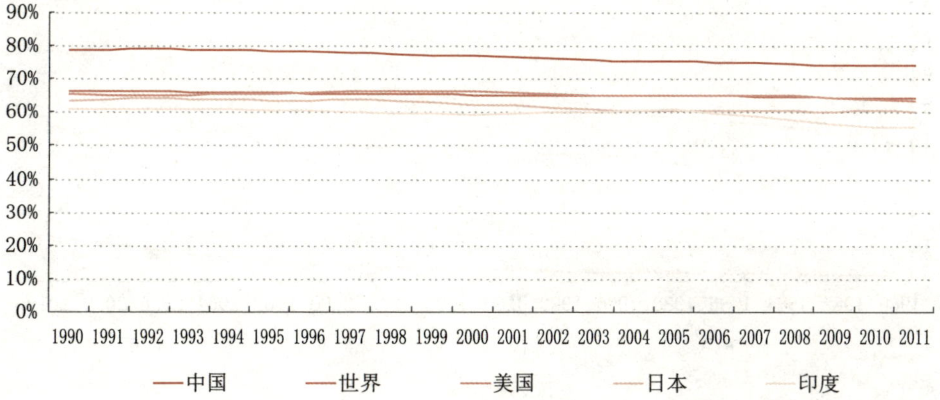

就业人口的人均GDP（1990年不变价购买力平价美元）

就业人口的人均 GDP 是国内生产总值（GDP）除以经济体中的就业人口总数。按购买力平价（PPP）计算的 GDP 是指用购买力平价汇率将 GDP 换算为 1990 年不变价国际元。国际元的购买力与美元在美国的购买力相当。

□ 2011 年就业人口的人均 GDP 前 10 位国家或地区及中国

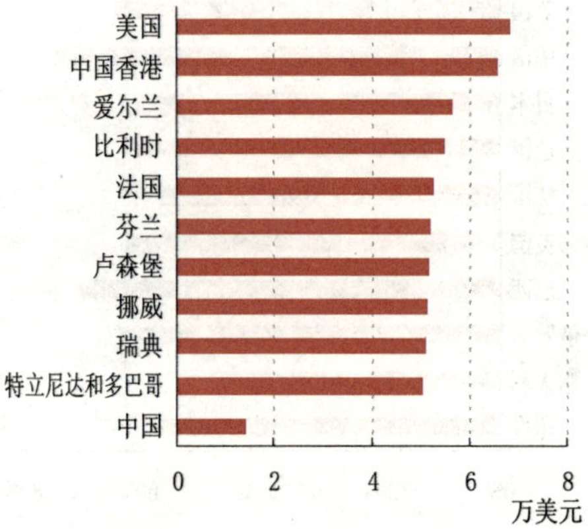

□ 2012 年 GDP 排名前 10 位国家 2011 年就业人口的人均 GDP

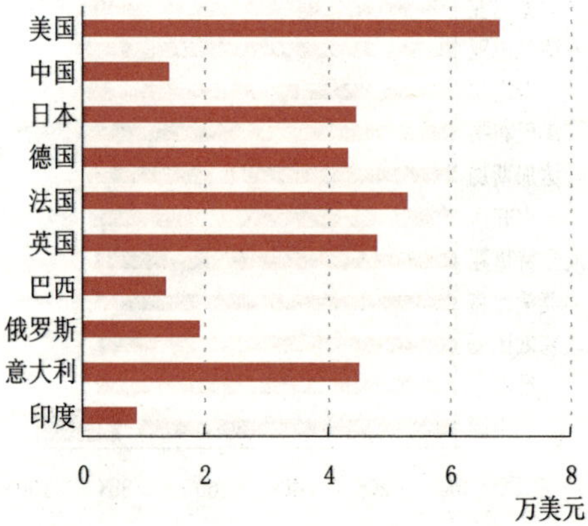

□ 1980—2010 年主要经济大国就业人口的人均 GDP 历史变化

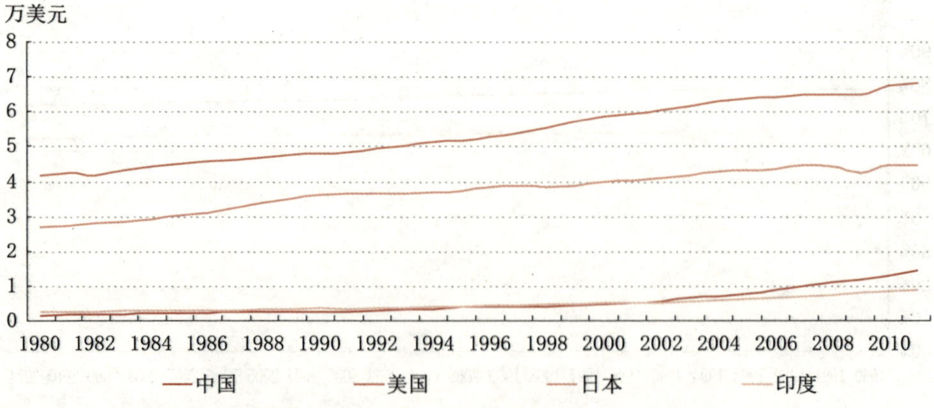

农业就业人员（占就业总数的百分比）

就业人员是指供职于公共或私营雇主并获取薪酬的人员，其薪酬形式可以是工资、薪酬、佣金、小费、计件工资或实物。农业包括狩猎、林业和渔业。

□ 2010 年农业就业人员（占就业总数的百分比）前 10 位国家

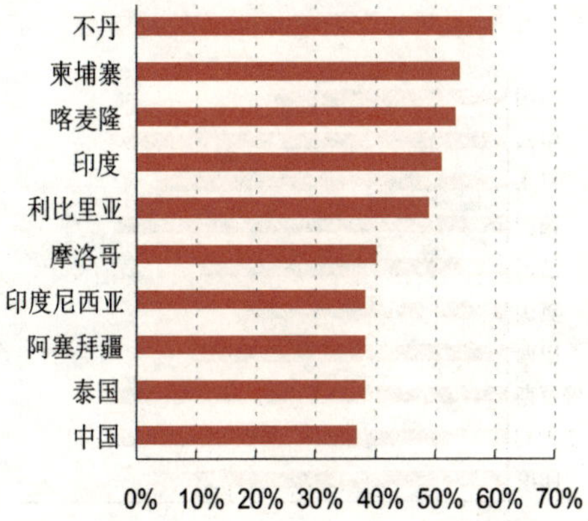

□ 2012 年 GDP 排名前 10 位国家 2010 年农业就业人员（占就业总数的百分比）

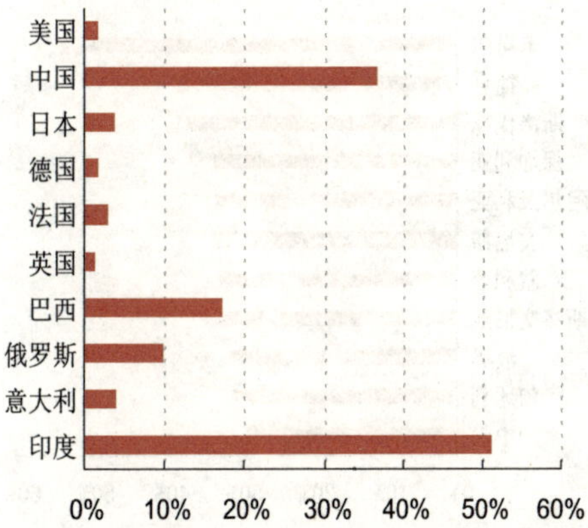

□ 1980—2010 年主要经济大国农业就业人员（占就业总数的百分比）历史变化

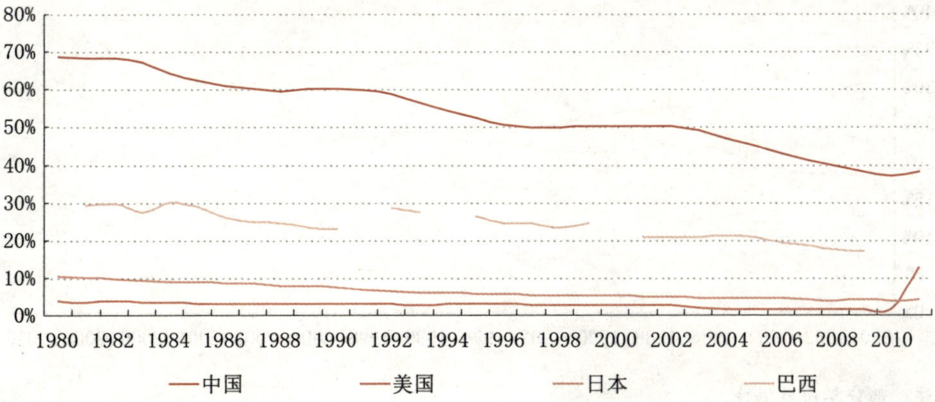

注：部分年份数据缺。

工业就业人员（占就业总数的百分比）

就业人员是指供职于公共或私营雇主并获取薪酬的人员，其薪酬形式可以是工资、薪酬、佣金、小费、计件工资或实物。工业包括采矿和挖掘（含石油生产）、制造业、建筑业和公用事业（电、气和水）。

□ 2010 年工业就业人员（占就业总数的百分比）前 10 位国家及中国

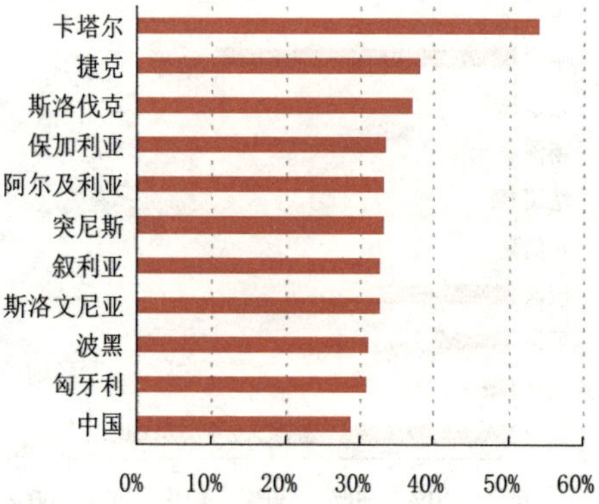

□ 2012 年 GDP 排名前 10 位国家 2010 年工业就业人员（占就业总数的百分比）

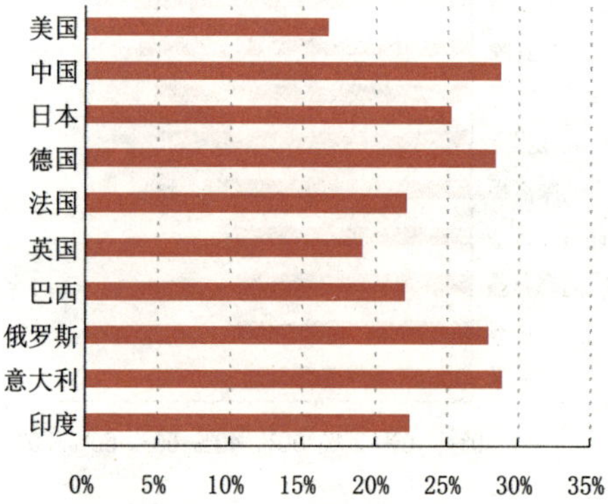

□ 1980—2010 年主要经济大国工业就业人员（占就业总数的百分比）历史变化

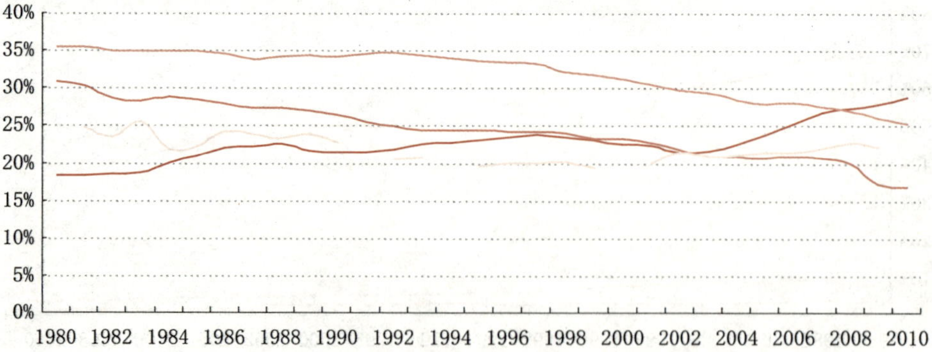

注：部分年份数据缺。

服务业就业人员（占就业总数的百分比）

服务业就业人员是指供职于公共或私营雇主并获取薪酬的人员，其薪酬形式可以是工资、薪酬、佣金、小费、计件工资或实物。服务业包括批发及零售贸易以及餐馆和旅馆业；运输、仓储和通信；金融、保险、房地产和商务服务以及社区、社会和个人服务。

□ 2010 年服务业就业人员（占就业总数的百分比）前 10 位国家及中国

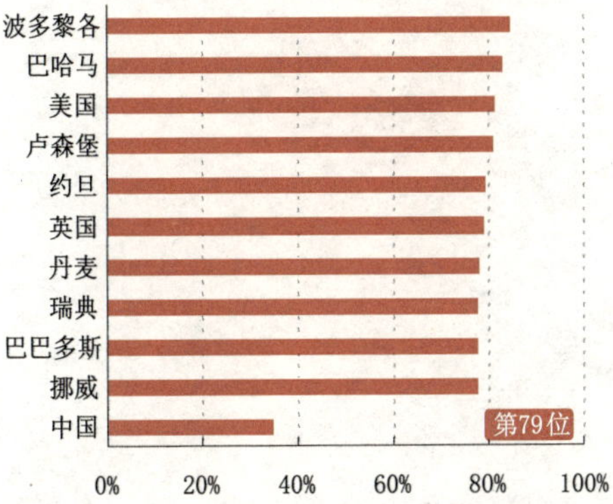

□ 2012 年 GDP 排名前 10 位国家 2010 年服务业就业人员（占就业总数的百分比）

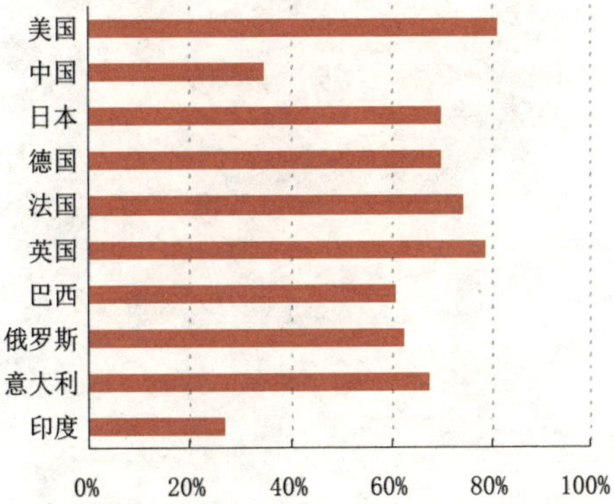

□ 1980—2010 年主要经济大国服务业就业人员（占就业总数的百分比）历史变化

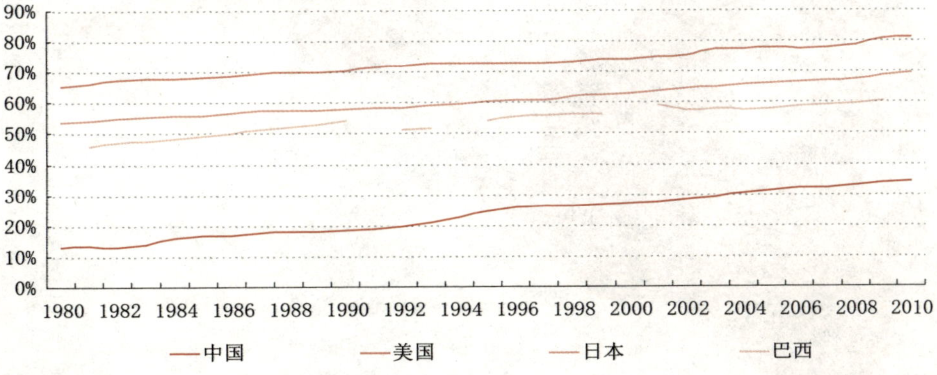

注：部分年份数据缺。

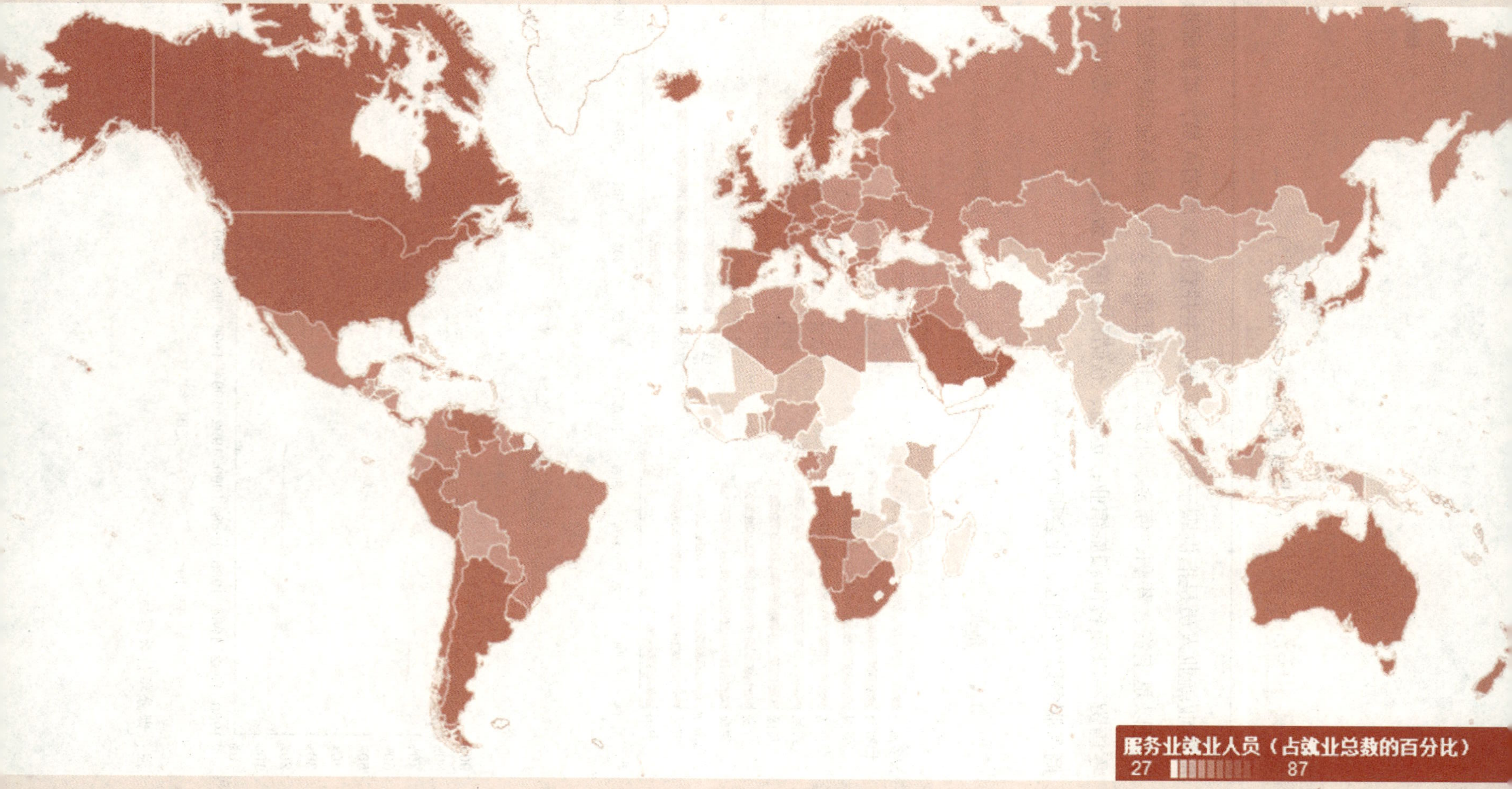
服务业就业人员（占就业总数的百分比）
27
87

城镇人口（占总人口的百分比）

城镇人口是指生活在国家统计机构所定义的城镇地区的人口。该数据根据世界银行人口预测及联合国《世界城市化展望》所提供的城镇化比率计算得出。

□ 2012 年城镇人口（占总人口的百分比）前 10 位国家和地区及中国

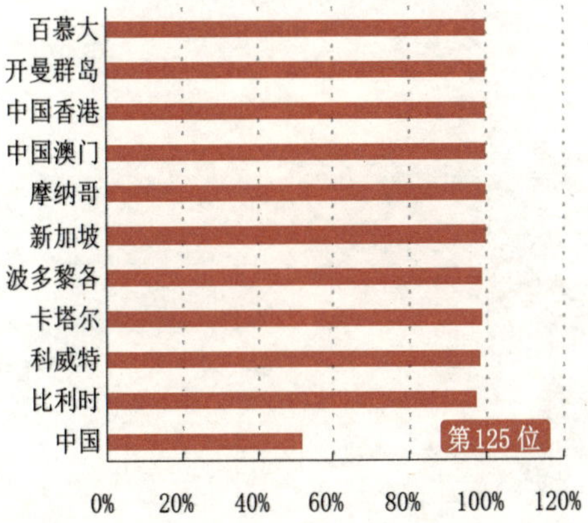

□ 2012 年 GDP 排名前 10 位国家城镇人口（占总人口的百分比）

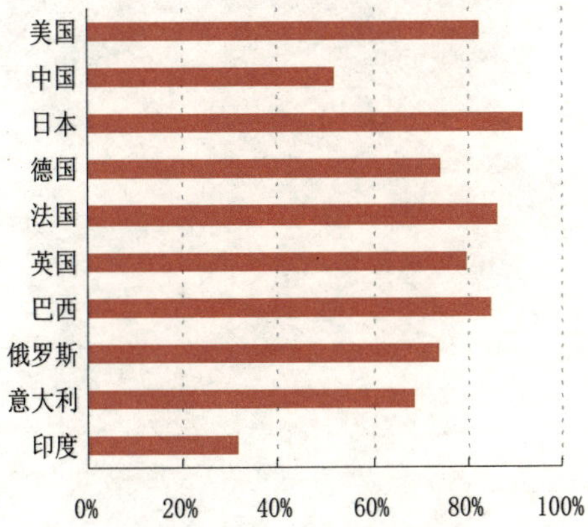

□ 1961—2012 年主要经济大国及世界城镇人口（占总人口的百分比）历史变化

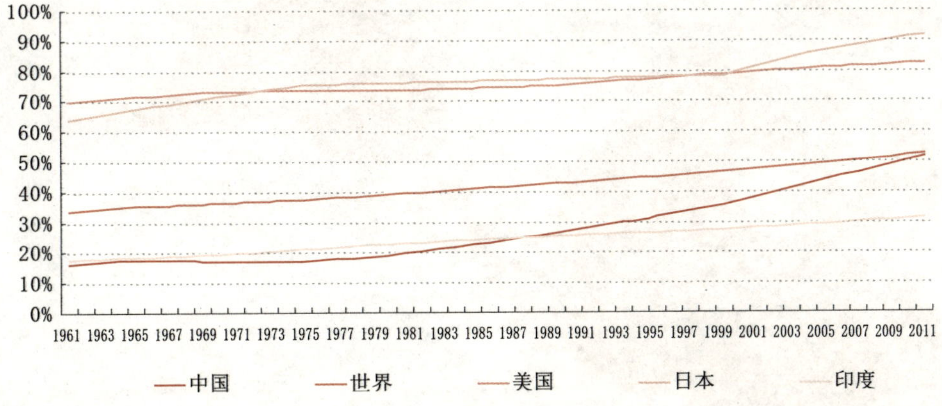

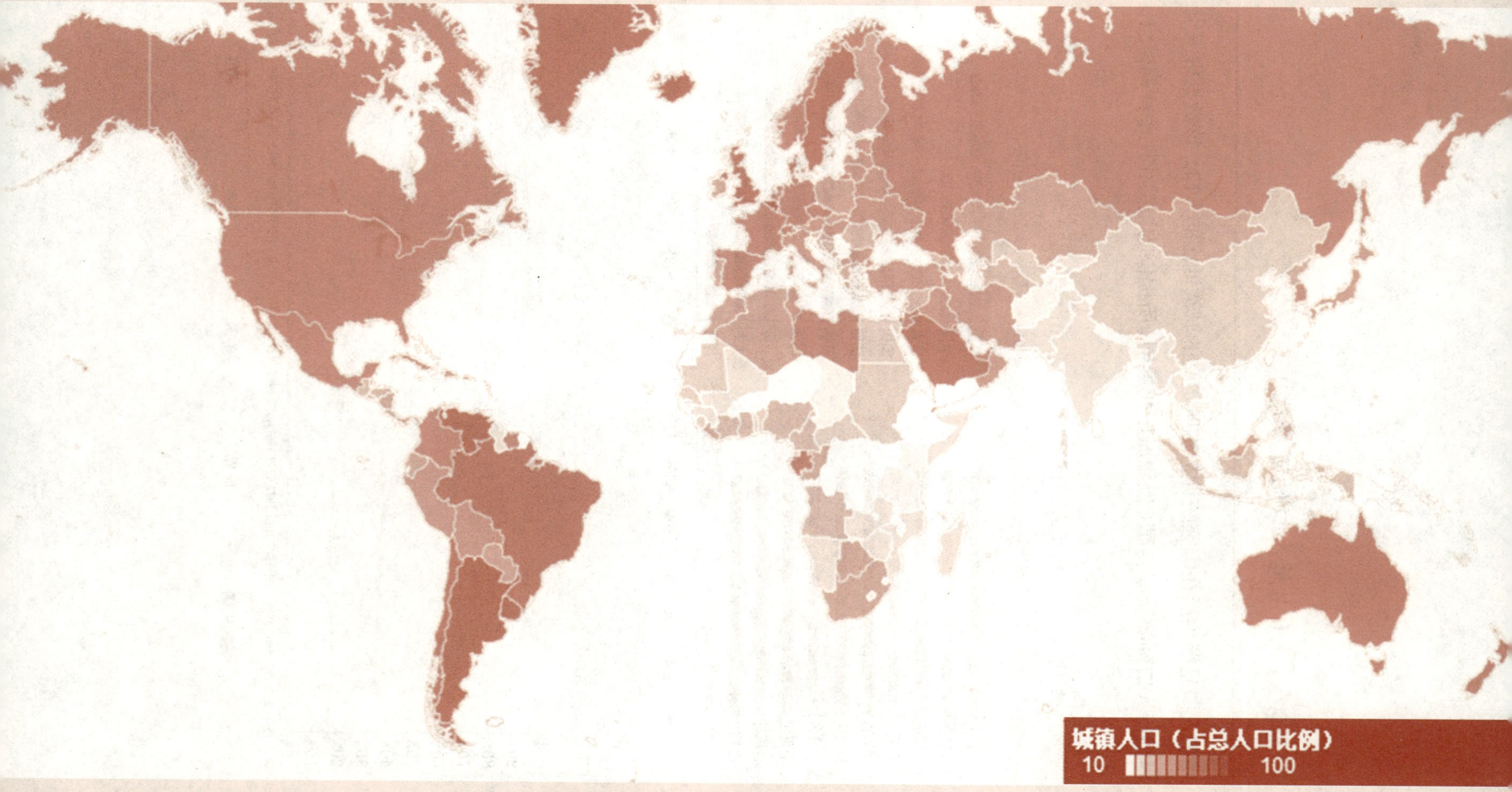
城镇人口（占总人口比例）
10
100

人口超过100万的城市群中的人口（占总人口的百分比）

居住在人口超过 100 万的城市群中的人口占国家总人口的百分比。

□ 2012 年人口超过 100 万的城市群中的人口（占总人口的百分比）前 10 位国家或地区及中国

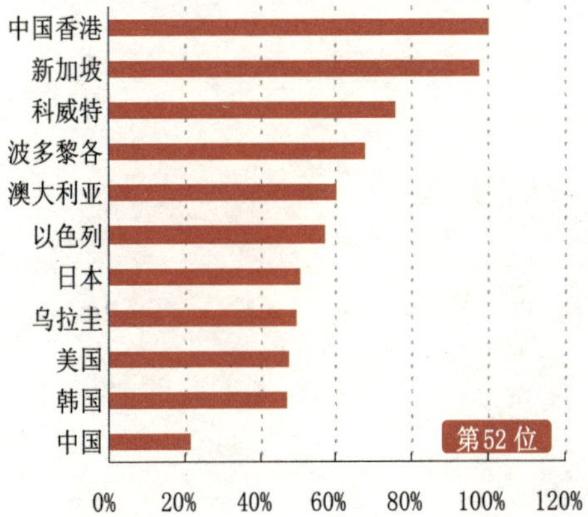

□ 2012 年 GDP 排名前 10 位国家人口超过 100 万的城市群中的人口（占总人口的百分比）

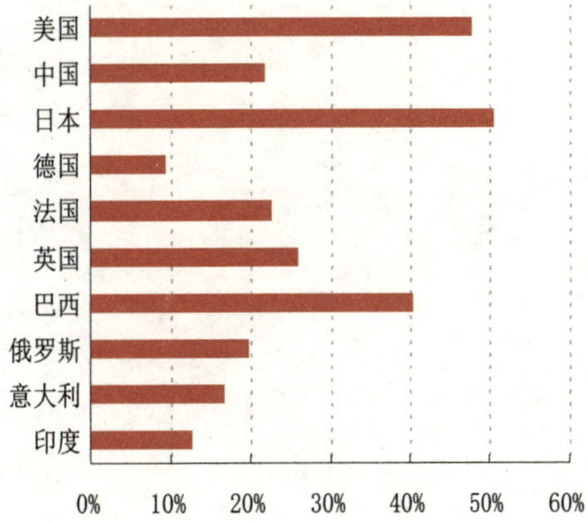

□ 1961—2012 年主要经济大国及世界城镇人口（占总人口的百分比）历史变化

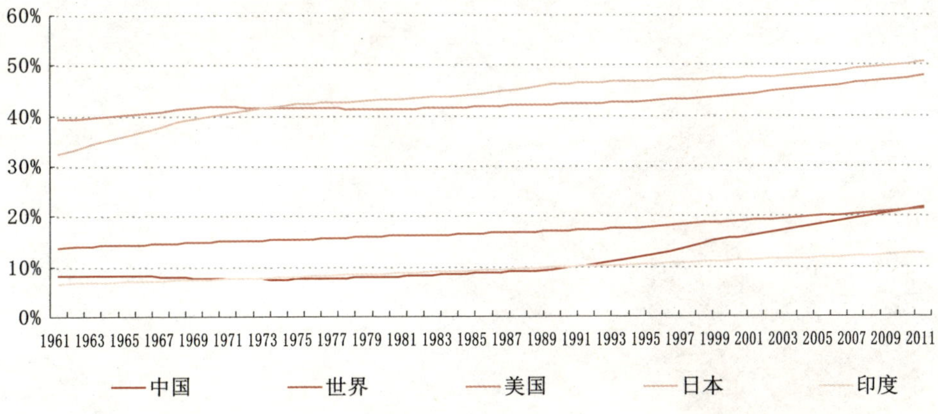

注：部分年份数据缺。

人口超过100万的城市群中的人口（占总人口的百分比）
3
101

城镇人口增长（年增长率）

城镇人口是指生活在国家统计机构所定义的城镇地区的人口。该数据根据世界银行人口预测及联合国《世界城市化展望》所提供的城镇化比率计算得出。

□ 2012 年城镇人口年增长率前 10 位国家及中国

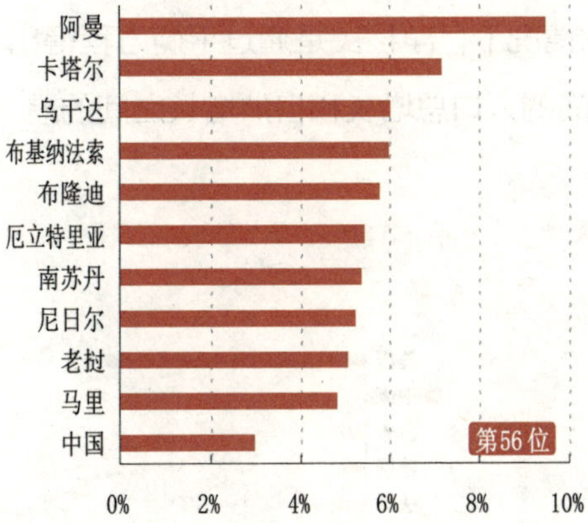

□ 2012 年 GDP 排名前 10 位国家城镇人口年增长率

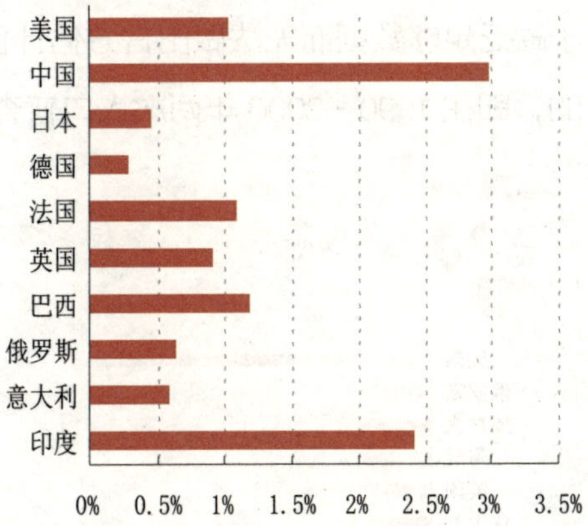

□ 1961—2012 年主要经济大国及世界城镇人口增长率历史变化

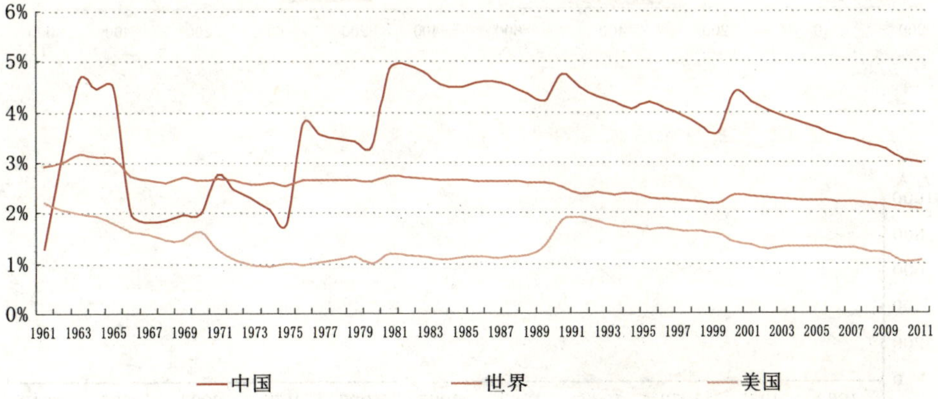

净移民，总数

净移民是该时期内的净移民总数，即移居到国外的移民总数减去每年移居到国内的移民数量，其中既包括常住居民也包括非常住居民。数据是五年的估计值。在估算净移民数量时，联合国人口司考虑到了一个国家或地区的以往移民历史、一个国家的移民政策，以及近期内大量涌入的难民。用于计算这些官方估计值的数据有多种来源，包括边境统计资料、管理记录、调查以及人口普查。在由于缺乏足够数据而无法做出官方估计值的情况下，净移民是通过平衡方程得出的，即在 1990—2000 年两次人口普查之间的人口总增长和自然增长之间的差。

□ 2012 年净移民总数前 10 位国家及中国

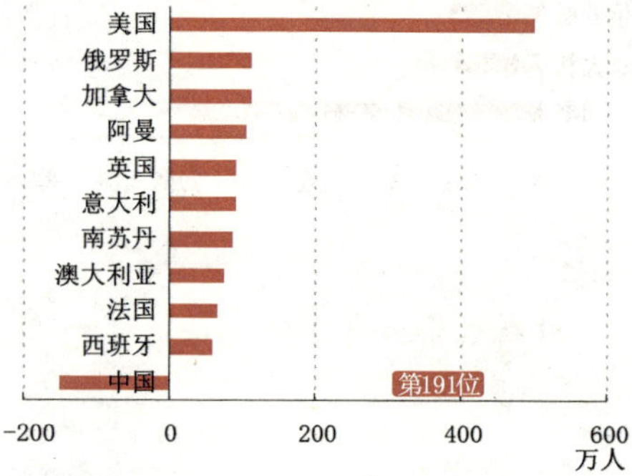

□ 2012 年 GDP 排名前 10 位国家净移民总数

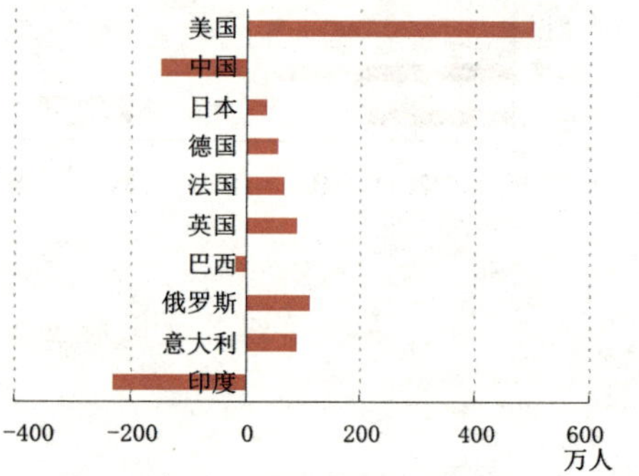

□ 1962—2012 年主要经济大国净移民总数历史变化

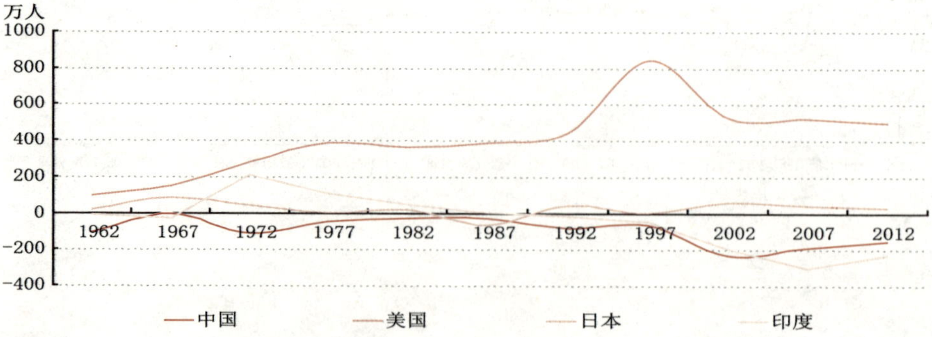

国际移徙者，总数

国际移徙人数是指在一国出生并在其他国家居住的人口数量，也包括难民。用于估计特定时间国际移徙者数量时数据主要来自人口普查信息。估计值由外国出生人口（在某国有居住权但出生于其他国家的人）的数据得出。如果无法获得外国出生人口的数据，则估计时采用外籍人口（属于居住地以外国家的公民）数据。1991 年苏联解体后，居住在一个新独立的国家而出生在另一个国家的人口被划分为国际移徙者。1990 年后新独立国家中的移徙者人数估计是基于 1989 年苏联人口普查的数据。对于拥有至少两个时点的国际移徙者信息的国家，采用内插或外推法来估计参考年份 7 月 1 日的国际移徙者数量。对于只有一个观察时点信息的国家，采用单一观察时点前一年或后一年的移徙者人数变动率来估计参考年份的数据。对于没有数据的国家，使用模型来估计移徙者人数。

□ 2010 年国际移徙者总数前 10 位国家及中国

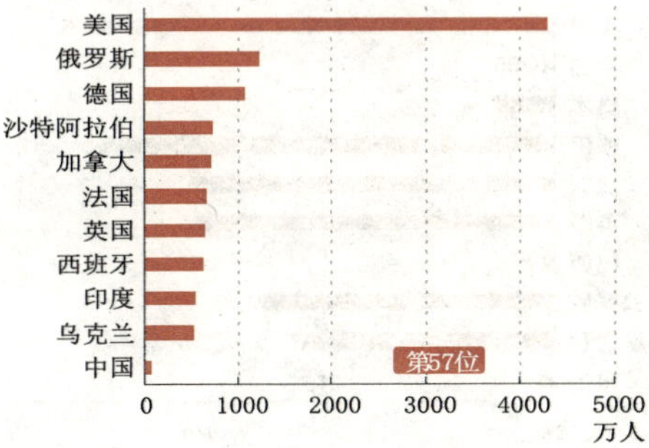

□ 2012 年 GDP 排名前 10 位国家 2010 年国际移徙者总数

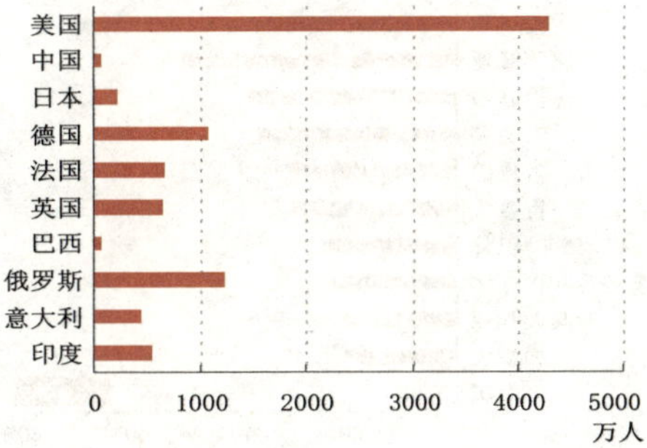

□ 1965—2010 年主要经济大国国际移徙者总数历史变化

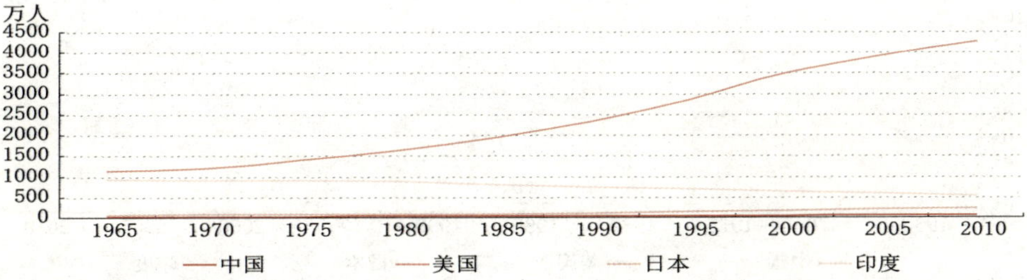

国际移徙者（占人口的百分比）

国际移徙人数是指在一国出生并在其他国家居住的人口数量，也包括难民。用于估计特定时间国际移徙者数量时数据主要来自人口普查信息。估计值由外国出生人口（在某国有居住权但出生于其他国家的人）的数据得出。如果无法获得外国出生人口的数据，则估计时采用外籍人口（属于居住地以外国家的公民）数据。1991 年苏联解体后，居住在一个新独立的国家而出生在另一个国家的人口被划分为国际移徙者。1990 年后新独立国家中的移徙者人数估计是基于 1989 年苏联人口普查的数据。对于拥有至少两个时点的国际移徙者信息的国家，采用内插或外推法来估计参考年份 7 月 1 日的国际移徙者数量。对于只有一个观察时点信息的国家，采用单一观察时点前一年或后一年的移徙者人数变动率来估计参考年份的数据。对于没有数据的国家，使用模型来估计移徙者人数。

□ 2010 年国际移徙者（占人口的百分比）前 10 位国家和地区及中国

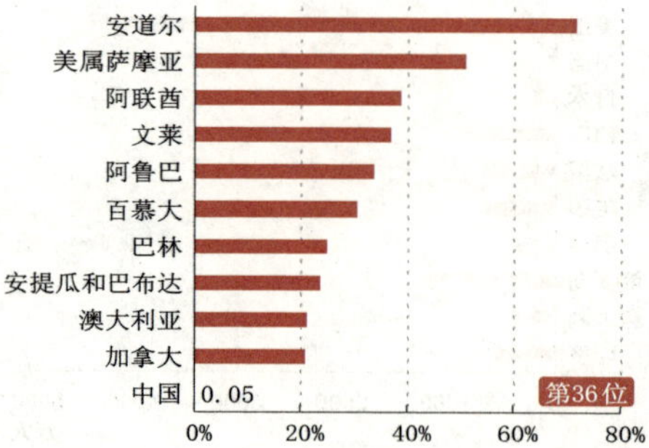

□ 2012 年 GDP 排名前 10 位国家 2010 年国际移徙者（占人口的百分比）

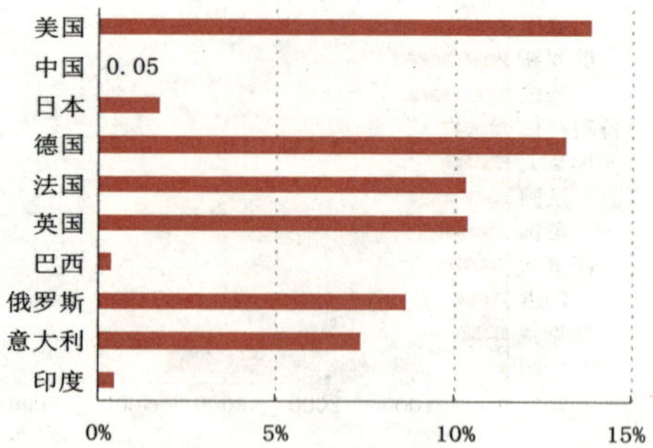

□ 1965—2010 年主要经济大国国际移徙者（占人口的百分比）历史变化

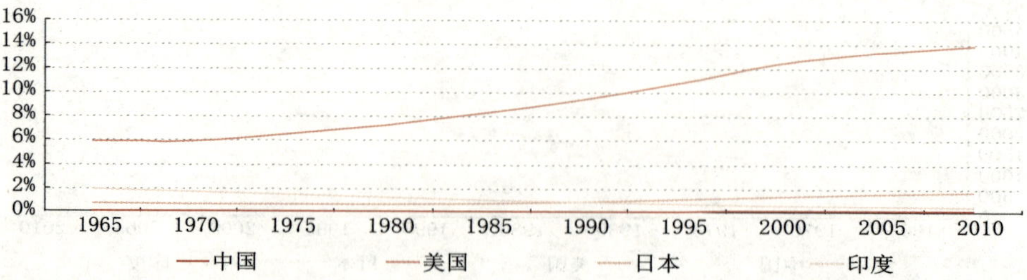

资源与环境

国土面积（平方千米）

国土面积是一个国家的总面积，其中包括内陆水体和边海的水域面积。

□ 2011 年国土面积前 10 位国家

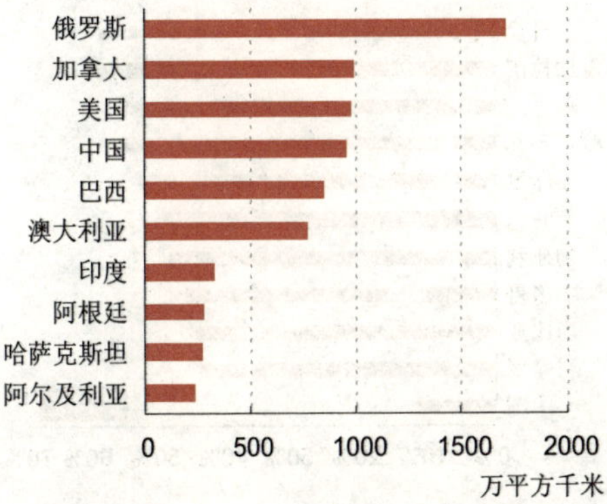

□ 2012 年 GDP 排名前 10 位国家国土面积

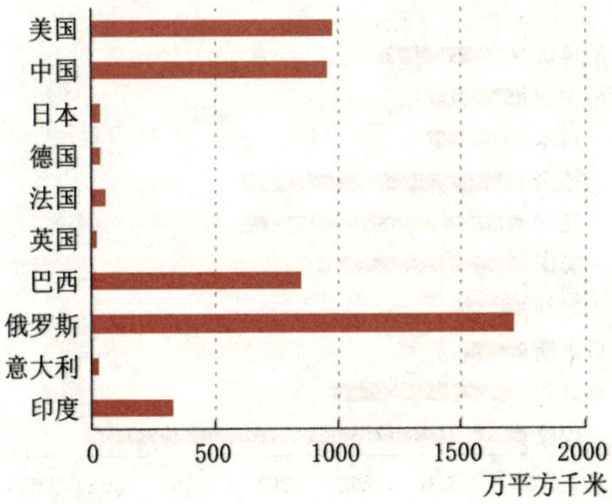

土地面积（平方公里）

土地面积是指一国国土总面积，不包括内陆水体、提出主权主张的大陆架和专属经济区。在大部分情况下，内陆水体的定义包括主要河流和湖泊。

□ 2011 年土地面积前 10 位国家

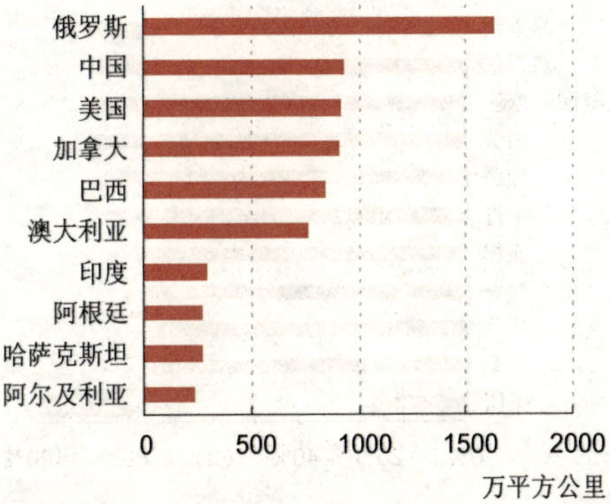

□ 2012 年 GDP 排名前 10 位国家土地面积

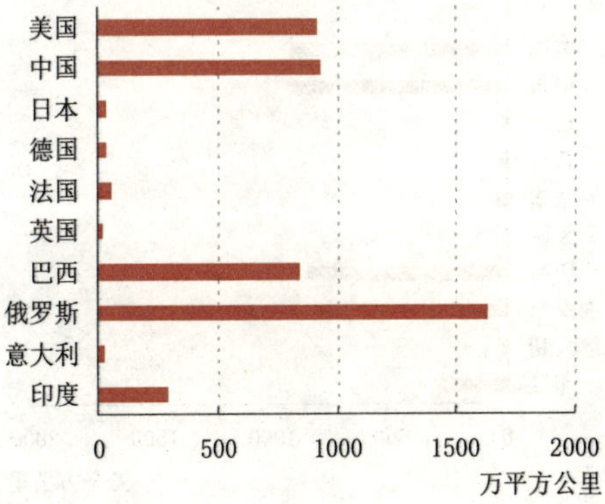

森林面积（占土地面积的百分比）

森林面积是指由自然生长或人工种植且原地高度至少为 5 米的直立树木（无论是否属于生产性）所覆盖的土地，不包括农业生产系统中的立木（例如，果树种植园和农林系统）以及城市公园和花园中的树木。

□ 2011 年森林面积（占土地面积的百分比）前 10 位国家和地区及中国

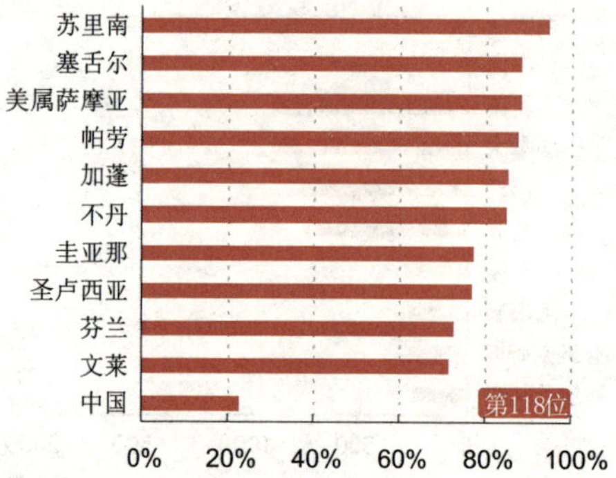

□ 2012 年 GDP 排名前 10 位国家 2011 年森林面积（占土地面积的百分比）

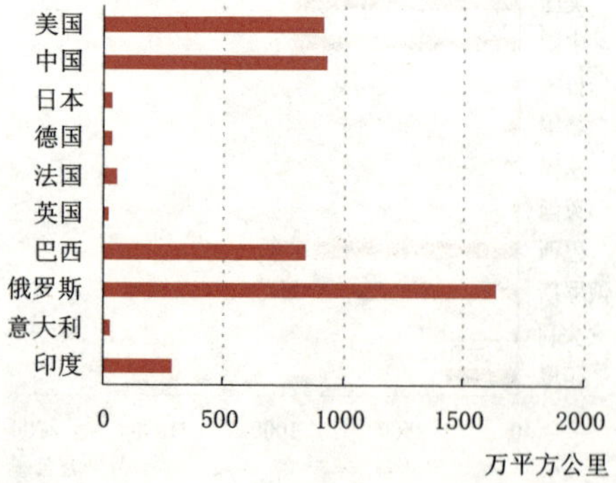

耕地（占土地面积的百分比）

联合国粮农组织定义的耕地包括短期作物用地（种植双季作物的土地只计算一次）、供割草或放牧的短期草场、供应市场的菜园和自用菜园，以及暂时休闲的土地。因转换耕作方式而休闲的土地不包括在内。

□ 2011 年耕地（占土地面积的百分比）前 10 位国家及中国

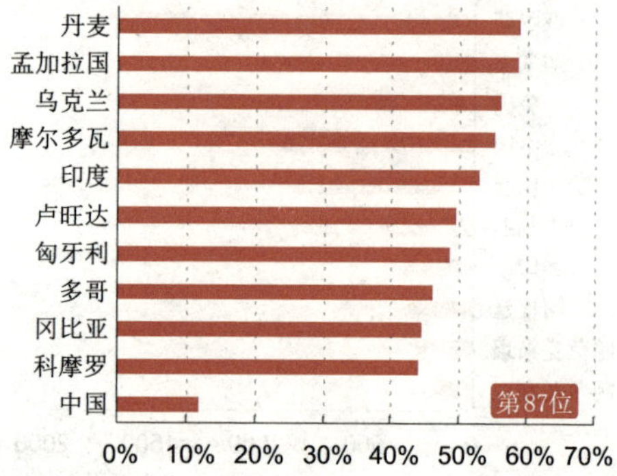

□ 2012 年 GDP 排名前 10 位国家 2011 年耕地（占土地面积的百分比）

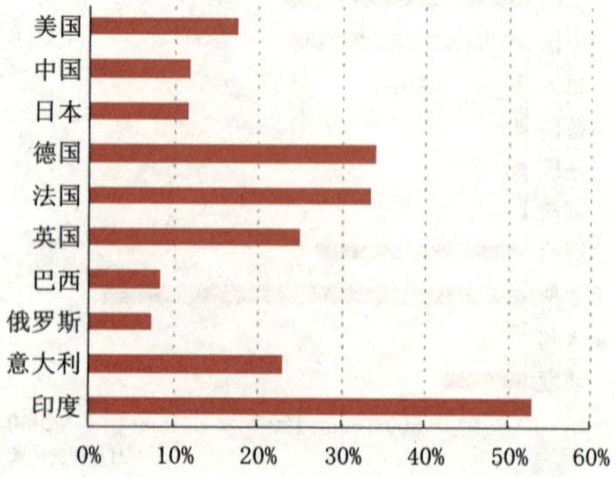

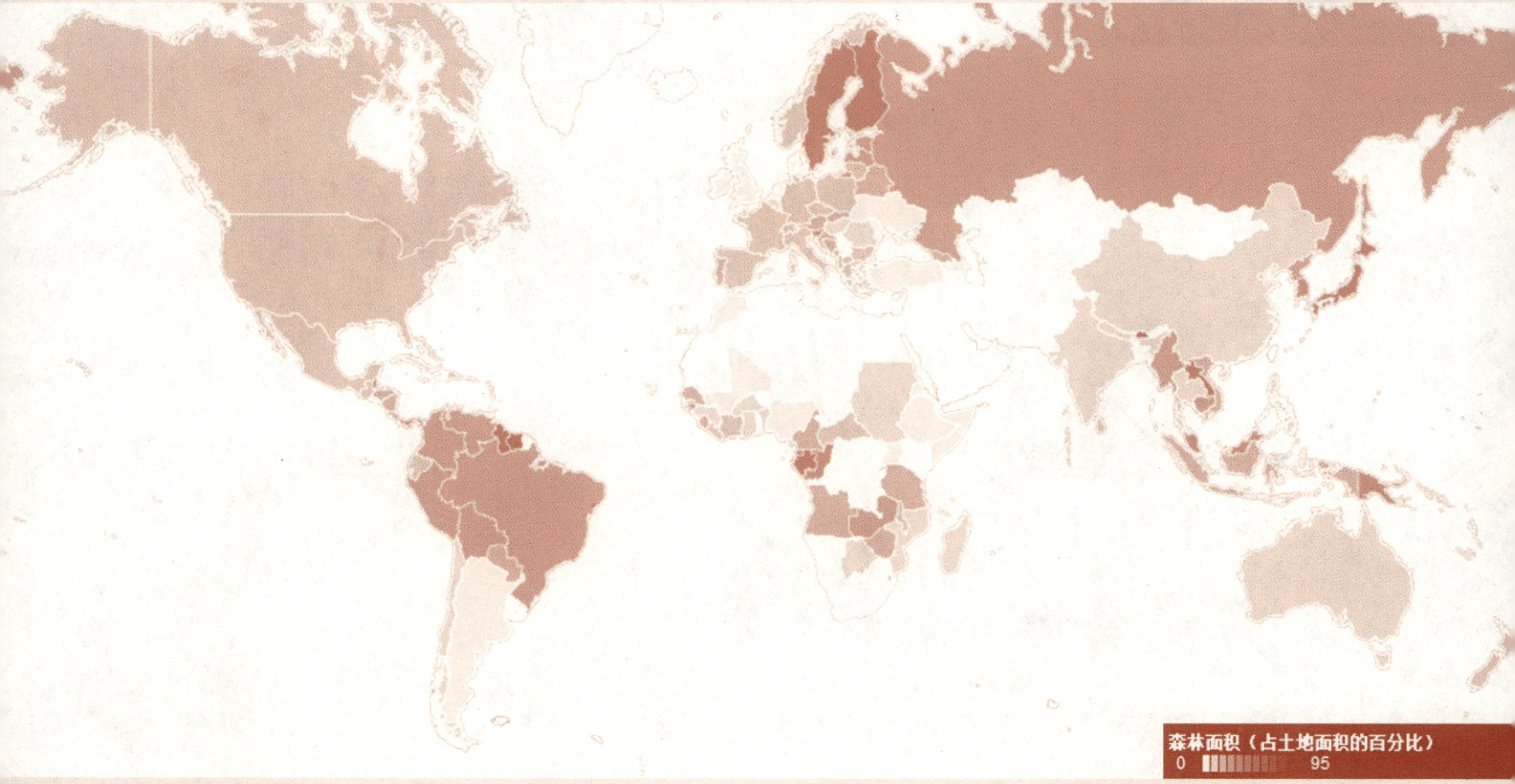
森林面积（占土地面积的百分比）
0
95

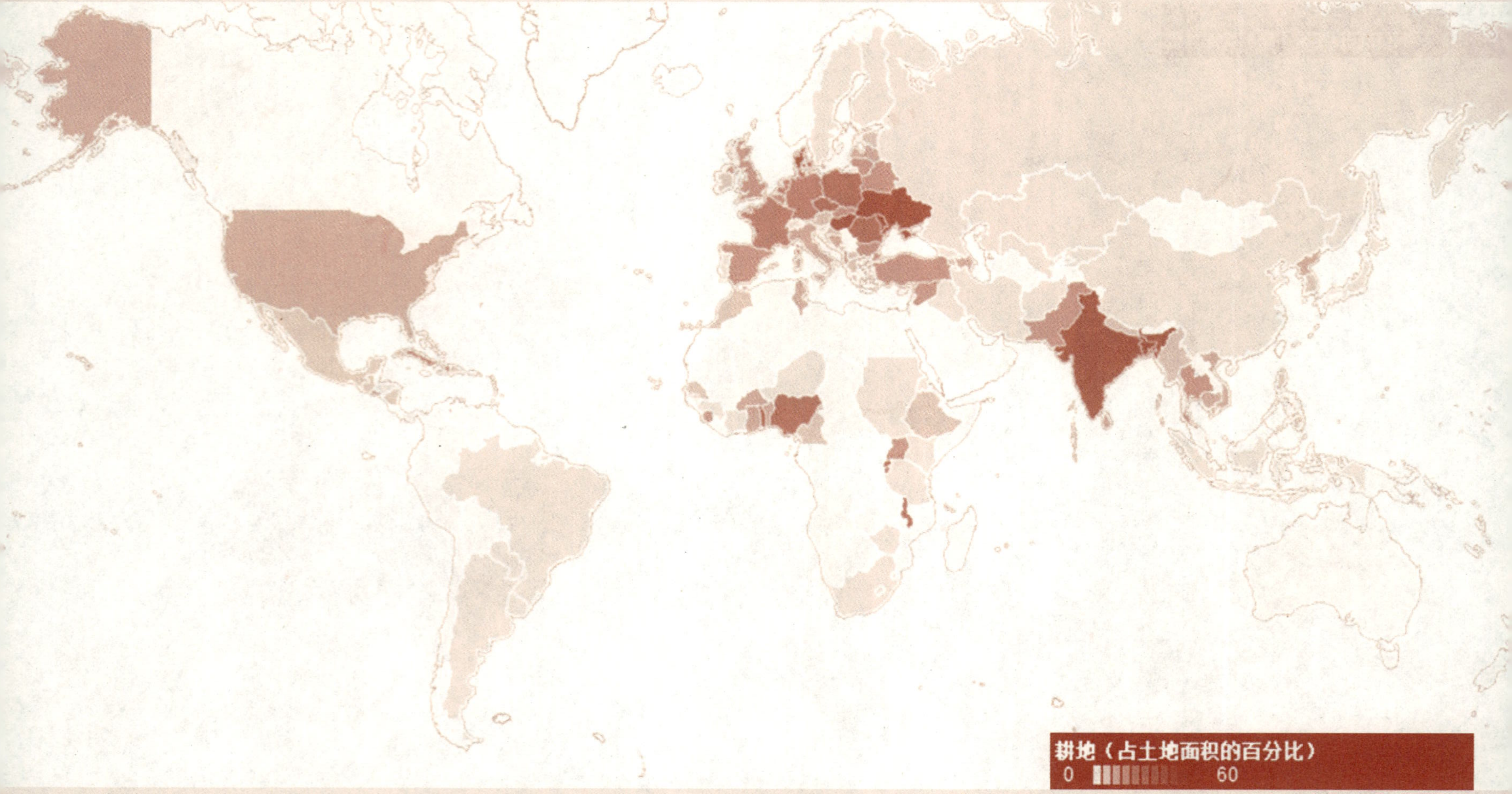
耕地（占土地面积的百分比）
0
60

PM10，国家级（每立方米微克）

可吸入颗粒物（PM10）是指能够深入到呼吸道内和导致严重的健康损害的直径小于 10 微米的微小悬浮颗粒物。国家数据以及地区和收入群体的总计是在居民超过 10 万人的城市的居民区的城市人口加权的 PM10 水平。估计值代表了普通城市居民的户外颗粒物年均暴露水平。一个国家的技术和污染控制状况是颗粒物浓度的一个重要决定因素。

□ 2010 年 PM10，国家级前 10 位国家及中国

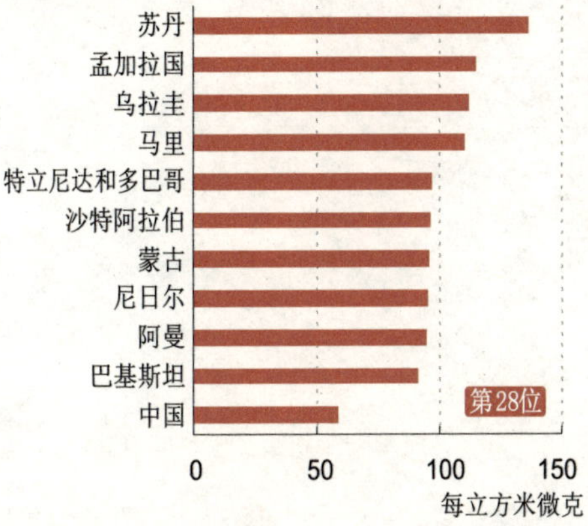

□ 2012 年 GDP 排名前 10 位国家 2010 年 PM10，国家级

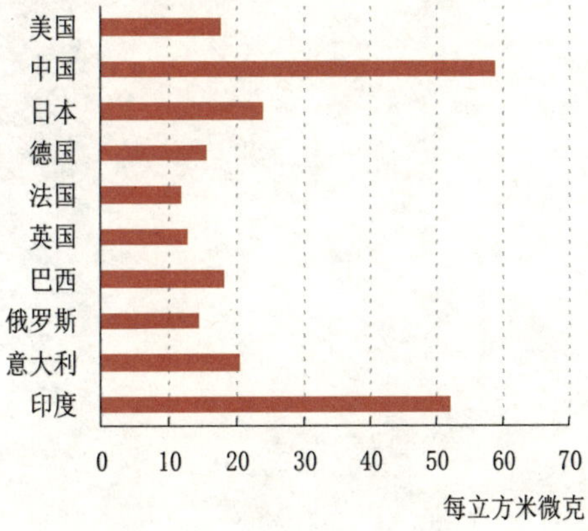

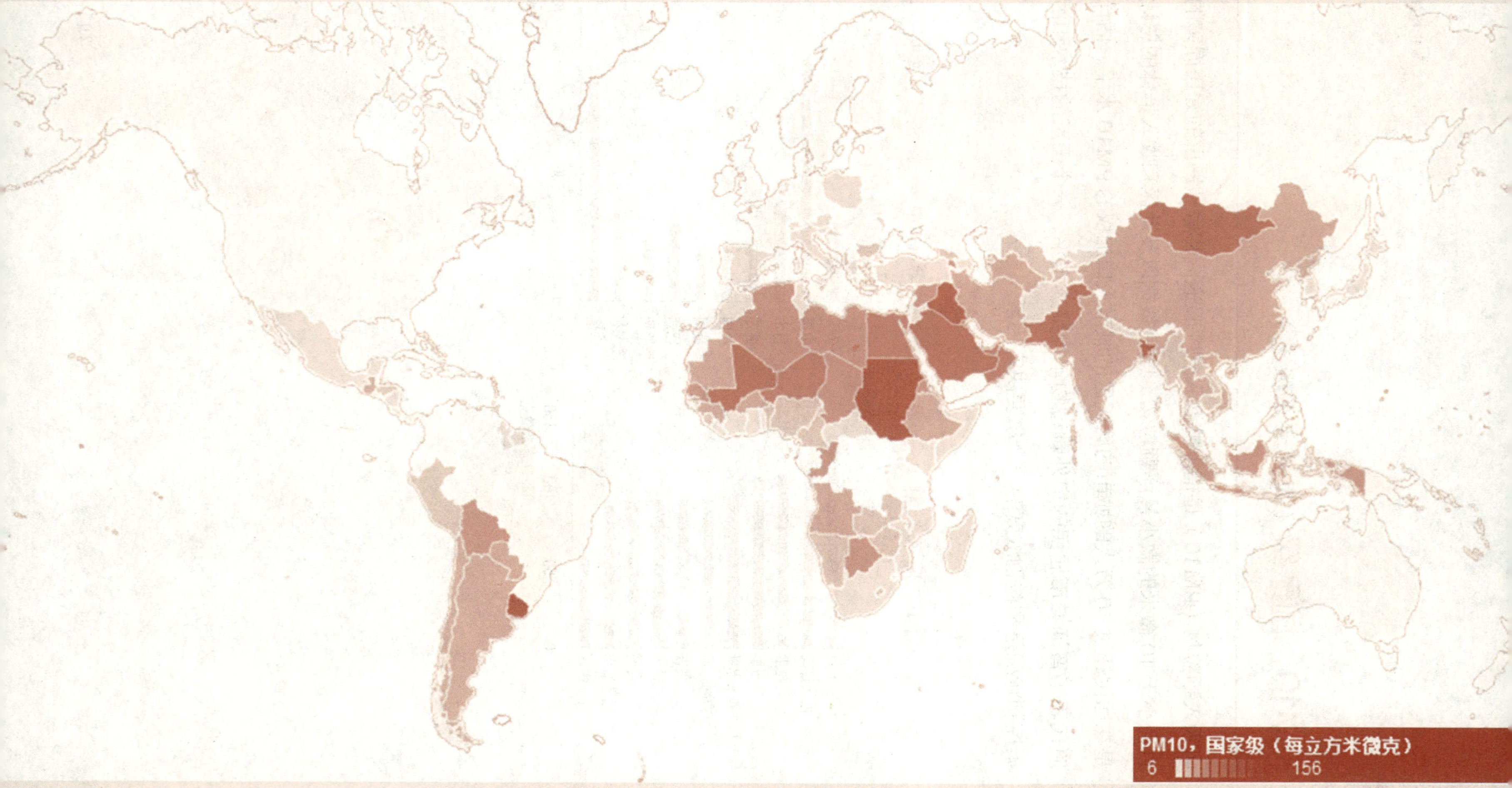
PM10，国家级（每立方米微克）
6
156

人均可再生内陆淡水资源（立方米）

可再生内陆淡水资源是指某国国内的可再生资源（内陆河流及降雨产生的地表水）。人均可再生内陆淡水资源使用世行的人口估算值进行计算。

□ 2011 年人均可再生内陆淡水资源前 10 位国家及中国

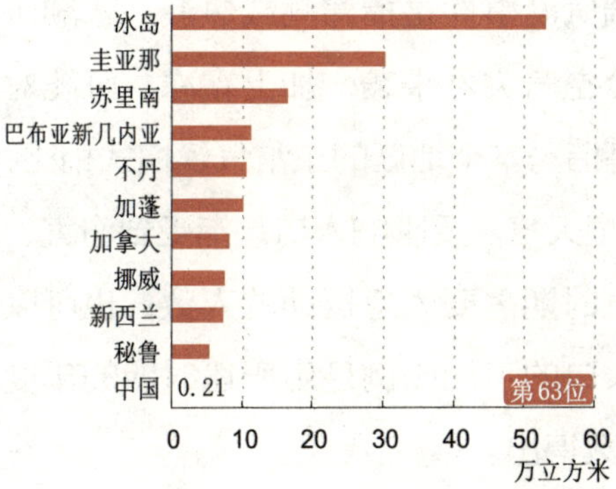

□ 2012 年 GDP 排名前 10 位国家2011 年人均可再生内陆淡水资源

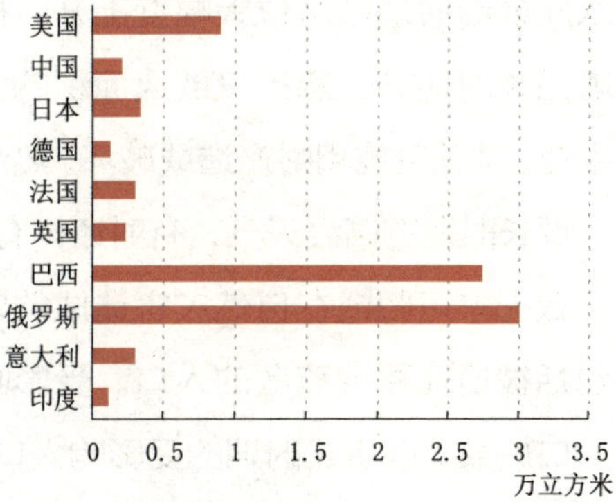

□ 1962—2011 年主要经济大国及世界人均可再生内陆淡水资源历史变化

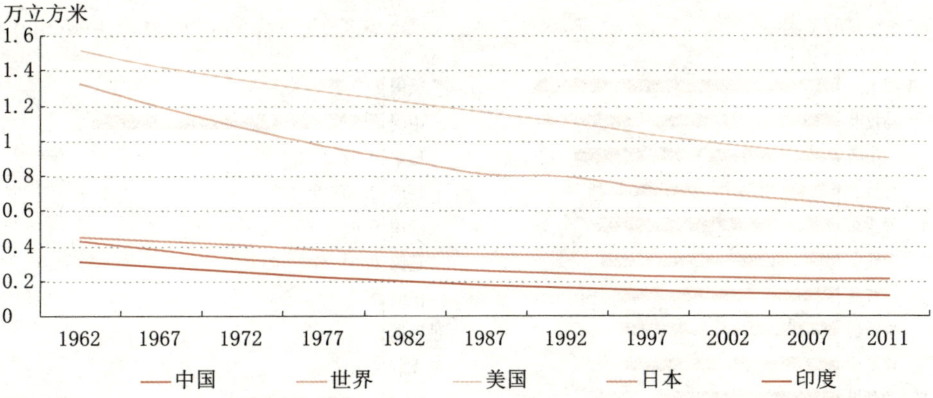

干旱、洪水和极端气温（占总人口的百分比，1990—2009年平均值）

干旱、洪水和极端气温是指受到自然灾害影响的人口的年平均比例，自然灾害按照干旱、洪水或极端气温事件划分。干旱是指一个地区降水量持续低于平均水平所造成的长时期的水供应匮乏。干旱可能导致农业损失，影响内陆航运和水力发电，造成饮用水缺乏和饥荒。洪水是指溪流、湖泊、水库或沿海地区水位大幅度上升。极端气温事件是指寒潮或热浪。寒潮可能是长时期的极寒天气或大面积的强冷空气突然来袭，加上霜冻，可能对农业、基础设施和财产造成破坏。热浪是指与某个地区的正常气候模式相比，出现长时期的高温天气，有时还伴有高湿天气。受影响人口是指受到伤害、导致无家可归或在自然灾害造成的紧急时期需要紧急援助的人数；也可以包括被迫迁移或疏散的人口。受影响人口的平均比例是用所述时期的年度人口总数除以所述时期的受影响人口总数得出。

□ 干旱、洪水和极端气温（占总人口的百分比，1990—2009年平均值）前10位国家

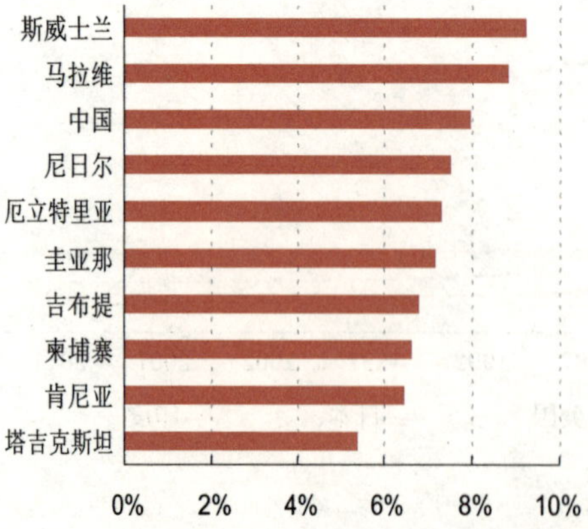

□ 2012年GDP排名前10位国家干旱、洪水和极端气温（占总人口的百分比，1990—2009年平均值）

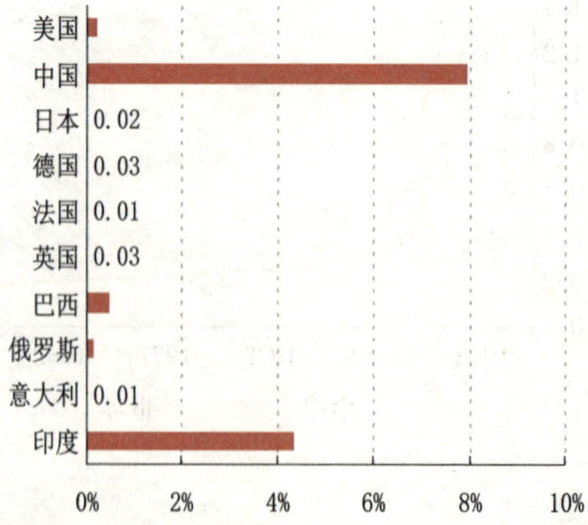

GDP 单位能源使用量（购买力平价美元/千克石油当量）

GDP 单位能源消耗是指平均每千克石油当量的能源消耗所产生的按购买力平价计算的 GDP。按购买力平价（PPP）计算的 GDP 是指用购买力平价汇率转换为按现价国际元计算的国内生产总值。

□ 2011 年 GDP 单位能源使用量前 10 位国家或地区及中国

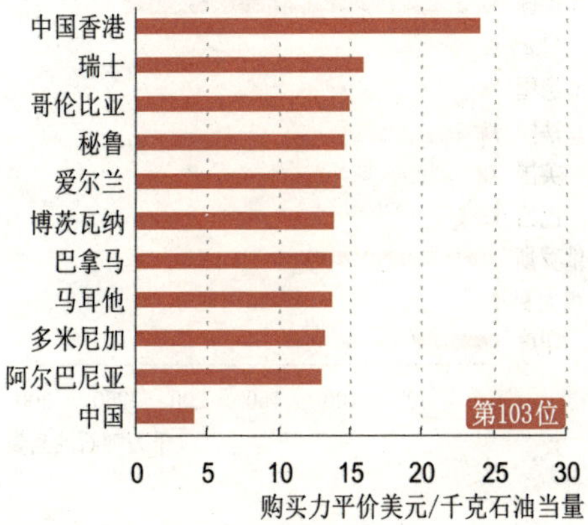

□ 2012 年 GDP 排名前 10 位国家 2011 年 GDP 单位能源使用量

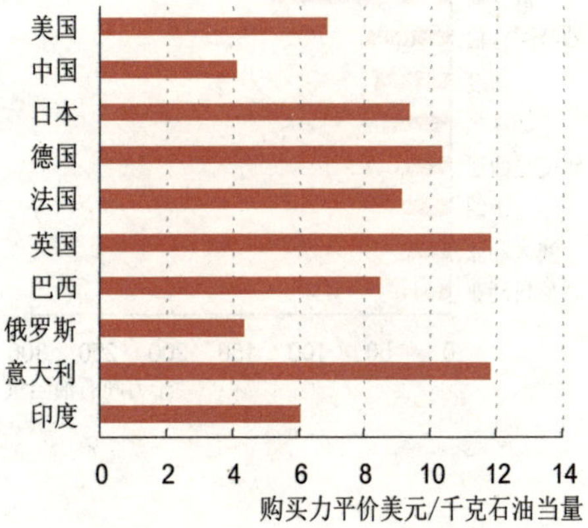

□ 1980—2011 年主要经济大国及世界 GDP 单位能源使用量历史变化

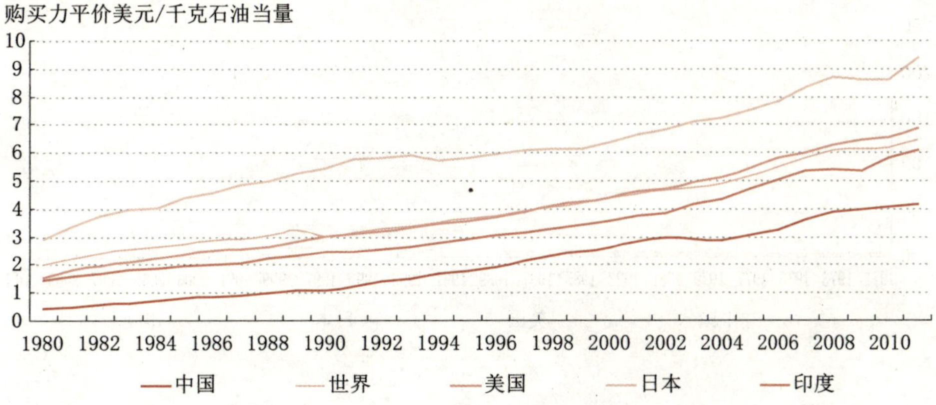

能源产量（千万吨石油当量）

能源产量指各类一次能源——包括石油、天然气、固体燃料和可燃性可再生能源和废物——和一次电力，均换算为石油当量。

□ 2011 年能源产量前 10 位国家

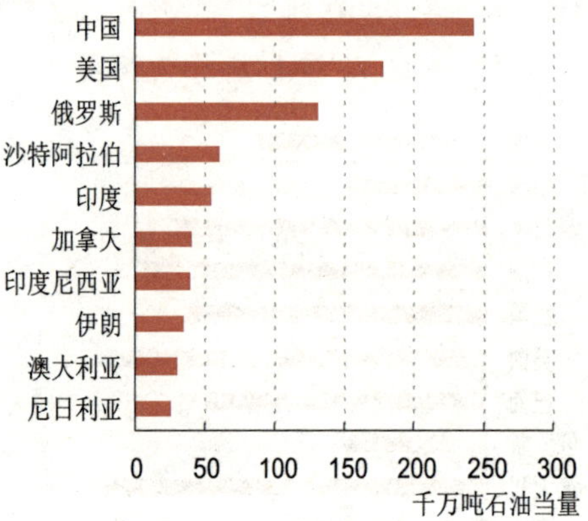

□ 2012 年 GDP 排名前 10 位国家 2011 年能源产量

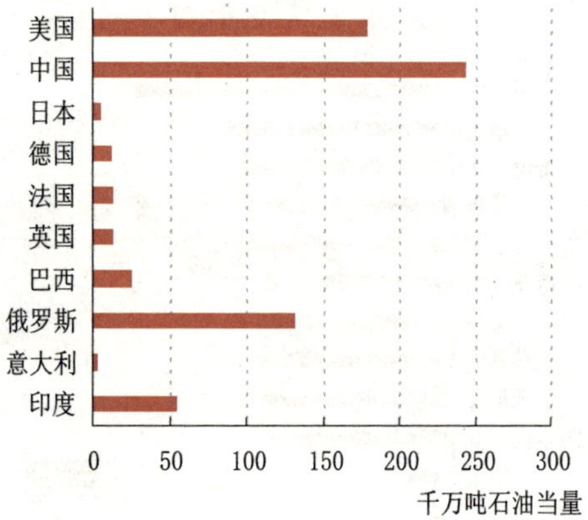

□ 1971—2011 年主要经济大国能源产量历史变化

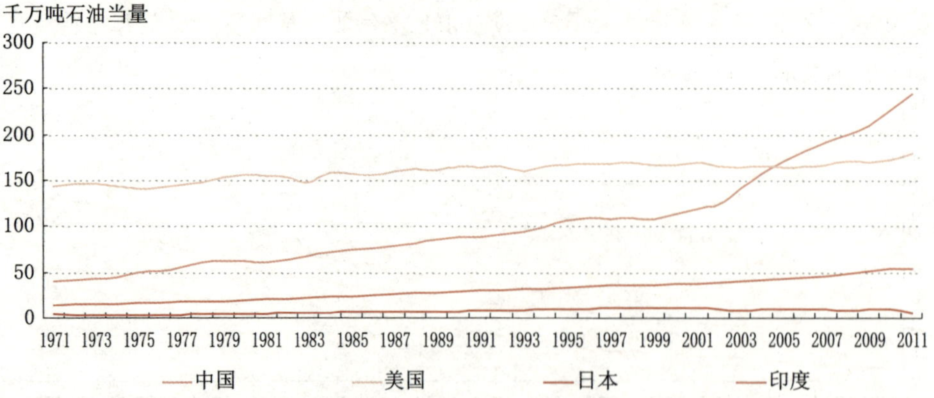

能源使用量（千吨石油当量）

能源使用量是指初级能源在转化为其他最终用途的燃料之前的使用量，等于国内产量加上进口量和存量变化，减去出口量和供给从事国际运输的船舶和飞机的燃料用量所得的值。

□ 2011 年能源使用量前 10 位国家

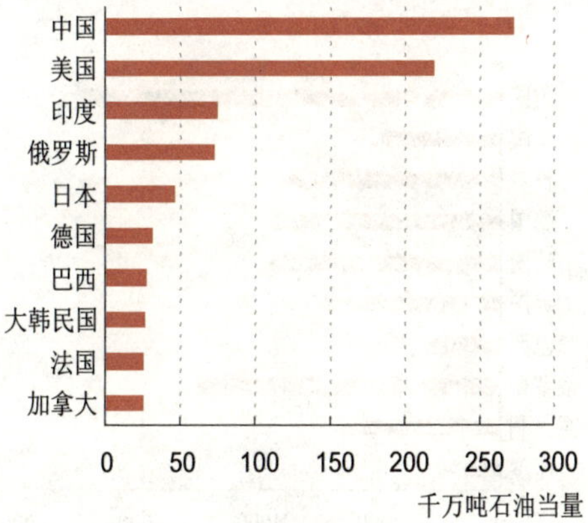

□ 2012 年 GDP 排名前 10 位国家 2011 年能源使用量

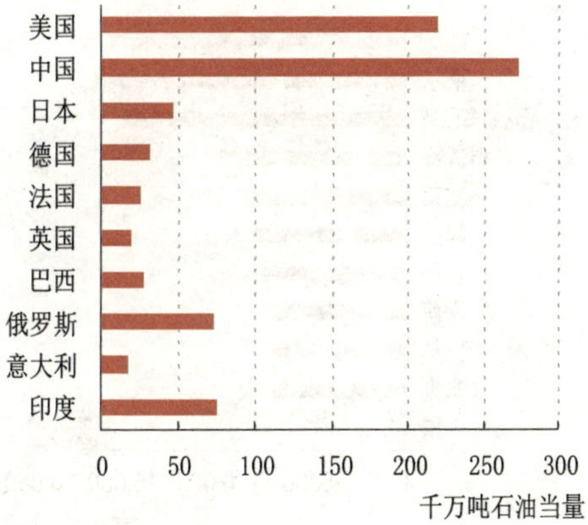

□ 1971—2011 年主要经济大国及世界能源使用量历史变化

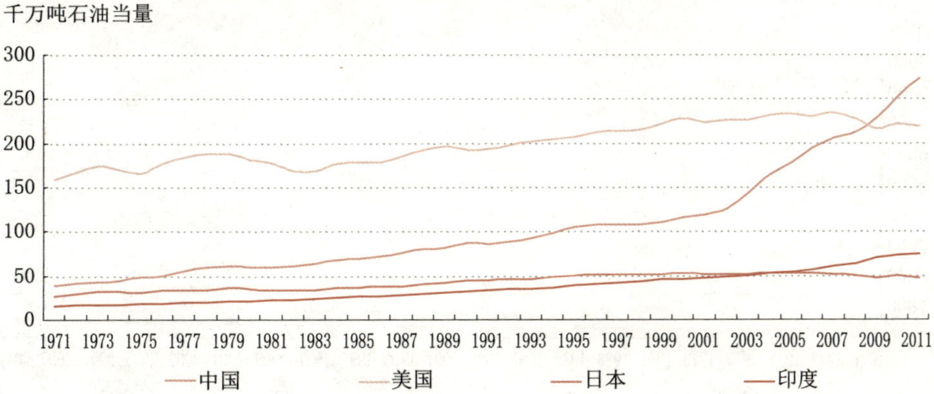

能源使用量（人均千克石油当量）

能源使用量是指初级能源在转化为其他最终用途的燃料之前的使用量，等于国内产量加上进口量和存量变化，减去出口量和供给从事国际运输的船舶和飞机的燃料用量所得的值。

□ 2011 年能源使用量前 10 位国家及中国

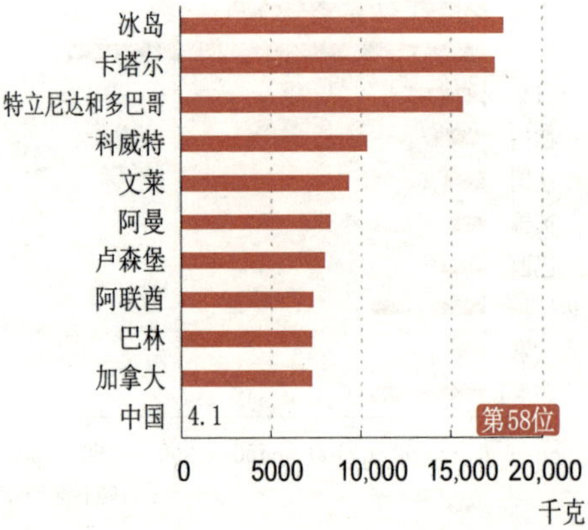

□ 2012 年 GDP 排名前 10 位国家 2011 年能源使用量

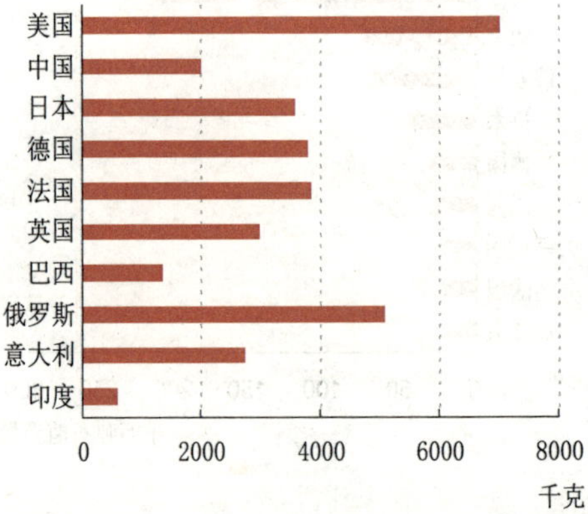

□ 1971—2011 年主要经济大国及世界能源使用量历史变化

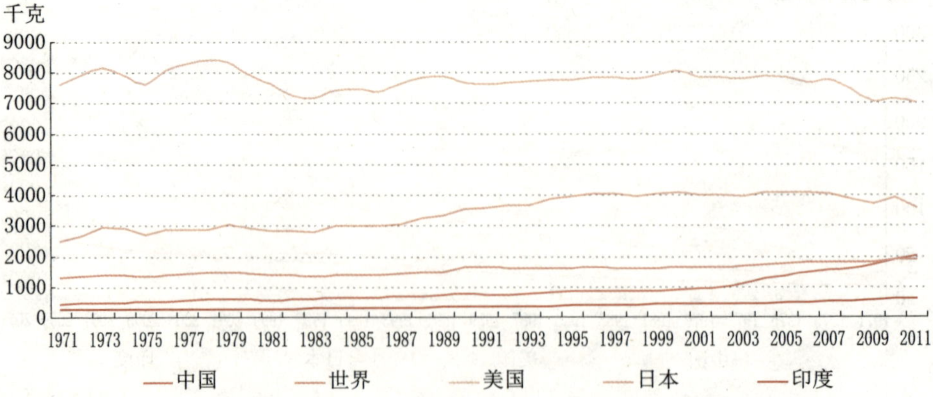

能源净进口（占能源使用量的百分比）

能源净进口是根据能源使用量减去产量估算，均采用石油当量衡量。负值表示该国是净出口国。能源使用量是指初级能源在转化为其他最终用途的燃料之前的使用量，等于国内产量加上进口量和存量变化，减去出口量和供给从事国际运输的船舶和飞机的燃料用量所得的值。

□ 2011 年能源净进口（占能源使用量的百分比）前 10 位国家和地区及中国

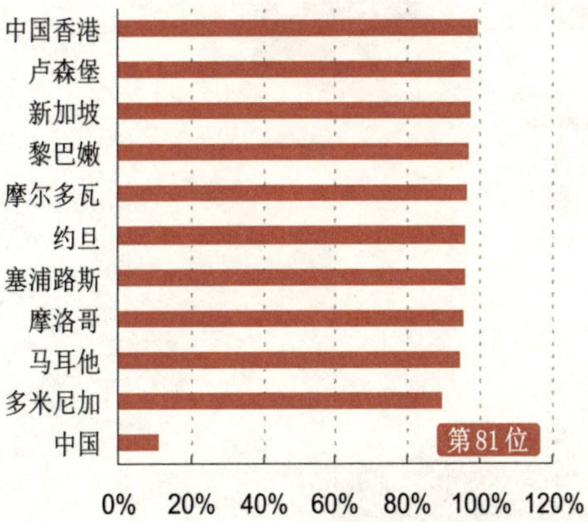

□ 2012 年 GDP 排名前 10 位国家 2011 年能源净进口（占能源使用量的百分比）

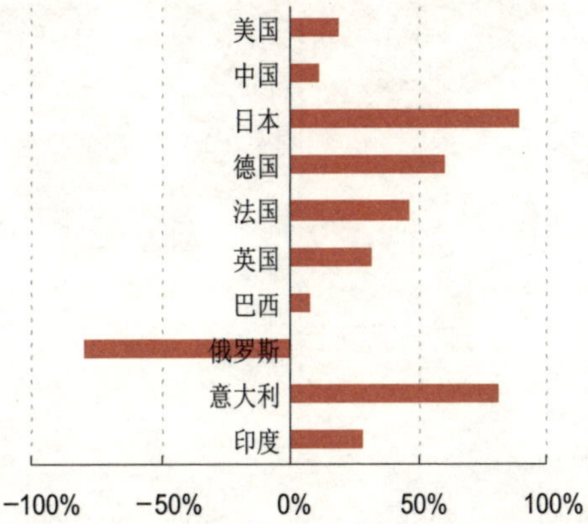

□ 1971—2011 年主要经济大国及世界能源净进口（占能源使用量的百分比）历史变化

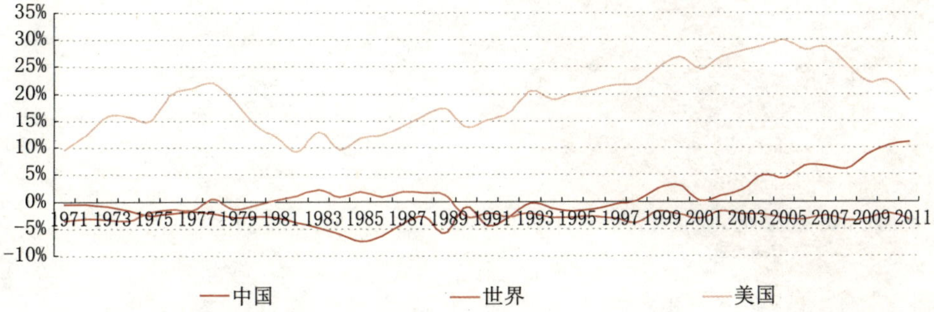

能源净进口（占能源使用量的百分比）
-1,050
100

耗电量（人均千瓦时）

耗电量用发电厂和热电厂的发电量减去输配电和变电损耗以及热电厂自用电量得出。

□ 2011 年耗电量前 10 位国家及中国

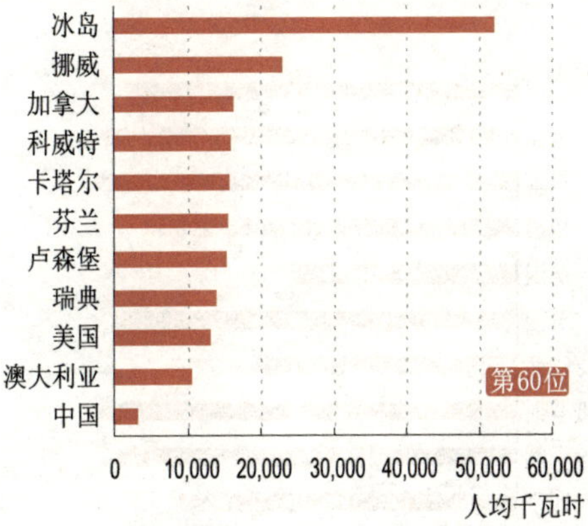

□ 2012 年 GDP 排名前 10 位国家 2011 年耗电量

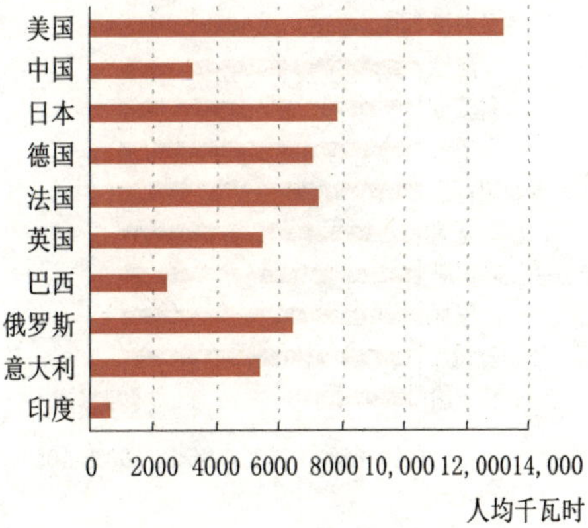

□ 1971—2011 年主要经济大国及世界耗电量历史变化

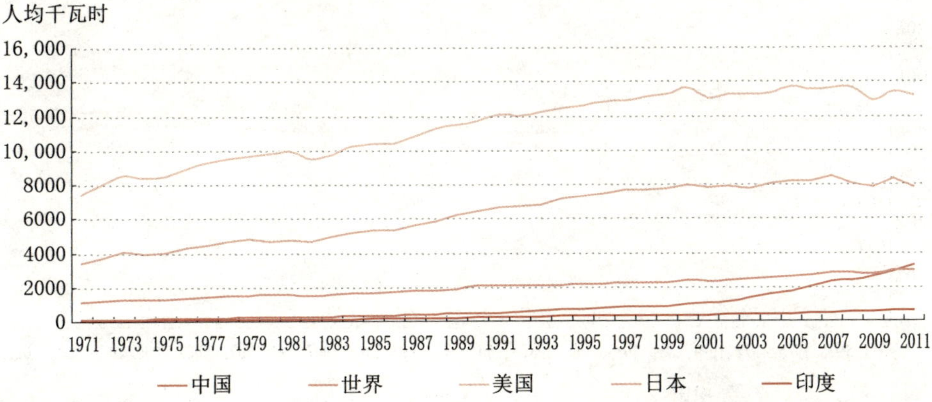

化石燃料能耗（占总量的百分比）

化石燃料包括煤、石油和天然气产品。

□ 2011 年化石燃料能耗（占总量的百分比）前 10 位国家及中国

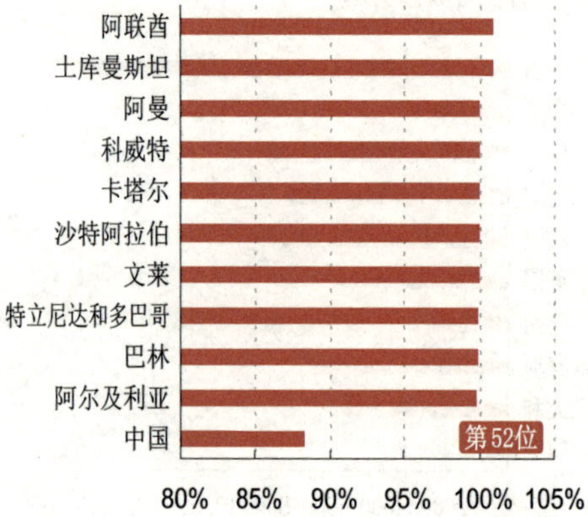

□ 2012 年 GDP 排名前 10 位国家 2011 年化石燃料能耗（占总量的百分比）

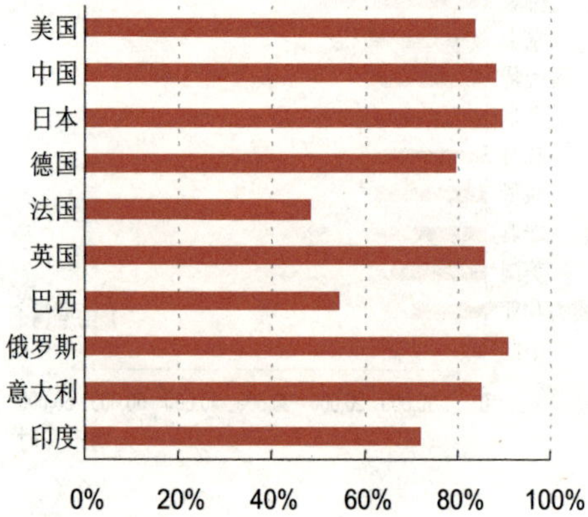

□ 1971—2011 年中国、美国及世界化石燃料能耗（占总量的百分比）历史变化

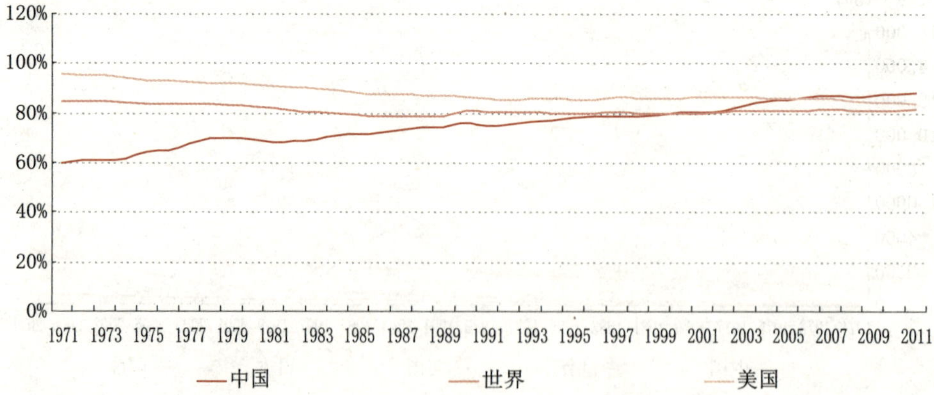

可替代能源和核能（占能源使用总量的百分比）

可替代能源和核能是在生成过程中不会产生二氧化碳的非碳水化合物能源，包括水能、核能、地热能和太阳能等。

□ 2011 年可替代能源和核能（占能源使用总量的百分比）前 10 位国家及中国

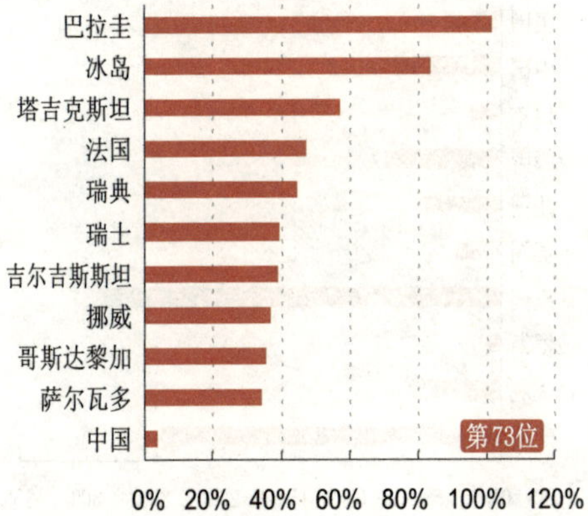

□ 2012 年 GDP 排名前 10 位国家 2011 年可替代能源和核能（占能源使用总量的百分比）

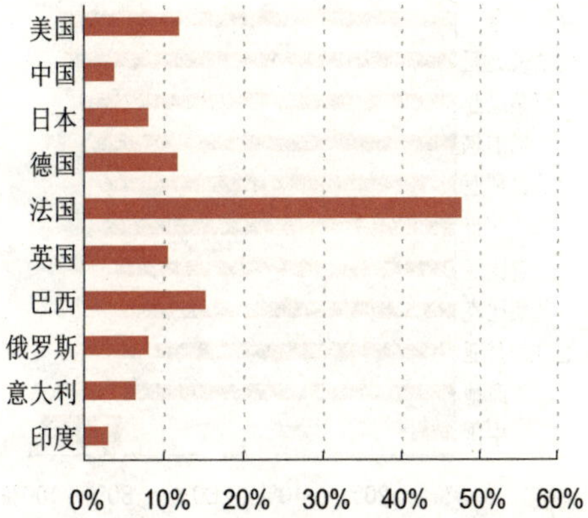

□ 1971—2011 年中国、美国及世界可替代能源和核能（占能源使用总量的百分比）历史变化

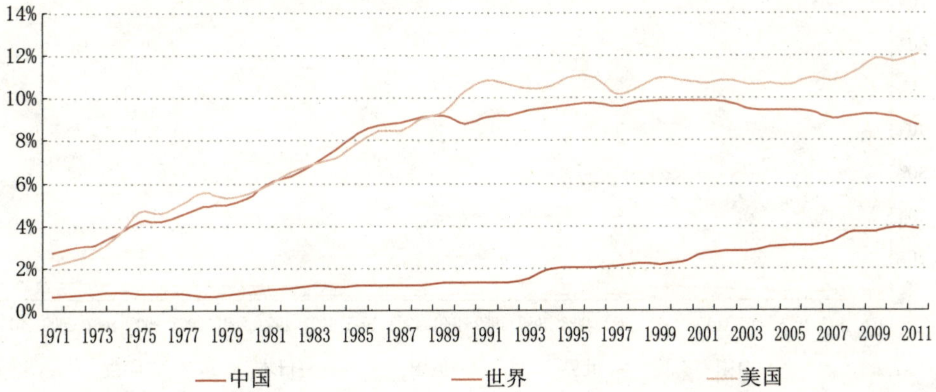

可燃性再生资源和废弃物（占能源总量的百分比）

可燃性再生资源和废弃物包括固体生物质、液体生物质、生物气、工业废弃物和城市垃圾。

□ 2011 年可燃性再生资源和废弃物（占能源总量的百分比）前 10 位国家及中国

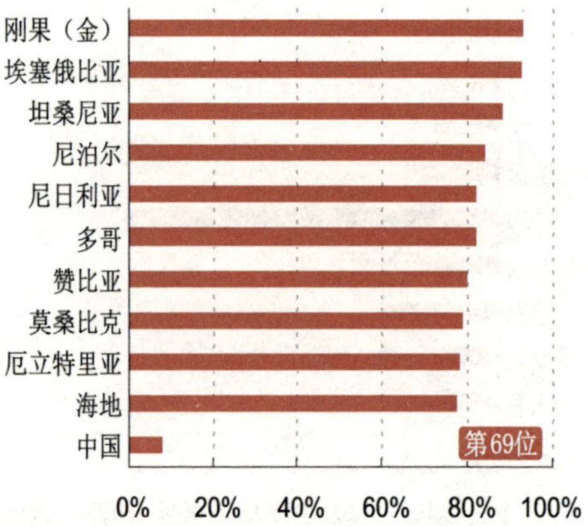

□ 2012 年 GDP 排名前 10 位国家 2011 年可燃性再生资源和废弃物（占能源总量的百分比）

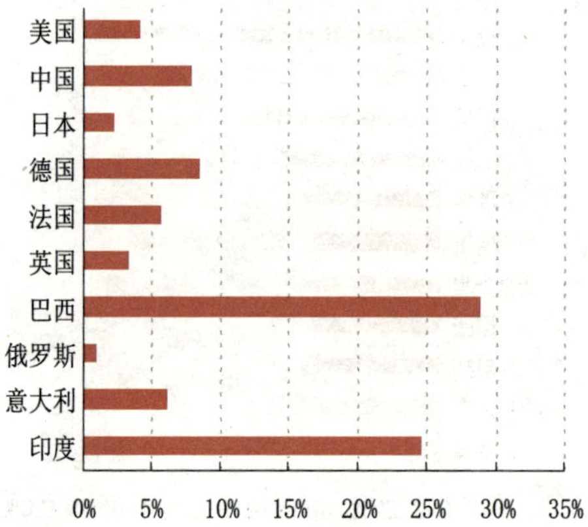

□ 1971—2011 年主要经济大国及世界可燃性再生资源和废弃物（占能源总量的百分比）历史变化

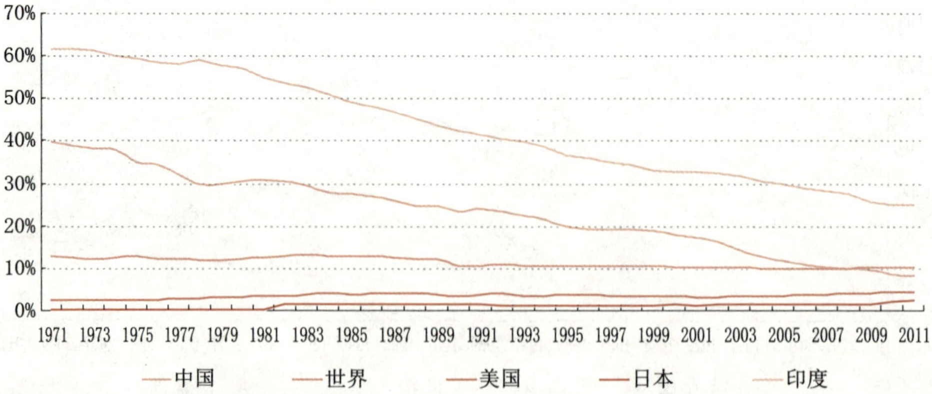

汽油的市场价格（美元 / 升）

燃料价格指最畅销等级汽油的市场价格。价格已从当地货币转换为美元。

□ 2012 年汽油的市场价格前 10 位国家或地区及中国

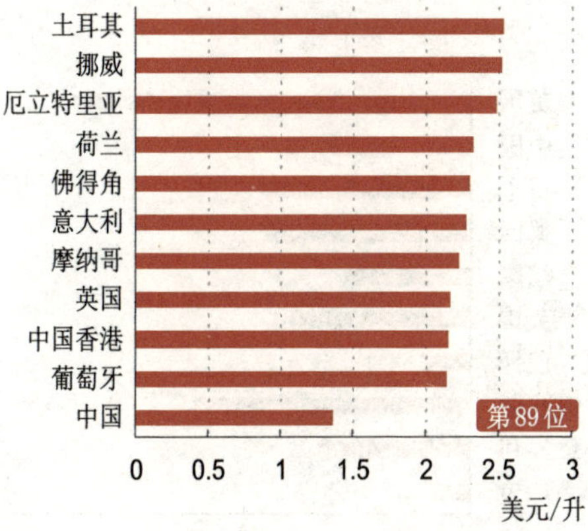

□ 2012 年 GDP 排名前 10 位国家汽油的市场价格

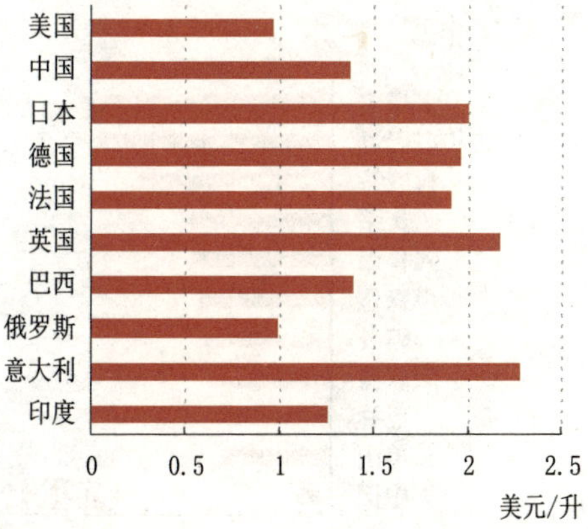

□ 1998—2012 年主要经济大国汽油的市场价格历史变化

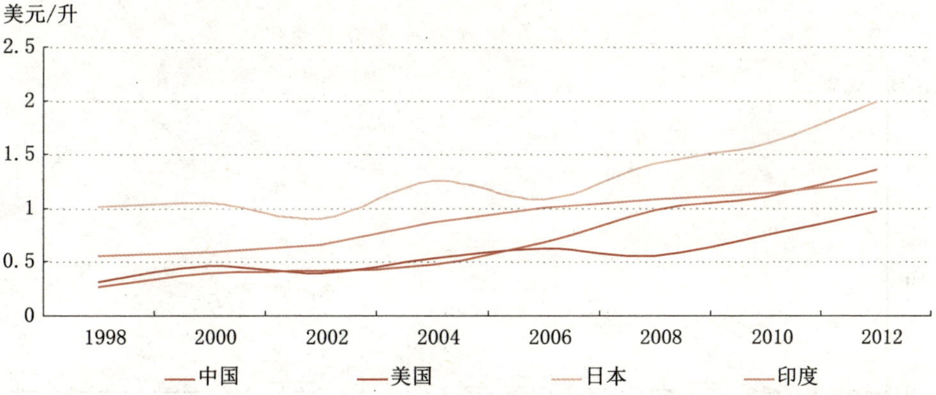

二氧化碳排放量（人均公吨数）

二氧化碳排放量是化石燃料燃烧和水泥生产过程中产生的排放。它们包括在消费固态、液态和气态燃料以及天然气燃烧时产生的二氧化碳。

□ 2010 年二氧化碳排放量前 10 位国家及中国

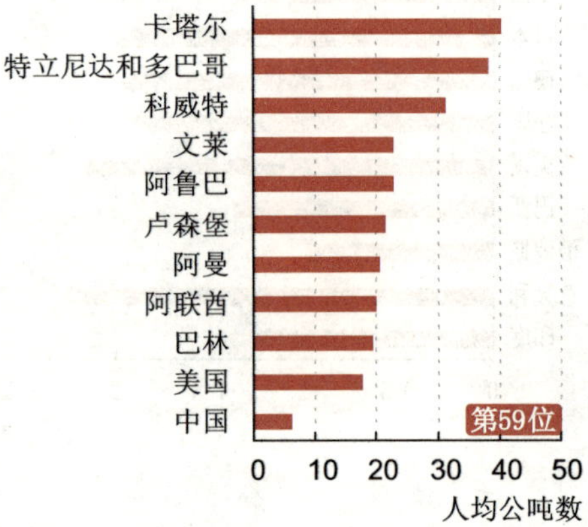

□ 2012 年 GDP 排名前 10 位国家 2010 年二氧化碳排放量

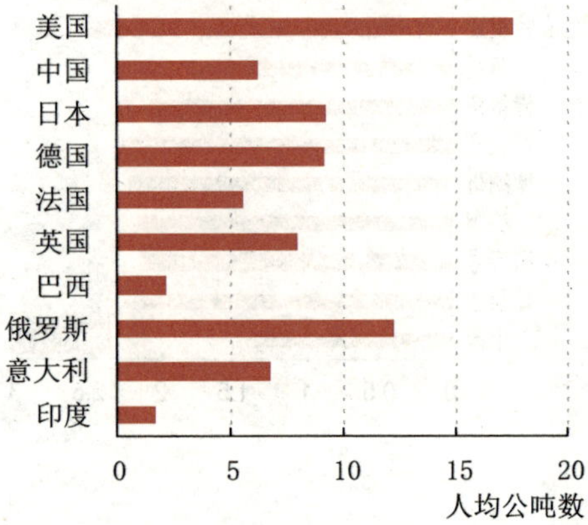

□ 1961—2010 年主要经济大国二氧化碳排放量历史变化

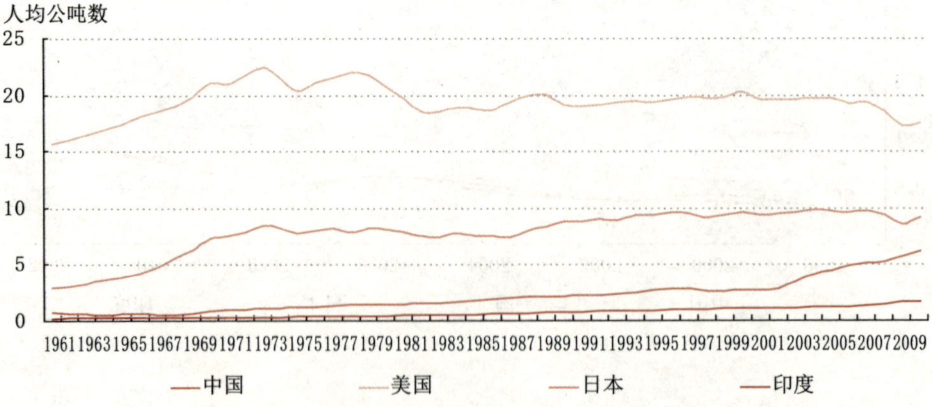

二氧化碳排放里（人均公吨数）
0
42

水力发电量（占总发电电量的百分比）

电力来源是指用于发电的投入。水力发电指由水力发电站生产的电力。

□ 2011 年水力发电量（占总发电电量的百分比）前 10 位国家及中国

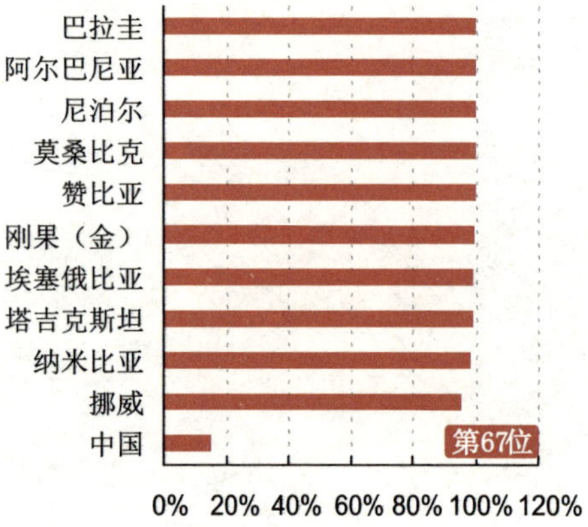

□ 2012 年 GDP 排名前 10 位国家 2011 年水力发电量（占总发电电量的百分比）

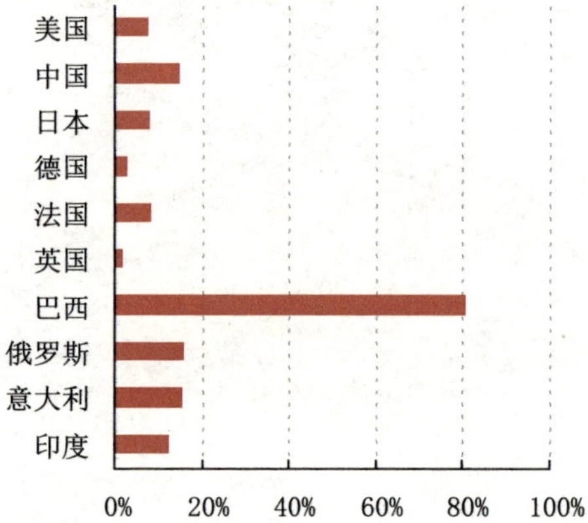

□ 1971—2011 年中国、美国及世界水力发电量（占总发电电量的百分比）历史变化

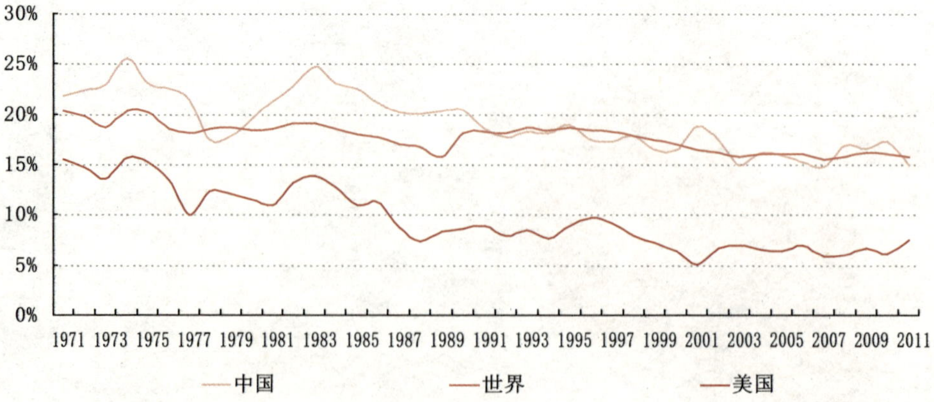

燃煤炭发电量（占总量的百分比）

电力来源是指用于发电的投入。煤炭指所有类别的煤及褐煤，既指天然煤（包括硬煤和柴煤），也指衍生燃料（包括专利燃料、焦炉焦炭、煤气焦炭、焦炉煤气和高炉煤气）。泥煤也包含在此类别中。

□ 2011 年燃煤炭发电量（占总量的百分比）前 10 位国家

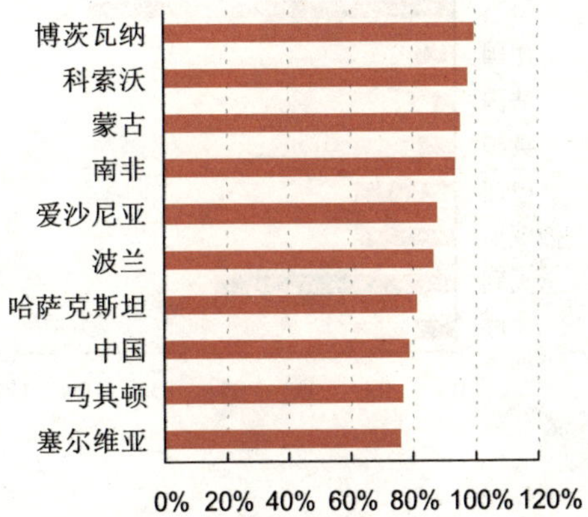

□ 2012 年 GDP 排名前 10 位国家 2011 年燃煤炭发电量(占总量的百分比）

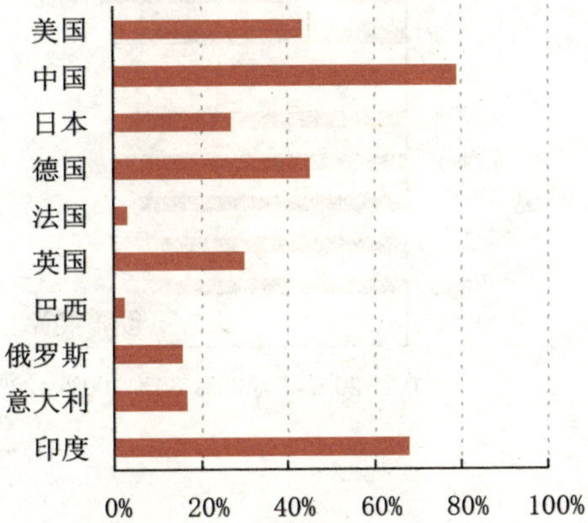

□ 1971—2011 年主要经济大国及世界燃煤炭发电量（占总量的百分比）历史变化

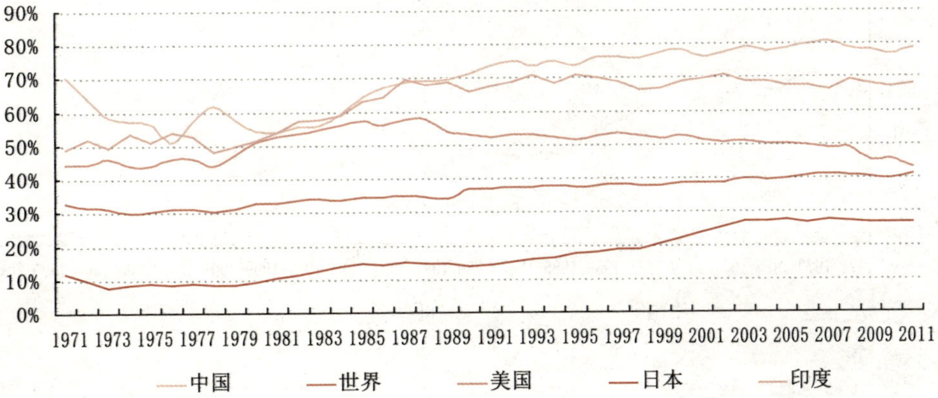

石油发电量（占总发电量的百分比）

电力来源是指用于发电的投入。石油指原油和成品油。

□ 2011 年石油发电量（占总发电量的百分比）前 10 位国家及中国

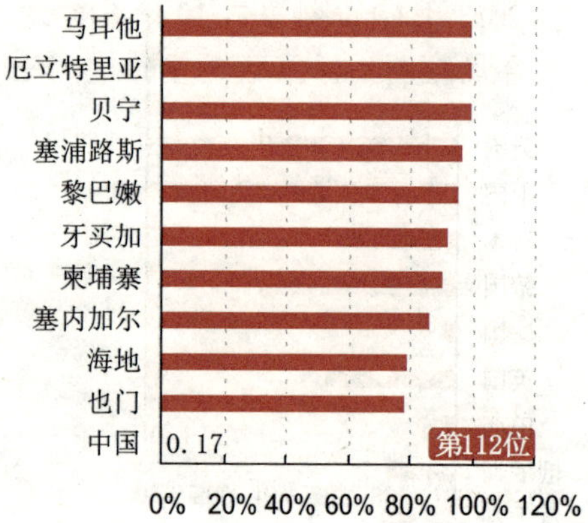

□ 2012 年 GDP 排名前 10 位国家 2011 年石油发电量（占总发电量的百分比）

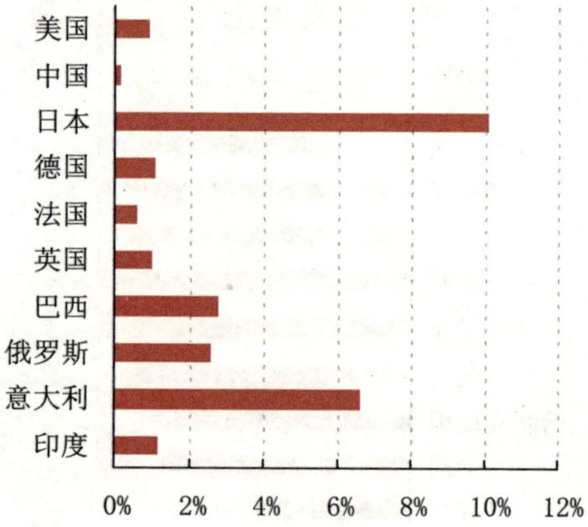

□ 1971—2011 年主要经济大国及世界石油发电量（占总发电量的百分比）历史变化

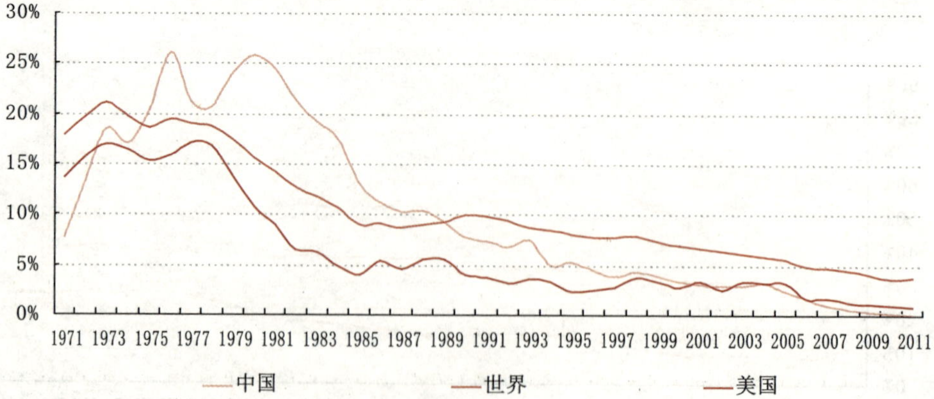

天然气发电量（占总发电量的百分比）

电力来源是指用于发电的投入。燃气指天然气但不包括液化天然气。

□ 2011 年天然气发电量（占总发电量的百分比）前 10 位国家及中国

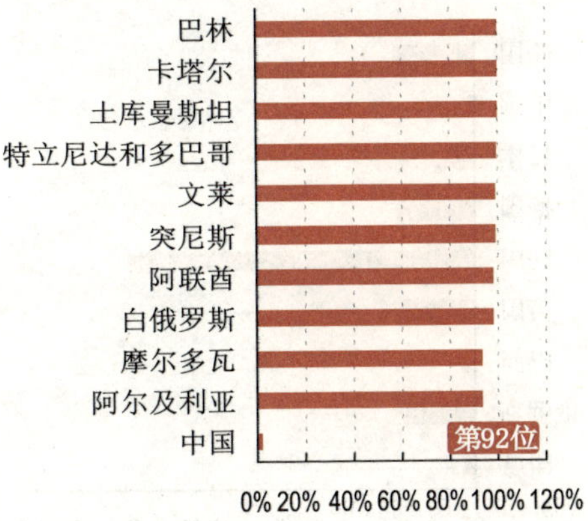

□ 2012 年 GDP 排名前 10 位国家 2011 年天然气发电量（占总发电量的百分比）

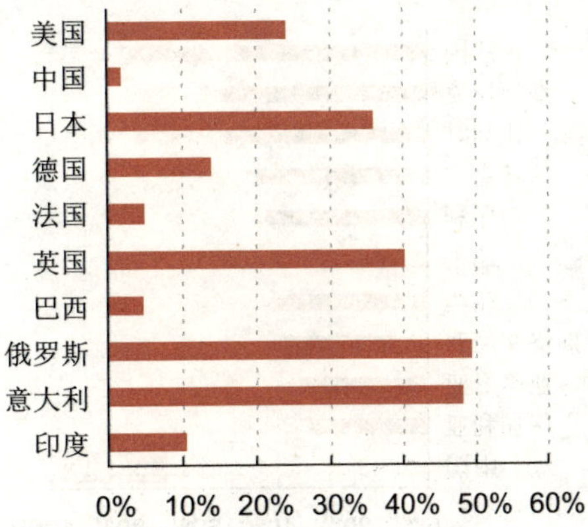

□ 1971—2011 年主要经济大国及世界天然气发电量（占总发电量的百分比）历史变化

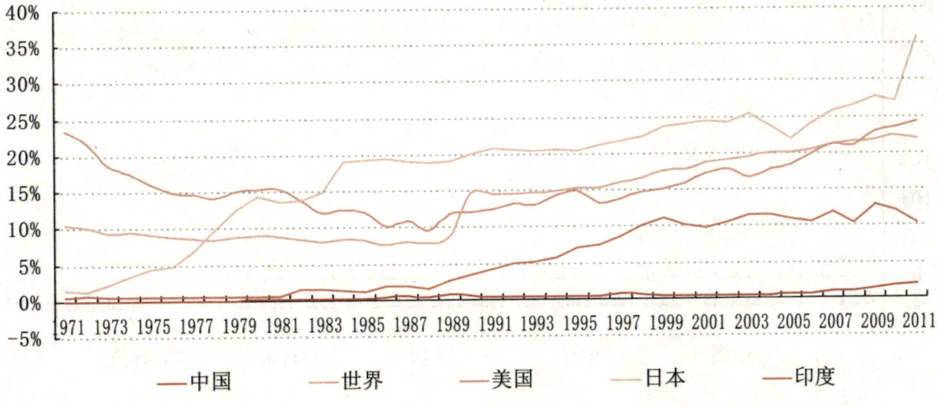

核能发电量（占总发电量的百分比）

电力来源是指用于发电的投入。核能发电是指由核电站生产的电力。

□ 2011年核能发电量（占总发电量的百分比）前10位国家及中国

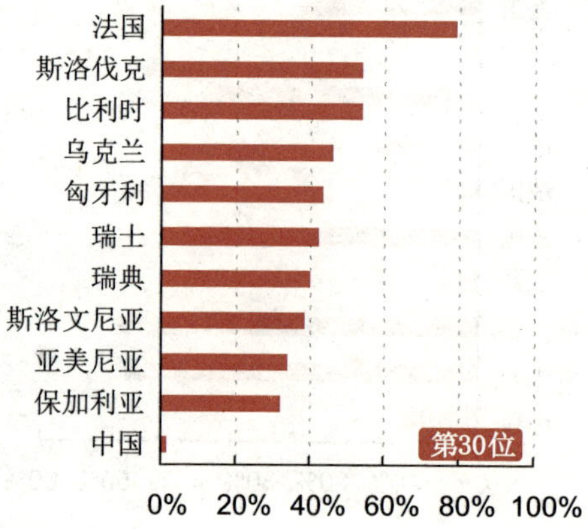

□ 2012年GDP排名前10位国家2011年核能发电量(占总发电量的百分比)

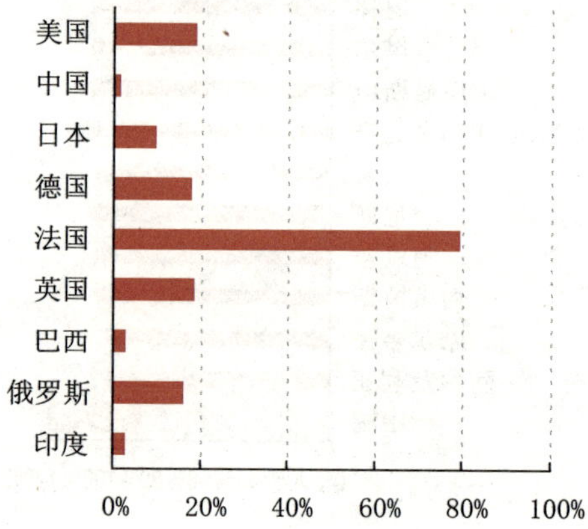

□ 1971—2011年主要经济大国及世界核能发电量（占总发电量的百分比）历史变化

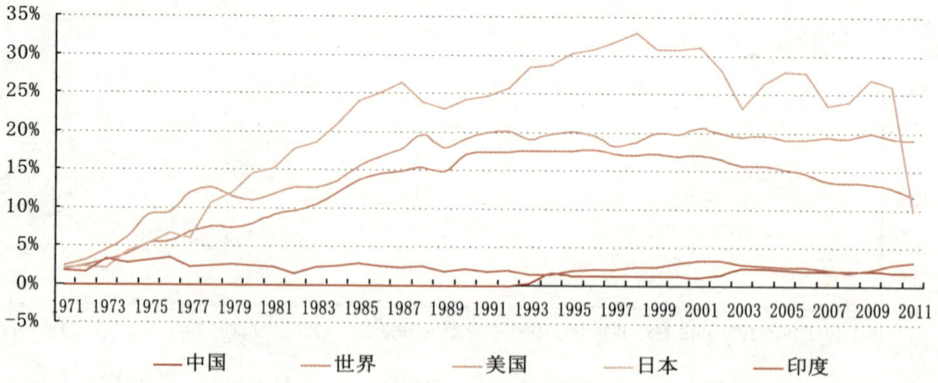

年度淡水抽取量，总量（占内部资源的百分比）

年度淡水抽取量指水源总抽取量，未计入水库的蒸发损失。在咸水淡化厂作为重要水源的国家，抽取量也包括来自咸水淡化厂的水。不可再生的蓄水层或咸水淡化厂的抽取量相当可观，或者废水回收利用率相当高的地方，则抽取量可能超过可再生资源总量的百分之百。工农业抽取量是用于灌溉和畜牧生产以及直接工业使用的总抽取量（包括热电厂冷却用水的抽取量）。民用抽取量包括饮用水、市政用水或供水，以及公共服务、商业机构和居民用水。

□ 2011年年度淡水抽取量，总量（占内部资源的百分比）前10位国家及中国

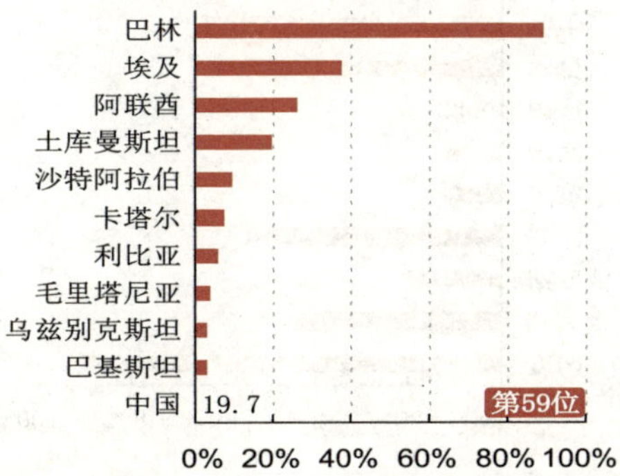

□ 2012年GDP排名前10位国家2011年年度淡水抽取量，总量（占内部资源的百分比）

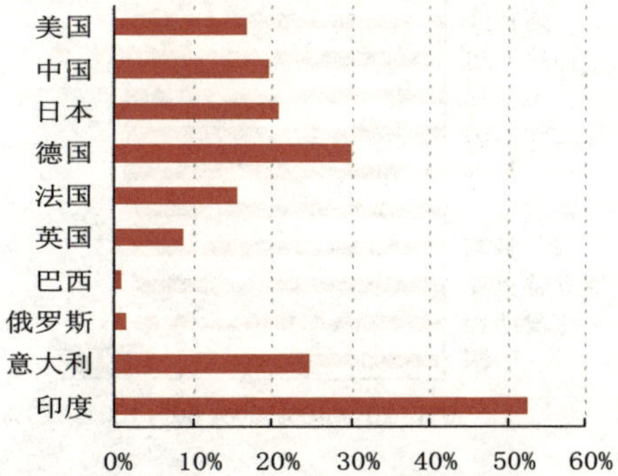

□ 1982—2011年主要经济大国年度淡水抽取量，总量（占内部资源的百分比）历史变化

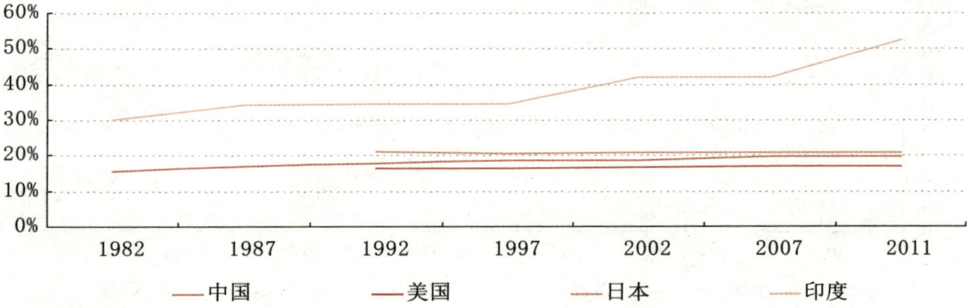

注：部分年份数据缺。

年度淡水抽取量，农业用水（占淡水抽取总量的百分比）

年度淡水抽取量指水源总抽取量，未计入水库的蒸发损失。在咸水淡化厂作为重要水源的国家，抽取量也包括来自咸水淡化厂的水。不可再生的蓄水层或咸水淡化厂的抽取量相当可观，或者废水回收利用率相当高的地方，则抽取量可能超过可再生资源总量的百分之百。农业抽取量是用于灌溉和畜牧生产的总抽取量。

□ 2011 年年度淡水抽取量，农业用水（占淡水抽取总量的百分比）前 10 位国家及中国

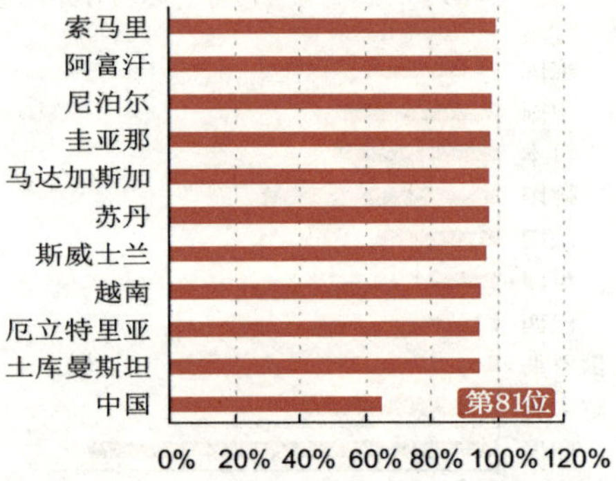

□ 2012 年 GDP 排名前 10 位国家 2011 年年度淡水抽取量，农业用水（占淡水抽取总量的百分比）

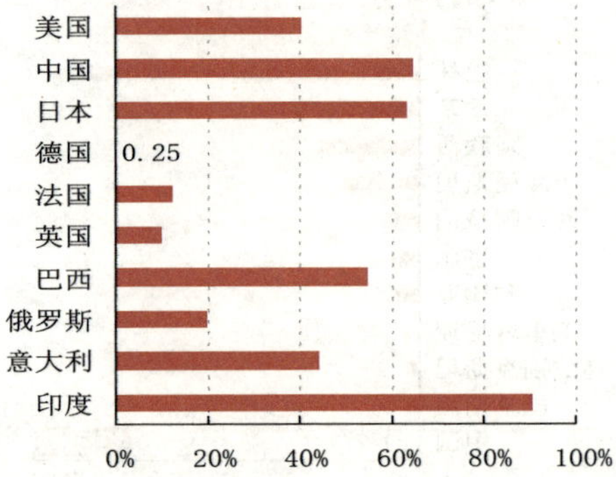

□ 1982—2011 年主要经济大国及世界年度淡水抽取量，农业用水（占淡水抽取总量的百分比）历史变化

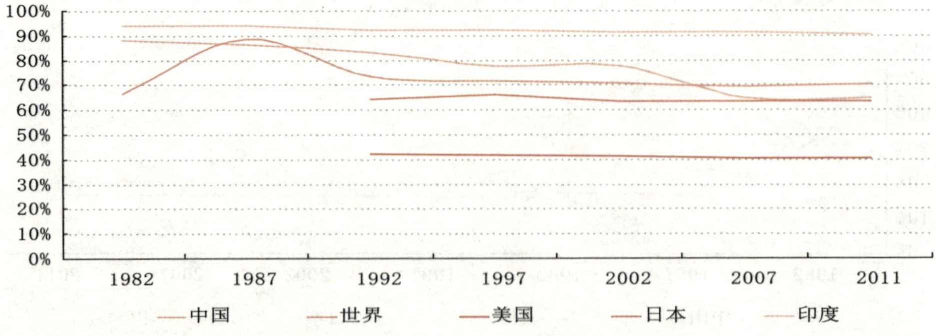

注：部分年份数据缺。

年度淡水抽取量，工业用水（占淡水总抽取量的百分比）

年度淡水抽取量指水源总抽取量，未计入水库的蒸发损失。在咸水淡化厂作为重要水源的国家，抽取量也包括来自咸水淡化厂的水。在不可再生的蓄水层或咸水淡化厂的抽取量相当可观，或者废水回收利用率相当高的地方，则抽取量可能超过可再生资源总量的百分之百。工业用水抽取量为工业直接使用的总抽取量（包括用于热电厂冷却用水抽取量）。

□ 2011 年年度淡水抽取量，工业用水（占淡水总抽取量的百分比）前 10 位国家及中国

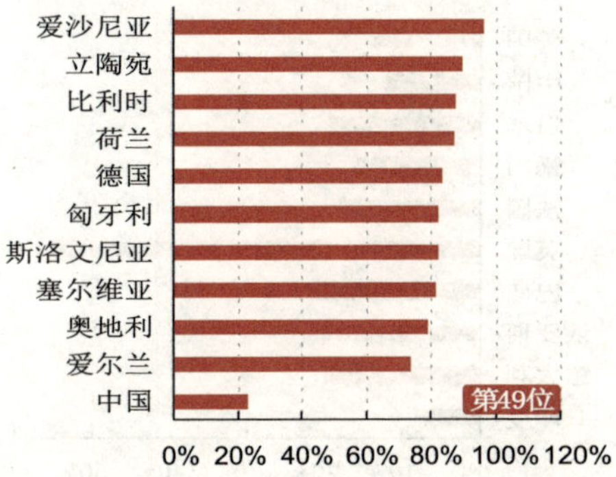

□ 2012 年 GDP 排名前 10 位国家 2011 年年度淡水抽取量，工业用水（占淡水总抽取量的百分比）

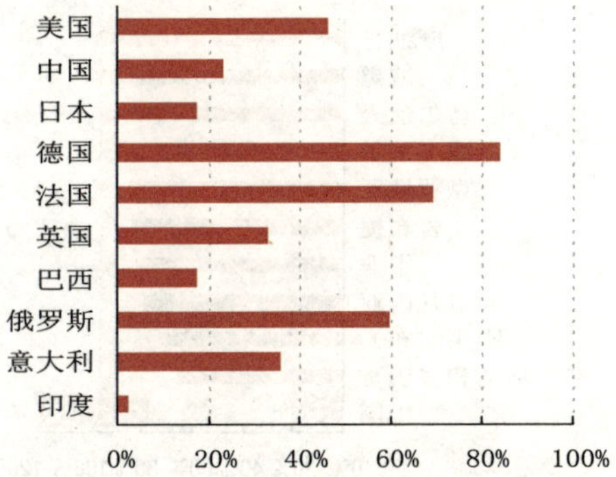

□ 1982—2011 年主要经济大国及世界年度淡水抽取量，工业用水（占淡水总抽取量的百分比）历史变化

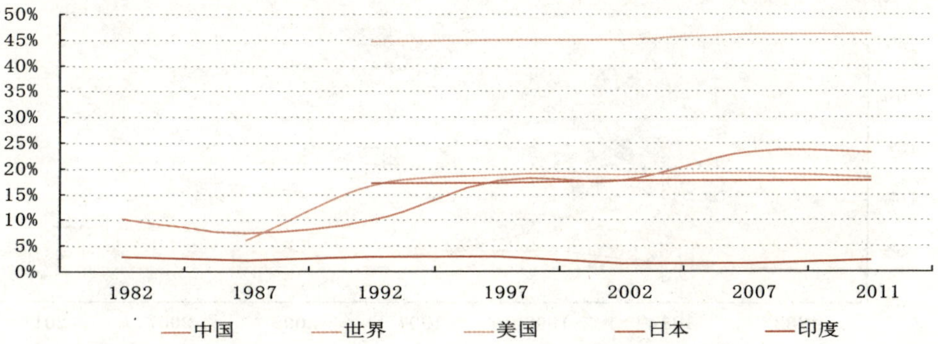

注：部分年份数据缺。

年度淡水抽取量，生活用水（占淡水抽取总量的百分比）

年度淡水抽取量指水源总抽取量，未计入水库的蒸发损失。在咸水淡化厂作为重要水源的国家，抽取量也包括来自咸水淡化厂的水。在不可再生的蓄水层或咸水淡化厂的抽取量相当可观，或者废水回收利用率相当高的地方，则抽取量可能超过可再生资源总量的百分之百。民用抽取量包括饮用水、市政用水或供水，以及公共服务、商业机构和居民用水。

□ 2011 年年度淡水抽取量，生活用水（占淡水总抽取量的百分比）前 10 位国家及中国

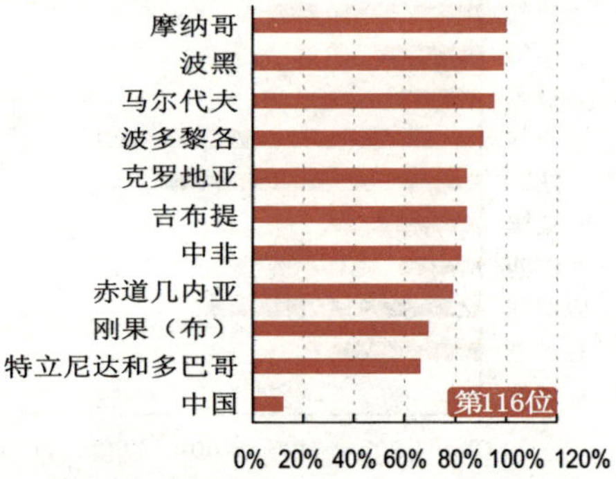

□ 2012 年 GDP 排名前 10 位国家 2011 年年度淡水抽取量，生活用水（占淡水总抽取量的百分比）

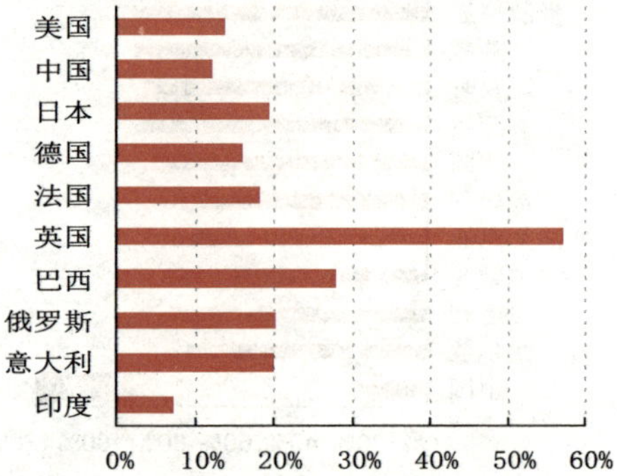

□ 1982—2011 年主要经济大国及世界年度淡水抽取量，生活用水（占淡水总抽取量的百分比）历史变化

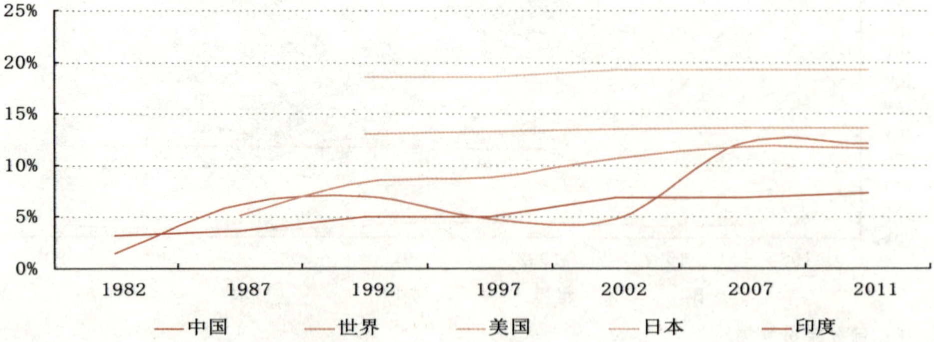

水的生产率，总（2005 年不变价美元 GDP 每立方米的总的淡水撤出）

水的生产率计算系用不变价 GDP 除以水的年度总提取量所得。

□ 2011 年水的生产率，总（2005 年不变价美元 GDP 每立方米的总的淡水撤出）前 10 位国家及中国

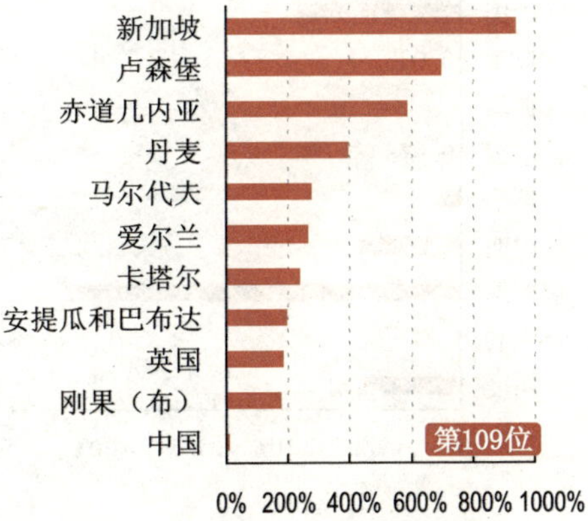

□ 2012 年 GDP 排名前 10 位国家 2011 年水的生产率，总（2005 年不变价美元 GDP 每立方米的总的淡水撤出）

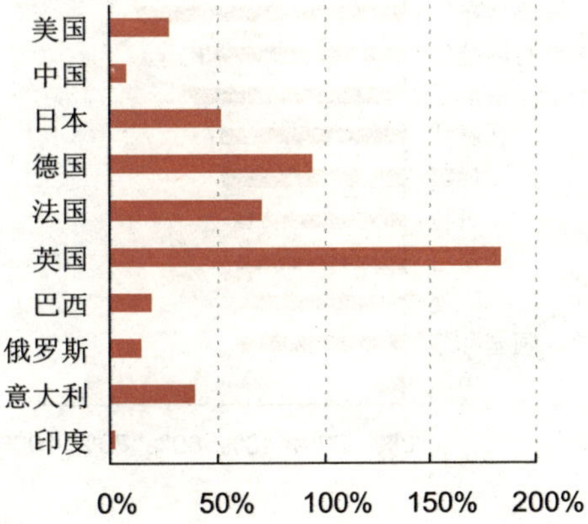

□ 1982—2011 年主要经济大国及世界水的生产率，总（2005 年不变价美元 GDP 每立方米的总的淡水撤出）历史变化

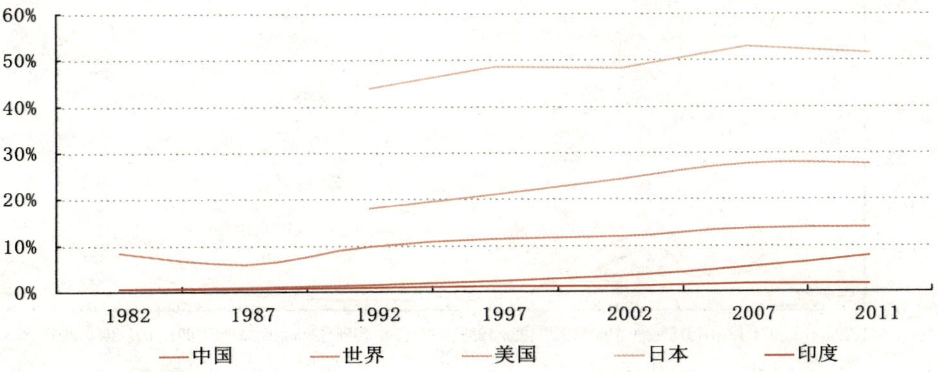

注：部分年份数据缺。

自然资源租金总额（占 GDP 的百分比）

自然资源租金总额是石油租金、天然气租金、煤炭（硬煤和软煤）租金、矿产租金和森林租金之和。

□ 2011 年自然资源租金总额（占 GDP 的百分比）前 10 位国家及中国

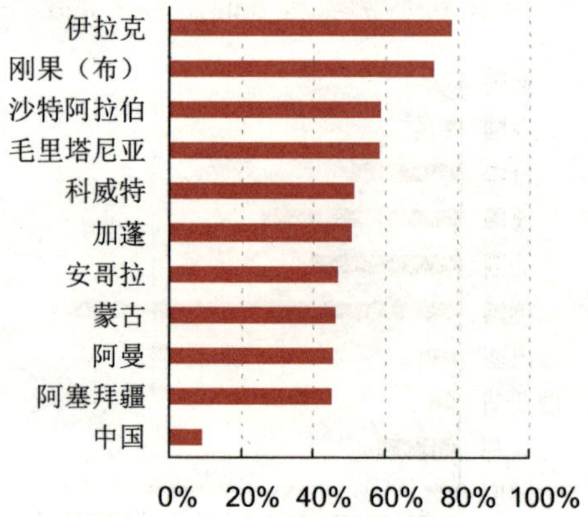

□ 2012 年 GDP 排名前 10 位国家 2011 年自然资源租金总额(占 GDP 的百分比）

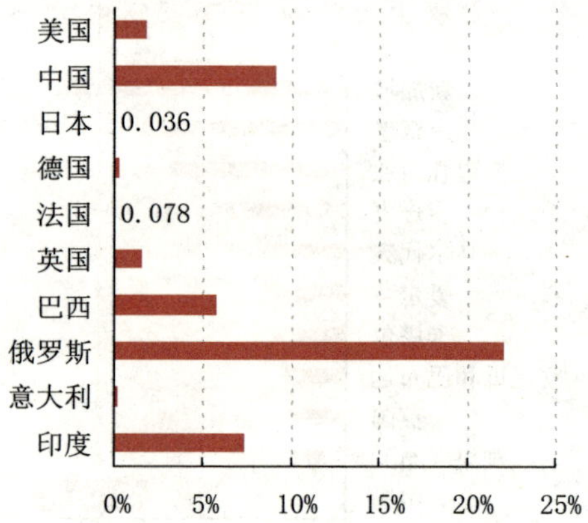

□ 1970—2011 年中国、美国及世界自然资源租金总额（占 GDP 的百分比）历史变化

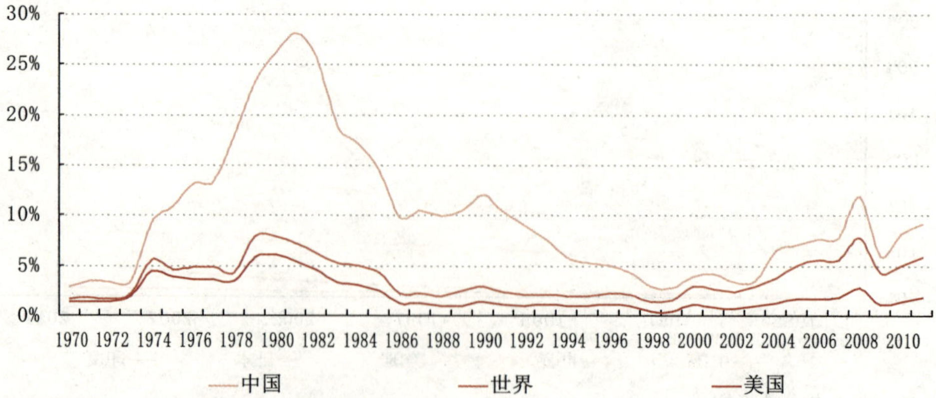

天然气租金（占 GDP 的百分比）

天然气租金是按照国际价格计算的天然气生产价值与生产总成本之间的差别。

□ 2011 年天然气租金（占 GDP 的百分比）前 10 位国家及中国

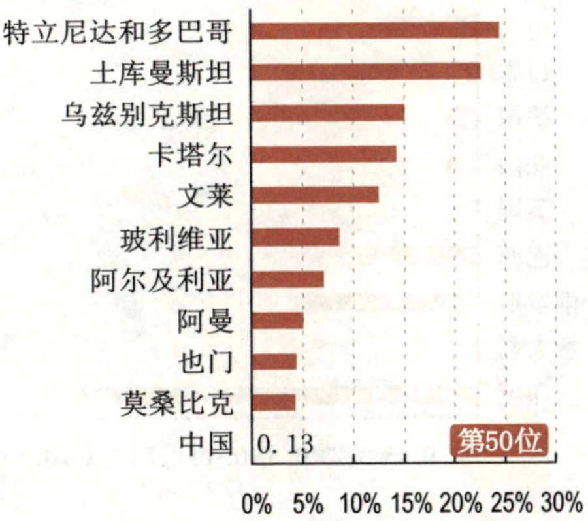

□ 2012 年 GDP 排名前 10 位国家 2011 年天然气租金（占 GDP 的百分比）

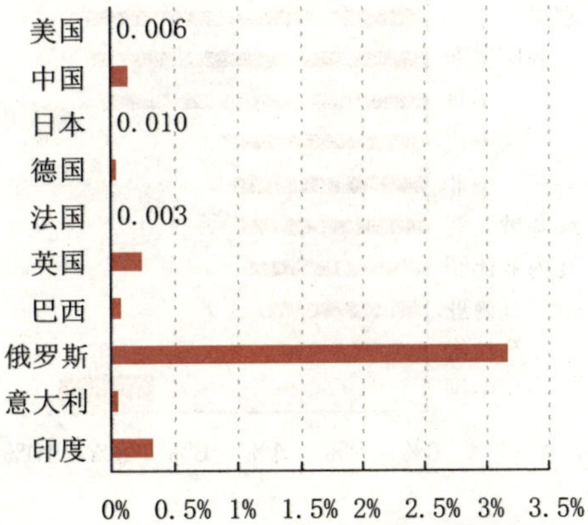

□ 1970—2011 年中国、美国及世界天然气租金（占 GDP 的百分比）历史变化

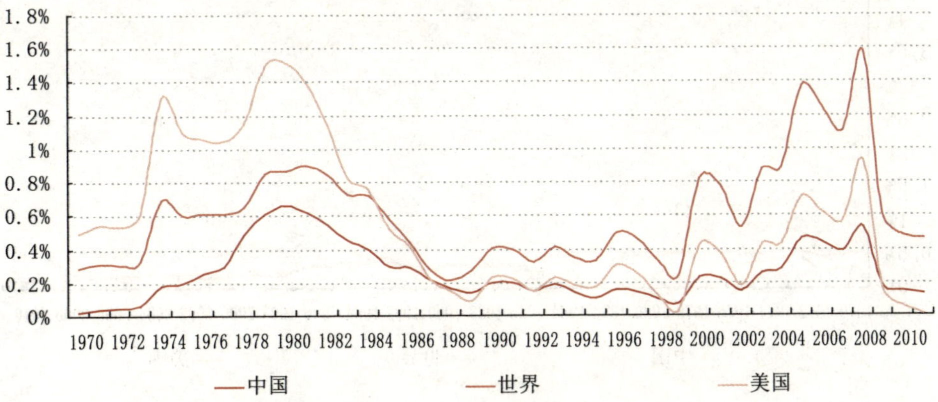

森林租金（占 GDP 的百分比）

森林租金是圆木砍伐量乘以均价产品和区域特定租金率。

□ 2011 年森林租金（占 GDP 的百分比）前 10 位国家及中国

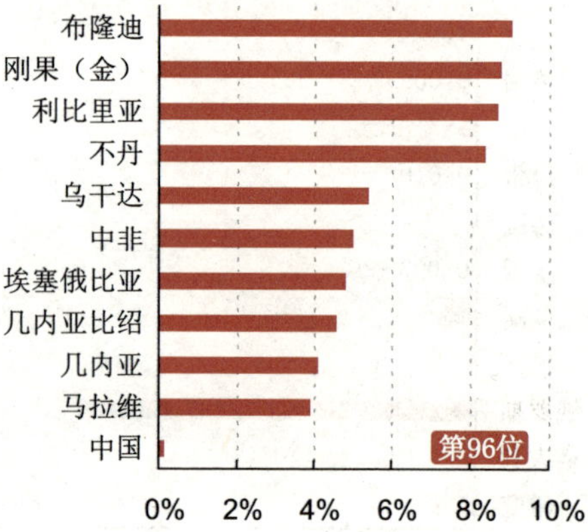

□ 2012 年 GDP 排名前 10 位国家 2011 年森林租金（占 GDP 的百分比）

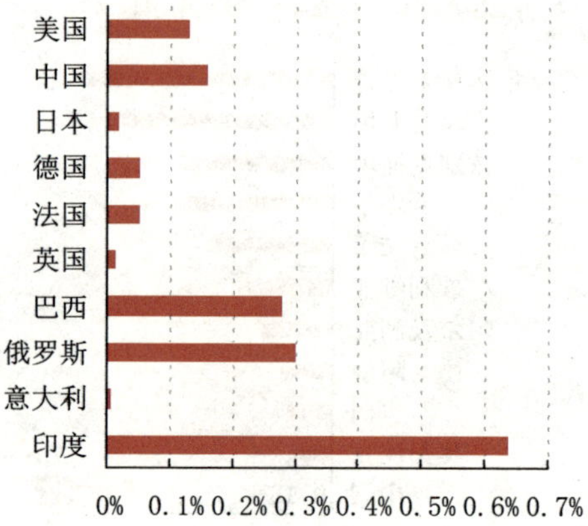

□ 1970—2011 年中国、美国及世界森林租金（占 GDP 的百分比）历史变化

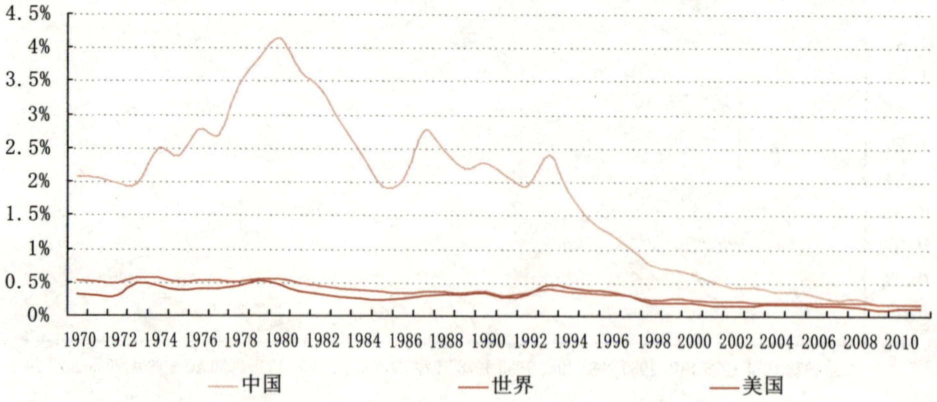

煤炭租金（占 GDP 的百分比）

煤炭租金是按国际价格计算的硬煤和软煤的生产价值与其生产总成本之间的差别。

□ 2011 年煤炭租金（占 GDP 的百分比）前 10 位国家

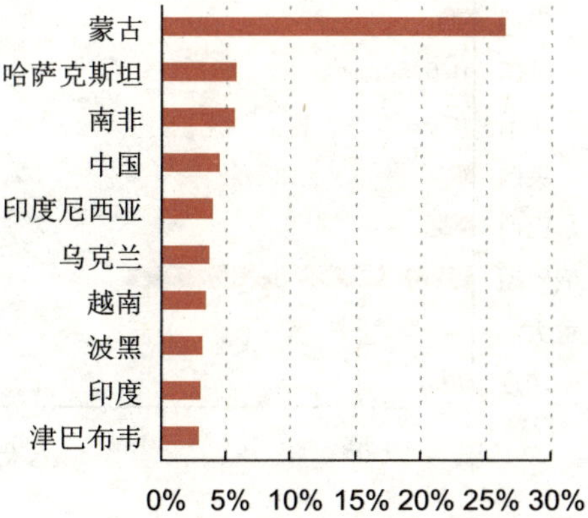

□ 2012 年 GDP 排名前 10 位国家 2011 年煤炭租金（占 GDP 的百分比）

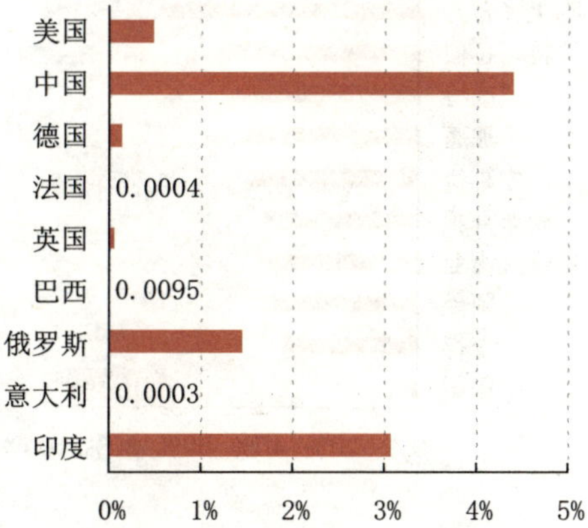

□ 1970—2011 年中国、印度、韩国及世界煤炭租金（占 GDP 的百分比）历史变化

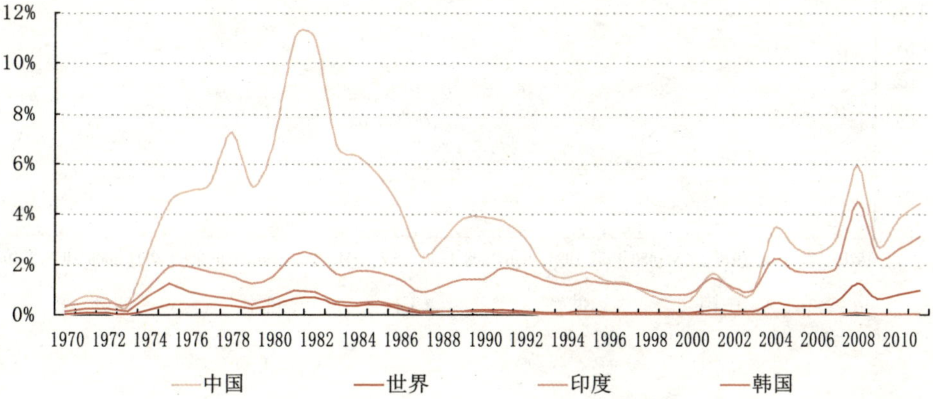

石油租金（占 GDP 的百分比）

石油租金是按照国际价格计算的原油生产价值与生产总成本之间的差别。

□ 2011 年石油租金（占 GDP 的百分比）前 10 位国家及中国

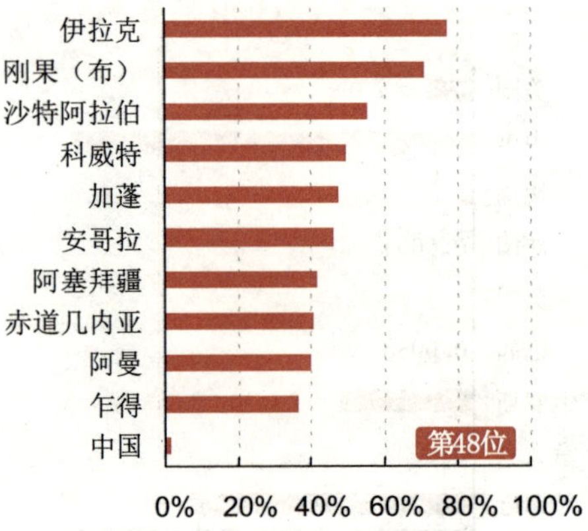

□ 2012 年 GDP 排名前 10 位国家 2011 年石油租金（占 GDP 的百分比）

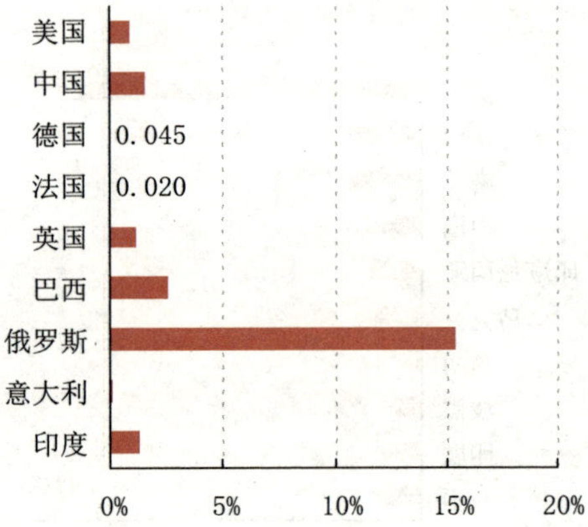

□ 1970—2011 年主要经济大国及世界石油租金（占 GDP 的百分比）历史变化

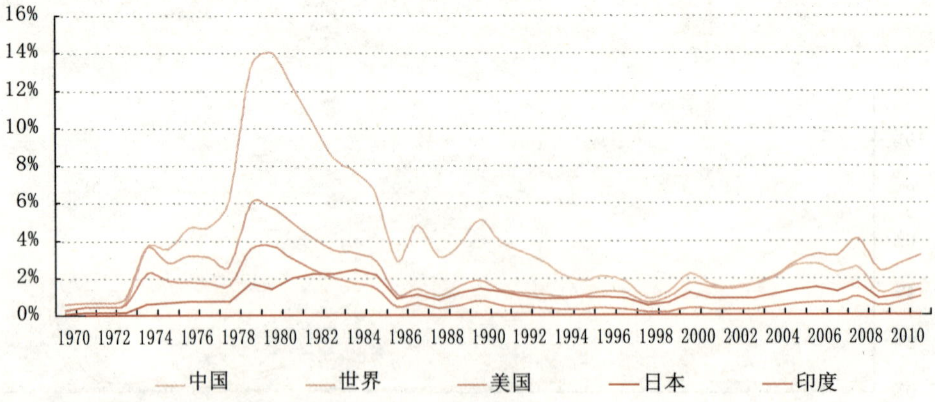

矿产租金（占GDP的百分比）

矿产租金是指按照国际价格计算的矿产存量的生产价值与其生产总成本之间的差别。此处纳入计算的矿产包括锡、金、铅、锌、铁、铜、镍、铝土岩和磷块石。

□ 2011年矿产租金（占GDP的百分比）前10位国家及中国

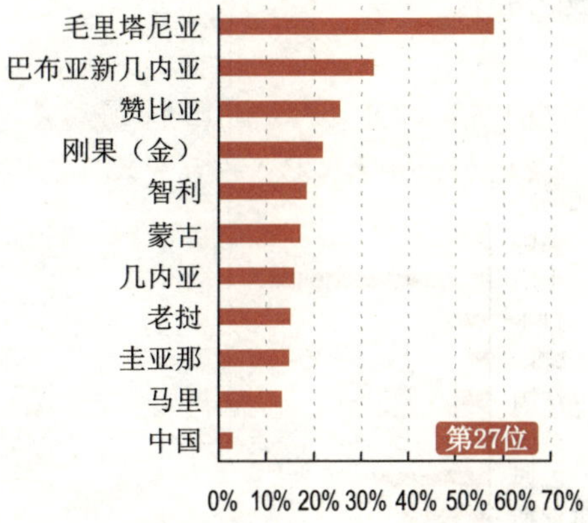

□ 2012年GDP排名前10位国家2011年矿产租金（占GDP的百分比）

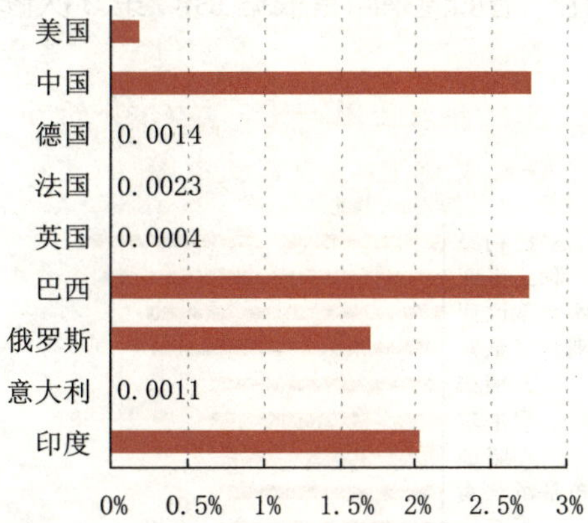

□ 1970—2011年中国、美国及世界矿产租金（占GDP的百分比）历史变化

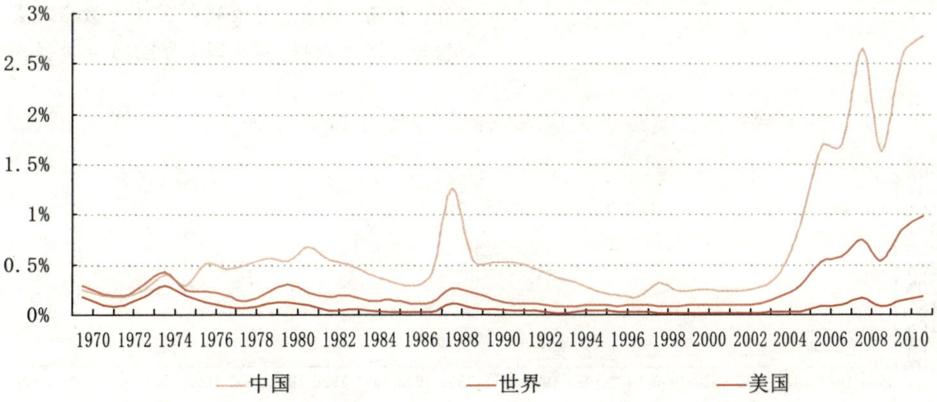

产业发展与结构调整

农业，增加值（占 GDP 的百分比）

农业对应《国际标准行业分类》（ISIC）第 1—5 项，包括林业、狩猎和渔业以及作物耕种和畜牧生产。增加值为所有产出相加再减去中间投入得出的部门的净产出。这种计算方法未扣除装配式资产的折旧或自然资源的损耗和退化。增加值来源是根据 ISIC 第 3 次修订版确定的。

□ 2011 年农业增加值（占 GDP 的百分比）前 10 位国家及中国

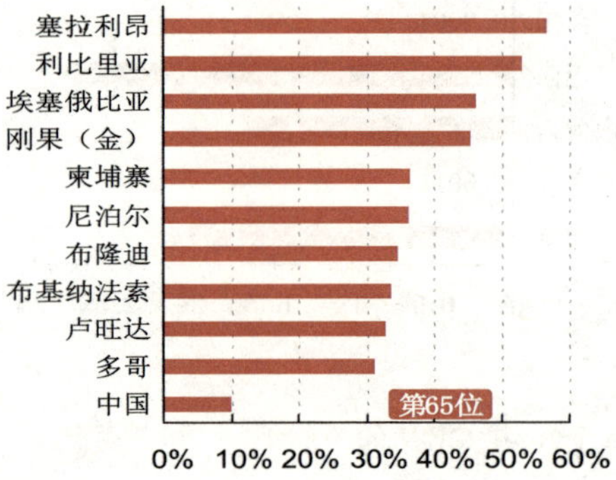

□ 2012 年 GDP 排名前 10 位国家农业增加值（占 GDP 的百分比）

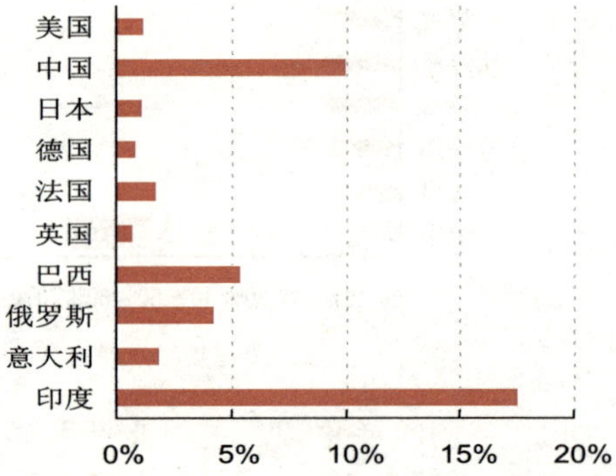

注：德国、英国、意大利为 2010 年数据，法国为 2009 年数据，其余国家为 2011 年数据。

□ 1970—2011 年世界主要经济大国农业增加值（占 GDP 的百分比）历史变化

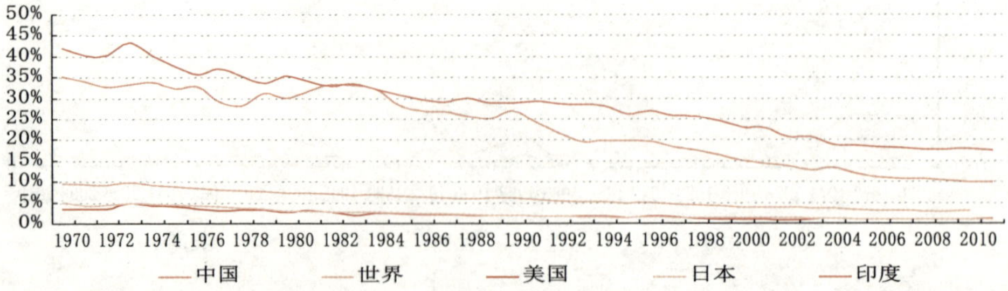

注：世界平均值 2011 年数据缺。

农业，增加值（年增长率）

基于不变价本币的农业增加值年增长率总量基于 2005 年美元不变价。总量基于 2000 年美元不变价。农业对应《国际标准行业分类》（ISIC）第 1—5 项，包含林业、狩猎和渔业，以及作物耕种和畜牧生产。增加值为所有产出相加再减去中间投入得出的部门的净产出。这种计算方法未扣除装配式资产的折旧或自然资源的损耗和退化。增加值的来源根据 ISIC 第 3 次修订版确定。

□ 2011 年农业年增长率前 10 位国家及中国

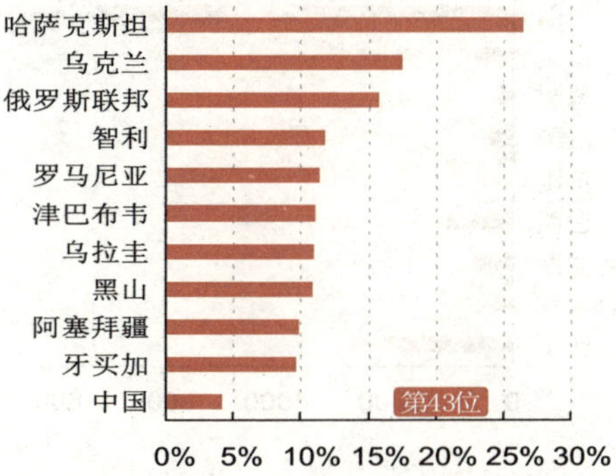

□ 2012 年 GDP 排名前 10 位国家农业年增长率

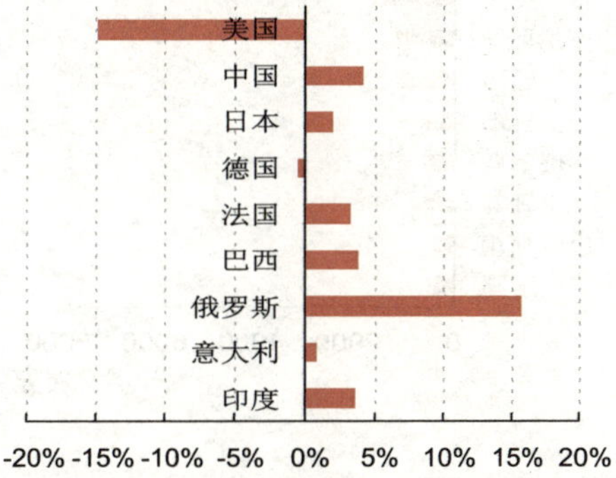

注：德国、意大利为 2010 年数据，法国为 2009 年数据，英国无统计，其余国家为 2011 年数据。

□ 1971—2011 年中国、美国及世界农业年增长率历史变化

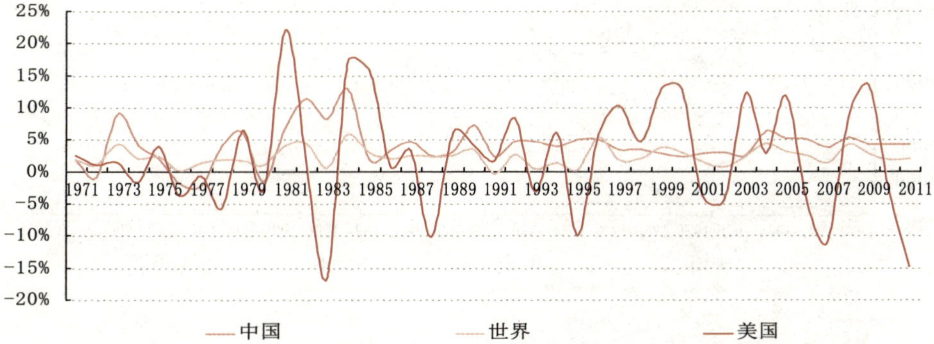

农业，增加值（现价美元）

农业对应《国际标准行业分类》（ISIC）第 1—5 项，包括林业、狩猎和渔业以及作物耕种和畜牧生产。增加值为所有产出相加再减去中间投入得出的部门的净产出。这种计算方法未扣除装配式资产的折旧或自然资源的损耗和退化。增加值的来源根据 ISIC 第 3 次修订版确定。数据按现价美元计。

□ 2011 年农业增加值前 10 位国家

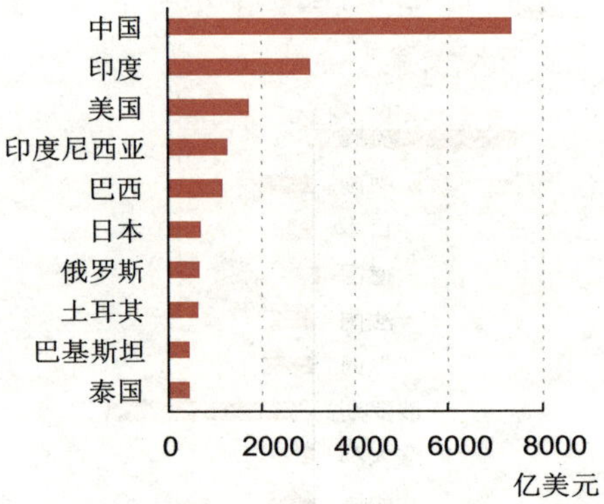

□ 2012 年 GDP 排名前 10 位国家 2011 年农业增加值

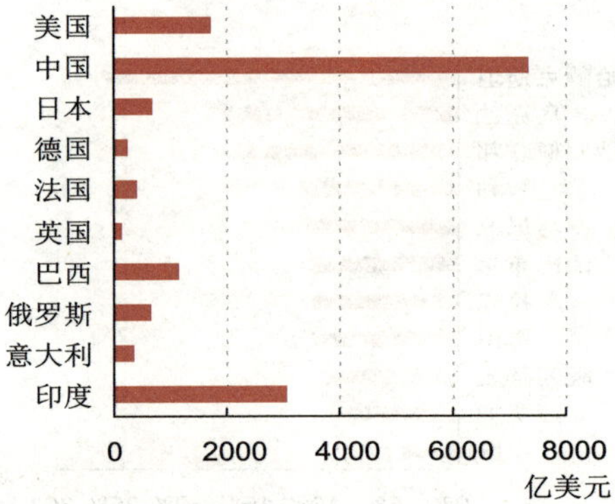

□ 1970—2011 年世界主要经济大国农业增加值历史变化

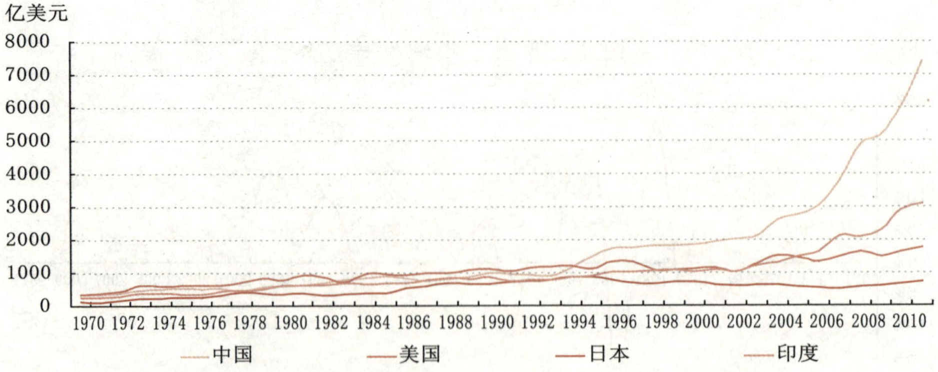

农业工人人均增加值（2005 年不变价美元）

农业工人人均增加值是衡量农业生产力的一个指标。农业增加值等于农业（ISIC 第 1—5 项）部门产出减去中间产品的投入。农业包含来自林业、狩猎、渔业以及作物耕种和畜牧生产的增加值。数据以 2005 年不变价美元计。

□ 2011 年农业工人人均增加前 10 位国家及中国

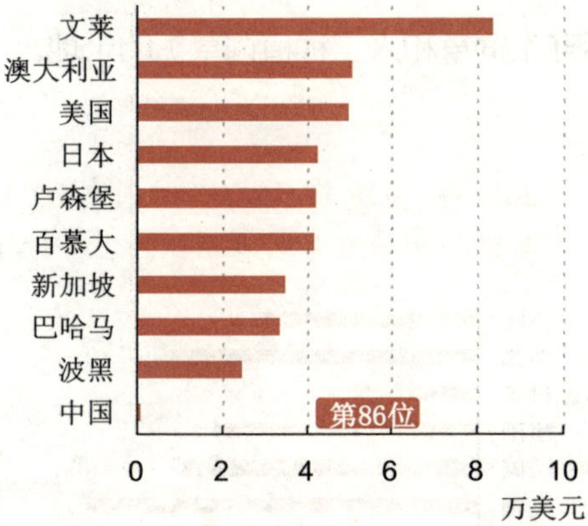

□ 2012 年 GDP 排名前 10 位国家农业工人人均增加值

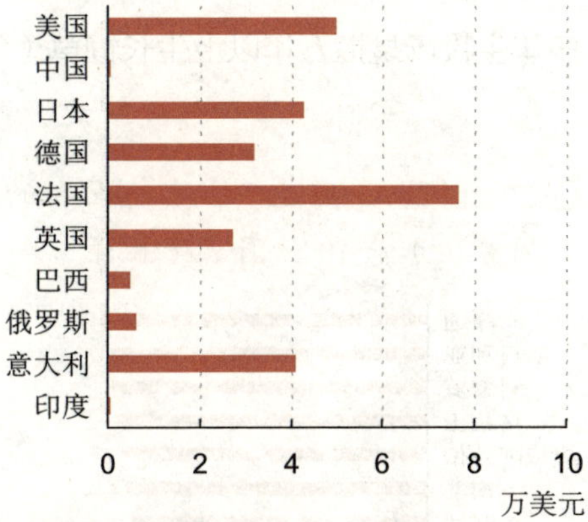

注：德国、意大利数据为 2010 年，法国数据为 2009 年，英国为 2005 年，其余国家为 2011 年数据。

□ 1980—2011 年世界主要经济大国农业工人人均增加值历史变化

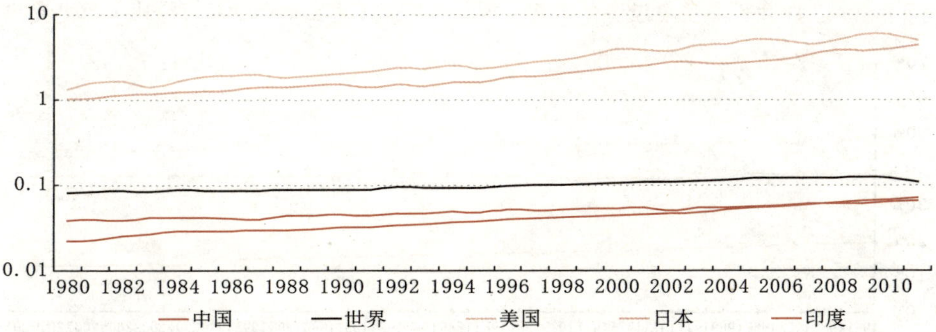

注：此图纵坐标使用对数刻度。

农业用地（占土地面积的百分比）

农业用地指耕地、永久性作物和永久性牧场用地的比例。联合国粮农组织定义的耕地包括短期作物用地（种植双季作物的土地只计算一次）、供割草或放牧的短期草场、供应市场的菜园和自用菜园，以及暂时休闲的土地。因转换耕作方式而休闲的土地不包括在内。多年生作物用地是种有长期生长作物而无须在每次收割后再进行种植的土地，此类作物包括可可树、咖啡树和橡胶树。此类土地包括生长开花灌木、果树、坚果树和葡萄树的土地，但不包括木材林用地。多年生牧场是指五年以上生长饲草（包括野生饲草和人工种植饲草）的土地。

□ 2011年农业用地（占土地面积的百分比）前10位国家及中国

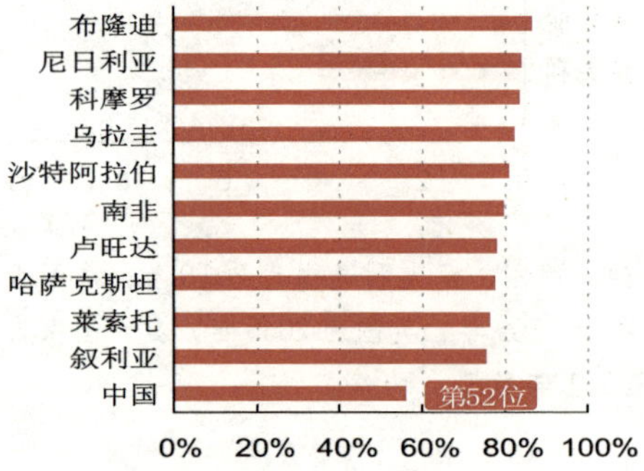

□ 2012年GDP排名前10位国家2011年农业用地（占土地面积的百分比）

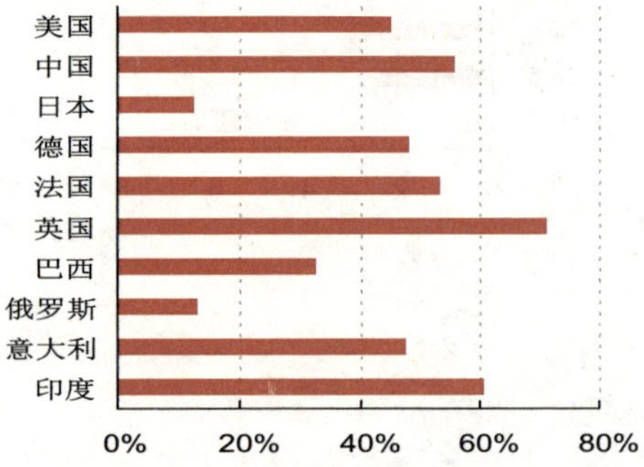

□ 1961—2011年世界主要经济大国及世界农业用地（占土地面积的百分比）历史变化

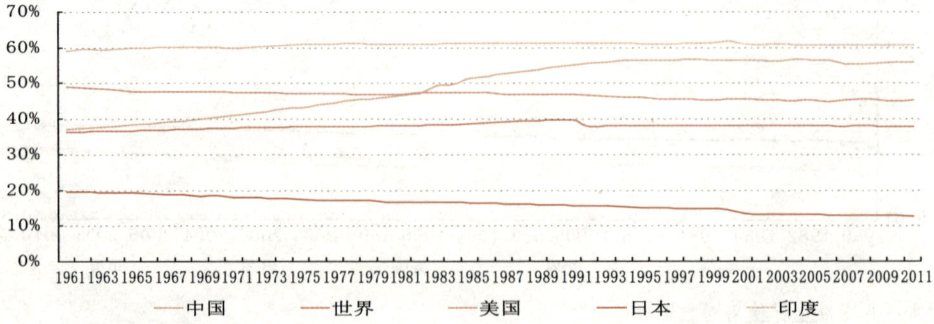

工业，增加值（占 GDP 的百分比）

工业与 ISIC 第 10—45 项相对应，并包括制造业（ISIC 第 15—37 项）。其中包括采矿业、制造业（同时作为独立组别予以公布）、建筑业、电力、水和天然气行业中的增加值。增加值为所有产出相加再减去中间投入得出的部门的净产出。这种计算方法未扣除装配式资产的折旧或自然资源的损耗和退化。增加值来源是根据 ISIC 第 3 次修订版确定的。

□ 2011 年工业增加值（占 GDP 的百分比）前 10 位国家及中国

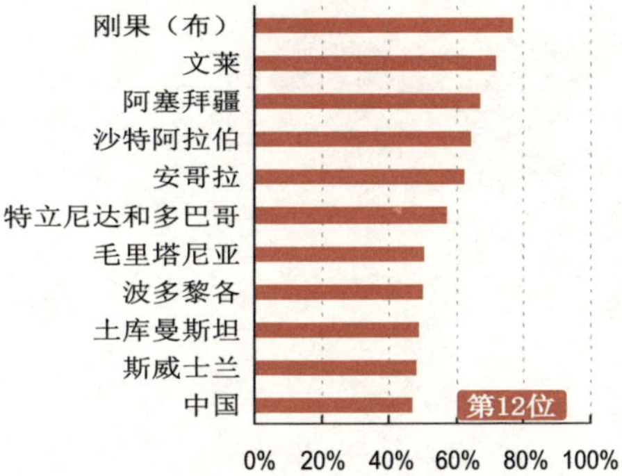

□ 2012 年 GDP 排名前 10 位国家工业增加值（占 GDP 的百分比）

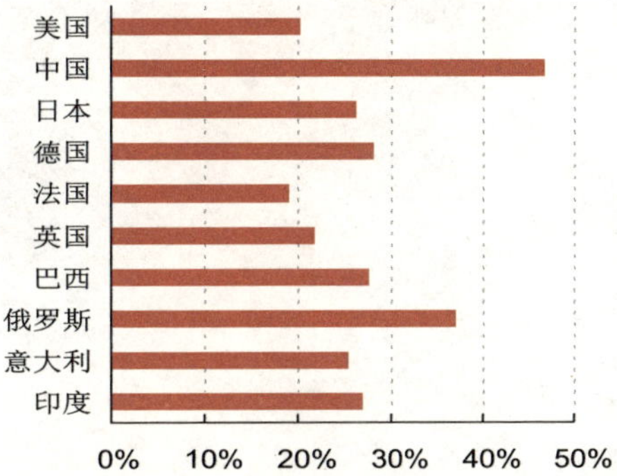

注：德国、英国、意大利数据为 2010 年，法国数据为 2009 年，其他国家为 2011 年数据。

□ 1970—2011 年世界主要经济大国工业增加值（占 GDP 的百分比）历史变化

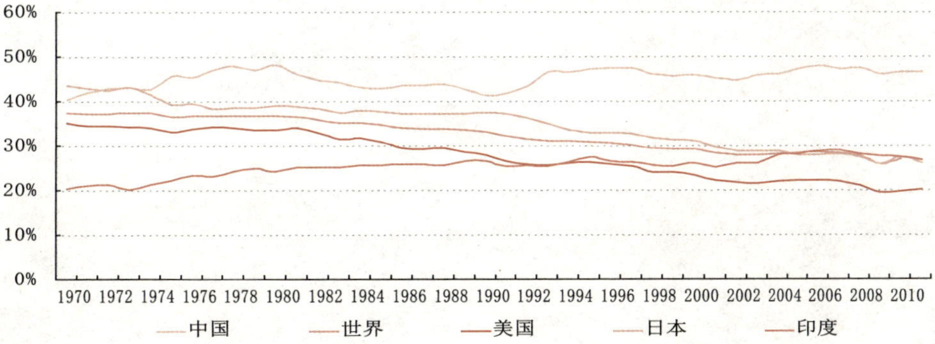

工业增加值（占 GDP 的百分比）
5
77

工业，增加值（年增长率）

工业增加值年增长率的计算基于不变价本币。总额的计算基于 2005 年不变价美元。工业与 ISIC 第 10—45 项相对应，包括制造业（ISIC 第 15—37 项）。其中包括采矿业、制造业（同时作为独立组别予以公布）、建筑业、电力、水和天然气行业中的增加值。增加值为所有产出相加再减去中间投入得出的部门的净产出。这种计算方法未扣除装配式资产的折旧或自然资源的损耗和退化。增加值的来源根据 ISIC 第 3 次修订版确定。

□ 2011 年工业增长率前 10 位国家及中国

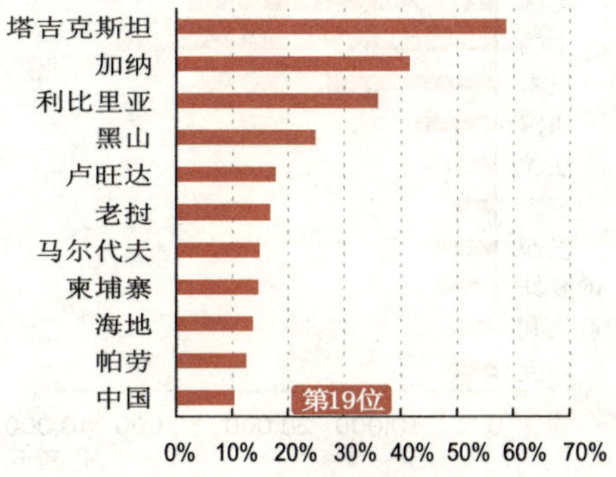

□ 2012 年 GDP 排名前 10 位国家工业增长率

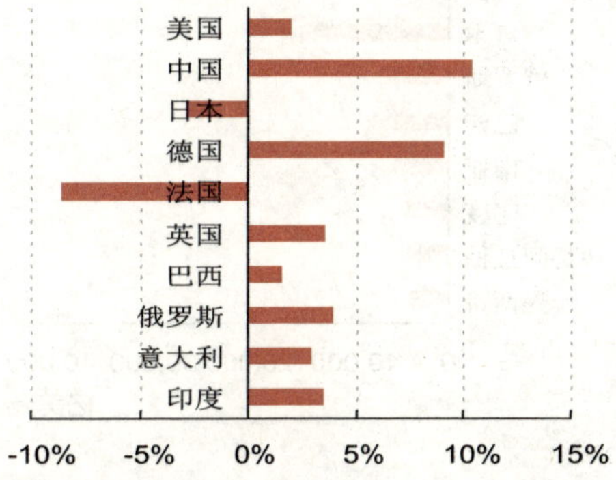

注：德国、英国、意大利为 2010 年数据，法国为 2009 年数据，其他国家为 2011 年数据。

□ 1971—2011 年中国、美国及世界工业增长率历史变化

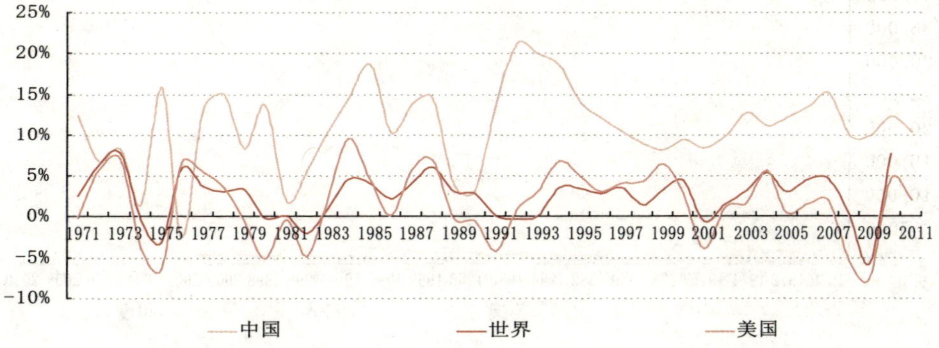

工业，增加值（现价美元）

工业与 ISIC 第 10—45 项相对应，并包括制造业（ISIC 第 15—37 项）。其中包括采矿业、制造业（同时作为独立组别予以公布）、建筑业、电力、水和天然气行业中的增加值。增加值为所有产出相加再减去中间投入得出的部门的净产出。这种计算方法未扣除装配式资产的折旧或自然资源的损耗和退化。增加值的来源根据 ISIC 第 3 次修订版确定。数据按现价美元计。

□ 2011 年工业增加值前 9 位国家

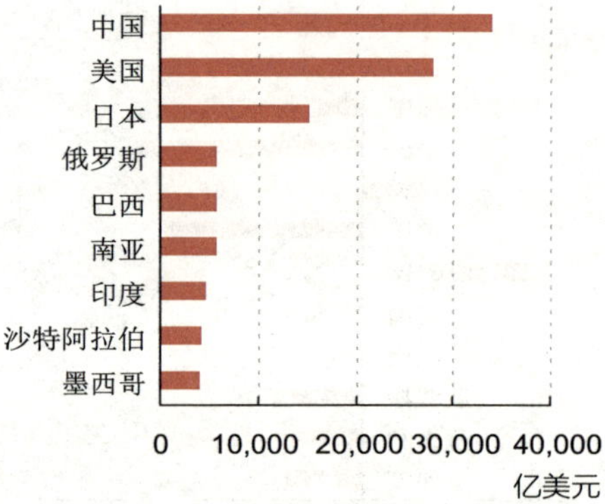

□ 2012 年 GDP 排名前 10 位国家 2011 年工业增加值

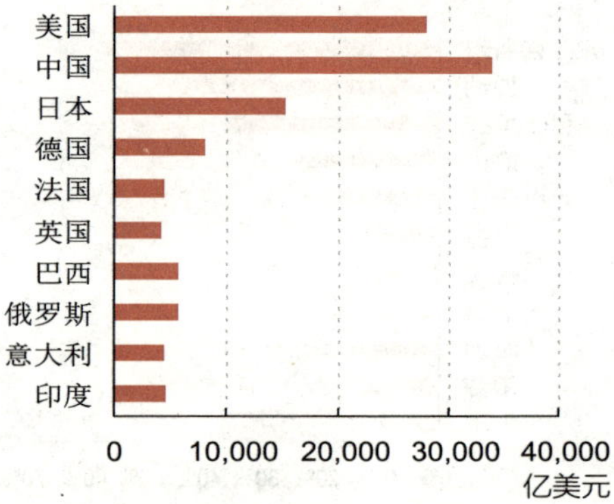

□ 1970—2011 年世界主要经济大国工业增加值历史变化

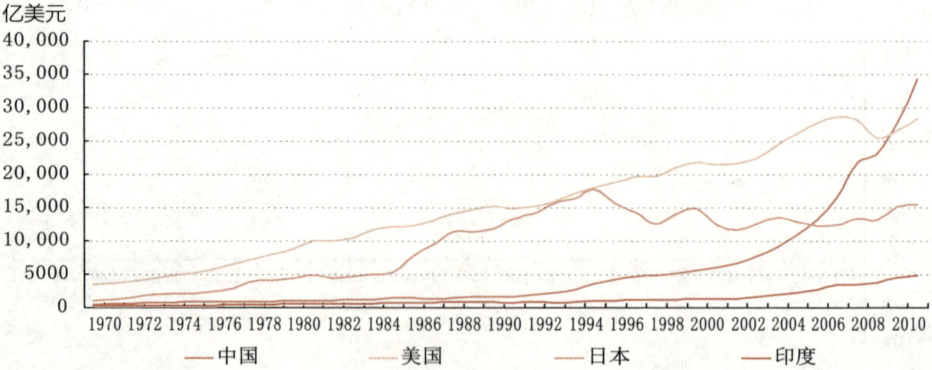

制造业，增加值（占 GDP 的百分比）

制造业是指 ISIC 中第 15—37 类的产业。增加值是一个部门在总计了各项产值并减去了中间投入之后的净产值。这种计算方法未扣除装配式资产的折旧或自然资源的损耗和退化。增加值来源是根据 ISIC 第 3 次修订版确定的。

□ 2011 年制造业增加值（占 GDP 的百分比）前 10 位国家及中国

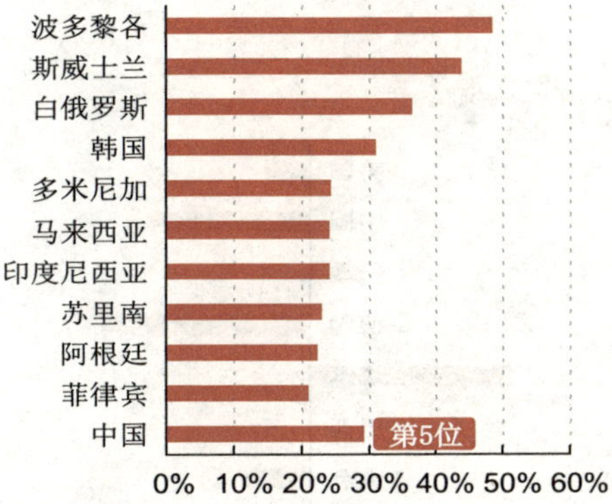

注：中国为 2010 年数据。

□ 2012 年 GDP 排名前 10 位国家制造业增加值（占 GDP 的百分比）

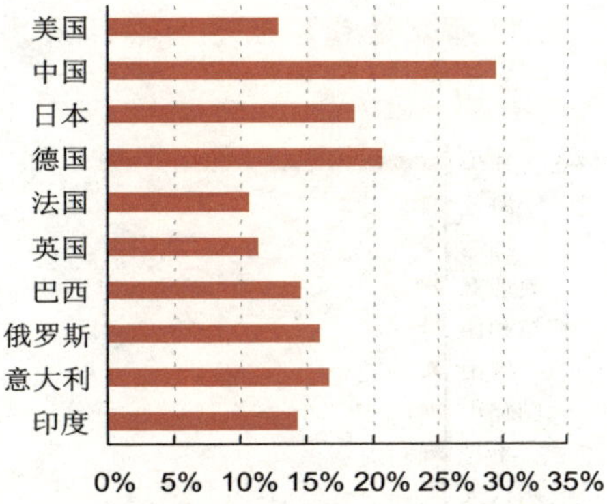

注：中国、德国、英国、意大利为 2010 年数据，法国为 2009 年数据，其他国家为 2011 年数据。

□ 1998—2011 年世界主要经济大国及世界制造业增加值（占 GDP 的百分比）历史变化

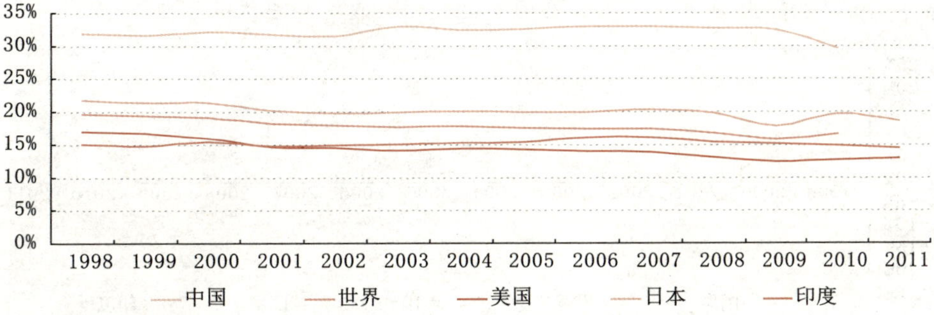

注：部分年份数据缺。

制造业，增加值（年增长百分比）

根据不变价本本币计算的制造业增加值的年增长率。总数是根据 2005 年不变价美元计算的。制造业是指属于 ISIC 中第 15–37 类的产业。增加值是一个部门在总计了各项产值并减去了中间投入之后的净产值。这种计算方法未扣除装配式资产的折旧或自然资源的损耗和退化。增加值的来源根据 ISIC 第 3 次修订版确定。

□ 2011 年制造业增长率前 9 位国家及中国

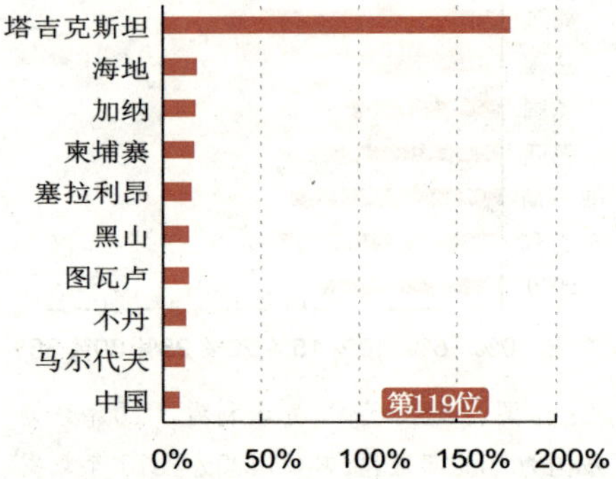

注：中国为 2010 年数据。

□ 2012 年 GDP 排名前 10 位国家制造业增长率

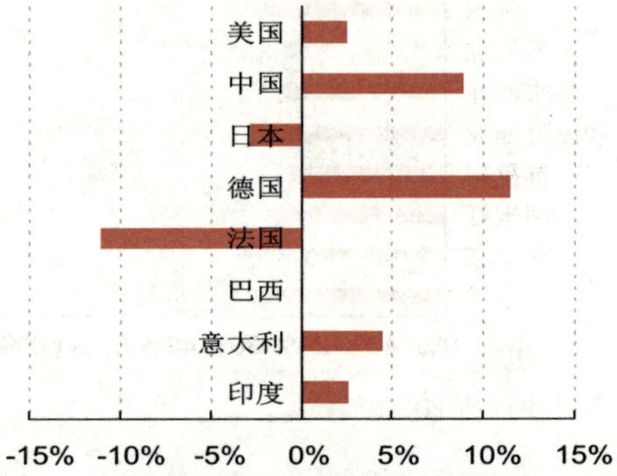

注：中国、德国、意大利为 2010 年数据，法国为 2009 年数据，英国、俄罗斯数据暂缺，其他国家为 2011 年数据。

□ 1999—2011 年世界主要经济大国及世界制造业增长率历史变化

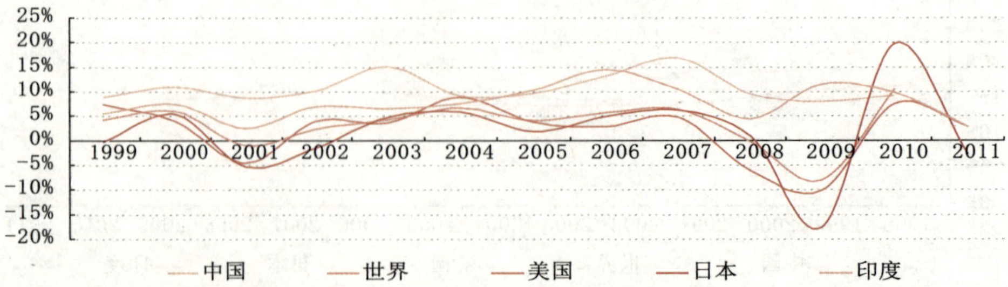

注：部分年份数据缺。

制造业，增加值（现价美元）

制造业是指属于 ISIC 中第 15—37 类的产业。增加值是一个部门在总计了各项产值并减去了中间投入之后的净产值。这种计算方法未扣除装配式资产的折旧或自然资源的损耗和退化。增加值的来源根据 ISIC 第 3 次修订版确定。数据按现价美元计。

□ 2011 年制造业增加值前 10 位国家和组织及中国

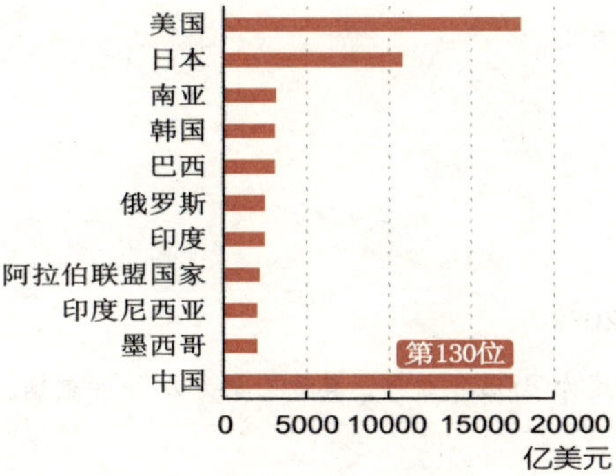

注：中国为 2010 年数据。

□ 2012 年 GDP 排名前 10 位国家制造业增加值

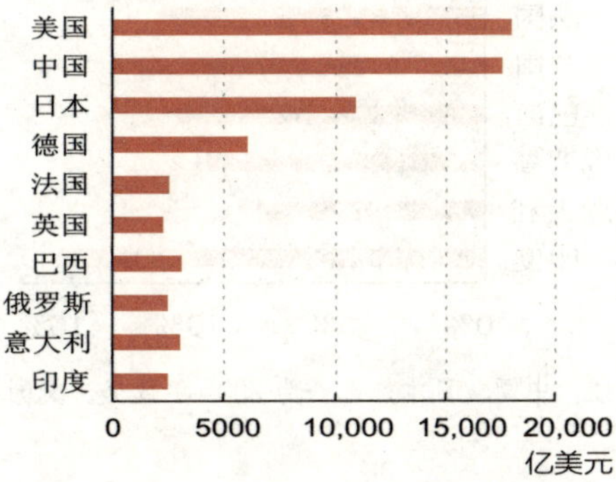

注：中国、德国、英国、意大利为 2010 年数据，法国为 2009 年数据，其他国家为 2011 年数据。

□ 1998—2010 年世界主要经济大国制造业增加值历史变化

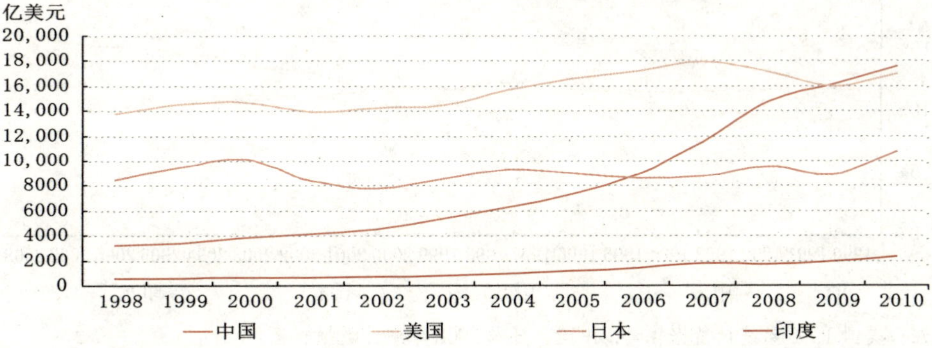

化学品（占制造业增加值的百分比）

制造业增加值为总产出之和减去用于生产（针对国际标准行业分类第 3 项对应的行业）的中间产品的价值。化学品包含 ISIC 的第 351 组和第 352 组。

□ 2012 年 GDP 排名前 10 位国家化学品（占制造业增加值的百分比）

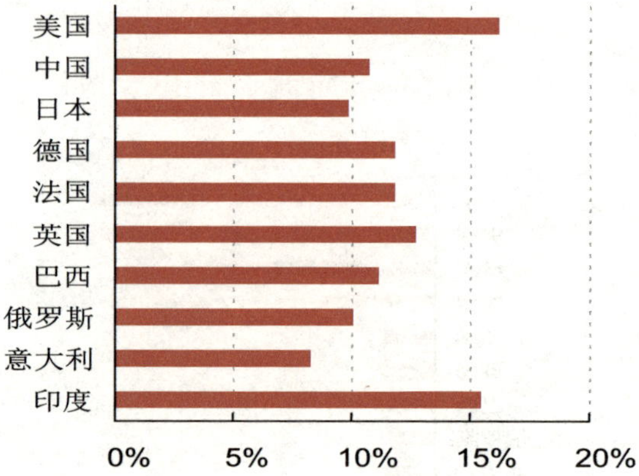

注：中国、日本、巴西为 2007 年数据，美国、印度为 2008 年数据，其他国家为 2009 年数据。

□ 1990—2008 年世界主要经济大国化学品（占制造业增加值的百分比）历史变化

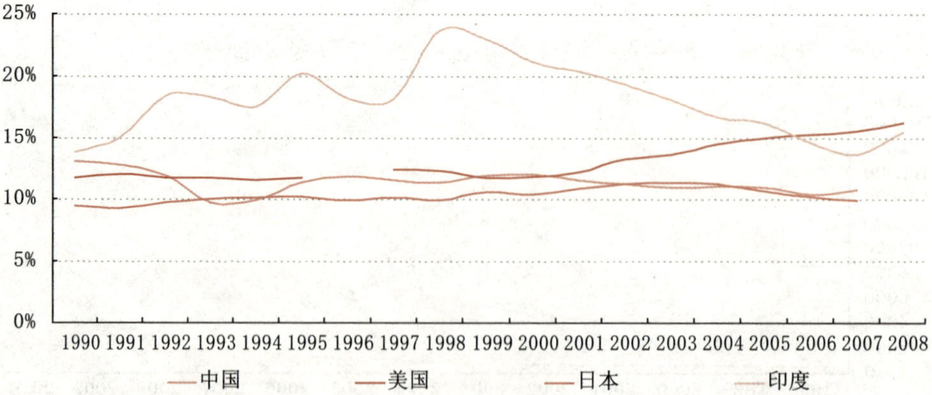

注：美国 1996 年统计数据暂无，中国、日本 2008 年统计数据暂无。

食品、饮料和烟草（占制造业增加值的百分比）

制造业增加值等于总产出之和减去用于生产（针对 ISIC 第 3 项对应的行业）的中间产品投入值。食品、饮料和烟草构成 ISIC 的第 31 章。

□ 2012 年 GDP 排名前 10 位国家食品、饮料和烟草（占制造业增加值的百分比）

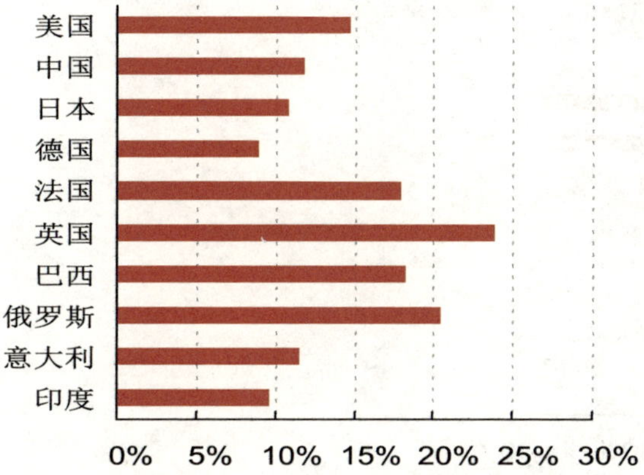

注：美国、印度为 2008 年数据，中国、日本、巴西为 2007 年数据，其他国家为 2009 年数据。

□ 1990—2008 年世界主要经济大国食品、饮料和烟草（占制造业增加值的百分比）历史变化

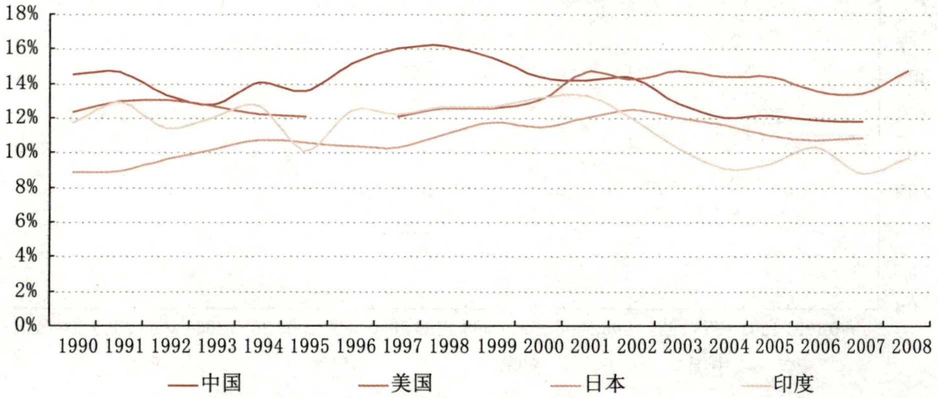

注：美国 1996 年统计数据暂无，中国、日本 2008 年统计数据暂无。

机械和运输设备（占制造业增加值的百分比）

制造业增加值是 ISIC 中划分的第 3 大类产业的毛产值总额减去生产中使用的中间投入的价值。机械和运输设备包括在 ISIC 的第 382–84 组内。

□ 2012 年 GDP 排名前 10 位国家机械和运输设备（占制造业增加值的百分比）

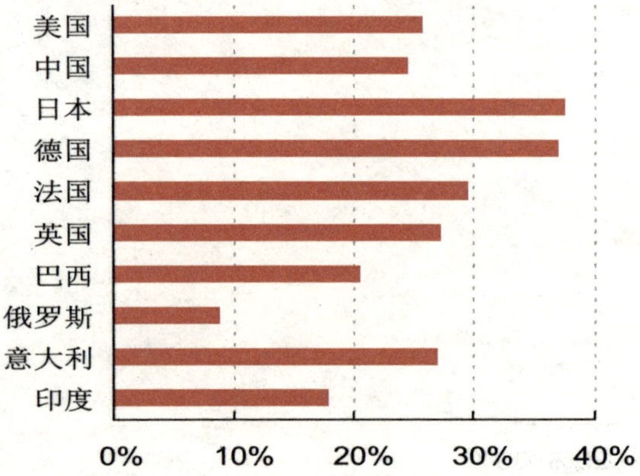

注：中国、日本、巴西为 2007 年数据，美国、印度为 2008 年数据，其他国家为 2009 年数据。

□ 1990—2008 年世界主要经济大国机械和运输设备（占制造业增加值的百分比）历史变化

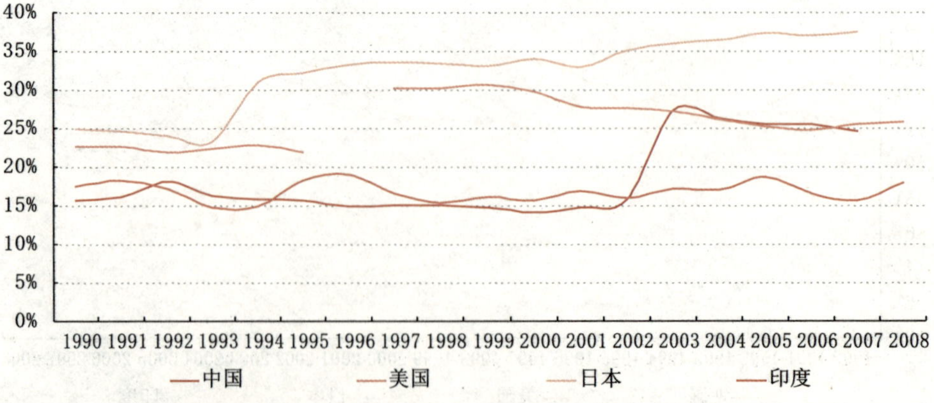

注：美国 1996 年统计数据暂无，中国、日本 2008 年统计数据暂无。

服务等，附加值（占 GDP 的百分比）

与 ISIC 第 50—99 类相对应的服务，包括产生附加值的批发和零售贸易（包括酒店和饭店），运输、政府、金融、专业和个人服务，例如教育、医疗卫生及房地产服务。此外还包括设算银行利息，进口税以及国家编纂机构发现的统计偏差和指标调整。增加值为所有产出相加再减去中间投入得出的部门的净产出。这种计算方法未扣除装配式资产的折旧或自然资源的损耗和退化。附加值的产业来源应根据 ISIC 第 3 次修订版来判定。

□ 2011 年服务等附加值（占 GDP 的百分比）前 10 位国家和地区及中国

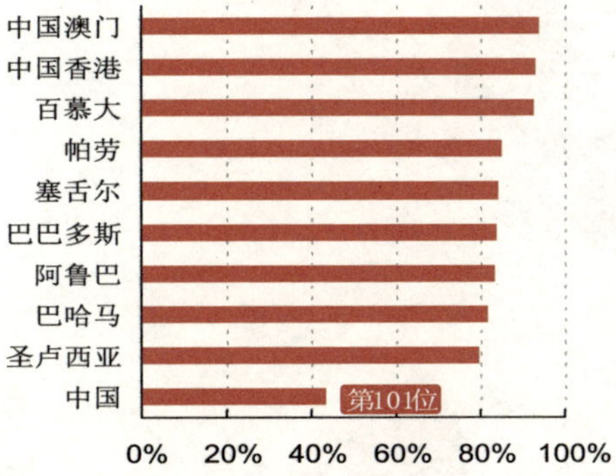

□ 2012 年 GDP 排名前 10 位国家服务等附加值（占 GDP 的百分比）

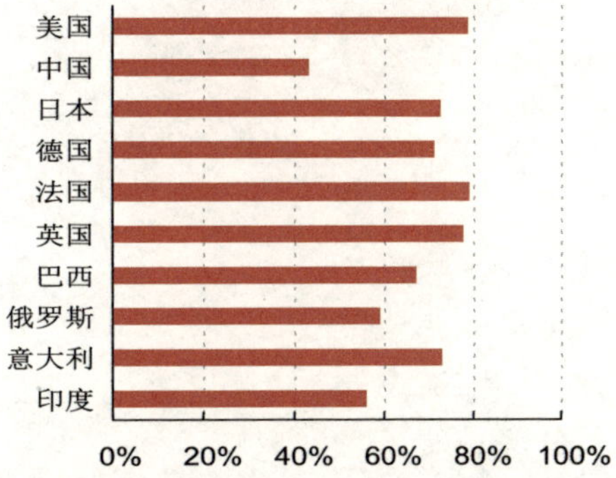

注：德国、英国、意大利为 2010 年数据，法国为 2009 年数据，其他国家为 2011 年数据。

□ 1970—2011 年世界主要经济大国及世界服务等附加值（占 GDP 的百分比）历史变化

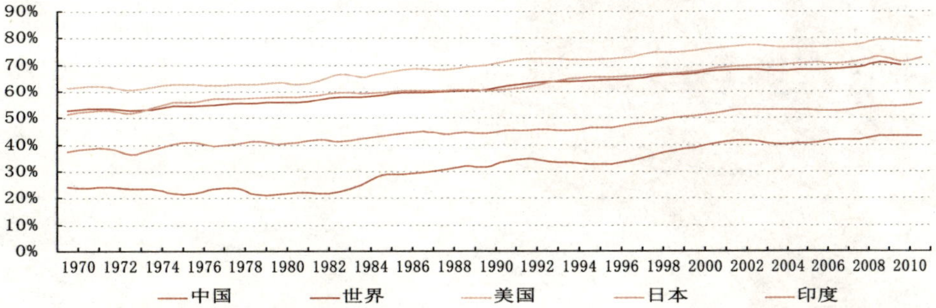

服务等，附加值（占GDP的比例）
20
94

服务等，附加值（年增长率）

按本地货币不变价值计的服务附加值年增长率。总计值是基于 2005 年美元的不变价值。服务类别与 ISIC 的第 50—99 类相对应。其中包括产生附加值的批发和零售贸易（包括酒店和饭店），运输、政府、金融、专业和个人服务，例如教育、医疗卫生及房地产服务。此外还包括设算银行利息，进口税以及国家编纂机构发现的统计偏差和指标调整。增加值为所有产出相加再减去中间投入得出的部门的净产出。这种计算方法未扣除装配式资产的折旧或自然资源的损耗和退化。附加值的产业来源应根据 ISIC 第 3 次修订版来判定。

□ 2011 年服务等附加值年增长率前 10 位及中国

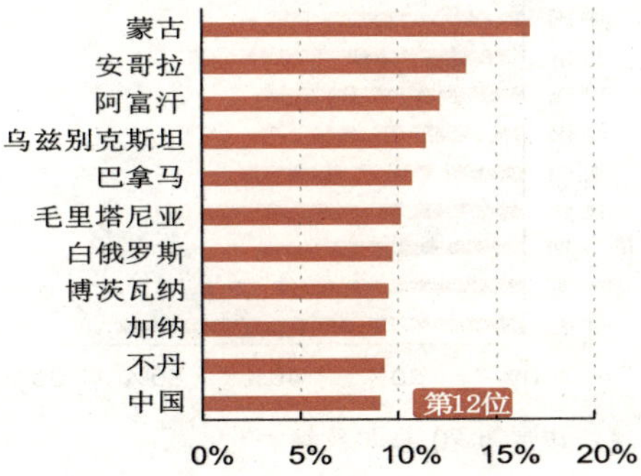

□ 2012 年 GDP 排名前 10 位国家服务等附加值年增长率

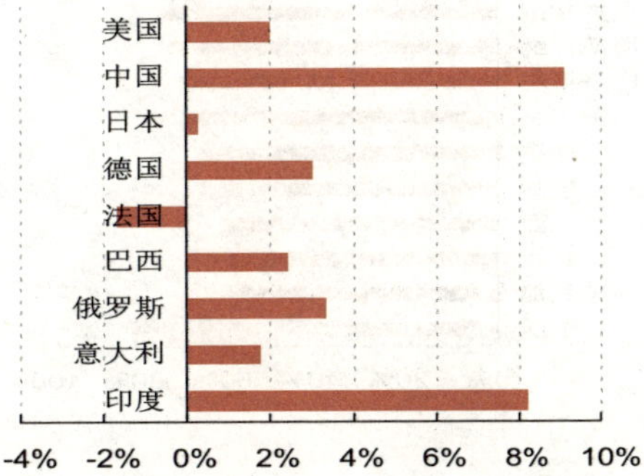

注：德国、意大利为 2010 年数据，法国为 2009 年数据，英国数据暂无，其他国家为 2011 年数据。

□ 1971—2011 年中国、美国及世界服务等附加值年增长率历史变化

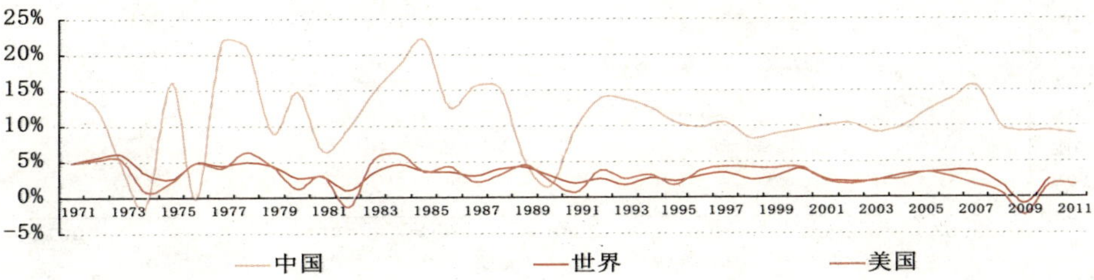

注：部分年份数据缺。

通信、计算机等（占服务出口额的百分比，BoP）

通信、计算机、信息和其他服务（占服务出口额的百分比，BoP）包括国际电信、邮政和速递服务；计算机数据；居民和非居民之间的新闻相关服务交易；建筑服务；版税和特许权费；杂项、专业和技术服务；个人、文化和娱乐服务；以及别处未包括的政府服务。服务出口指生产、转移和消费可能同时进行的无形商品的经济输出。服务业国际交易的定义出自国际货币基金组织（IMF）1993年《国际收支手册》，各报告经济体的定义可能会有差异。

□ 2012年通信、计算机等（占服务出口额的百分比）前10位国家及中国

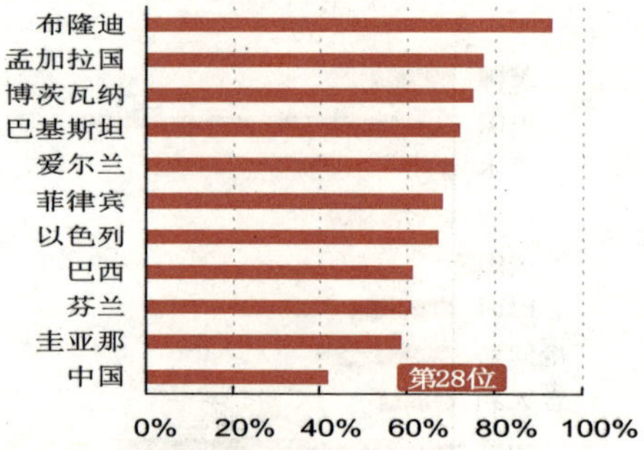

□ 2012年GDP排名前10位国家通信、计算机等（占服务出口额的百分比）

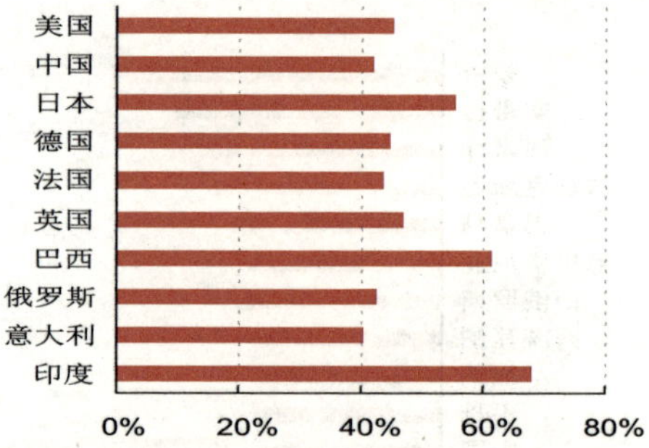

注：印度为2010年数据。

□ 2005—2012年世界主要经济大国及世界通信、计算机等（占服务出口额的百分比）历史变化

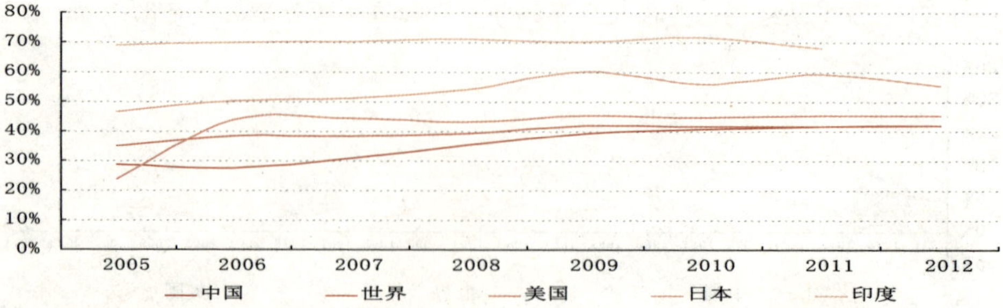

注：部分年份数据缺。

通信、计算机等（占服务进口额的百分比，BoP）

通信、计算机、信息和其他服务（占服务进口额的百分比，BoP）包括国际电信、邮政和速递服务；计算机数据；居民和非居民之间的新闻相关服务交易；建筑服务；版税和特许权费；各种商业、专业和技术服务；个人、文化和娱乐服务；以及别处未包括的政府服务。服务进口指生产、转移和消费可能同时进行的无形商品的经济输入。服务业国际交易的定义出自国际货币基金组织（IMF）1993 年《国际收支手册》，各报告经济体的定义可能会有差异。

□ 2012 年通信、计算机等（占服务进口额的百分比）前 10 位国家及中国

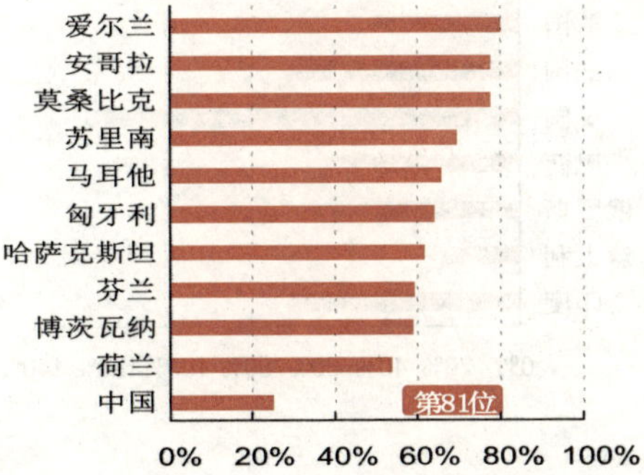

□ 2012 年 GDP 排名前 10 位国家通信、计算机等（占服务进口额的百分比）

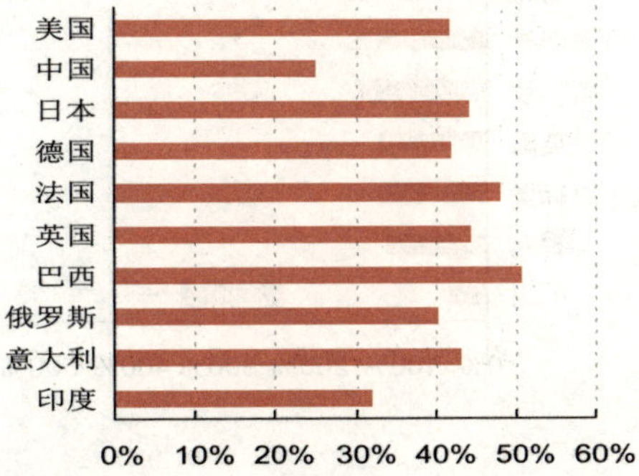

注：印度为 2011 年数据。

□ 2005—2012 年世界主要经济大国及世界通信、计算机等（占服务进口额的百分比）历史变化

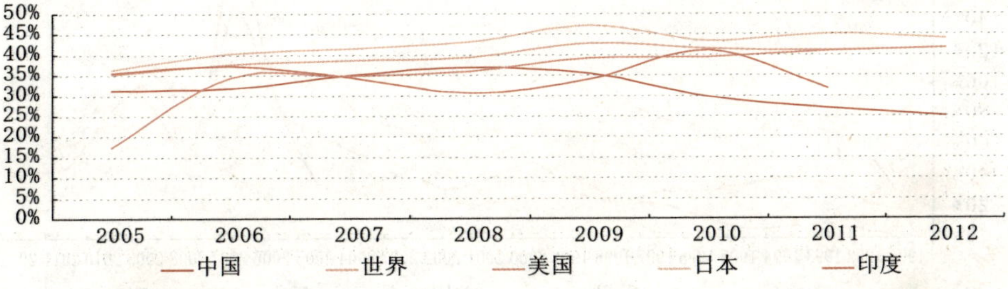

注：部分年份数据缺。

上市公司的市场资本总额（占服务出口额的百分比，BoP）

市场资本总额（也称作市场价值）是股票价格乘以已发行股票的数量。国内上市公司是指截至年末在国内注册成立的公司在该国股票交易所挂牌的数量。上市公司不包括投资公司、共同基金或其他集体投资工具。

□ 2012 年上市公司的市场资本总额（占服务出口额的百分比）前 8 位国家和地区及中国

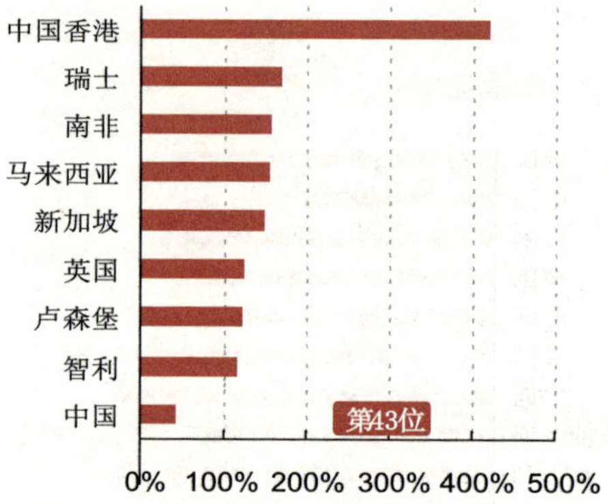

□ 2012 年 GDP 排名前 10 位国家上市公司的市场资本总额（占服务出口额的百分比）

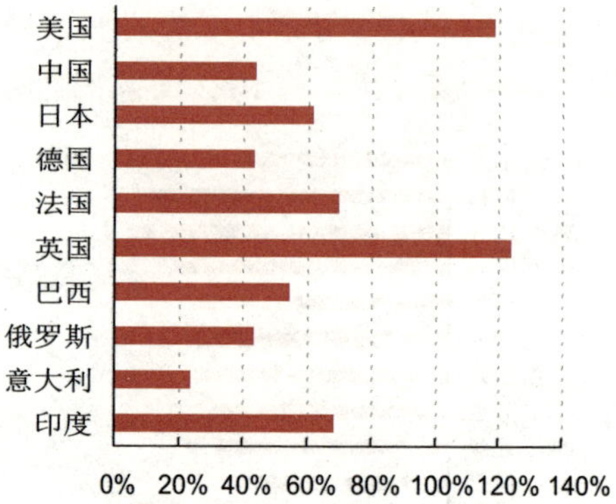

□ 1991—2012 年世界主要经济大国及世界上市公司的市场资本总额（占服务出口额的百分比）历史变化

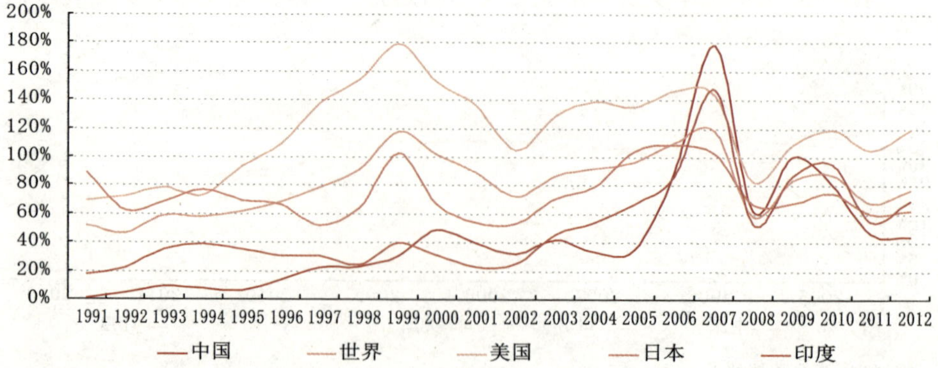

上市公司的市场资本总额（现价美元）

市场资本总额（也称作市场价值）是股票价格乘以已发行股票的数量。国内上市公司是指截至年末在国内注册成立的公司在该国股票交易所挂牌的数量。上市公司不包括投资公司、共同基金或其他集体投资工具。数据按现价美元计。

□ 2012 年上市公司的市场资本总额前 10 位国家

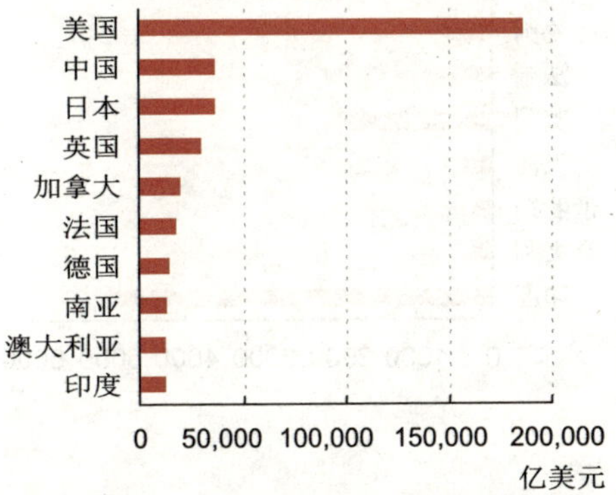

□ 2012 年 GDP 排名前 10 位国家上市公司的市场资本总额

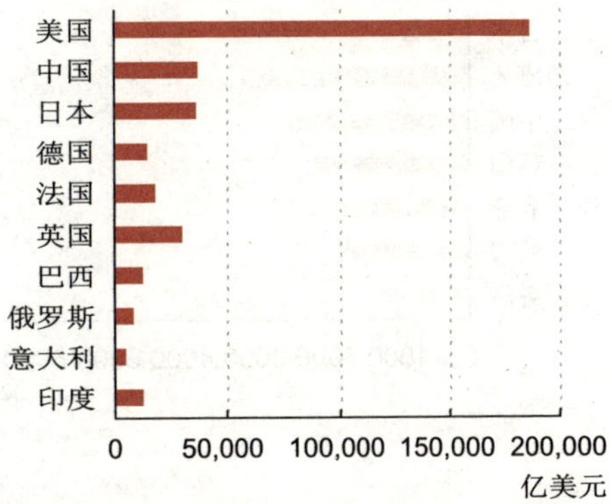

□ 1991—2012 年世界主要经济大国上市公司的市场资本总额历史变化

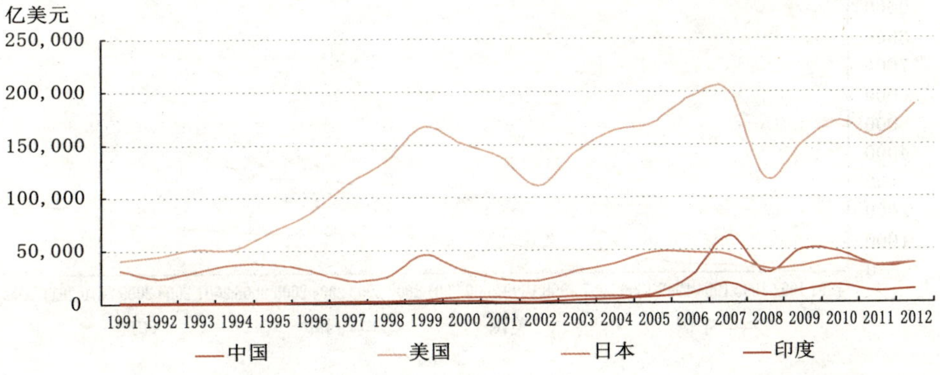

国内上市公司，总数

国内上市公司是指截至年末在国内注册成立的公司在该国股票交易所挂牌的数量。此项指标不包括投资公司、共同基金或其他集体投资工具。

□2012年国内上市公司总数前10位国家和地区

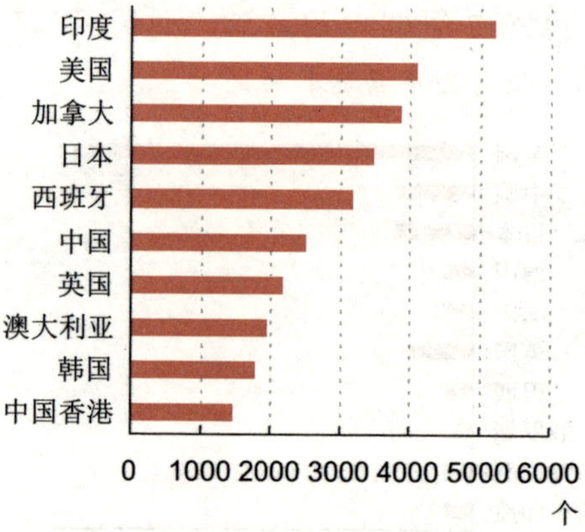

□2012年GDP排名前10位国家国内上市公司总数

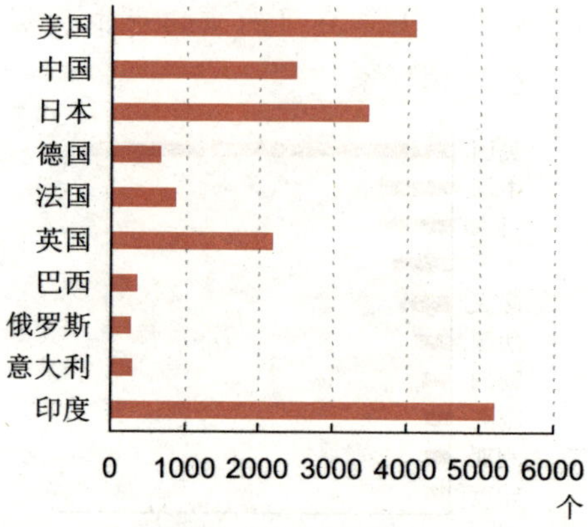

□1961—2012年世界主要经济大国国内上市公司总数历史变化

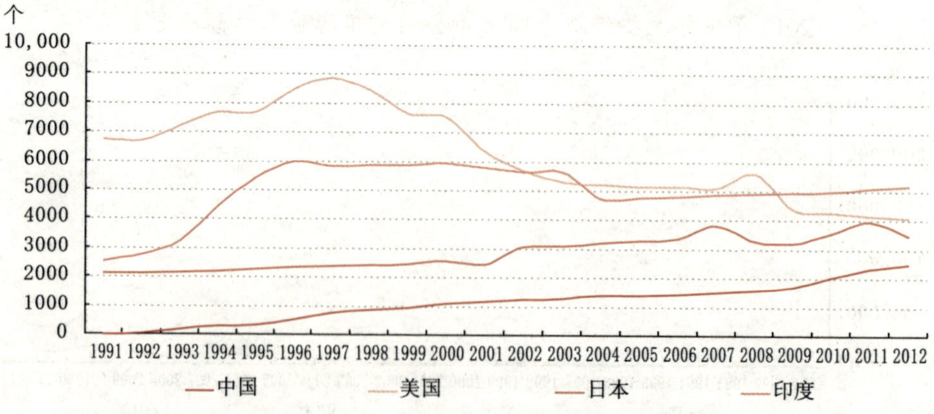

股票交易总额（占 GDP 的百分比）

股票交易额指一定时期内股票交易总额。该指数可体现出市场规模是否与交易规模相匹配，从而对“市场资本化比率”这一指标进行补充。

□ 2012 年股票交易总额（占 GDP 的百分比）前 10 位国家和地区

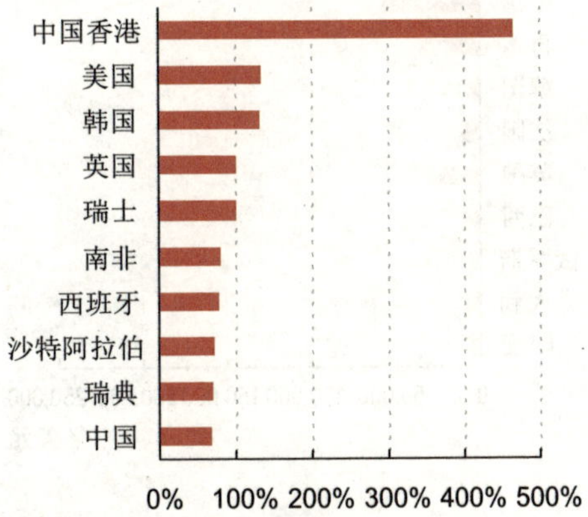

□ 2012 年 GDP 排名前 10 位国家股票交易总额（占 GDP 的百分比）

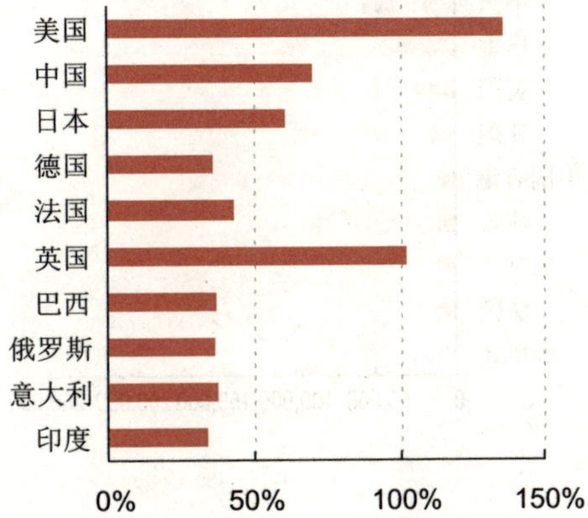

□ 1991—2012 年世界主要经济大国及世界股票交易总额（占 GDP 的百分比）历史变化

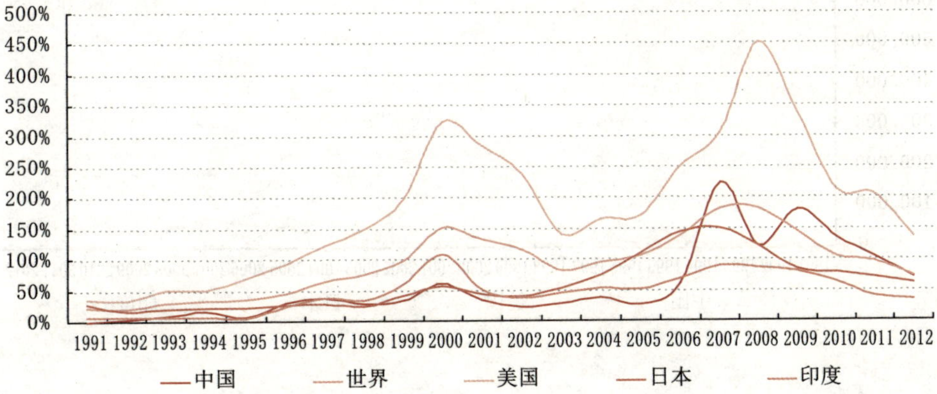

股票交易总额（按现值美元计）

股票交易额指一定时期内股票交易总额。

□ 2012 年股票交易总额前 10 位国家和地区

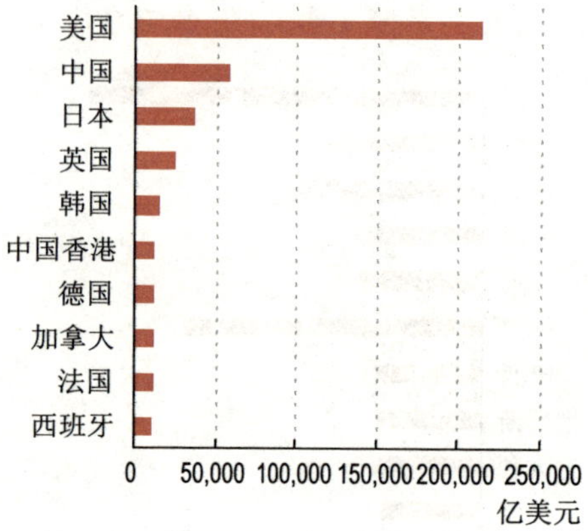

□ 2012 年 GDP 排名前 10 位国家股票交易总额

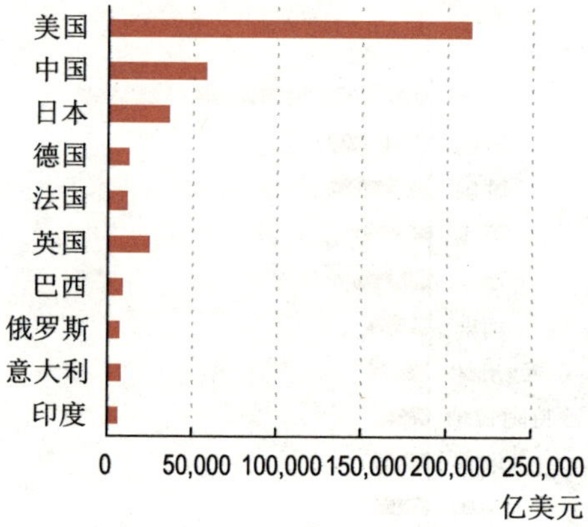

□ 1991—2012 年世界主要经济大国股票交易总额历史变化

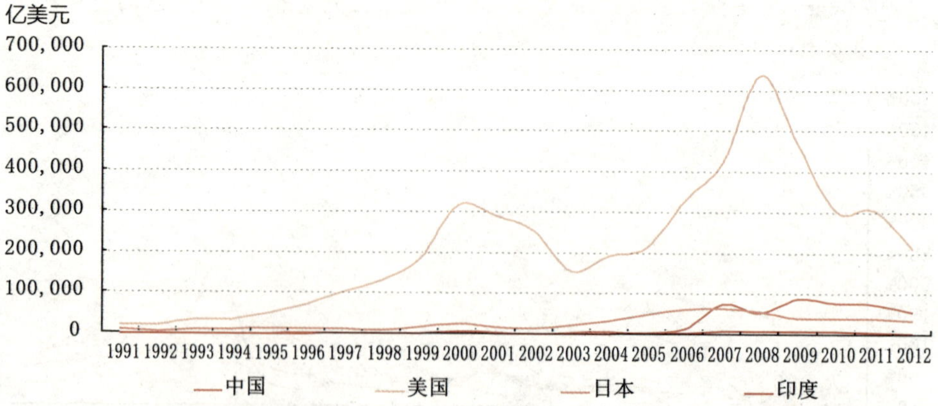

银行不良贷款与贷款总额的比率（百分比）

银行不良贷款与贷款总额的比率为不良贷款额除以贷款组合总额（包括扣除专项贷款损失准备金之前的不良贷款）。记录为不良贷款的贷款金额应为资产负债表上记录的贷款总额，而不仅仅是逾期金额。

□ 2012 年银行不良贷款与贷款总额的比率前 10 位国家及中国

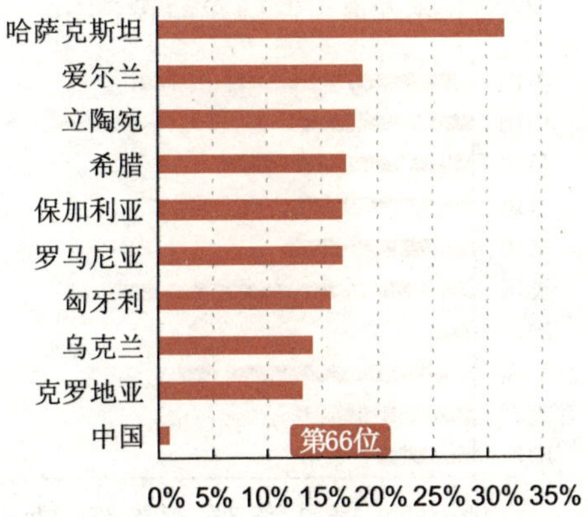

□ 2012 年 GDP 排名前 10 位国家银行不良贷款与贷款总额的比率

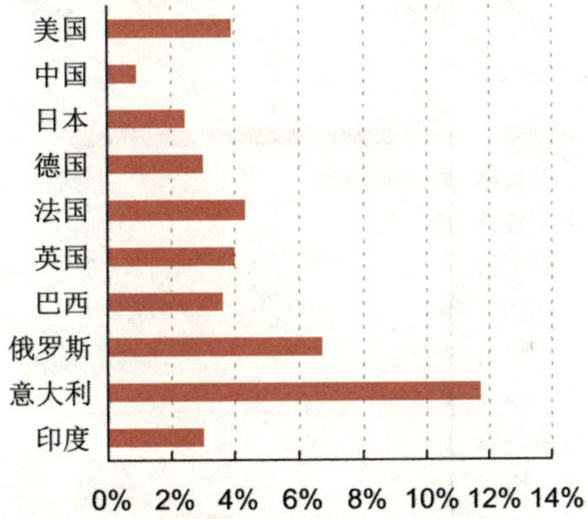

□ 2000—2012 年世界主要经济大国及世界银行不良贷款与贷款总额的比率历史变化

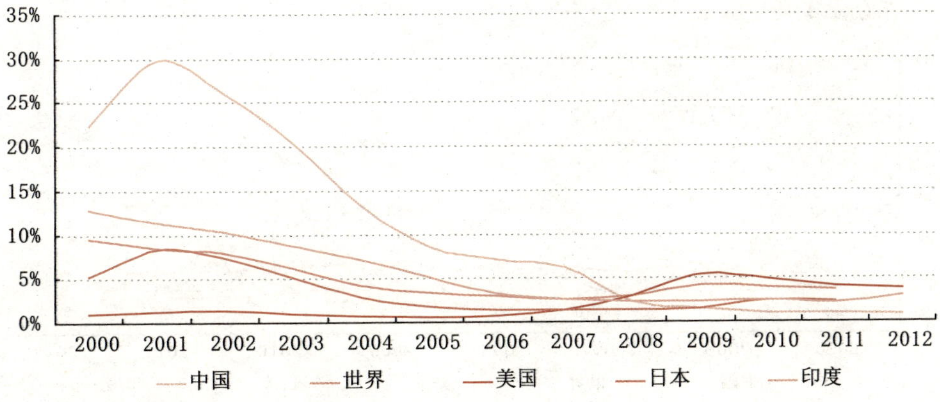

注：部分年份数据缺。

对外直接投资净流出（占 GDP 的百分比）

外国直接投资是指投资者为获得在另一经济体中运作的企业的永久性管理权益（10% 以上表决权）所做的投资的净流入。它是股权资本、收益再投资、其他长期资本以及国际收支平衡表中显示的短期资本之和。此系列显示报告经济体对世界其他国家的投资净流出并除以 GDP。

□ 2012 年对外直接投资净流出（占 GDP 的百分比）前 9 位国家和地区及中国

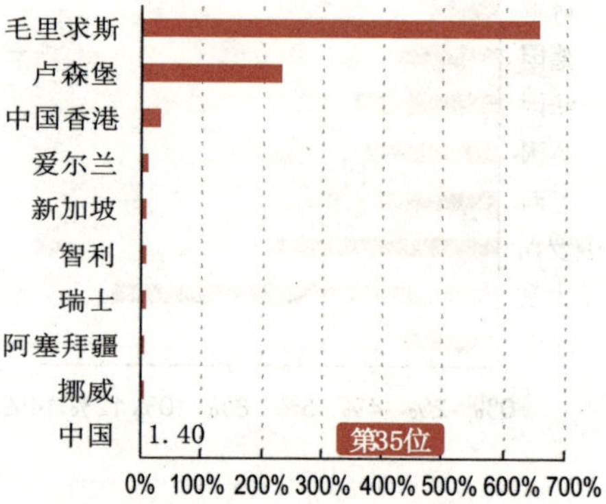

□ 2012 年 GDP 排名前 10 位国家对外直接投资净流出（占 GDP 的百分比）

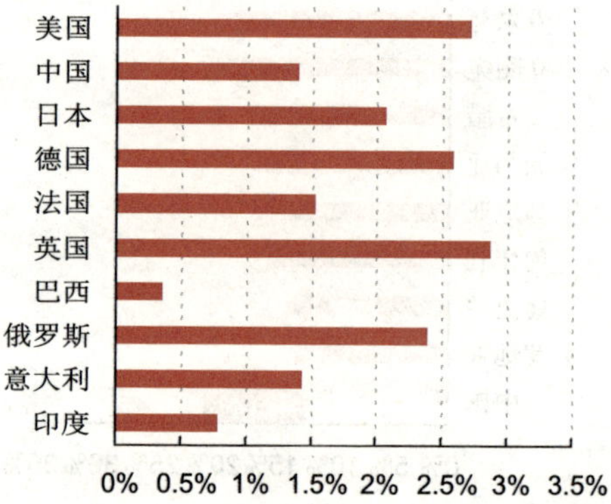

注：印度为 2010 年数据。

□ 2005—2012 年世界主要经济大国及世界对外直接投资净流出（占 GDP 的百分比）历史变化

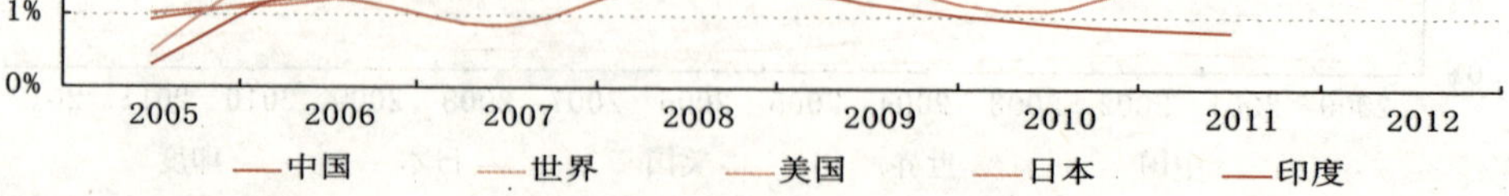

注：部分年份数据缺。

社会事业与消除贫困

公共医疗卫生支出（占 GDP 的百分比）

公共医疗卫生支出由政府（中央和地方）预算中的经常性支出和资本支出、外部借款和赠款（包括国际机构和非政府组织的捐赠）以及社会（或强制）医疗保险基金构成。

□ 2011 年公共医疗卫生支出（占 GDP 的百分比）前 10 位国家及中国

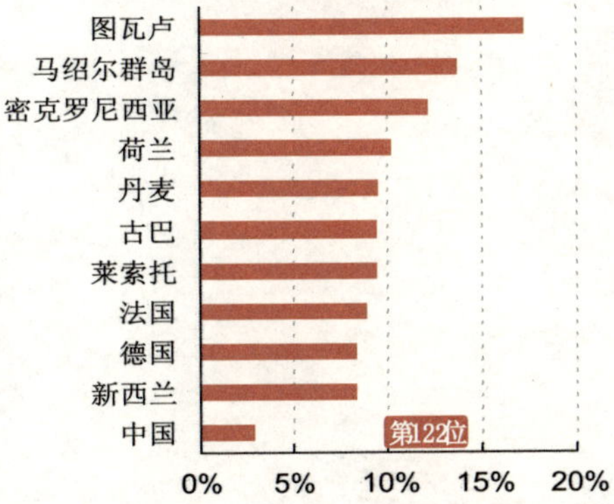

□ 2012 年 GDP 排名前 10 位国家 2011 年公共医疗卫生支出（占 GDP 的百分比）

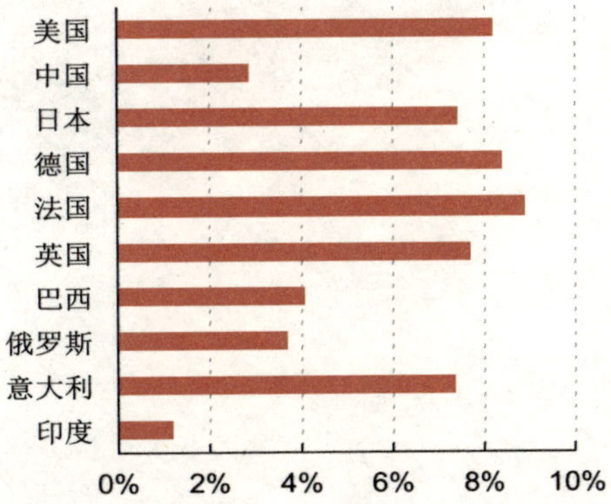

□ 1995—2011 年世界主要经济大国及世界公共医疗卫生支出（占 GDP 的百分比）历史变化

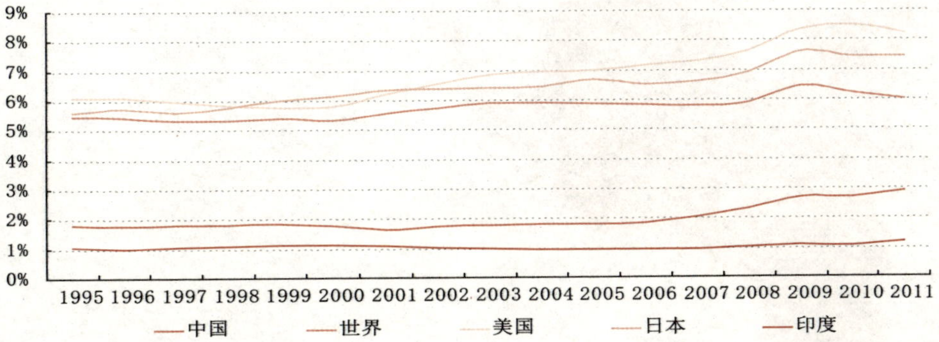

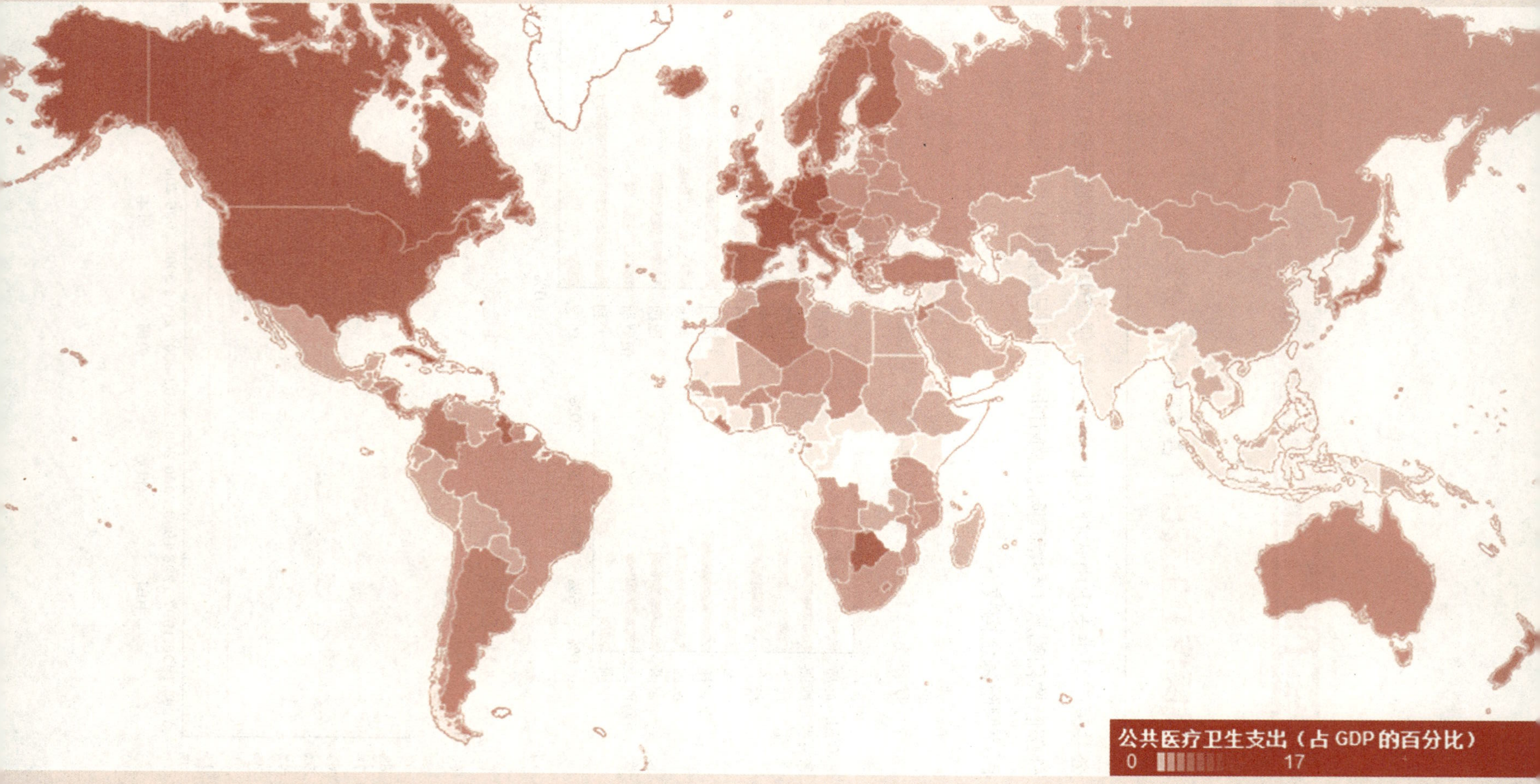
公共医疗卫生支出（占 GDP 的百分比）
0
17

公共医疗卫生支出（占医疗总支出的百分比）

公共医疗卫生支出由政府（中央和地方）预算中的经常性支出和资本支出、外部借款和赠款（包括国际机构和非政府组织的捐赠）以及社会（或强制）医疗保险基金构成。医疗卫生总支出为公共医疗卫生支出与私营医疗卫生支出之和，涵盖医疗卫生服务（预防和治疗）、计划生育、营养项目、紧急医疗救助，但是不包括饮用水和卫生设施提供。

□ 2011年公共医疗卫生支出（占医疗总支出的百分比）前10位国家及中国

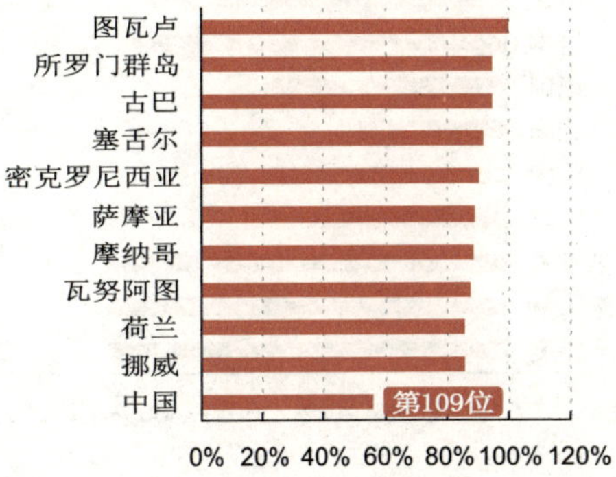

□ 2012年GDP排名前10位国家2011年公共医疗卫生支出（占医疗总支出的百分比）

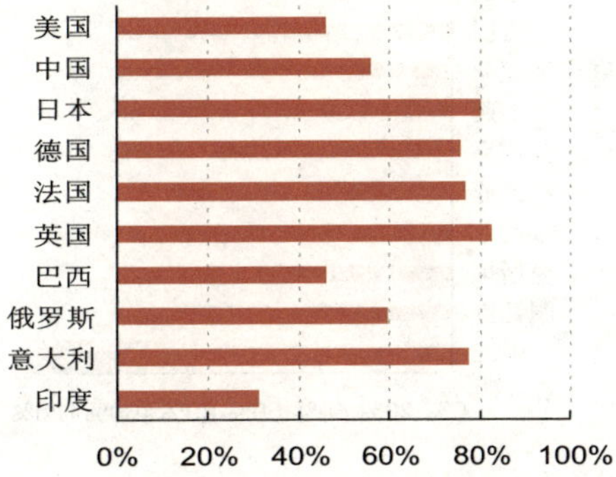

□ 1995—2011年世界主要经济大国公共医疗卫生支出（占医疗总支出的百分比）历史变化

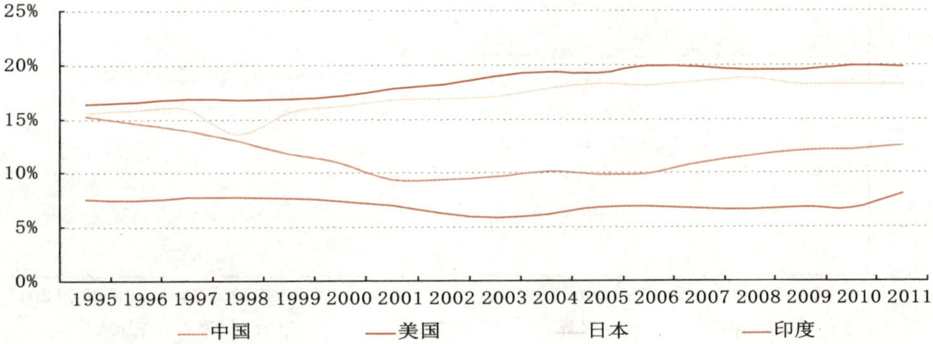

个人自付的医疗卫生支出（占个人医疗卫生支出的百分比）

个人自付的医疗卫生支出是居民的一项直接支出，包括花费在医疗从业人员和药品供应商、治疗器械以及其他货物和服务上的礼金和实物支出，其主要目的是帮助恢复和改善个人或人口群体的健康状况。它是个人医疗卫生支出的一部分。

□ 2011 年个人自付的医疗卫生支出（占个人医疗卫生支出的百分比）前 10 位国家及中国

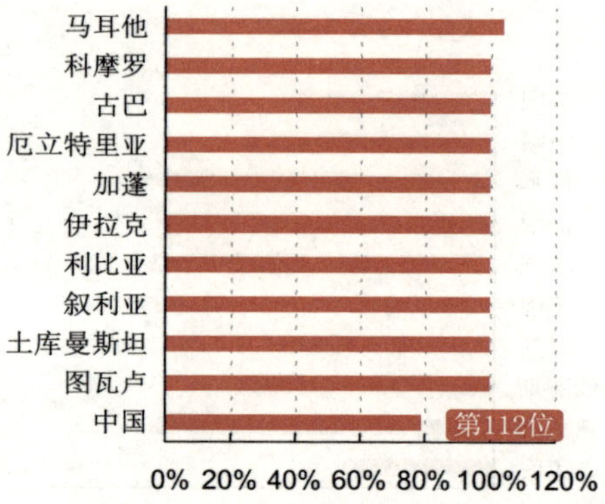

□ 2012 年 GDP 排名前 10 位国家 2011 年个人自付的医疗卫生支出（占个人医疗卫生支出的百分比）

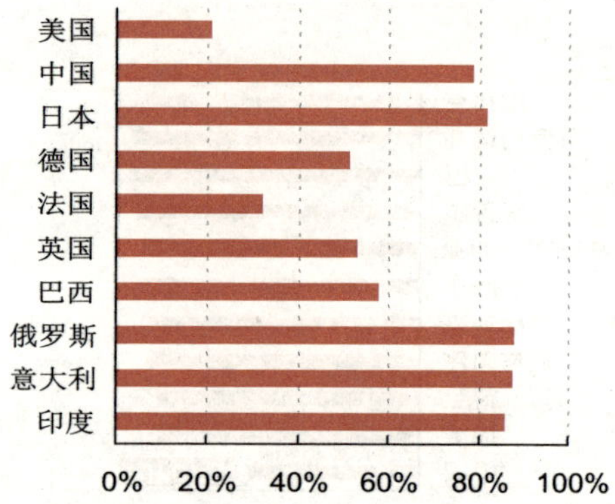

□ 1995—2011 年世界主要经济大国个人自付的医疗卫生支出（占个人医疗卫生支出的百分比）历史变化

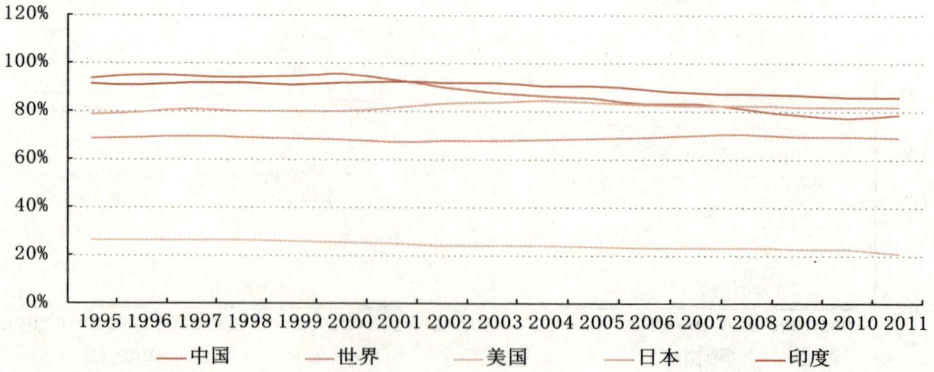

个人自付的医疗卫生支出（占个人医疗卫生支出的百分比）
1
104

人均医疗卫生支出（现价美元）

人均医疗卫生支出为公共和与私营卫生支出之和与总人口的比率，涵盖医疗卫生服务（预防和治疗）、计划生育、营养项目、紧急医疗救助，但是不包括饮用水和卫生设施提供。数据按现价美元计。

□ 2011 年人均医疗卫生支出前 10 位国家及中国

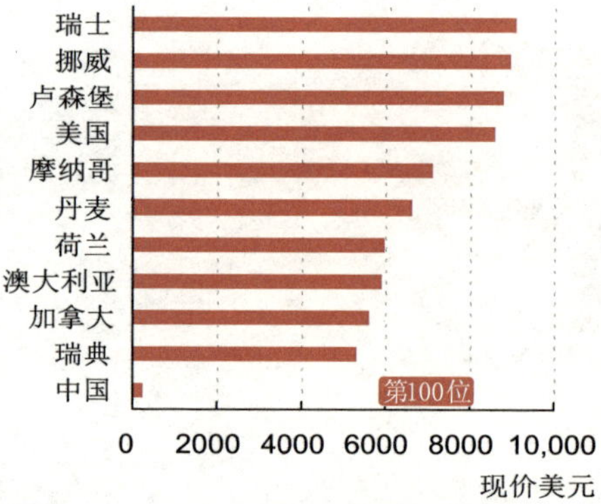

□ 2012 年 GDP 排名前 10 位国家人均医疗卫生支出

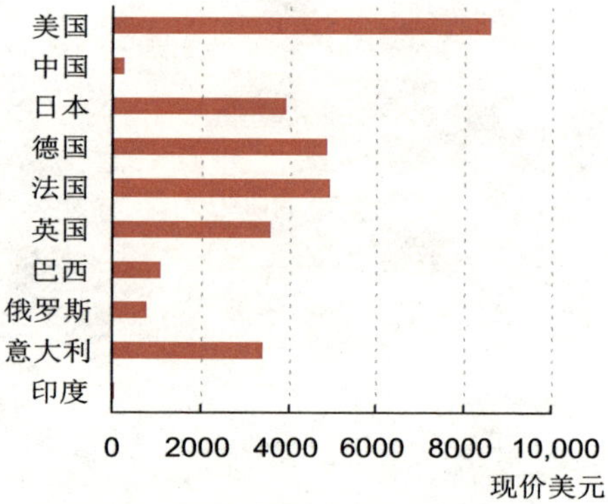

注：日本为 2010 年数据，其他国家为 2011 年数据。

□ 1995—2011 年世界主要经济大国人均医疗卫生支出历史变化

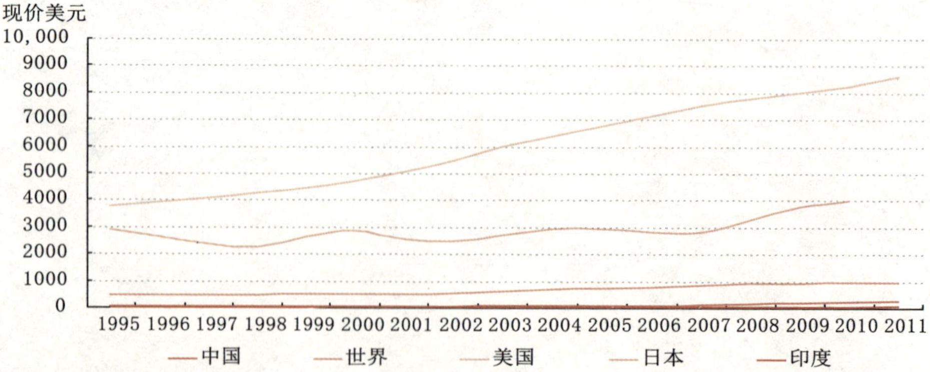

注：日本统计数据暂到 2010 年。

城市改善的卫生设施（获得经改善卫生设施的城市人口所占百分比）

获得经改善卫生设施是指具有最基本的处理排泄物设施的人口所占的比例，这些设施能够有效防止人畜及蚊蝇与排泄物接触。经改善的卫生设施包括从简单但有防护的厕坑到连通污水管道的直冲式厕所。为了保证有效，卫生设施的修建方式必须正确并得到适当维护。

□ 2011 年城市改善的卫生设施（获得经改善卫生设施的城市人口所占百分比）前 10 位国家及中国

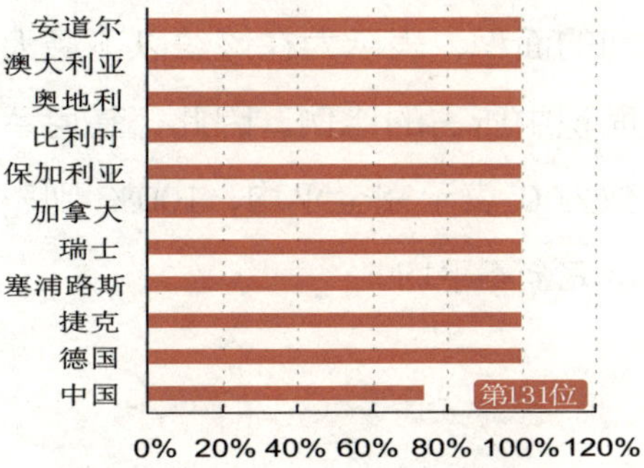

□ 2012 年 GDP 排名前 10 位国家城市改善的卫生设施（获得经改善卫生设施的城市人口所占百分比）

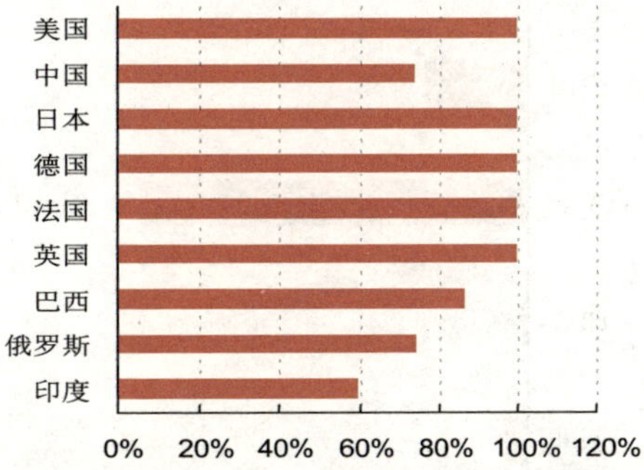

注：意大利数据暂无，其他国家为 2011 年数据。

□ 1990—2011 年世界主要经济大国城市改善的卫生设施（获得经改善卫生设施的城市人口所占百分比）历史变化

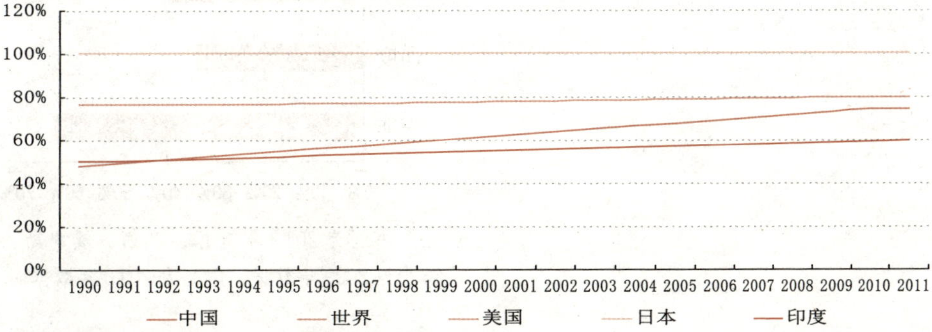

注：美国历年值均为 99.8，日本历年值均为 100。

社区卫生服务人员（每千人）

社区卫生服务人员包括各类社区卫生助理，其中很多人员具有国家特有的职称，例如社区卫生官员、社区卫生教育人员、家庭保健人员、女性卫生服务人员和卫生服务推广人员。

□ “金砖五国”社区卫生服务人员

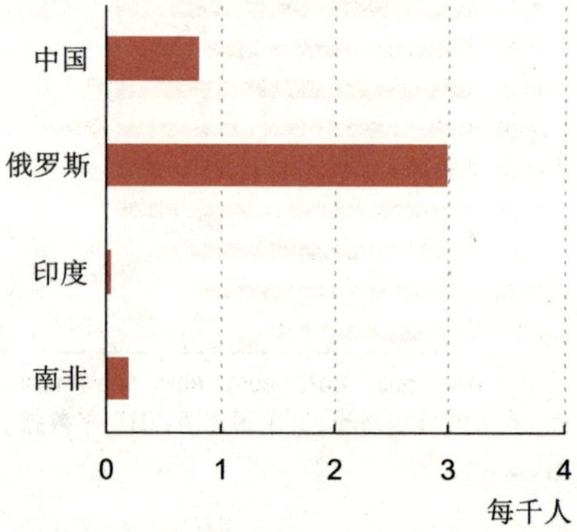

注：中国为2010年数据，俄罗斯为2000年数据，印度为2005年数据，南非为2004年数据，巴西数据暂无。

基尼（GINI）系数

基尼系数用于衡量一个经济体中在个人或家庭中的收入分配（在某些情况下是消费支出）偏离完全平均分配的程度。洛伦兹曲线标示出总收入累积百分比与收入获得者累积人数的相对关系，曲线的起点为最贫困的个人或家庭。基尼系数测算洛伦兹曲线与假设的绝对平均线之间的面积，表示为在该线以下最大面积中所占的比例。因此，基尼系数为0表示完全平均，100%则表示完全不平均。

□ “金砖五国”基尼系数对比

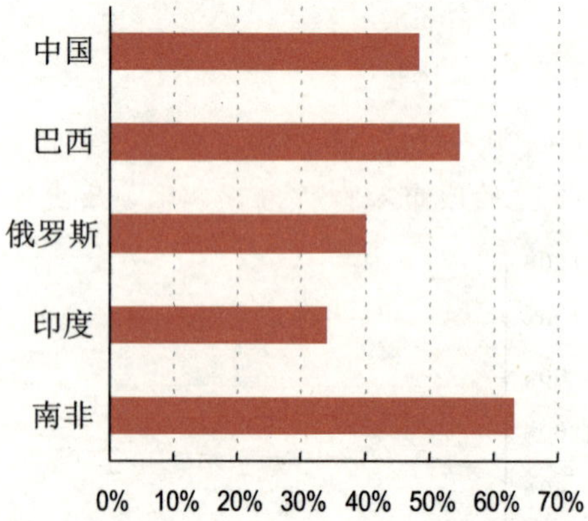

注：中国为2013年数据，巴西、俄罗斯、南非为2009年数据，印度为2010年数据。

基尼 (GINI) 系数
24
63

私营医疗卫生支出（占 GDP 的百分比）

私营医疗卫生支出包括居民直接（自付）开支、私人保险、慈善捐款以及私营机构的直接服务付费。

□ 2011 年私营医疗卫生支出（占 GDP 的百分比）前 10 位国家及中国

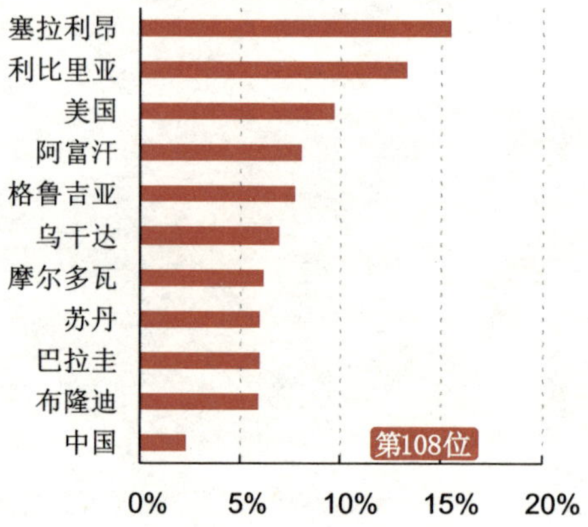

□ 2012 年 GDP 排名前 10 位国家 2011 年私营医疗卫生支出(占 GDP 的百分比)

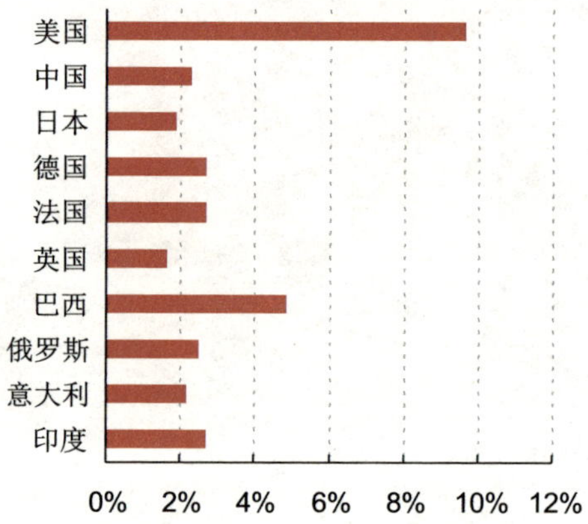

□ 1995—2011 年世界主要经济大国及世界私营医疗卫生支出（占 GDP 的百分比）历史变化

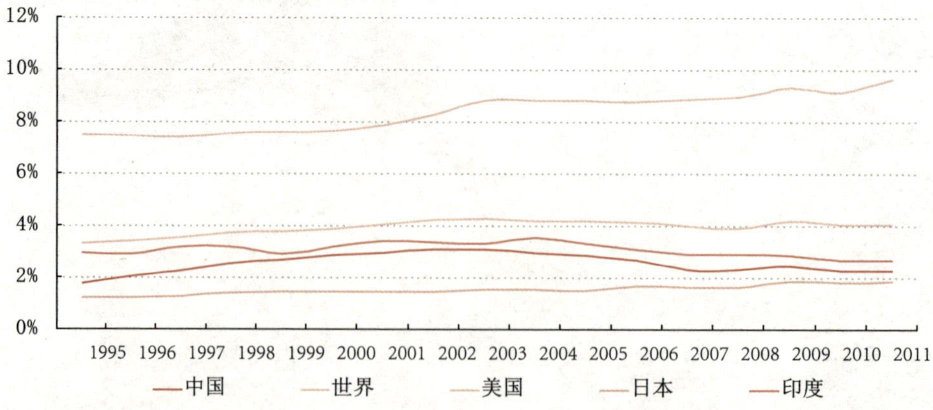

艾滋病病毒感染率，总数（占 15—49 岁人口的百分比）

艾滋病病毒感染率是指 15—49 岁的感染艾滋病病毒的人口的百分比。

□ 2011 年艾滋病病毒感染率前 10 位国家及中国

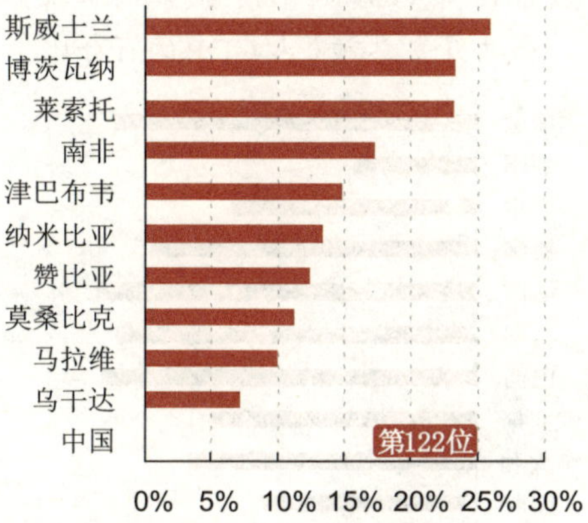

□ 2012 年 GDP 排名前 10 位国家 2011 年艾滋病病毒感染率

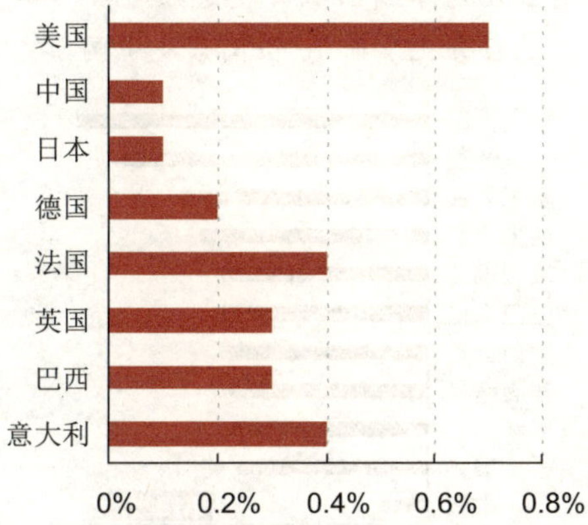

注：俄罗斯、印度数据缺。

□ 1990—2011 年世界主要经济大国及世界艾滋病病毒感染率历史变化

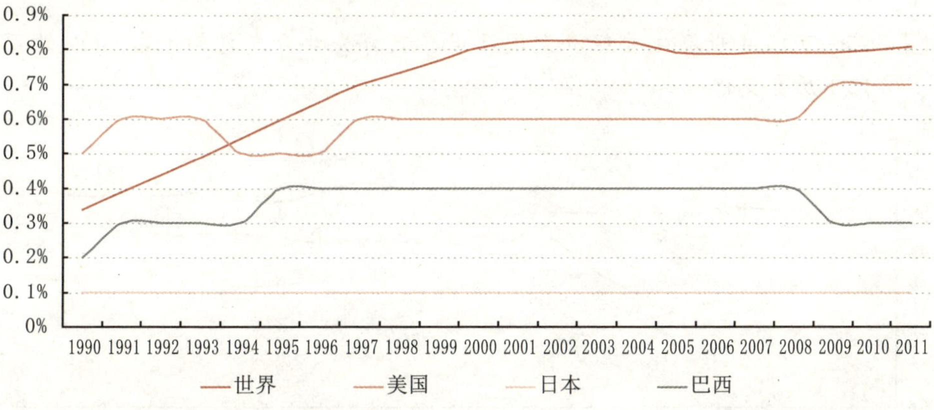

注：中国 2011 年数据显示，艾滋病病毒感染率为 0.1%。

教育公共开支总额，总数（占 GDP 的百分比）

教育公共开支由教育方面的公共经常性支出和资本支出构成，包括政府在教育机构（公立和私立）、教育管理以及私人实体（学生 / 家庭和其他私人实体）补贴方面的支出。

□ 2010 年教育公共开支总额（占 GDP 的百分比）前 10 位国家及中国

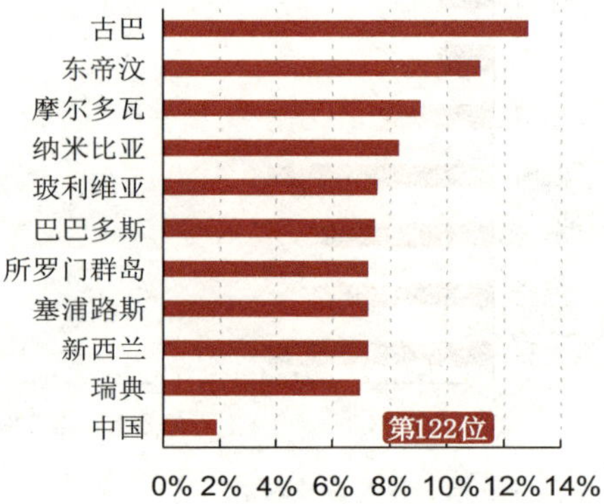

注：中国为 1999 年数据。

□ 2012 年 GDP 排名前 10 位国家教育公共开支总额（占 GDP 的百分比）

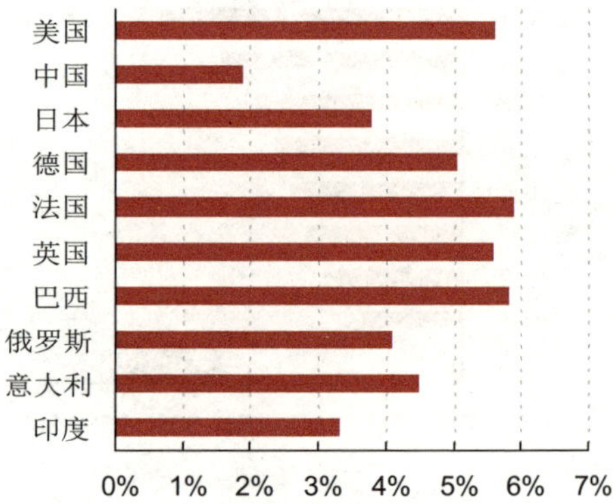

注：中国为 1999 年数据，德国、法国、英国为 2009 年数据，俄罗斯为 2009 年数据，其他国家为 2010 年数据。

□ 1992—2010 年世界主要经济大国及世界教育公共开支总额（占 GDP 的百分比）历史变化

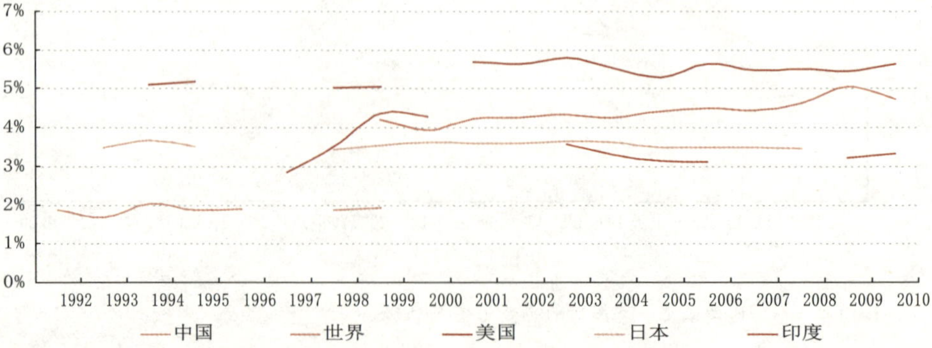

注：各国统计数据有中断。

公共教育支出，总数（占政府支出的百分比）

公共教育支出占政府总支出的百分比，是指特定财年，公共教育支出总额（经常性支出和资本性支出）占政府各部门支出总额的百分比。公共教育支出包括政府在教育机构（公立和私立）、教育行政管理和私人实体（学生/家庭及其他私人实体）补贴方面的开支。

□ 2012年GDP排名前10位国家公共教育支出（占政府支出的百分比）

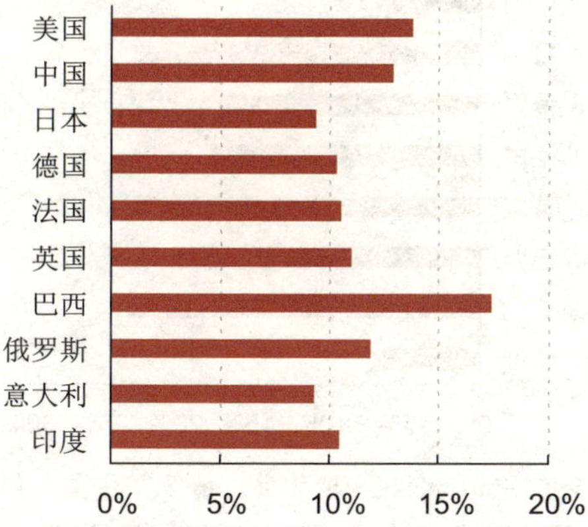

注：中国为1999年数据，印度为2010年数据，其他国家为2008年数据。

大学生人均支出（占人均GDP的百分比）

大学生人均支出是指每名大学生的公共支出总额占人均国内生产总值的百分比。公共支出（经常性支出和资本性支出）包括政府在教育机构（公立和私立）、教育行政管理以及私人实体（学生/家庭及其他私人实体）补贴方面的开支。

□ 2012年GDP排名前10位国家大学生人均支出（占人均GDP的百分比）

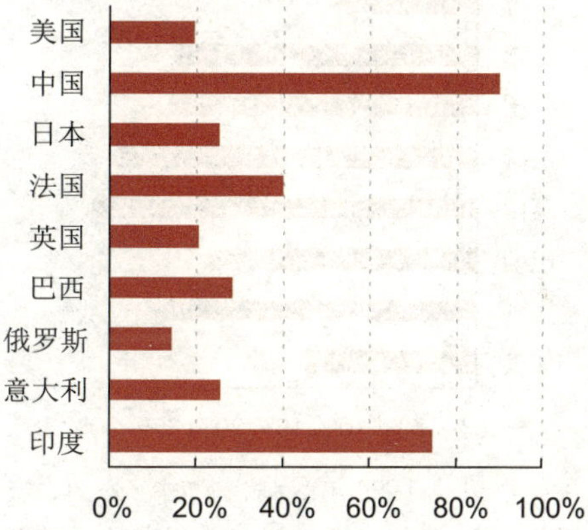

注：中国为1999年数据，日本为2010年数据，俄罗斯为2008年数据，其他国家为2009年数据。

中学生人均支出（占人均GDP的百分比）

学生人均公共支出是用当前公共教育支出除以各年级学生总数得出。公共支出（经常和资本）包括政府在教育机构（公立和私立）、教育行政管理以及私人实体（学生/家庭及其他私人实体）补贴方面的开支。

□ 2012年GDP排名前10位国家中学生人均支出（占人均GDP的百分比）

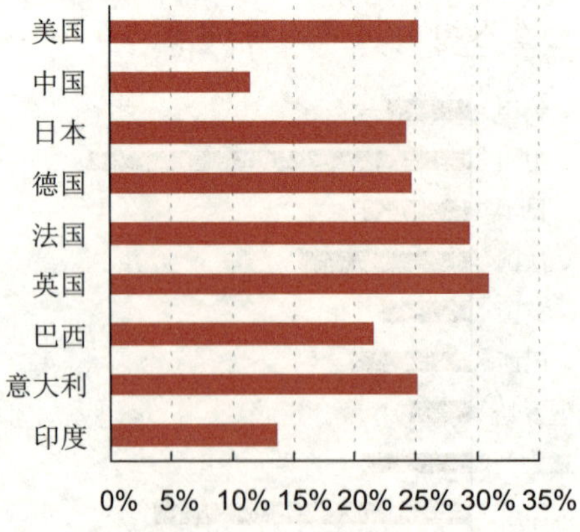

注：中国为1999年数据，德国、法国、英国为2009年数据，俄罗斯数据暂无，其他国家为2010年数据。

小学生人均支出（占人均GDP的百分比）

学生人均公共支出是用当前公共教育支出除以各年级学生总数得出。公共支出（经常和资本）包括政府在教育机构（公立和私立）、教育行政管理以及私人实体（学生/家庭及其他私人实体）补贴方面的开支。

□ 2012年GDP排名前10位国家小学生人均支出（占人均GDP的百分比）

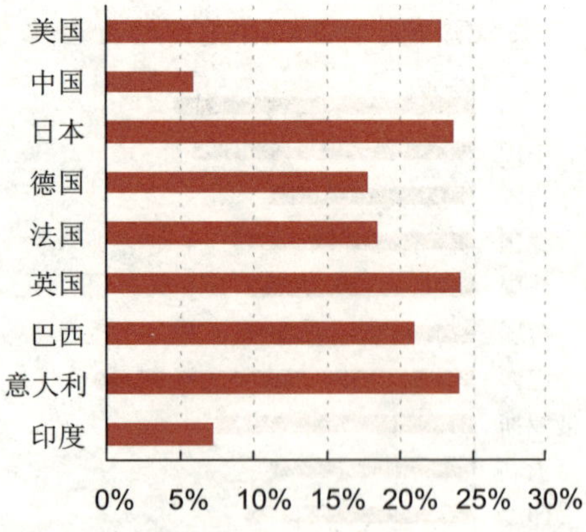

注：中国为1998年数据，德国、法国、英国为2009年数据，俄罗斯数据暂无，其他国家为2010年数据。

入学率，高等院校（占总人数的百分比）

总入学率，大学入学百分比，是指不论年龄大小，大学在校生总数，占中学之后5年学龄人口总数的百分比。

□ 2011年高等院校入学率（占总人数的百分比）前10位国家及中国

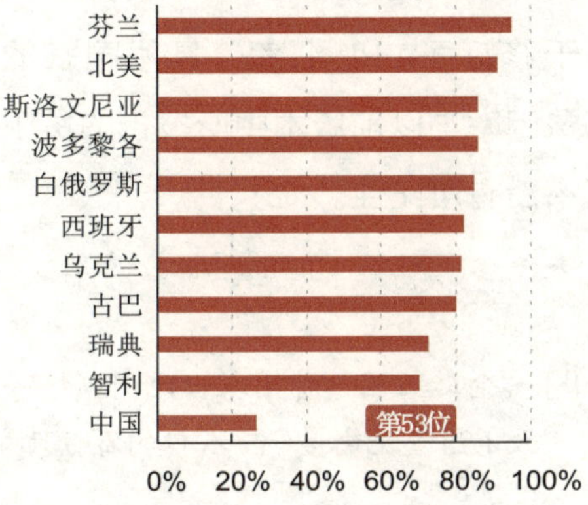

□ 2012年GDP排名前10位国家高等院校入学率（占总人数的百分比）

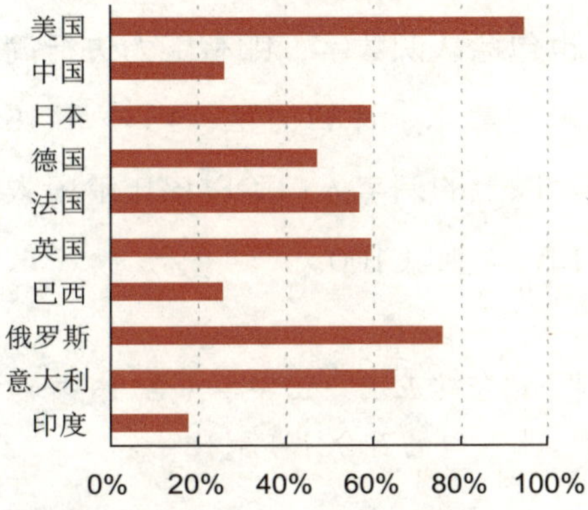

注：德国为1997年数据，巴西为2005年数据，俄罗斯为2009年数据，其他国家为2010年数据。

□ 1976—2010年世界主要经济大国高等院校入学率（占总人数的百分比）历史变化

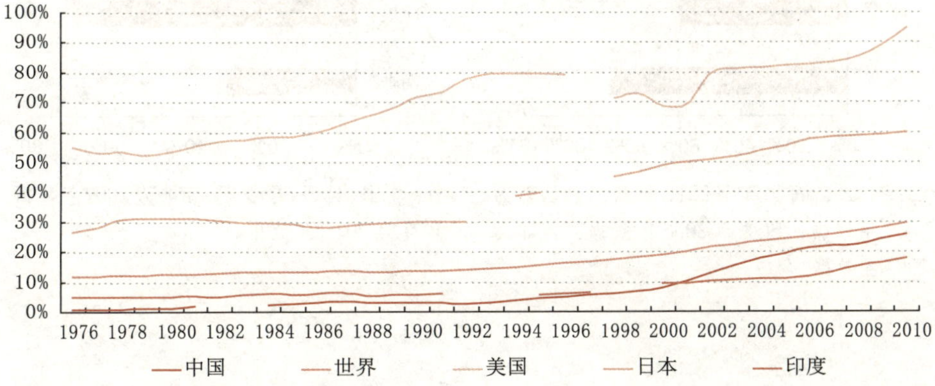

注：部分国家统计数据有中断。

识字率，成人总体（占 15 岁以上人口的百分比）

成年（15 岁以上）识字率是指能够理解、阅读和书写有关其日常生活的短文，年龄在 15 岁和 15 岁以上的人口所占比例。通常讲，“识字”也包括认识数字，即有能力进行简单的算术。计算方法：15 岁和 15 岁以上的识字人口除以该年龄段人口，再乘以 100。

□ “金砖五国”识字率（占 15 岁以上人口的百分比）对比

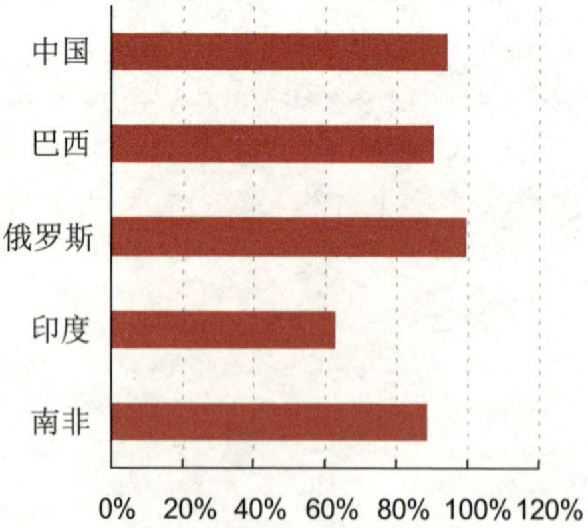

注：中国、俄罗斯为 2010 年数据，巴西为 2009 年数据，印度为 2006 年数据，南非为 2007 年数据。

贫困人口比例，按每天 1.25 美元衡量（PPP）（占人口的百分比）

每天生活费低于 2 美元的人口是按 2005 年国际价格衡量的每天生活费低于 2 美元的人口的百分比。由于修订了 PPP 汇率，具体国家的贫困率与以前版本中所报告的贫困率没有可比性。

□ “金砖五国”贫困人口比例，按每天 1.25 美元衡量（占人口的百分比）

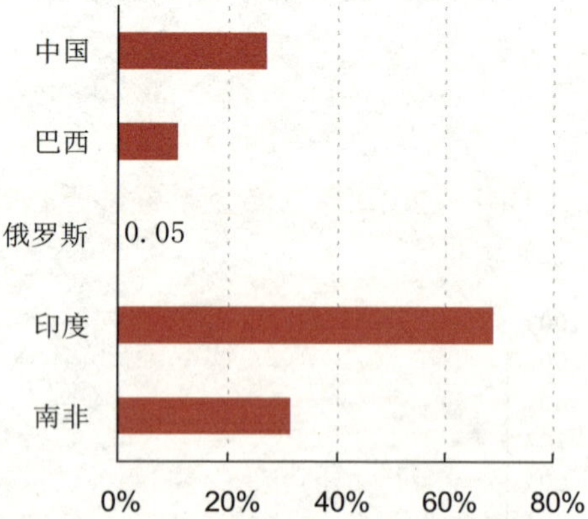

注：中国、巴西、俄罗斯、南非为 2009 年数据，印度为 2010 年数据。

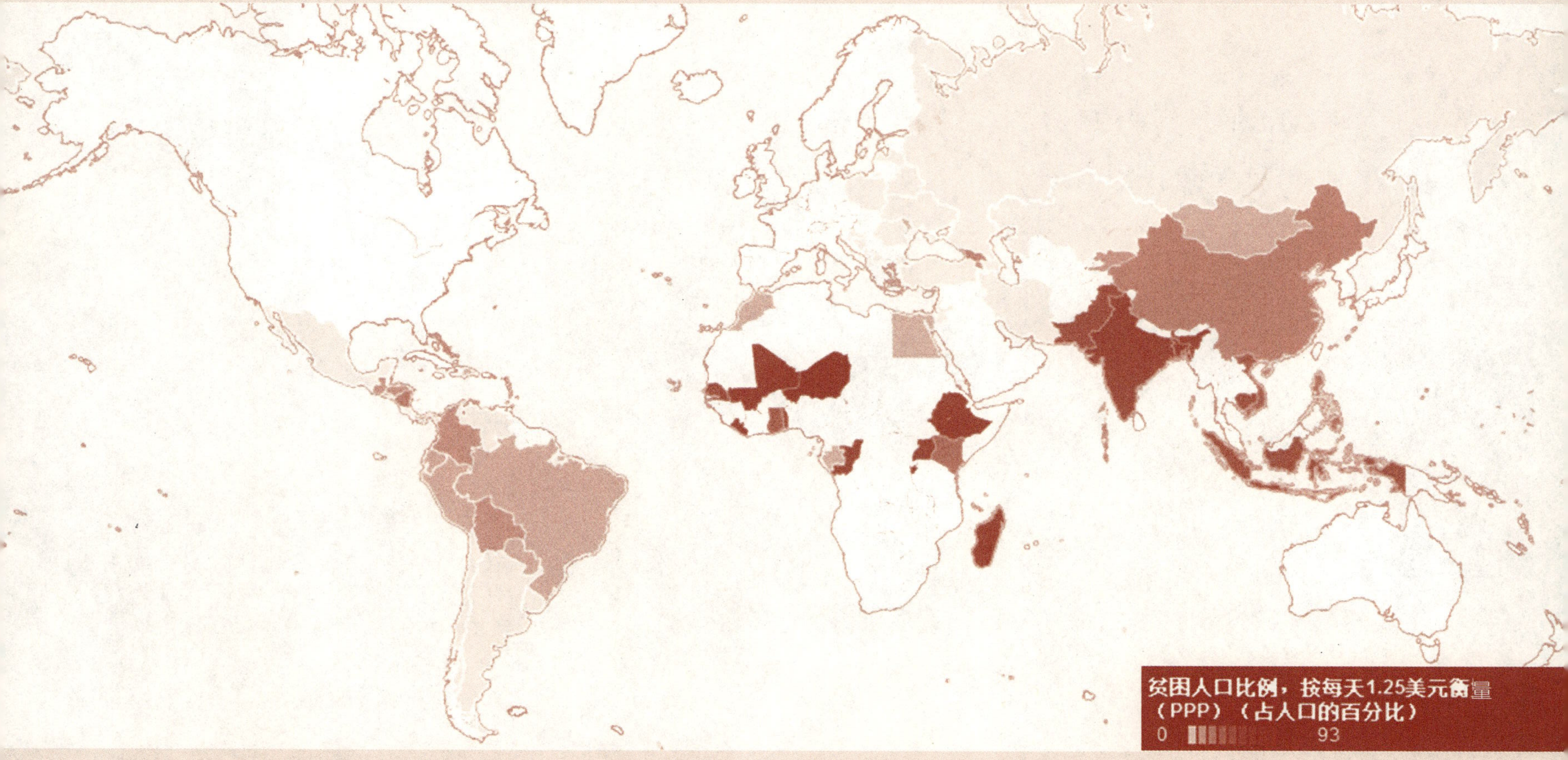
贫困人口比例，按每天1.25美元衡量
（PPP）（占人口的百分比）
0
93